心理学研究の新世紀
2

社会心理学

深田博己 [監修/編著]

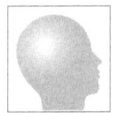

ミネルヴァ書房

「心理学研究の新世紀」刊行にあたって

　本シリーズ「心理学研究の新世紀（全4巻）」は，心理学の先端的な研究成果を紹介し，心理学における研究のシーズ（種）とヒントを提供するために企画された専門書である。「心理学研究の新世紀」は，心理学の4つの下位分野に対応する『第1巻　認知・学習心理学』，『第2巻　社会心理学』，『第3巻　教育・発達心理学』，『第4巻　臨床心理学』の4巻構成である。各巻は，それぞれの専門分野に属する多様な研究テーマに関して，過去の研究を展望し，問題点の指摘と解決への取り組み，さらには今後の発展の方向性を論じている。心理学の研究展開に関する情報を満載した本シリーズを一読していただくことで，心理学の研究を如何に展開すべきであるか，という問いに対する確かな回答が得られることを願う。教育と研究に携わっておられる大学教員の方々には，ご自身あるいは学生の研究テーマの選択，問題の展開の仕方，研究目的の絞り込み方に関する情報としてご利用いただければ幸甚である。また，卒業論文，修士論文，博士論文に挑戦される学生の皆さんには，上で述べた論文作成のための情報として役立てていただければ幸いである。

　他の学問分野と比較すると，心理学の歴史は決して長くは無く，W. Wundt がドイツのライプチヒ大学に世界最初の心理学実験室を創設した1879年をもって，心理学の誕生とみなす見解が一般的である。科学としての心理学の誕生以来130年余，心理学は，当初，意識そのものを内観的に理解しようと試み，その後，行動が過度に重視される時代を経て，無意識への注目と認知主義の台頭が再び心の科学としての心理学を特徴付ける時代をもたらした。

　哲学から分化・独立した心理学の出自は純然たる人文科学であるが，自然科学を目標とし，科学性を確立することを目指してきた経緯がある。しかも，わが国の公的な学問分類では，心理学は社会科学として位置づけられている。こうした心理学の学問的位置づけの複雑さからも判断できるように，人間の心と行動が関わるところには常に心理学の研究テーマが存在する。現代心理学は，

伝統的な学問分類である人文科学，社会科学，自然科学の枠を超えて，あらゆる科学分野へとその裾野を広げつつあり，学際科学としての性格を強めようとしている。これは，心理学に対する社会的期待が年々増大してきた実情を反映している。

近年，わが国の心理学界は大きな変貌を遂げつつある。日本心理学会は，職能資格の確立を目指して1994年に「認定心理士」資格認定制度を立ち上げ，その後，続々と多くの専門学会が独自の資格認定を行うようになった。心理学の調和ある発展と社会への貢献を目的として設立され，40以上の心理学関係の学会が加盟する日本心理学諸学会連合は，学部卒業レベルの資格の一本化を図るため，日本心理学会の認定心理士資格を基礎資格として受け継ぎ，2008年に最初の心理学検定を実施した。他方，臨床心理学関係の諸学会は，日本臨床心理士資格認定協会を発足させ，1988年から「臨床心理士」の資格認定を開始した。臨床心理士資格を希求する社会的うねりは，わが国の心理学界の勢力図を大きく塗り替えるほどの影響を生んだ。いずれにせよ，国との折衝が継続中である心理学の職能資格の国資格化は，心理学界にとって最大の懸案事項である。これに関連し，日本学術会議は，対外報告として2008年に「学士課程における心理学教育の質的向上とキャリアパス確立に向けて」を発表し，心理学教育の質的保証の基準と国資格としての職能資格の方向性を示した。

約10年前までは，わが国における公的学問分類上の心理学は，「実験系心理学」と「教育・社会系心理学」の2分類であったが，2003年以降，「社会心理学」，「教育心理学」，「臨床心理学」，「実験心理学」の4分類となり，初めて臨床心理学の地位が確立し，社会心理学と教育心理学の独立性が認められ，心理学の発展と充実が公認されることとなった。この心理学の4分類に，本シリーズ「心理学研究の新世紀」の4巻が対応している。

第1巻『認知・学習心理学』（宮谷真人・中條和光〔編著〕）は，「知覚の特性」，「注意と反応制御」，「認知の基礎過程」，「学習の基礎過程」，「記憶」，「思考」，「言語」，「認知・学習心理学の応用」といった8つの大テーマに関して，合計

37編の展望論文と10編のコラムが収録されている。第1巻には，伝統的な「知覚心理学」の課題から最新の「認知神経科学的アプローチ」の課題まで，また，記憶や思考など，認知心理学と学習心理学の基本的な課題から応用的な課題まで網羅されている。

第2巻『社会心理学』（深田博己〔編著〕）は，「社会的自己と社会的感情」，「態度と態度変容」，「対人的影響過程」の3部構成であり，23編の展望論文と3編のコラムが含まれる。第2巻は，個人レベルおよび対人レベルの社会心理学に焦点化した内容を示し，特に，態度の規定因，説得と態度変容，言語的および非言語的な影響方略などの「態度」と「対人コミュニケーション」に関する斬新で多様なテーマが特徴的である。

第3巻『教育・発達心理学』（湯澤正通・杉村伸一郎・前田健一〔編著〕）は，「認知発達の諸側面」，「社会性の発達の諸側面」，「発達と教育の基礎から応用へ」の3部構成で，合計2編の特別寄稿論文と23編の展望論文および3編のコラムが見られる。教育と発達の最も重要な側面である，認知と社会性の発達に特化した多くのテーマが用意されているのにとどまることなく，教育と発達の応用的課題にも鋭く踏み込んでいる。

第4巻『臨床心理学』（岡本祐子・兒玉憲一〔編著〕）は，「力動的臨床心理学の理論と実践」，「発達臨床心理学の理論と心理臨床実践」，「ストレスとサポートの臨床心理学」の3部構成であり，1編の特別寄稿論文と31人の執筆者の手による展望論文とが収められている。第4巻は，新フロイト派の精神分析学を原点とする「力動的臨床心理学」と，エリクソンを理論的基礎とし，臨床心理学と発達心理学の融合を目指す「発達臨床」とが中核であり，この巻の特色を形作っている。

広島大学心理学教室（広島大学大学院教育学研究科心理学講座，同研究科附属心理臨床教育研究センター，同研究科附属幼年教育研究施設幼児心理学部門）は，1929年の旧制広島文理科大学心理学教室創立以来，2009年に80周年を迎えた。本書は，心理学教室創立80周年記念出版の意味をもち，心理学教室教員と，主に

1991年の学位制度変更後に博士学位を取得された修了生の方々の専門テーマに関する展望論文で構成されている。本書がわが国の心理学の発展にいくばくかの貢献を果たせば望外の幸せである。

　最後に,「心理学研究の新世紀(全4巻)」の編集にご尽力いただいた広島大学心理学教室の同僚教授の方々,また総計136人にも及ぶ執筆者の方々,そして本シリーズの刊行をご快諾いただいたミネルヴァ書房の関係者の方々に心より感謝の気持ちを表したい。

2012年1月10日

監修者　深田博己

まえがき

本書のねらい

　本書の目的は，社会心理学を専攻しておられる研究者や学生の方々に対して，様々な研究テーマに関する問題意識の展開に焦点化した情報を紹介し，社会心理学分野の研究に関するシーズ（種）とヒントを提供することにある。研究テーマの絞り込みが思うようにはかどらない研究者および，論文作成（卒業論文，修士論文，博士論文）が目前に迫りつつあるものの研究テーマの選択に困ることの多い学部生・大学院生の皆さんに，次のような一連の情報を提供したい。すなわち，具体的な研究テーマに即して，そのテーマに関する問題意識がどのように構成されていくのか，また，そうした問題意識の流れの中でどのような具体的な研究目的が発生するのか，そして，その目的に基づく研究の実行からどのような成果が得られるのか，さらには，その研究を実行した後には，どのような将来の研究課題が残されているのか，研究のさらなる発展にはどのような方向性が期待できるのか，といった情報である。

　本書では，23の章と3つのコラムにより，計26の研究テーマに関する情報を用意した。それぞれの章は，社会心理学を専門とする執筆者が，各自の専門テーマを掘り下げ，その専門テーマに関する研究展望を行うと共に，執筆者自身の研究成果を織り込みながら，執筆者自身の問題意識の展開が読み取れるように記述していただいた。軽重の違いこそあれ，一つひとつの章は，圧縮された博士論文に相当する水準に達している。また，コラムは，社会心理学の専門家を目指す若い学徒の現在進行中の具体的研究をひとつ取り上げる形で紹介している。蛇足ながら，社会心理学の構造的特徴についての私見を述べ，本書の内容的な特徴をご理解いただく際の一助としたい。

社会心理学の構造的特徴

　社会心理学の萌芽となる実験論文はすでに19世紀末（1898年）にN. Triplett

によって公刊されていたが，学問としての形を備えた社会心理学は，心理学者 W. McDougall と社会学者 E. A. Ross が，それぞれイギリスとアメリカで社会心理学の名を冠した書物を出版した 1908 年を待って，成立したとみなせる。いずれにせよ，社会心理学は 20 世紀初頭からわずか 100 年余りの歴史しかもたない非常に若い学問である。しかし，この約 1 世紀の間に，社会心理学は，他の学問分野の例に漏れず，二度にわたる世界大戦を契機に，また，コンピュータに代表される科学技術の急激な進歩の恩恵を受け，急速な発展を遂げてきた。

　社会心理学は，個々の人間を研究対象とする心理学（個人心理学）と，多くの人間から構成される社会を研究対象とする社会学の接点の学問である。そのため，人間と社会の関わるところには，どこにでも社会心理学の研究テーマが存在し，社会心理学が取り扱う研究テーマはきわめて広範囲に及ぶ。社会心理学成立の経緯からも分かるように，社会心理学は心理学固有の学問ではなく，社会学にも社会心理学がある。社会学的社会心理学が社会構造や社会変動など社会を重視するのに対し，心理学的社会心理学は個人の心理過程や社会的行動など個人を重視する。社会心理学の研究対象をミクロ－マクロの次元で分類すると，社会心理学は，個人レベル，対人レベル，集団レベル，および社会レベルの社会心理学という 4 つの水準に分類できる。心理学という母体の学問の性格を反映して，心理学的社会心理学は，ミクロなレベルを主たる守備範囲としており，個人レベルと対人レベルの社会心理学に研究の関心が集中する傾向がある。集団レベルの社会心理学については，1930 年代後半〜1940 年代のグループ・ダイナミックス全盛時代の面影はやや薄れたものの，集団過程や集団間関係に関して，心理学的社会心理学からの研究の蓄積が見られる。

　研究対象のミクロ－マクロ次元のほかに，社会心理学の構造的特徴は，基礎研究－応用・実践研究の次元，伝統的な狭義の社会心理学研究－学際的研究の次元，の 3 次元で捉えることができる。もちろん，これらの 3 つの次元は，相互に独立した次元という訳ではなく，概念的に重なり合い，斜交していることは言うまでもない。加えて，研究対象のミクロ－マクロの水準も厳密に線引きできるはずがなく，たとえば，個人レベルと対人レベルの区別はあくまでも便

宜的なものにすぎない。

　上記のような制約のあることを踏まえつつ，社会心理学分野としての本書の特徴を要約すれば，本書で取り上げる26の研究は，いずれも個人レベルおよび対人レベルの社会心理学に属し，そのほとんどが基礎研究の性質を強くもち，狭義の社会心理学に包括される。

本書の構成と社会心理学の構造の対応関係

　本書は3部構成である。研究対象のミクロ－マクロの次元を考慮しつつ，23の章と3つのコラムを研究テーマの内容から分類すると，第Ⅰ部「社会的自己と社会的感情」，第Ⅱ部「態度と態度変容」，第Ⅲ部「対人的影響過程」に3分類できる。以下，本書の内容が社会心理学の構造にどのように対応するのか，解説したい。

第Ⅰ部　社会的自己と社会的感情

　第Ⅰ部は，個人レベルの社会心理学に属する典型的な研究テーマ，「社会的自己」と「社会的感情」に関する7つのテーマから成る。「社会的自己」には第1章～第3章の3テーマが，「社会的感情」には第4章～第6章とコラム1の4テーマが該当する。

　個人レベルの社会心理学の代表的な研究テーマは，社会的自己，社会的認知，社会的感情，態度の4つであろう。本書の第Ⅰ部は，このうちの社会的自己と社会的感情を直接扱っている。しかし，社会的感情は，認知的発生因（第4章）や社会的比較（第5章）や認知的規定因（第6章）と密接に関係しているので，社会的認知を抜きに理解することは不可能であり，間接的に社会的認知の側面が取り上げられているといえる。第Ⅰ部で取り上げた4種類の社会的感情を自己意識的感情とみなせば，第Ⅰ部は広く社会的自己に包括される研究テーマと解釈することも可能である。なお，態度に関しては，特に研究テーマが多いので，第Ⅱ部として独立させた。

第Ⅱ部　態度と態度変容

　第Ⅱ部は，一般的には個人レベルの社会心理学に分類される「態度」および

「態度変容」に関する10のテーマから成る。「態度」には，第13章～第15章の3テーマが，「態度変容」には第7章～第12章とコラム2の7テーマが該当する。

　第8章～第12章は，「態度変容」領域の「説得と態度変容」に特化したテーマである。加えて，第13章と第14章は，拠って立つ理論的背景が説得理論であり，効果的な説得情報の生成に結びつくという意味で，「説得と態度変容」に密接に関係するテーマであるといえる。この第Ⅱ部では，恐怖・脅威アピール説得研究に関係する章（第9, 10, 11, 13, 14章）をお読みいただくと，海外で提出された防護動機理論などの理論・モデルを出発点とし，新たなモデル（脅威への個人的対処が不可能な場合の集合的防護動機モデル，認知要因間に因果関係を仮定する精緻化された集合的防護動機モデル，HIV感染者・エイズ患者との共生行動生起過程モデル）構築の流れを読み取ることができる。

　なお，「説得による態度変容」は，受け手の側に注目すれば「態度」の「変容」であるが，送り手の側に注目すれば「説得行動（社会的影響行動）」であり，このテーマは対人レベルの社会心理学の性格を併せもつ。

第Ⅲ部　対人的影響過程

　第Ⅲ部は，対人レベルの社会心理学に属する典型的なテーマであり，「対人的影響過程」に関する9つの研究テーマから成る。第16章～第18章とコラム3の4つの研究テーマは，言語的影響方略の性質を帯びた「対人コミュニケーション」であり，第19章～第21章の3つの研究テーマは，非言語的影響方略の性質をもつ「対人コミュニケーション」である。また，第22章と第23章の2テーマは，「対人相互作用」に含めることができる。

　対人レベルの社会心理学の代表的な研究テーマは，コミュニケーション的性質が強調される「対人コミュニケーション」と，コミュニケーション的性質が顕在化しない援助や攻撃などの「対人相互作用」に大別される。第Ⅲ部の6つの章と1つのコラムのテーマが「対人コミュニケーション」に集中している。多様な対人行動のうち，言語や非言語の記号を利用した対人コミュニケーションの占める割合は非常に大きいので，それが研究テーマの偏りに反映している。

本書の利用の仕方

　第Ⅰ部～第Ⅲ部という本書の分類は，研究対象の水準から便宜的に行ったものであり，視点を変えれば，相互に関連する研究テーマが別のパート（部）にあることに容易に気づかされる。たとえば，ユーモアに関心があれば，第Ⅱ部第12章「ユーモア説得」と第Ⅲ部第16章「ユーモア表出」を，ジェンダーに関心があれば，第Ⅱ部第15章「キャリア選択」と第Ⅲ部第21章「非言語的行動」を，セットにしてご一読いただくと，得られる情報量が増す。また，中国人留学生の方には，中国人あるいは中国系留学生を調査対象者とする第Ⅱ部第13章「環境配慮行動意図」，第Ⅲ部第18章「サポート獲得方略」，第Ⅲ部第22章「サポート」を読み，母国語を活用した研究の利点を汲み取っていただければと思う（各章のタイトルはキーワードで簡略化して示した）。

社会心理学研究の発展の方向性

　個人心理学を理解する際のキーワードが「心理」と「行動」であるとするならば，個人と社会の関わりを扱う社会心理学を理解するためのキーワードは，「心理」と「行動」に「関係」が加わる。個人心理学と同様のミクロな個人レベルの社会心理学の場合は，「個人内心理」と「個人内行動」の間の因果関係を，対人レベルの社会心理学の場合は，「対人心理」と「対人行動」と「対人関係」の間の因果関係を理解することが，社会心理学を理解するための基本的な視点となる。他方，研究を遂行するに当たっては，上記のキーワード間の因果関係を検討し，解明することを目的とする研究計画を立てることが研究者としての基本的な視点となる。

　最後に，編者がほんの一部しか果たせなかった研究形態を，21世紀の社会心理学研究に対する期待と希望として，指摘しておきたい。第1に，個人の心理過程として，社会的認知のみを重視する立場から，感情・動機を併せて考慮する立場をとる。第2に，研究法を限定しないで，複数の研究法を使用する多元的アプローチを採用する。第3に，社会的行動の背後にある文化的な問題を常に意識し，比較文化的研究に注目する。第4に，技術革新に伴って生じる新

たな問題を追究することによって，研究の時代性を確保する。第5に，基礎研究に終始するのではなく，時代の要請に応えうる問題解決型の応用・実践研究を推進する。第6に，他の学問分野との積極的な交流を通して，学際的な研究テーマに挑戦する。

　本書で取り上げた26の研究テーマは，基礎社会心理学における個人レベルと対人レベルの社会心理学のテーマであり，心理学分野の社会心理学者が得意とする，取り組みやすい研究テーマがほとんどである。本書で論じられた研究テーマに触れることを契機に，社会心理学の研究を目指す多くの方々が，上記の期待される6つの方向へと研究を発展していかれることを願ってやまない。

　　　　　　　　　　　　　　　　　　　　　　　編者　深田博己

目　次

「心理学研究の新世紀」刊行にあたって

まえがき

第Ⅰ部　社会的自己と社会的感情

第1章　主体的自己形成のための自己評価行動 …… 3

　第1節　時間軸上で捉えた自己評価行動　3

　第2節　目標志向行動としての自己評価　6

　第3節　自己高揚過程における能力の自己査定　14

第2章　自己評価維持機制と関係性維持の心理 …… 23

　第1節　自己についての心理学的探求　23

　第2節　自己評価維持機制と社会行動　27

　第3節　児童・生徒の友人関係にみられる自己評価維持機制　32

　第4節　自己評価維持と関係性維持の心理機制　42

　第5節　きょうだい関係における自己評価・関係性維持機制
　　　　　——研究の発展の方向性　44

第3章　企業就業者の職業的アイデンティティ …… 51

　第1節　企業就業者を取り巻く環境からみた，職業的アイデンティティ形成支援の重要性　51

　第2節　企業就業者の職業的アイデンティティとは——その概念と測定尺度　53

第3節　企業就業者の職業的アイデンティティ形成の支援　58
　第4節　就業者の職業的アイデンティティ研究の発展の方向性　65

第4章　羞恥感情のプロセス …………………………………………… 70
　第1節　羞恥感情の生起状況　71
　第2節　羞恥感情の下位感情　73
　第3節　羞恥感情の認知的発生因　76
　第4節　羞恥感情への対処行動　82
　第5節　羞恥感情の応用的研究　85
　第6節　羞恥感情に関する将来の研究の方向性　89

第5章　社会的比較の引き起こす妬み感情 ……………………………… 94
　第1節　妬みとは何か　94
　第2節　社会心理学の観点からの妬みの検討　97
　第3節　妬みの生起における予期の役割――研究の発展の手がかり　103

第6章　対人状況での被援助に伴う心理的負債 ………………………… 106
　第1節　援助に対する被援助者の反応　106
　第2節　心理的負債モデルの概要　107
　第3節　心理的負債の規定因に関する実証的研究　110
　第4節　心理的負債の個人差　116
　第5節　研究の発展の方向性　118

コラム1　感謝の生起状況と感情体験　125

第II部　態度と態度変容

第7章　態度変容と判断の二重過程モデル……………131
　第1節　精緻化見込みモデル　131
　第2節　ヒューリスティック−システマティック・モデル　134
　第3節　印象形成の連続体モデル　137
　第4節　感情混入モデル　140
　第5節　4つのモデルの比較と問題点　144

第8章　説得への抵抗……………149
　第1節　説得への抵抗とその理論　149
　第2節　説得への抵抗に及ぼすメッセージ要因　154
　第3節　説得への抵抗に及ぼす送り手および受け手の要因　158
　第4節　説得への抵抗に及ぼす状況要因　162
　第5節　説得への抵抗の低減　166
　第6節　説得への抵抗研究の発展の方向性　167

第9章　恐怖アピールと警告の交差路……………175
　第1節　恐怖アピール研究と警告研究の接点　175
　第2節　説得促進技法としての恐怖アピール　178
　第3節　恐怖アピールの説得効果の査定　184
　第4節　説得抑制技法としての警告　188
　第5節　警告の説得抑制効果　190
　第6節　恐怖アピール研究と警告研究の発展の方向性　192

第10章　健康問題での脅威アピール説得 …………………………… 202
- 第1節　健康問題での脅威アピール研究の意義　202
- 第2節　脅威アピールに関する諸理論　204
- 第3節　防護動機理論の概要と実証的研究　207
- 第4節　脅威アピール研究の応用と拡張　212
- 第5節　健康問題における脅威アピール研究の発展課題　217

第11章　環境問題での脅威アピール説得 …………………………… 226
- 第1節　環境問題の現状と脅威アピール説得　226
- 第2節　受け手を脅威ターゲットにした単独的対処行動を勧告する説得　228
- 第3節　受け手以外を脅威ターゲットにした単独的対処行動を勧告する説得　230
- 第4節　集合的対処行動を勧告する説得　231
- 第5節　今後の研究の課題　236

第12章　説得におけるユーモアの機能 ……………………………… 239
- 第1節　ユーモアの社会的影響　239
- 第2節　説得におけるユーモアの機能に関する展望　240
- 第3節　説得に及ぼすユーモアの効果研究の発展の方向性　248

第13章　中国人の環境配慮行動意図の規定因 ……………………… 252
- 第1節　中国における環境問題　252
- 第2節　環境配慮行動意図の説明モデル　255
- 第3節　中国人の環境配慮行動意図とその規定因　258

第14章　エイズ問題の改善に及ぼす情報の影響過程 …………………… 264
第1節　エイズとエイズ教育　264
第2節　HIV感染者・エイズ患者との共生に関する研究の動向　266
第3節　HIV感染予防を中心としたHIV対処に関する研究の動向　268
第4節　関連研究と今後の課題　273

第15章　女子学生のキャリア選択 ……………………………………… 278
第1節　日本における女性のキャリア行動の特徴　278
第2節　アメリカにおけるキャリア選択研究の発展　280
第3節　日本の女子学生のキャリア選択に関する実証的研究　285
第4節　女子学生を対象としたキャリア教育への示唆　288

コラム2　母国とホスト国に対する留学生の態度変容　295

第III部　対人的影響過程

第16章　ユーモアの表出過程 …………………………………………… 301
第1節　対人行動としてのユーモア表出　301
第2節　ユーモア表出の動機　304
第3節　ユーモア表出と表出者自身の精神的健康　309

第17章　上司に対する部下の取り入り行動 …………………………… 315
第1節　取り入り研究の動向　315
第2節　上司に対する部下の取り入り行動の規定因　321
第3節　上司に対する部下の取り入り行動の生起過程　326
第4節　取り入り研究における今後の課題　329

第18章　中国系留学生のサポート獲得方略 ……………………… 333

第1節　中国系留学生のサポート獲得方略研究の意義と展望　333

第2節　承諾獲得方略研究からサポート獲得方略研究へ　335

第3節　サポート獲得方略研究の発展の方向性　340

第19章　対人感情と視線 …………………………………………… 345

第1節　対人感情と視線の研究動向　345

第2節　視線の対人感情包括的「接近－回避モデル」　348

第3節　視線の対人感情包括的「接近－回避モデル」の限界と問題点　353

第4節　視線の対人感情包括的拡張「接近－回避モデル」の提案　355

第20章　視線の親和機能と攻撃機能 ……………………………… 362

第1節　視線の親和機能の研究　362

第2節　視線の攻撃機能の研究　368

第3節　攻撃葛藤モデルの提案　372

第4節　攻撃的視線研究の課題と方向性　375

第21章　非言語的行動とジェンダー ……………………………… 381

第1節　非言語的行動と従属仮説　381

第2節　対人距離と従属仮説　384

第3節　その他の非言語的行動と従属仮説　392

第4節　非言語的行動とジェンダー研究の発展の方向性　395

第22章　中国系留学生に対するソーシャル・サポート ………… 401

第1節　ソーシャル・サポート研究の展望　401

第2節　外国人留学生を対象とするソーシャル・サポート研究の意義　404

第3節　在日中国系留学生に対するソーシャル・サポートの特徴と効果　406

目　次

　　第 4 節　留学生へのサポートに関する将来の研究課題　418

第**23**章　報酬分配場面における公正知覚 …………………………… 424

　　第 1 節　報酬分配と社会的公正の接点　424
　　第 2 節　報酬分配研究の経緯——衡平理論を中心に　425
　　第 3 節　社会的公正研究の観点からみた報酬分配研究に残された課題　429
　　第 4 節　報酬分配研究の今後の可能性　434

コラム 3　承諾抵抗方略の構造と使用　442

あとがき　445
索　　引　449

第 I 部

社会的自己と社会的感情

第Ⅰ部「社会的自己と社会的感情」では，個人レベルの社会心理学の中でも最も基礎的な「社会的自己」と「社会的感情」に関連するテーマを取り上げている。すなわち，人間の社会的行動を説明するための個人内心理過程として，「自己」と「感情」に焦点化している。こうした「社会的自己」および「社会的感情」の仕組みと働きを解明するうえで，認知が決定的に重要な役割を果たしている。それぞれのテーマにおける認知の独自の役割を比較し，読み解くことができれば，本書で直接的に取り上げなかった「社会的認知」という別の共通テーマにも接近できる。

　前半の第1章から第3章の共通テーマは「社会的自己」であり，第1章は自己評価行動，第2章は自己評価維持機制，第3章は職業的アイデンティティについて論じている。

　後半の第4章から第6章の共通テーマは「社会的感情」であり，第4章は羞恥感情，第5章は妬み感情，第6章は被援助に伴う心理的負債，コラム1は感謝といった自己意識的感情を扱っている。

第1章　主体的自己形成のための自己評価行動

第1節　時間軸上で捉えた自己評価行動

(1) 時間の流れの中の自己

　自己に関わる諸現象は，時間軸に沿って過去，現在，未来の領域に分けることができる。多くの自己評価研究において，自己評価が適応に大きく関わることが明らかにされてきた。その理由は，エリクソン（Erikson, 1959）のアイデンティティ理論に拠るところが大きい。人は，発達に伴って社会から種々の課題遂行を要請され，それに対して適応せざるをえない存在と考えられるからである。そこで取り上げられる自己評価の多くは，過去や現在の自己に基づく，現在の自己を対象とした自己評価であり，適応は現在の環境への適応をさす。

　我々は過去・現在・未来と続く時間を生きている。この時間の流れの中で，人は自分は何ができ何ができないのか，何を信じ何を信じることができないのかといった能力の程度や思想・信条のあり方などを通して，己が何者であるかを知り，自己の価値に気づき，さらに自己の価値を作り出していく。したがって現在の行動，なかんずく現在行われる自己評価は，未来の自己のあり方を方向づけるものであり，未来の適応に繋がるものとして捉えることができる。このことはまた，未来の自己を思い描くことが現在の自己のあり方に影響を及ぼしうるということでもある。

　本章では，現在から未来に至る自分づくりの過程として自己評価行動を捉え，未来において望ましい自己を獲得するための現在の自己評価行動について，能

力の自己査定と自己高揚に焦点を当てて考察する。

（2） 自己評価行動の構造

評価という行為は，その対象とそれを捉える視点から成り立っている。時間軸上での現在の自己に対する評価に関していえば，評価する視点は，過去，現在，未来のいずれかになりうる。過去の視点から行われる現在の自己評価とは，今の自分を以前の自分と比べて評価する継時的比較 (temporal comparison: Albert, 1977) であり，成長に満足したり不甲斐なく思ったりすることになる。一方，未来の視点からの現在の自己評価は，それが行われることによって，達成の程度を嬉しく思ったり自身の不足を痛感したりすることになるのである。

こうした自己評価において，いつの視点から評価するかは，いつの自分のための評価なのかという観点を内在している。たとえば過去の視点からの現在の評価は，現在の自己に対する満足・不満足という，現在の自己の適応感に貢献している。つまり評価の視点とは，評価基準の所在だけでなく，評価目的の達成時期の所在をも含意する。自己評価行動は，いつの自分について（評価対象)，いつの視点から（評価基準の所在)，いつの自分のために（評価目的達成時期）行われるかという構造をもつといえる。したがって未来の視点からの自己評価は，現在の自己のための評価行動である場合と，未来の自己のための評価行動である場合とがあることになる。

（3） 理想自己研究からみた目標志向性

未来の視点から行われる現在の自己評価の機能については，理想自己の研究において取り上げられてきた。

理想自己 (ideal self) は，未来においてそうありたいという仮想的な望ましい自己と考えられる。Rogers & Dymond (1954) 以降，多くの研究において，現実自己が正の理想自己と乖離している状態が不適応的であることが示されている (溝上, 1999)。理想自己と現実自己とのズレは，自己の否定性を過剰に意識させうるものであり，現在において否定的影響をもつものといえる。

第1章　主体的自己形成のための自己評価行動

　他方，理想自己と現実自己とのズレがバネになって，正の理想自己の方向への自己形成に向かわせる機能をもつこともある（梶田，1988）。理想自己を高い水準に設定する人ほど，自己形成への意識が高いという報告もある（水間，1998）。また，Carver & Scheier（1990）の自己制御モデル（self-regulatory model）によると，望ましい状態とのズレが認識された場合，そのズレを解消するための努力や行動が生起する。

　これらは，理想自己が目指すべき目標として機能することを示唆し，そうした未来のあるべき自己の状態への希求が現在の目標志向行動を喚起することを示唆する（遠藤，1991）。

　本来，人は自己実現傾向をもち，望ましい自己を志向する。つまり，自分づくりの過程を生きているといえる。こうした見解は，人間中心アプローチをとるロジャーズ（Rogers, 1963）の自己理論やヒューマニスティック心理学のマズロー（Maslow, 1962）の自己実現の理論，あるいはデシ（Deci, 1975）の内発的動機づけ（intrinsic motivation）理論などにおいても十分に述べられてきたことである。もちろん，マズローの研究が"10％心理学"（人類の10％の人たちのみに適用可能だという意味）と揶揄されるように，誰もが常に望ましい自己の獲得や構築を目指して積極的に行動できるわけではない。むしろ，目標を決められず不適応感に苦しんだり，目標の10分の1も達成できずに自己嫌悪に陥ったりしている人たちがほとんどであろう。しかし，これらの人たちの例こそ，人があるべき望ましい自己像をもち，そのような自分になろうと努力し，目標の少ししか実現できずとも常に目標を修正しながら実現しようとする，目標志向性をもつことを示唆している。

　人は，自らについて，このような存在でありたいというそれぞれの目標をもち，時には立ち止まり，あるいは後退することもあるとはいえ，それらの達成のために主体的に行動する存在であると捉えられる。その際，目標の視点から現在の自己とのズレを検出しうる自己評価行動は，未来の望ましい自己を実現するための行動としての意味合いをもつといえる。そしてその目標からのフィードバックによる自己評価行動の繰り返しの過程においては，その時点では見

えなかった，将来的に達成したかった目標そのものについての認識や評価も変わっていくであろう。それは，個人的な目標レベルから，他者と共存していく社会的・普遍的価値次元を反映させた目標レベルへの修正と創出であると思われる。

第2節　目標志向行動としての自己評価

（1）　自己評価の目的

　未来の望ましい自己とはどのような自己か。ここでは，それを望ましい能力の獲得として論を進めることにする。人は所属する社会や集団から要請され期待された社会的役割を取り入れ統合することによって自己を形成し，その社会・集団の価値観を取り入れて自身の価値観を形成する（Mead, 1934）。むろん，人は複数の社会的カテゴリーに所属し（Tajfel, 1982），それぞれにおいて社会的役割をもち，それらに基づいた理想自己を形成する。すなわち，理想自己は複数性をもつ。そうした多重役割を担う中で，自身にとって重要な役割を十分に遂行できる自己が個人にとっての望ましい自己であり，その役割遂行のための能力や特性を身につけることによってそれは達成される。それゆえに，それらの能力や特性の獲得が目標として目指されることになる。志向する望ましい自己がたとえ外部から与えられた義務的な自己であっても，いったんそれが受け入れられ，自身の目標となれば，その実現は目指されると考えられる。

　さて，人が目標とする能力を獲得しようとする過程において，自分には現在どのような能力があり，何がどの程度できるのかという情報はきわめて重要となる。先述の通り，自己の能力レベルを知ることによって目標水準と現実の自己とのズレに気づくことができるからである。この自己の能力レベルを正確に把握しようとする自己評価行動を自己査定（self-assessment）行動という。しかし，自己評価が，自己を高く評価する目的でなされることも知られている。この目的のためになされる行動は，自己高揚（self-enhancement）行動と呼ばれる。

　一般に能力の自己評価は，客観的な外的基準のない場合，他者との比較や繰

り返し行う課題遂行結果などを参照して行われる (Festinger, 1954)。その際，人は自己を正確に評価するために，自己と類似した他者を比較対象とする。さらに，特に能力の比較においては上方比較と下方比較が行われる場合があり，上方比較は向上性の欲求，下方比較は自己防衛の欲求によって行われる。このことから，能力の自己評価に関して，①自己の能力レベルを正確に知ること，すなわち自己査定を目的とするもの，②自己評価を高め，あるいはその低下を防ぎ高い自己評価を維持すること，すなわち自己高揚を目的とするもの，の2種類があるといえる (Latané, 1966; 高田, 1992)。こうした自己査定の目的あるいは自己高揚の目的に基づいた行動が自己査定行動と自己高揚行動であり，それぞれについて自己査定理論と自己高揚理論とが展開されている。

しかしながら，正確な自己を知ることは時として自己評価を低下させる。その意味で自己査定の目的と自己高揚の目的は相容れないものであり，多くの研究において，いずれの自己評価機制が妥当であるかが検討されてきた (蘭, 1992; 深田・越, 1988)。しかし，果たして自己査定と自己高揚は個人の中で統合されえないものであろうか。以下ではまず両理論を概観し，そのうえで，望ましい自己の獲得過程において両行動がいかに位置づけられるかについて検討する。

(2) 自己査定理論

自己査定理論は，Trope (1975) によって提出された，自己評価と自己に関する情報収集行動に関する理論である。この自己査定理論では，環境に適切に対処するには自己を正確に把握しておく必要があるため，人は，自己の能力の不確かさ (uncertainty) を低減させるような行為を行うとされる。したがって課題遂行に際しての課題選択は，現在の自尊感情への脅威の有無とは関係なく，自己の能力レベルの不確かさがどの程度除去されるかに依存する，と予測される (Trope, 1983, 1986)。

1) 課題の能力判別度と課題選択

Trope & Brickman (1975) は，成功確率が3水準の課題を提示し，大学生

にいずれかひとつの課題を選択させた。その際，能力の高い人の成功確率と低い人の成功確率を示すことによって，各課題の能力判別度（diagnosticity）も同時に操作した。能力の高低にかかわらず成功確率が同じであればその課題の能力判別度は低く，成功確率が異なれば判別度も高いといえる。得られた結果は，能力判別度の高い課題が選好されるというものであった。同様の結果はBuckert, Meyer, & Schmalt（1979），Trope（1975），Zuckerman, Brown, Fischler, Fox, Lathin, & Minasian（1979）などにおいても得られている。

また，課題の能力判別度は課題遂行の持続にも影響を及ぼし，判別度の高い課題における遂行時間は低い課題でのそれより短いことが明らかにされている（Trope & Ben-Yair, 1982）。判別度の高い課題であれば，1回の遂行で多くの能力情報が得られるからである。

こうした課題選択は，明らかになる能力レベルの高さには影響されない。Trope（1980）は，能力の高低いずれが明らかになる場合でも，判別度の高い課題が選択されることを明らかにしている。

2）能力レベルの不確かさと課題選択

能力レベルの不確かさが，判別課題の選択に影響することも明らかにされている。Trope（1979）やTrope & Ben-Yair（1982）によると，自己の不確かな能力を判別できる課題の方が確かな能力を判別する課題より選択され，また，不確かさが大きいほど判別度の高い課題が選択される。自己の能力の不確かさは，課題の正確な遂行量にも影響を及ぼす。Trope（1982）は，判別度の高い課題では判別度の低い課題よりも正確な遂行量が多くなり，また，自己の能力について不確かさが高いほど，判別度の高い課題における正確な遂行量が多くなることを見出した。これは，正確な自己の能力査定のために，能力判別度の高い課題を正確に遂行しようと努力するからであると解釈される。

3）将来的な能力の効用性と課題選択

沼崎（1992）は，自己査定が将来への適切な対処を可能にするためになされるという，自己査定理論の前提について検討を加えている。それによると，当該能力が重要で有益だと認知される場合，自己査定行動が生起しやすいことが

明らかにされた。この結果は，将来重要な場面において適切な行動をとるために必要な能力であるならば，現在においてその能力について自己査定行動がなされることを示唆するものである。

（3） 自己高揚理論

こうした自己査定行動に対して，自己評価を高く維持することを目的とする自己関連情報収集行動は，自己高揚行動と総称される。人は，肯定的な自己評価を求める欲求すなわち自己高揚欲求をもち，この欲求によって自己高揚行動がなされる，と仮定される。この考え方は自己高揚理論と総称され（Sedikides & Strube, 1997），自己関連情報収集行動，社会的比較，さらには対人認知や原因帰属などの領域においても，多くの研究で支持されている。たとえば，自分より下位あるいは不幸な状況にある他者との下方比較（Hakmiller, 1966）は，主観的幸福感（subjective well-being）を高めることが明らかにされている（Gibbons & Gerrard, 1991; Wills, 1981）。下方比較によって，肯定的自己評価を得ることができるのである。また自己評価維持モデル（self-evaluation maintenance model：Tesser & Campbell, 1982; 本書第2章を参照）は，典型的な自己高揚欲求に基づく対人関係と自己評価に関する心理機制である。集団状況においては，所属集団の他者と比べて自己が低く評価されている場合，自己評価の高揚を求めて社会的アイデンティティを別の集団にシフトさせることも知られている（越, 2007; Mussweiler, Gabriel, & Bodenhausen, 2000）。

この自己高揚の欲求と自己査定の欲求は，いずれが優位であるのか。これまでに，自尊感情への脅威の有無や課題に対する自我関与の高さなどの状況要因（Strube, Lott, Lê-Xuân-Hy, Oxenberg, & Deichmann, 1986; 谷口, 1985），自尊感情の高さや不確実さなどの個人特性（沼崎, 1991; Strube & Roemmele, 1985），能力の統制可能性や重要性・有益性といった能力の特質（沼崎, 1992）などが両欲求の優位性に影響することが見出されている。

（4） 自己査定と自己高揚の概念の再整理

以上のように，自己を正確に評価したいという自己査定の目的に基づいて自己査定行動が，自己を肯定的に評価したいという自己高揚の目的に基づいて自己高揚行動がなされることが多くの研究において明らかにされてきた。求める自己評価の正確さあるいは肯定性の観点から自己評価行動が分類されうるということである。これに対して，自己の能力の査定あるいは高揚という自己評価目的をいつの時点で達成しようとするか，すなわち，評価目的達成時期の観点から，両行動はさらに整理することができる（越, 2005）。

1）自己査定の再分類

越（2005）によると，自己査定行動には現在の自己のみに注目して行われる場合と，未来の自己を考慮して行われる場合とがある。自己査定行動は，その定義において，環境に適切に対処するために行われる行動だとされている（Trope, 1983, 1986）。つまり自己査定は本来的には，それによって得た情報を現在以降の行動に何らかの形で利用するために行われるものと考えられる。しかしながら，実際には，すべての自己査定が未来の自己の状態を考慮して行われているとは言い難い。単に，現在の自己の能力レベルを知りたいがために自己査定をすることも多く，それが結果的に将来において役立つということはあっても，将来に役立てることが必ず明確に意識されているとはいえない。

現在の自己のみに注目した自己査定：現在の自己のみに注目して行われる自己査定は，さらにその目的によって下位分類される。①ひとつは，単に現在の自己の能力を把握するための行動である。また，②過去から続くものとしての現在の自己の能力の把握，すなわち現在における目標達成度を把握するための自己査定行動がある。さらに，③現在の自己の能力を知ることによって，未来（現在以降）の行動選択および未来の能力獲得に役立つ自己査定行動もある。ただしこれは，次に述べるような，未来の自己を考慮したうえで行われる自己査定ではなく，現在のみに注目して行われた自己査定が，結果的に将来の役に立つ，という場合の自己査定である。

未来の自己を考慮した自己査定：未来の自己が考慮に入れられて行われる自

己査定には，④未来（現在以降）の行動選択に役立てるための自己査定行動と，⑤未来の目標を達成するための，能力向上に役立てるための自己査定行動がある，と考えられる。

先に述べた Trope & Brickman（1975）など，Trope らの扱った一連の自己査定は①に，沼崎（1992）の扱った自己査定は④に対応するといえる。

2）自己高揚の再分類

そもそも自己高揚という概念は多様な意味を含み，研究者によって異なる捉え方がされている。

そのひとつとして，向上性の欲求と防衛欲求を合わせて自己高揚欲求とする考え方がある（Latané, 1966 など）。ここでいう向上性の欲求とは，現在の自己のもつ属性をより望ましいものに変えようという欲求であり，自己を変革することで肯定的自己評価を獲得しようとすることに繋がる。防衛欲求とは，現在の自己についての評価を低下させたくないという欲求である。高田（1992）も，自己高揚のうち積極的な自己高揚行動として向上のための行動と既存の高い自己評価の確認，消極的な自己高揚行動として自己評価の低下を防ぐことと評価行動自体の回避があると示唆している。

これに対して，自己高揚と自己の変革を伴う肯定的自己評価の獲得とを区別する捉え方もある（Banaji & Prentice, 1994; Taylor, Neter, & Wayment, 1995 など）。Wood（1989）は，自己にかかわる3つの欲求として，正確な自己評価を求めること，肯定的な自己評価を得ようとすること（自己高揚）の他に，かくありたい，あるいはかくあるべき自己に近づこうとする，自己の向上を目指す自己改善（self-improvement）の欲求を指摘した。Sedikides & Strube（1997）は，自己高揚を"自己評価の肯定性を増加させることと否定性を減少させること"であるとし，現在の自己をより望ましいものに変えようとすることを自己改善と定義している。

一方 Sedikides & Strube（1997）などのいう自己高揚は，さらに2つに分けられる（Tice, 1991; Wood, Giordano-Beech, Taylor, Michela, & Gaus, 1994 など）。すなわち，自己評価を高めようと肯定的属性に注目できる方法を積極的に探す

ことを自己高揚とし，自己評価を防衛しようと否定的属性を最小限におさえようとすることを自己防衛として区別する立場である。この場合，肯定的属性に注目することは，肯定的属性の新たな獲得を意味するものではなく，現在の自己がすでにもつ属性の強調を意味し，否定的属性を最小限にすることは，それを明らかにしないことを意味する。

また，自己の誇るに足る属性を現実に示す，あるいは確認・表明するという直接的な自己肯定を自己高揚，自己の望ましくない属性を解消するという間接的自己肯定を自己向上とする捉え方もある（北山・唐澤，1995）。ここでいう自己高揚は，現在の自己の肯定性を主張することであり，自己向上は，現在の自己の変革に基づく，未来における自己の否定性の解消である。

このように様々に定義される自己高揚は，肯定的自己評価をどの時期において獲得しようとするのかという点において違いがある。すなわち，自己高揚の概念は，未来において肯定的評価を獲得すること，あるいは現在において肯定的評価を獲得することに分類できる。それはまた，肯定的自己評価の獲得を，自己の変革を伴うものとして考えるか否かということでもある。

向上的自己高揚と認知的自己高揚：そこで，自己高揚の概念は，次の2つの型に分類することができる（越，2005）。

①ひとつは，現在の自己を変え，自己価値そのものを高めることによる，未来における肯定的自己評価の獲得という自己高揚である。これはさらに，ⓐ肯定的属性をいっそう伸ばすことによる肯定的自己評価の獲得，ⓑ否定的属性をなくすことによる肯定的自己評価の獲得，に分けられる。

②他のひとつは現在の自己の状態を変えずに，認知的に自己評価を高めることによる，現在における肯定的自己評価の獲得という自己高揚である。これはさらに，ⓐ肯定的属性に注目あるいは主張することによる肯定的自己評価の獲得，ⓑ否定的属性を無視あるいは歪曲して過小評価することによる肯定的自己評価の獲得，に分けられる。

このうち，自己自体を望ましい方向に変革させることによって，未来において肯定的自己評価を得ることは，まさに自己価値の向上によるものといえる。

表1-1　向上的自己高揚と認知的自己高揚 (越, 2005を一部修正)

	自己高揚の達成時期	現在の自己	具体的方略	
			肯定的属性	否定的属性
向上的自己高揚	未　来	変　革	獲得する 伸ばす	なくす 減らす
認知的自己高揚	現　在	不　変	注目する 主張する	無視する 歪曲する

一方，自己を変えずに現在において高い自己評価を得て，低い自己評価を回避することは，認知的な偏りあるいは歪みによるものである。したがって，広義の自己高揚のうち，①に該当するものを未来における向上的自己高揚，②に該当するものを現在における認知的自己高揚ということができる（表1-1）。

(5)　自己高揚のための自己査定

このような自己査定と自己高揚概念の評価目的達成時期の観点からの分類は，両者を同一時間軸上に布置することを可能にする。未来が考慮されて自己査定が行われ，自己高揚が未来における向上的自己高揚であるならば，両者は同一の目的をもつものであり，未来の自己高揚のために現在において自己査定がなされるという，両行動の矛盾のない統合がなされうるのである。Sedikides & Strube（1997）もまた，肯定的な自己評価の獲得は直接的自己高揚（candid self-enhancement），本章でいうところの認知的自己高揚によっても可能だが，間接的には自己査定などによっても可能であり，すなわち自己査定は"戦術的自己高揚（tactical self-enhancement）"であると述べている。これは，自己高揚を未来における肯定的自己評価の獲得として捉えた場合，現在の自己査定がそれに役立つことを示唆している。現在の自己についての査定情報は，未来の自己高揚に対する長期的有用性をもつ。

つまり，現在から未来に繋がる時間軸上において，未来の自己高揚に至るプロセスとして，現在の自己査定行動を位置づけることができる。現在の自己査定は，短期的にはたとえ現在の自己評価に否定的影響をもつとしても，未来の望ましい自己の獲得という自己高揚の準備のための行動として考えることがで

きるのである。そのようにして人は，現在の自己に対する査定的評価行動を繰り返し，未来の望ましい自己に向けた自分づくりをしている。

自己評価目的の長期的機能に関するこのような捉え方は，近年，その実証的検討が散見されるようになっている。次節では，未来の向上的自己高揚のために現在において自己査定行動がなされることを実証的に示した研究をみていく。

第3節　自己高揚過程における能力の自己査定

（1）　否定的フィードバックの受容

Green, Sedikides, Pinter, & Van Tongeren（2009, Experiment 1）は，自己改善の欲求（self-improvement strivings）が喚起されたとき，否定的内容の自己関連情報も受容的に処理されることを示した。それによると，プライム課題で自己改善に関わる単語の処理をして自己改善欲求が喚起された条件では，パーソナリティテストの結果としてフィードバックされた自身の行動傾向について，肯定的内容だけでなく否定的内容も再生できた。これに対して統制条件（欲求が喚起されない条件）では，肯定的内容が否定的内容よりも多く再生された。また，否定的内容の再生率は，統制条件よりも自己改善欲求喚起条件において高かった。再生率の高さは当該情報の深い処理を意味するものであることから，自己改善欲求がプライミングされると，否定的内容のフィードバックも深く処理されたことが示唆される。

Green et al.（2009, Experiment 2）はまた，自身の行動傾向についての親しい人からのフィードバックは，肯定的内容だけでなく否定的内容も同程度に再生されることを示した。また，未知の他者から受けた否定的フィードバックより親しい人から受けた否定的フィードバックの方が再生率は高かった。親しい人との関係維持のために自己の改善が意識され，そのためには短期的には自己脅威となる否定的な自己関連情報も受容されたものと考えられる。更生施設の非行少年が，自己改善的フィードバックをガールフレンドからもっと受けることを望んでいるという報告もある（Neiss, Sedikides, Shahinfar, & Kupersmidt,

2006)。

　評価対象である自己の能力・特性が修正可能ならば，その能力・特性に関する否定的記述は受容される。Green, Pinter, & Sedikides（2005）によると，自己に関連する修正可能な特性についての否定的記述は，修正不可能な特性についての否定的記述よりも読後に多く再生された。一方，肯定的記述の再生率は，修正不可能な特性の方が修正可能特性よりも多かった。同様に，修正可能な能力のとき，フィードバックを求めて，それを得られる課題がより選ばれる（Dauenheimer, Stablberg, Spreemann, & Sedikides, 2002）ことが，また，自己の能力を低く認知している人は，それが変化可能な能力であるならば，得手でなく不得手についてのフィードバックを求める（Trope, Gervey, & Bolger, 2003）ことが明らかにされている。

　このように，自己の改善すなわち本章でいうところの向上的自己高揚の欲求が高まることにより，短期的な脅威をもたらしうる否定的フィードバックも受容される。すなわち向上的自己高揚のために，自己査定的な行動が生起することが示された。

（2）　自己査定的課題選択および対人選択

　越（1994）は，能力課題遂行に際し，向上的自己高揚のために自己査定的な課題選択が行われることを明らかにした。未来の向上的自己高揚を目指して，その準備として自己査定行動が行われるのであれば，向上的自己高揚の可能性への期待が存在する方が自己査定行動は生じやすいと考えられる。すなわち，当該能力が獲得目標能力であり，かつ獲得可能性が高く認知されるならば，未来の望ましい自己の達成が期待できる。そのため，未来においてその目標を達成するために，現在の能力を明確に判別できる自己査定的課題が選択されると仮定された。結果として，自己査定的課題は，当該能力獲得が目標であり，かつ獲得可能性が高いと認知する人において多く選択され，獲得が目標だが獲得可能性認知の低い人および獲得を目標とせず獲得可能性認知の高い人においては少なく選択されることが示された。

さらに，越（1996）では，現実での個人が目標とする能力の多様性が考慮されて同様の検討が行われている。調査対象者自身に身につけたいと思う能力でできるだけ高くありたいもの（高目標能力），身につけたいと思う能力で平均的な高さであればよいと思うもの（平均目標能力），欲しいとは思わない能力（非獲得目標能力）を回答させ，未来の獲得可能性の評定と，能力判別課題の選択，選好度評定を求めた。その結果，高目標能力で，かつ獲得可能性を高く認知する能力群と，平均目標能力かつ獲得可能性を高く認知する能力群で，自己査定的課題を最多選択した人数の比率が最も高いことが確認された。さらに，自己査定的課題の選好度が，高目標・獲得可能性高認知能力群および平均目標・獲得可能性高認知能力群において他の能力群よりも高いことが示された。このように，未来の自己高揚が期待できる能力に関しては，自己査定的課題が選択・選好され，自己高揚の期待が低い能力に関しては，自己査定的課題は選好されにくいことが明らかにされた。

　自己査定行動の指標には，自己評価基準としての上位他者選択を用いることもできる。自己評価時の上位他者と自己との比較は，それによって自己の劣位や今後の努力材料が明らかになり，また上位他者からより高い課題遂行スキルを学べるという点で（Wood & Taylor, 1991），まさに向上的自己高揚の準備としての自己査定といえる。

　Brown & Zagefka（2006）は，自己改善欲求がプライミングされたとき，上位集団が比較対象として選択されたことを明らかにした。自己改善欲求は，下方比較よりも上方比較を行う状況において高いことも明らかにされている（Buunk, Cohen-Schotanus, & Henk van Nek, 2007）。また越（1997）では，上位他者は，越（1996）と同様の高目標・獲得可能性高認知能力群において他の能力群よりも評価基準として多く選択され，つまり自己高揚の期待の高い能力において選択されやすいことが示された。

　さらに，個々の能力についてでなく個人の能力の総体として自己高揚期待が高い人ほど，自己査定が生起しやすいことも明らかにされている（越，1998）。

　これらから，未来における向上的自己高揚が期待でき，あるいは向上的自己

高揚への欲求が喚起されているときには，あえて自己査定が可能になる判別的な課題の遂行や，評価基準として上位他者が選択されることが示された。このことから，現在行われる自己査定行動が，未来の向上的自己高揚のためになされるものであることが示唆される。

（3） 他者との関係性による促進

上記のように，向上的自己高揚のために，自己査定行動がその脅威にもかかわらず行われることが明らかにされた。それは，能動的で意志的な行動ということができる。ただし，そうした行動は，他者との関係性によって後押しされるものでもある。

Kumashiro & Sedikides (2005) は，親密で肯定的な関係にある他者について尋ねられ，その人について記述する条件（親密・肯定的関係条件）では，親密・否定的関係条件，疎遠・肯定的関係条件，疎遠・否定的関係条件と比べ，その後，自身の能力テスト結果の詳しいフィードバックをより強く求めたことを明らかにした。成人のアタッチメント研究では，他者との安心で安全な関係の有無は新奇なデータの取り入れや統合と関連することも示唆されている (Mikulincer & Arad, 1999)。親密で肯定的な関係は自己を支えるリソースとして機能し，脅威的情報に対する緩衝材になる (Kumashiro & Sedikides, 2005)。そのため，否定的な自己関連情報も受容することが可能になるのである。先述のGreen et al. (2009, Experiment 2) や Neiss et al. (2006) も，親密で肯定的な関係のもとでは，否定的フィードバックも受け入れやすいことを示している。未来において望ましい自己を獲得するというあくまでも個人的な行動過程において，他者が介在することで，向上的自己高揚に向かおうとする気持ちが自己査定行動を促すこともあるといえる。

（4） 自己形成過程としての自己査定行動：自己評価行動研究の発展の方向性

人は目標志向性をもち，望ましい自己を志向する。近年の自己改善欲求あるいは自己高揚期待を取り上げた研究は，自己査定がそうした望ましい自己を未

来において獲得するためになされ，向上的自己高揚の準備過程としての機能をもつことを示した。このことから，次のような自己査定−自己高揚プロセスが仮定される（越, 2005）。かくありたいという目標をもつことが向上的自己高揚への欲求を高め，目標能力の獲得可能性が高く認知された場合に，未来の自己高揚の期待が高まる。未来の自己高揚期待が高いと，それを実現するために自己査定行動がなされる。自己査定によって明らかにされた情報をもとに様々な努力がなされ，いずれ肯定的な自己評価が獲得され向上的自己高揚が達成される。

このような自己査定と自己価値の向上としての自己高揚の同一過程モデルは，まさに主体的自己形成の長期的プログラムというべきものである。人は，環境に影響を受けるだけの存在ではない。将来展望をもたずに，ただ現在を生きるわけでもない。自分なりの望ましい自己を目指し，能動的にまた意志的に自分づくりの過程を統御しているのである。そうした未来に繋がる時間軸の上に自己を置いていればこそ，否定的な自己関連情報も，単なる短期的脅威として受け入れることができる。

また，そうした過程は必ずしも独力で達成されるわけではなく，他者との肯定的な関係が個人の主体的行動を支えうる。しかもその過程は，一度きりのサイクルで終わるものではないであろう。望ましい自己に向けての自己変容と自己の創出が繰り返されるに伴って，目標とする自己像は次々と新しい自己像に修正され作り変えられていく。人は終生，与えられたまたは期せずして出くわした社会システムへの適応を余儀なくされるものである。まさにそれゆえに，長期的プログラムとして，自己形成と変容のための自己評価行動が重要になるといえよう。

引用文献

Albert, S. (1977). Temporal comparison theory. *Psychological Review*, **84**, 485-503.

蘭　千壽 (1992). パフォーマンスと自己評価　遠藤辰雄・井上祥治・蘭　千壽 (編) セルフ・エスティームの心理学―自己価値の探求―　ナカニシヤ出版　pp. 89-96.

Banaji, M. R., & Prentice, D. A. (1994). The self in social contexts. *Annual Review of*

Psychology, **45**, 297-332.

Brown, R. J., & Zagefka, H. (2006). Choice of comparisons in intergroup settings: The role of temporal information and comparison motives. *European Journal of Social Psychology*, **36**, 649-671.

Buckert, U., Meyer, W., & Schmalt, H. (1979). Effects of difficulty and diagnosticity on choice among tasks in relation to achievement motivation and perceived ability. *Journal of Personality and Social Psychology*, **37**, 1172-1178.

Buunk, A. P., Cohen-Schotanus, J., & Henk van Nek, R. (2007). Why and how people engage in social comparison while learning social skills in groups. *Group Dynamics : Theory, Research, and Practice*, **11**, 140-152.

Carver, C. S., & Scheier, M. F. (1990). Principles of self-regulation : Action and emotion. In E. T. Higgins & R. M. Sorrentino (Eds.), *Handbook of motivation and cognition*. New York : Guilford Press. pp. 3-52.

Deci, E. L. (1975). *Intrinsic motivation*. Plenum Press.（デシ, E. L. 安藤延男・石田梅男（訳）(1980). 内発的動機づけ—実験社会心理学的アプローチ　誠信書房）

Dauenheimer, D. G., Stablberg, D., Spreemann, S., & Sedikides, C. (2002). Self-enhancement, self-verification, or self-assessment? The intricate role of trait modifiability in the self-evaluation process. *Revue Internationale de Psychologie Sociale*, **15**, 89-112.

遠藤由美（1991）. 理想自己に関する最近の研究動向—自己概念と適応との関連で—　上越教育大学研究紀要, **10**, 19-36.

Erikson, E. H. (1959). *Identity and the life cycles. Psychological Issues*. No. 1. New York : International Universities Press.（エリクソン, E. H. 小此木啓吾（訳編）(1973). 自我同一性—アイデンティティとライフサイクル—　誠信書房）

Festinger, L. (1954). A theory of social comparison processes. *Human Relations*, **7**, 117-140.

深田博己・越　良子（1988）. 能力の自己評価に関する研究—自己査定理論と自己防衛・高揚理論—　広島大学教育学部紀要　第1部, **37**, 143-152.

Gibbons, F. X., & Gerrard, M. (1991). Downward comparison and coping with threat. In J. Suls & T. A. Wills (Eds.), *Social comparison : Contemporary theory and research*. Hillsdale, NJ : Lawrence Erlbaum Associates. pp. 317-345.

Green, J. D., Pinter, B., & Sedikides, C. (2005). Mnemic neglect and self-threat : Trait modifiability moderates self-protection. *European Journal of Social Psychology*, **35**, 225-235.

Green, J. D., Sedikides, C., Pinter, B., & Van Tongeren, D. R. (2009). Two sides of self-protection : Self-improvement strivings and feedback from close relationships eliminate mnemic neglect. *Self and Identity,* **8**, 233-250.

Hakmiller, K. L.(1966). Threat as a determinant of downward comparison. *Journal of Experimental Social Psychology*, Supplement **1**, 32-39.

梶田叡一（1988）．自己意識の心理学　第2版　東京大学出版会

北山　忍・唐澤真弓（1995）．自己─文化心理学的視座─　実験社会心理学研究，**35**, 133-163.

越　良子（1994）．目標と達成可能性認知が自己査定行動の生起に及ぼす影響　心理学研究，**65**, 364-370.

越　良子（1996）．能力の自己査定行動と自己高揚期待　心理学研究，**67**, 42-49.

越　良子（1997）．自己査定方略としての対人選択に及ぼす自己高揚期待の影響　心理学研究，**68**, 379-386.

越　良子（1998）．能力全体に関する自己高揚期待が自己査定行動に及ぼす影響　山陽論叢，**5**, 49-58.

越　良子（2005）．自己高揚過程における能力の自己査定に関する研究　北大路書房

越　良子（2007）．中学生の所属集団に基づくアイデンティティに及ぼす集団内評価の影響　上越教育大学研究紀要，**26**, 357-365.

Kumashiro, M., & Sedikides, C.(2005). Taking on board liability-focused information : Close positive relationships as a self-bolstering resource. *Psychological Science*, **16**, 732-739.

Latané, B.(Ed.)(1966). Studies in social comparison. *Journal of Experimental Social Psychology*, Supplement **1**, 1-5.

Maslow, A. H.(1962). *Toward a psychology of being*. New York : Van Nostrand.（マスロー，A. H.　上田吉一（訳）（1964）．完全なる人間─魂のめざすもの─　誠信書房）

Mead, G. H.(1934). *Mind, self and society*. Chicago : University of Chicago Press.

Mikulincer, M., & Arad, D.(1999). Attachment working models and cognitive openness in close relationships : A test of chronic and temporary accessibility effects. *Journal of Personlity and Social Psychology*, **77**, 710-725.

溝上慎一（1999）．自己の基礎理論─実証的心理学のパラダイム─　金子書房

水間玲子（1998）．理想自己と自己評価及び自己形成意識の関連について　教育心理学研究，**46**, 131-141.

Mussweiler, T., Gabriel, S., & Bodenhausen, G. V.(2000). Shifting social identities as a strategy for deflecting threatening social comparisons. *Journal of Personality and Social Psychology*, **79**, 398-409.

Neiss, M. B., Sedikides, C., Shahinfar, A., & Kupersmidt, J. B.(2006). Self-evaluation in a naturalistic context : The case of juvenile offenders. *British Journal of Social Psychology,* **45**, 499-518.

沼崎　誠（1991）．自己能力診断が可能な課題の選好を規定する要因—自己査定動機・自己高揚動機の個人差と性差—　心理学研究，**62**，16-23．

沼崎　誠（1992）．自己能力診断が可能な課題の選好を規定する要因（2）—能力の統制可能性と重要・有益性および自己能力予測—　実験社会心理学研究，**32**，15-26．

Rogers, C. R. (1963). The actualizing tendency in relation to "motives" and to consciousness. In M. Jones (Ed.), *Nebraska symposium on motivation.* Lincoln, NE : University of Nebraska Press. pp. 1-24.

Rogers, C. R, & Dymond, R. F. (1954). *Psychotherapy and personality change.* Chicago : The University of Chicago Press.

Sedikides, C., & Strube, M. J. (1997). Self-evaluation : To thine own self be good, to thine own self be sure, to thine own self be true, and to thine own self be better. In M. P. Zanna (Ed.), *Advances in experimental social psychology.* Vol.29. San Diego : Academic Press. pp. 209-269.

Strube, M. J., Lott, G. M., Lê-Xuân-Hy, Oxenberg, J., & Deichmann, A. K. (1986). Self-evaluation of abilities : Accurate self-assessment versus biased self-enhancement. *Journal of Personality and Social Psychology,* **51**, 16-25.

Strube, M. J., & Roemmele, L. A. (1985). Self-enhancement, self-assessment, and self-evaluative task choice. *Journal of Personality and Social Psychology,* **49**, 981-993.

Tajfel, H. (1982). *Social identity and intergroup relations.* Cambridge : Cambridge University Press.

高田利武（1992）．他者と比べる自分　サイエンス社

谷口伸光（1985）．課題選択の規定因としての感情価と情報価について　教育心理学研究，**33**, 49-54．

Taylor, S. E., Neter, E., & Wayment, H. A. (1995). Self-evaluation processes. *Personality and Social Psychology Bulletin,* **21**, 1278-1287.

Tesser, A., & Campbell, J. (1982). Self-evaluation maintenance and the perception of friends and strangers. *Journal of Personality,* **50**, 261-279.

Tice, D. M. (1991). Esteem protection or enhancement? Self-handicapping motives and attributions differ by trait self-esteem. *Journal of Personality and Social Psychology,* **60**, 711-725.

Trope, Y. (1975). Seeking information about one's own ability as a determinant of choice among tasks. *Journal of Personality and Social Psychology,* **32**, 1004-1013.

Trope, Y. (1979). Uncertainty-reducing properties of achievement tasks. *Journal of Personality and Social Psychology*, **37**, 1505-1518.

Trope, Y. (1980). Self-assessment, self-enhancement, and task preference. *Journal of Experimental Social Psychology*, **16**, 116-129.

Trope, Y. (1982). Self-assessment and task performance. *Journal of Experimantal Social Psychology*, **18**, 201-215.

Trope, Y. (1983). Self-assessment in achievement behavior. In J. Suls & A. G. Greenwald (Eds.), *Psychological perspectives on the self*. Vol. 2. Hillsdale, NJ : Lawrence Erlbaum Associates. pp. 93-121.

Trope, Y. (1986). Self-enhancement and self-assessment in achievement behavior. In R. M. Sorrentino & E. T. Higgins (Eds.), *Handbook of motivation and cognition : Foundation of social behavior.* Vol.1. New York : The Guilford Press. pp. 350-378.

Trope, Y., & Ben-Yair, E. (1982). Task construction and persistence as means for self-assessment of abilities. *Journal of Personality and Social Psychology*, **52**, 90-106.

Trope, Y., & Brickman, P. (1975). Difficulty and diagnosticity as determinants of choice among tasks. *Journal of Personality and Social Psychology*, **31**, 918-925.

Trope, T., Gervey, B., & Bolger, N. (2003). The role of perceived control in overcoming defensive self-evaluation. *Journal of Experimental Social Psychology,* **39**, 407-419.

Wills, T. A. (1981). Downward comparison principles in social psychology. *Psychological Bulletin*, **90**, 245-271.

Wood, J. V. (1989). Theory and research concerning social comparisons of personal attributes. *Psychological Bulletin*, **106**, 231-248.

Wood, J. V., Giordano-Beech, M., Taylor, K. L., Michela, J. L., & Gaus, V. (1994). Strategies of social comparison among people with low self-esteem : Self-protection and self-enhancement. *Journal of Personality and Social Psychology*, **67**, 713-731.

Wood, J. V., & Taylor, K. L. (1991). Serving self-relevant goals through social comparison. In J. Suls & T. A. Wills (Eds.), *Social comparison : Contemporary theory and research*. Hillsdale, NJ : Lawrence Erlbaum Associates. pp. 23-49.

Zuckerman, M., Brown, R. H., Fischler, G. L., Fox, G. A., Lathin, D. R., & Minasian, A. J. (1979). Determinants of information-seeking behavior. *Journal of Research in Personality*, **13**, 161-174.

第2章　自己評価維持機制と関係性維持の心理

第1節　自己についての心理学的探求

（1）社会的比較と自己

1）自己評価と社会行動

　自己についての関心は，心理学の歴史においても古くから見られる（James, 1892）。人は，他者との関わりにおいて存在し，そうした中で形成される自己意識や自己評価は，自ずと他者規定的な側面をもっている。それと同時に，周囲の他者から影響を受けつつ，自らの特性を把握し，自己の適性を探りながら社会への適応を図る存在でもある。こうした自己評価と適応の問題について，理論的な検討を行ったのが Festinger（1954 a）である。

　Festinger（1954 a）は，社会的比較過程理論（theory of social comparison processes）において，環境を理解し，有効な働きかけを行うのに必要な人間の基本的動因として，自己評価への動因をあげている。そして，正確で安定した自己評価を得るために，自己と意見や能力が類似した他者との比較がなされるとしている。不適切な意見，適切さに欠ける自己の能力評価は，様々な混乱を招き，環境への適応を困難にしてしまうので，環境への適応と他者との関係を適切に保つためにも，"自分の能力がどの程度であり，それによって何ができ，何ができないかを知ることが重要となる"（Festinger, 1954 b）。また，環境へのよりよい適応は，自己への肯定感，すなわち自己のよさの感覚へとつながることになる。

元来，社会的比較の考え方は，より妥当な意見の形成と修正を問題とした社会的影響過程の枠組みに基礎を置いている。これを，意見だけでなく能力の側面にも拡張し，より妥当な意見や能力を形成することの重要性を指摘したのが，社会的比較過程理論である。類似した他者は，自己の意見や能力の形成にとって，重要な情報源となる。類似した他者と親和しやすいというSchachter (1959) の研究は，こうした社会的比較の枠組みから捉えることができる。自己とかけ離れた他者との比較は，自己および自己の行動の適切さを知る手がかりとして有効ではないからである。

2) 自己評価への動因と社会的比較

Jones & Regan (1974) は，重要な行動の選択や意思決定を迫られる状況で，自己評価への動因が強まり，社会的比較情報を求めようとすることを明らかにした。つまり，自己評価への動因は，意思決定前により強まり，意思決定後には，低下していた。また，自己と類似した能力をもち，これから行うべき行動をすでに経験済みの他者と親和しやすいことも見出された。これは，自分自身の行動の可能性を知るうえで，そうした他者が，最も有用な情報を提供してくれると考えられるからである。高田・高田 (1976) は，課題についての先行経験が乏しく，自分自身の能力について直接的な知識がない場合，能力の自己評価が，モデルの存在によって影響されることを見出している。

さらに，磯崎 (1981) は，変更不可能な重要決定を行うに際しては，たとえ，自己を脅かす可能性のある情報であっても，敢えて社会的比較情報を求めるとしている。つまり，こうした状況では，自己にとって不都合な情報であっても，その後の行動をより適切に行うため，正確な自己評価を行う必要がある。Jones & Regan (1974) や磯崎 (1981) の研究は，いずれもJones & Gerard (1967) の指摘する自己評価の有用性という観点から説明できる。自己のよさを求める心理は，一時的なものではなく，より長期的視点に立ったものと言える。

3) 自己高揚と社会的比較

社会的比較には，自己評価だけでなく，自己を高め，自らを好ましいものと知覚したいとの自己高揚 (self-enhancement) の欲求も作用する (Gruder, 1977;

高田, 1974; Thornton & Arrowood, 1966)。自己高揚の欲求が作用すると，自己にとって好ましい情報には積極的に接触を試み，逆に自己にとって不都合な情報へは，接触を回避しようとする。自己にとって否定的な情報を与えられた人が，自分よりも否定的な特性をもつ他者との比較を求めようとしたというHakmiller（1966）の研究もその例と考えられる。

また，意見の社会的比較がコミュニケーションや態度変化を生み出すのに対し，能力の比較がある種の競争行動を生み出すこともある。つまり，競争行動は，能力についての不確かさを減じるための情報探索行動と考えることができる（Conolley, Gerard, & Kline, 1978）。Conolley et al.（1978）は，能力の不確かさ（遂行のバラツキ）と課題の遂行レベル（競争相手に対する勝率50％，65％，80％の3条件）を取り上げ，実際の競争行動との関連を検討した。そして，不確かさの程度が高く，かつ勝率80％の条件において，競争行動が最も多く見られた。この結果も，自己評価だけでなく，自己を肯定的に捉えたいという欲求が作用した結果と考えられる。逆に，不確かさが高くても，相手と同じ勝率（50％）の条件で，競争行動が最も少なかった。この条件は，競争の結果，負けとなる可能性も高いため，競争を回避して自己を防衛しようとしたと推測される。いずれにせよ，これらの条件では，自己評価よりも自己高揚（防衛）の欲求がより強く作用したことになる。

ただし，すでに述べたように，決定前状況では，自己高揚よりも自己評価への動因がより強まっている。このように，社会的比較における自己評価と自己高揚の欲求のいずれが顕現化するかは，その個人の置かれた状況要因によって異なると言える。

（2） 他者の存在と自己

1）社会的促進

社会的促進（social facilitation）とは，他者の存在によって個人の行動が促進される現象をいう。しかし，他者の存在が個人の行動を妨害することもある。社会的促進については，Zajonc（1965）の動因理論など，いくつかの説明理論

が提出されている（Sanders, 1984 など）が，それらは，Cottrell（1972）の評価への懸念（evaluation apprehension）の概念を始めとして，基本的には Zajonc の理論を修正する形で展開されている。そして動因理論の有効性がある程度認められつつも，他者存在による促進・妨害の生起には，議論の余地も残されている。

しかし，いずれの修正理論にせよ，社会的促進の背景には，よりよい自己への希求がその基本にあるように思われる。それが，他者の存在によって，意識的，無意識的に強められ，結果として，促進や妨害さらには反応の抑制（無反応）がより生起しやすくなると考えられる。無反応が増えることは，Zajonc（1965）の理論では，十分説明できないからである（宮本, 1993）。

2）集団極性化

集団極性化（group polarization）とは，集団において討論などの相互作用を経た後の集団反応の平均が，集団経験前に個々人によってなされた反応の平均よりも，集団経験前と同一方向により極端になって現れる現象を指す（Myers & Lamm, 1976）。集団極性化が，意見や考えを共有する人たちの間で生起しやすいことは，多くの研究で明らかにされている（Lamm & Myers, 1978; Myers, 1999）。

集団極性化の説明には，集団の相互作用によってそれまでの意見や考えがより明確になるためという情報的影響説（Burnstein & Vinokur, 1977）と，集団内の他者と比較し，自己を社会的により好ましい存在として位置づけたいという社会的比較説（Sanders & Baron, 1977）がある。この2つの考え方は，互いに矛盾するものではなく，通常相まって作用し，極性化を生起させている（Isozaki, 1984; Myers, 1999）。さらに，自己を集団と同一視し，集団に典型的な行動を取ろうとする集団成員のある種の同調による適応行動として，極性化を説明する考え方（Hogg & Abrams, 1988; Turner, 1987）もある。いずれにせよ，これらの考え方の背景には，集団に適応し，自己のよさを希求する心理があると思われる。

3）他者認知と自己感

　人が自分自身をどう捉えるかは，どこに住み，誰を友人とし，どんな仕事に就くかなどによって規定される。逆に言えば，どういった環境に身を置くかという主体的な関わりこそが，その人がどんな人であるかを示すことになる。つまり，それによって，自己についての結論（sense of self：自己感）を引き出しているのである。

　また，ある課題に取り組み，その成果が他者より芳しくないと，そうした課題の自己にとっての重要性を低く評価し，課題への興味を減じることもある（Boggiano & Ruble, 1979）。逆に，自己を好ましいものとするため，比較対象となる他者を選択するなど，方略的な社会的比較を行うこともある。たとえば，Lewicki（1983）は，人は，自分が重要視する側面で他者を判断しがちであると指摘している。多くの場合，人は，自分が得意で優れた成果を上げうるものを重要視する。それは，結果として，自らをより肯定しやすいからである。こうした他者認知において，自らが望ましいと考える特性を重視する傾向を自己像バイアス（self-image bias）という。こうした認知バイアスも，自己のよさを希求したものと考えられる。

第2節　自己評価維持機制と社会行動

（1）　自己評価維持モデル

1）自己評価維持モデルの比較過程と反映過程

　Tesser（1984）によって提唱された自己評価維持（self-evaluation maintenance：SEM）モデルは，人は，自己評価を維持しようとするとの前提に立っている。ここでの自己評価とは，人が自分自身に対して抱いている，あるいは他者が自分に対して抱いているとその個人が認知する相対的なよさの感覚であり，その時々によって変化するある種の認知的状態をさす。比較的安定したパーソナリティ特性と考えられる自尊感情や自尊心（self-esteem）とは区別される（磯崎，2009a参照）。こうした自己評価は，他者と自己との関係性や，他者の示す行動

によって大きく影響される。

　SEMモデルによれば，自己評価の維持は，以下の2つの相反する過程から成り立つとされる。ひとつは，自己にとって心理的に近い他者の優れた成果や遂行（performance）によって，自己評価が上がる過程であり，これを反映過程（reflection process）という。しかし，心理的に近い他者の優れた遂行によって，自己と他者との比較が生起し，自己評価が下がることがある。この過程を比較過程（comparison process）という。

　ここでの心理的な近さ（closeness）とは，Heider（1958）のユニット関係の概念にほぼ対応している。ユニット関係とは，同一集団への所属，類似性などによって，二者が認知的単位（心理的まとまり）を形成していることをさす。二者がユニット関係にあるほど，心理的に近いといえる。つまり，未知の人より，友人や親友，きょうだいの方が，心理的に近い。また，同じきょうだいでも年齢差の小さいきょうだいの方が，心理的に近いことになる。心理的な近さは，親しさそのものではなく，好意的な感情とは区別される。こうした心理的に近い他者は，遠い他者より自己評価に与えるインパクトが強いと考えられる。

2）比較過程と反映過程の生起メカニズム

　比較過程と反映過程いずれが生起するかは，その遂行領域が，自己を規定する程度による。この自己規定の程度を関与度（relevance）という。自己関与度が低い場合，心理的に近い他者の優れた遂行は，自己にとっても好ましく感じられ，自己評価を上昇させる（反映過程）。この過程は，Cialdini & Richardson（1980）による栄光浴（basking in the reflected glory）と同様の心理的効果をもたらす。つまり，優れた他者の栄光が自己にも及び，自己をより好ましい存在として他者に呈示することができる。

　しかし，自己関与度が高いとき，心理的に近い他者の優れた遂行は，自他の比較を引き起こし，脅威をもたらす。結果として自己評価が低下することになる。これが比較過程である。この過程は，Festinger（1954a）の比較過程とは意味が異なり，自他の比較によって，自己評価が下がることを意味する。自己評価の低下は，自己評価の維持に反することになる。したがって，人は，自己

評価を維持するため，反映過程を生起させつつ，比較過程が生起しないよう，他者との心理的な近さ，自己および他者の遂行，遂行領域の自己関与度を，認知的，行動的に調整しようとする。これが，SEM モデルの基本的な考え方である（磯崎，1998，2009 b）。こうした心理的作用を自己評価維持機制と呼ぶことにする。

3）SEM モデルの特徴

自己評価維持は，自己という力動的なシステムのある種の恒常性への希求を意味している（Tesser, 1988；磯崎，2003）。これは，自己のよさへの希求と言い換えることもできる。ただし，SEM モデルでは，自己評価そのものは測定されていない。ここでの自己評価は，あくまで他者との心理的な近さ，関与度，遂行という諸変数間の関係から設定された仮説構成概念である。ちょうど，Festinger（1957）の認知的不協和理論における不協和の低減が，ひとつの仮説的過程であるのと同様，自己評価維持の概念は，ひとつの仮説的過程と考えられる（Tesser, Millar, & Moore, 1988）。

不協和低減や自己評価維持は，いずれも直接測定したり観察したりすることはできない。しかし，いずれの理論やモデルも，諸変数間の関係から，ある特定の予測をなすことが可能であり，その意味で検証可能である（Tesser & Campbell, 1983）。Tesser（1984）の次の例を見てみよう。ピアニストを夢見るメアリーは，隣に越してきたジェーンが優れたピアノの才能の持ち主だと知る。比較過程が生起したメアリーは，自己評価維持のため，関与度を変化させる（ピアニスト志望ではない，ジェーンと違ってジャズピアニスト志望である），心理的な近さを変える（引っ越す），遂行を変える（ピアノの腕をあげる），などが考えられる（磯崎，1989）。

このように，SEM モデルでは，通常の意味での独立変数，従属変数というものは存在しない。あくまで研究方略上，心理的な近さ，遂行，関与度のうち，いずれか 2 つを操作ないし固定し，それらが第 3 の変数に及ぼす効果を見ることになる。つまり，それぞれの変数が，残る 2 つの変数の結果であるとともに，原因となりうるという特徴をもっている。以下，こうした視点から行われた

Tesser とその共同研究者によるいくつかの研究を概観する。

（2） 自己評価維持機制の実証研究

1）心理的な近さと関与度が遂行に及ぼす影響

心理的な近さと関与度が，他者の遂行の知覚に及ぼす効果を検討したのが Tesser & Campbell (1982 a) である。友人同士のペア2組（計4人）で実験に参加し，個別に2つのテストに答えた。友人が心理的に近い他者，実験で出会った他者が遠い他者と設定された。予測どおり，自己にとって関与度が低いテストでは，友人の遂行を遠い他者よりポジティブに知覚し，関与度が高いテストでは，遠い他者を友人よりポジティブに知覚した。

Tesser, Campbell, & Smith (1984) は，小学生を対象に友人関係を調査し，勉強やスポーツなど，関与度が高い活動では，自己が友人（近い他者）より優れ，関与度が低い活動では，友人が自己より優れていると評定する結果を得た。参加者の評定と教師評定のズレも，自己と友人に関するモデルの予測を支持していた。ただし，友人関係を望まない心理的に遠い他者と自己の間では，モデルの予測は支持されていない。

2）遂行と関与度が心理的な近さに及ぼす影響

Pleban & Tesser (1981) は，2人1組（1人はサクラ）で実験を行った。高関与課題で自己の遂行が劣っているほど，参加者は，サクラとの類似性を低く評定し，サクラと一緒に仕事をしたくないと答え，サクラとの物理的距離を大きくとった。低関与課題では，自己の遂行が劣っているほど，サクラとの類似性を高く評定し，一緒に仕事をしたいと答え，サクラとの物理的距離も小さかった。

きょうだい関係を検討した Tesser (1980) の研究は，心理的な近さをきょうだい間のあつれき（考え方の違い，態度のよそよそしさ）の観点から捉えている。関与度が高いとされる人気度や技能の点で，参加者よりもきょうだいの方が優れていて，しかもきょうだい間の年齢が近いほど，きょうだい間のあつれきが大きかった。

3）心理的な近さと遂行が関与度に及ぼす影響

関与度への影響は，自己規定の変化と考えることができる。Tesser & Campbell（1980）は，2人1組（1人はサクラ）で課題を遂行させた。参加者には，サクラが自分と類似した（心理的に近い）人，または類似していない人（心理的に遠い他者）と告げられた。サクラが自己の遂行を上回っているとき，参加者は，その課題を避けようとし，課題への関与度を低下させた。これは，サクラが類似した他者であるとき顕著だった。

同様に，Tesser & Paulhus（1983）は，他者よりも自己の遂行が下回っているほど，参加者は，当該課題が自己にとって重要ではないと評定した。さらに，Tesser（1980）は，きょうだいとの同一視の程度を関与度の変数として検討した。人気，技能などの点で参加者よりもきょうだいの方が優れていて，きょうだいの年齢が近いほど，参加者のきょうだいへの同一視の程度は小さくなった。参加者が，自分のきょうだいよりも優れているとき，この関係は逆になった。ただし，これらの効果は，女子では見られなかった。

（3） 自己評価維持機制とその適用可能性

1）心理的に近い他者と遠い他者に関する SEM モデルの予測

SEM モデルによれば，心理的に近い他者と遠い他者の間にも一定の予測が成り立つ。つまり，高関与のことがらで近い他者が優れていると，比較過程によって自己評価が低下するため，近い他者の遂行は遠い他者の遂行より劣っていると知覚される。逆に，低関与のことがらで近い他者が優れていると，反映過程によって自己評価が上昇するため，近い他者の遂行が遠い他者の遂行より優れていると知覚されることになる。

こうした近い他者と遠い他者に関する，近さと関与度の予測どおりの交互作用は，実験室研究（Tesser & Campbell, 1982 a; Tesser & Smith, 1980）で見られている。しかし，フィールド研究（Tesser et al., 1984）では，結果の一部でそれが見られたに過ぎず，中には逆の方向を示すものさえあった。

2）SEMモデルの妥当性と適用可能性

　Tesserと共同研究者によるSEMモデルの実験室研究は，概してモデルの予測を支持している。しかし，学校場面など現実場面での研究においては，必ずしもそうではない。したがって，現実場面での研究の蓄積が必要となる。また，モデルの当てはまりは，概して男子に強く，女子では当てはまる場合とそうでない場合がある。特に，きょうだい関係の研究（Tesser, 1980）では，女子ではモデルの予測はまったく支持されていない。

　さらに，SEMモデルは，実験室研究では，自己と心理的に近い他者の間，心理的に近い他者と遠い他者の間，いずれにおいてもほぼ支持されている。しかし，現実場面では，近い他者と遠い他者の間では，支持されてはいない。実験室研究では，心理的に遠い他者は，見知らぬ他者であるのに対し，現実場面では，感情的にネガティブな意味合いを含んだ設定になっている。つまり，単なるユニット関係とは異なる。その意味で，遠い他者に関しては，モデルの適用可能性という点で，現実場面では自ずと限界があるといえる。

第3節　児童・生徒の友人関係にみられる自己評価維持機制

（1）　友人選択と学業成績からみた自己評価維持

1）現実場面における自己評価維持機制の力動性

　Tesserらによる実証研究は，概してモデルを支持している。モデルの心理的な近さ，遂行，関与度の3つの変数は，いずれも相互に密接に関わっている。遂行の変化が関与度や近さを変えることもあり，関与度の変化が近さや遂行を変えることもある。特に，現実場面においては，3つの変数が力動的に変化し，自己評価維持へと至ると考えられる。したがって，これら3つの変数相互の力動的な影響過程を踏まえた検討が必要となる。Tesser & Campbell（1985）も，学校場面などの現実場面における研究の蓄積とその意義を認めており，自己評価維持機制とその力動性を検討するには，現実場面がよりふさわしい。そこで，磯崎・高橋（1988, 1993）は，Tesser et al.（1984）の研究をもとに，自己評価

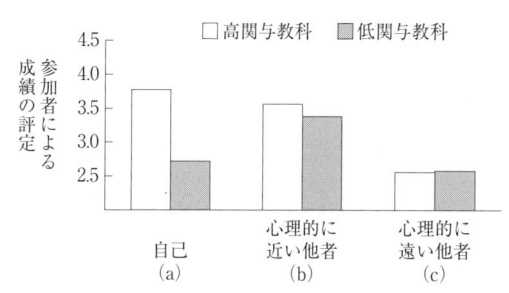

図2-1 参加者が自らの自己規定に関わりがあるとした高関与教科および関わりがないとした低関与教科における (a) 自己, (b) 心理的に近い他者, (c) 心理的に遠い他者に対する参加者自身の成績の評定（磯崎・高橋, 1988）

維持機制とその力動性について，学校場面で検討を試みた。対象を中学生まで広げるとともに，関与度の対象として学校での全教科を取り上げた。これによって，遂行のより客観的な基準として，教科の実際の成績を用いることが可能となった。

2）友人選択と学業成績の認知からみた自己評価維持

磯崎・高橋（1988）は，小学校5年生・中学校2年生を対象に，友人選択と教科への関与度が，実際の学業成績と成績の認知に及ぼす影響を調査により検討した。参加者に，自己関与度の高いおよび低い教科と，最も親しい友人（心理的に近い他者）および親しくない他者（遠い他者）を尋ね，後日，それらの教科の遂行レベルを5段階評定させ，これを成績の認知測度とした。調査は，1学期に行われた。実際の成績（5段階）は前学年末のものを用いた。

成績の認知（自己と友人）については，モデルの予測どおり，関与度と評定対象（自己と友人）の交互作用が見られ，高関与教科で自己を友人より高く評定し，低関与教科で友人を自己より高く評定していた（図2-1の(a), (b)）。これは，Tesser et al.（1984）と一致し，男子に当てはまる。女子は，高関与教科で，自己と友人の間に差が見られない。また，小学生はモデルの予測どおりだったが，中学生は，高関与教科で，自己と友人に差が見られない。

3) ズレ得点（学業成績の認知─実際の成績）からみた自己評価維持

成績の認知から実際の成績の差をズレ得点とした。これは，認知的歪みを意味している（Tesser et al., 1984）。ズレ得点に関しては，関与度と評定対象（自己と友人）の交互作用は見られたが，高関与教科では，自己と友人のズレ得点に差は見られず，低関与教科でのみ，友人のズレ得点が自己より大きかった。つまり，SEMモデルから予測されるような高関与教科において自己を過大評価することによって自己評価維持を図る傾向は見られず，反映過程のみが見られた。しかも，Tesser et al.（1984）と異なり，高関与教科においても，自己と友人を同様に過大に評価する傾向があり，認知的歪み（ズレ得点）による自己評価維持の方略は取られていない。

4) 友人選択と実際の成績からみた自己評価維持

実際の成績（自己と友人）は，高関与教科では，自己と友人で差が見られず，低関与教科でのみ，友人が自己を上回っていた。したがって，実際の成績でも，反映過程のみが見られた。ただし，結果のパターンは，モデルの予測に合致していた。

このように全体として，学業成績の認知ではモデルの予測どおり，そして実際の成績も予測に沿ったものとなった。しかし，ズレ得点による自己評価維持機構はあまり見られなかった。

5) 友人と心理的に遠い他者

学業成績の認知では，関与度と評定対象（友人と遠い他者）の交互作用は見られたが，モデルの予測とは逆に，低関与教科より高関与教科で，友人を遠い他者より高く評定する傾向が顕著に見られた。ズレ得点および実際の成績では，予測された関与度と評定対象の交互作用は見られなかった。

Tesser et al.（1984）の結果と合わせ判断すると，友人と心理的に遠い他者については，モデルの予測は成り立たない。モデルの予測が成り立つ実験室研究（Tesser & Campbell, 1982a）との違いが確認された。

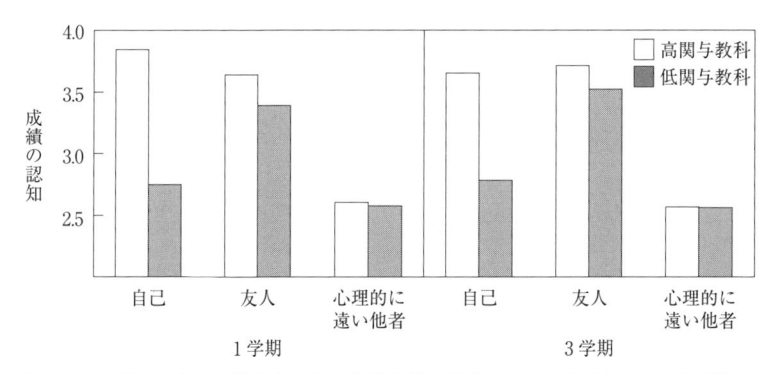

図2-2　自己にとって関与度が高い教科と低い教科における自己と友人，心理的に遠い他者に対する成績の認知 (磯崎・高橋，1993)

（2）児童・生徒の自己評価維持機制の力動性

小・中学生を対象とした磯崎・高橋（1993）は，心理的な近さ，関与度，遂行という自己評価維持の諸変数が，現実場面でどのように変化するか，その変化の様相と自己評価維持機制の力動性を時系列的（1学期と3学期）に検討した。

1）自己と友人に対する学業成績の認知および実際の成績の変化と自己評価維持

成績の認知（図2-2）を見ると，1学期（1回目）においては，関与度と評定対象の交互作用が見られ，予測どおり，高関与教科で自己を友人より高く，低関与教科で友人を自己より高く評定していた。この傾向は，男子および小学生で顕著だった。3学期（2回目）においては，関与度と評定対象の交互作用は見られたが，高関与教科で自己と友人の評定に差は見られず，低関与教科では友人を自己より高く評定していた。

実際の学業成績（図2-3）を見ると，1学期，3学期いずれにおいても，関与度と評定対象の交互作用が見られ，いずれの学期においても，高関与教科で自己が友人より優れ，低関与教科で友人が自己より優れていた。モデルの予測どおりの結果である。

時系列的に見ると，実際の成績において自己評価維持機制が強いことがわかる。特に，中学生では，1学期での差の傾向が，3学期では有意となっている。

第Ⅰ部　社会的自己と社会的感情

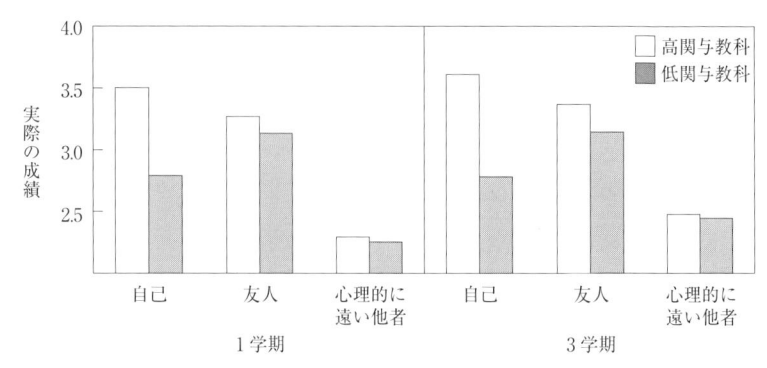

図2-3　自己にとって関与度が高い教科と低い教科における自己と友人，心理的に遠い他者の実際の成績（磯崎・高橋，1993）

成績の認知では，3学期になると，高関与教科で友人のよさをより積極的に認めようとしているのがわかる。

2）友人と遠い他者に対する学業成績の認知および実際の成績の変化と自己評価維持

成績の認知の変化を見ると，1学期，3学期いずれも高関与教科で友人を遠い他者より高く評定し，低関与教科でも友人を遠い他者より高く評定していた。

実際の成績の変化も，1学期，3学期いずれも，高関与教科で友人の成績が遠い他者より優れ，低関与教科でも友人の成績が遠い他者より優れていた。いずれの測度においてもモデルの予測は支持されず，現実場面におけるモデルの成り立ちにくさが確認された。

3）SEMモデルの各変数の変化と自己評価維持機制の力動性

1学期と3学期で，自己評価維持のため，心理的な近さ（友人），遂行（実際の成績，成績の認知），関与度（最も関与度の高い教科）の各変数のうち，いずれが変化するか，または，変数の組み合わせによる変化が生じるかを検討した。

実際の成績を測度とした場合，最も多いのは，近さ，遂行，関与度のすべてが変化した人（全体の40.4％）で，次いで関与度と実際の成績（20.5％），関与度のみ（9.9％），近さと関与度（8.6％），遂行のみ（7.9％）が変化した人，の順となった。

つまり，単一変数ではなく，3つの変数をすべて，またはいずれか2つを組

み合わせて変化させ，自己評価維持がなされる傾向が強い。関与度と実際の成績が変化した群は，1学期では，モデルから予測される関与度と評定対象の交互作用が見られなかったのに対し，3学期では，交互作用が有意となり，自己評価維持を志向した変化であることが示唆される。

成績の認知を測度とした場合も，基本的な傾向は，実際の成績と同様であり，最も多かったのは，近さ，遂行，関与度がすべて変化した人であった（全体の40.4%）。

（3） 自己評価維持機制の発達的変化と SEM モデルの一般性

1） 自己評価維持機制の再検討

発達的には，自己評価維持の基礎をなすと考えられる他者との比較による正確な自己評価は，小学校3・4年生段階で可能である（高田，1992）。つまり，自己評価維持機制も小学校3・4年生段階で生起することが期待される。そこで，磯崎（1994）は，磯崎・高橋（1988, 1993）よりも年齢段階の低い小学校3・4年生と小学校5・6年生，中学校1・2年生を対象に，発達的変化を検討した。調査は，2学期に行われた。

また，学校の教科だけでなく，学校での一般的な活動や特性（「運動」，「勉強」，「人気がある」，「ユーモアがある」など12項目から，高関与および低関与活動を挙げさせた）も取り上げ，自己評価維持機制とモデルの一般性について再検討を試みた。ところで，友人と心理的に遠い他者に関するモデルの予測は，現実場面では支持されていない。これは，感情的にマイナスの他者が，遠い他者として選択されがちなためと推測される。したがって，ここでは遠い他者を感情的にニュートラルな他者として設定し直し，検討を加えた。

2） 実際の成績と成績の認知からみた自己評価維持機制の発達

実際の成績は，対象者全体で見ると，モデルの予測どおり，関与度と評定対象（自己と友人）の交互作用が見られ，高関与教科で自己が友人より，低関与教科で友人が自己より優れていた。男女いずれもモデルの予測は支持され，学年別では，小学校3・4年生段階で，高関与教科で自己が友人より優る傾向が

第Ⅰ部　社会的自己と社会的感情

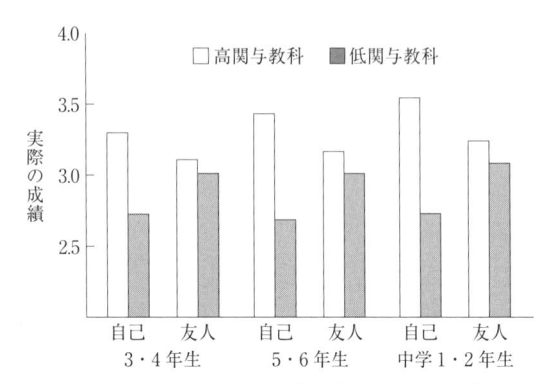

図2－4　各年齢集団別に見た自己関与度の高い教科と低い教科における自己と友人の実際の成績（磯崎，1994）

示され，低関与教科では友人が自己より優れていた。そして，5・6年生，中学校1・2年生はいずれも自己評価維持が明確に示されている（図2－4）。

　成績の認知は，高関与教科で自己と友人の評定に差が見られず，低関与教科で友人を自己より高く評定していた。これは，各年齢段階でほぼ共通していた。つまり，成績の認知は，モデルの予測に沿ってはいるが，実際の成績と併せて考えると，関与度の高い教科で，友人を過大評価する傾向を示している。

3）一般的活動の評定と自己評価維持の一般性

　一般的活動では，自己と友人間でもモデルの予測に反し，高関与，低関与いずれの活動においても，友人を自己より高く評定していた（図2－5）。つまり，一般的活動を測度とした場合，高関与活動において，いわゆる比較過程が生起しており，モデルの一般性に疑問符がつく結果となった。

　なお，友人と遠い他者の結果は，磯崎・高橋（1988，1993）と同様，いずれの測度においても，友人が遠い他者を上回っており，モデルの予測は支持されない。

4）自己評価維持と自己の多面性

　実際の成績では，小学校3・4年生段階で，自己評価維持の傾向が見られ，中学生段階ではより明確な自己評価維持がなされることが示された。成績の認知では，磯崎・高橋（1993）の1学期のように，モデルの予測どおりの結果と，

第2章 自己評価維持機制と関係性維持の心理

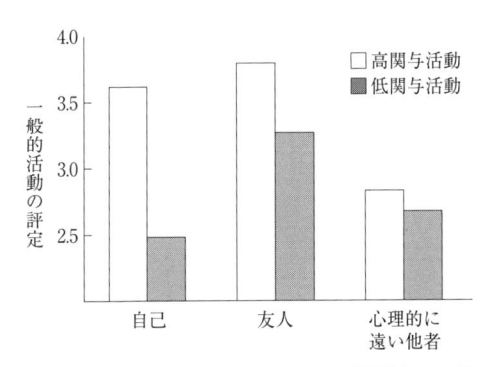

図2-5 自己にとって高関与および低関与の一般的活動における自己と友人，心理的に遠い他者に対する評定（磯崎, 1994）

　磯崎・高橋（1993）の3学期や磯崎（1994）のように，関与度の高い教科で，自己と友人で差が見られない場合とがある。また，桜井（1992）は，大学生を対象に高校時代を回想させる形でデータを収集し，基本的にモデルを支持する結果を得ている。その意味で，成績の認知では，概してモデルの予測は支持されている。しかし，一般的活動の評定では，関与度の高い活動でも，比較過程が生起しており，自己評価維持が度外視されていた。

　実際の成績は，数量化が明確になされ，客観的な基準となりやすい。こうした場合に，自己評価維持機制が作用しやすい可能性がある。成績の認知では，学年が変わったばかりの1学期は，比較的モデルの予測が成立しやすい。しかし，友人との親密さが高まると考えられる2学期から学年末では，高関与教科でも友人を過大評価しがちとなる。

　一般的活動になると，数量化や判断の根拠や基準は曖昧となる。こうした場合，友人のよさを積極的に感じ取ろうとする心理が働きやすい可能性がある。実際の成績で，自己評価が維持できれば，基準が曖昧な活動では，自己評価維持にこだわらない様子がうかがえる。いずれにせよ，取り上げた測度によって，自己評価維持への志向は異なることが明らかとなった。その意味で，自己の多面性が示唆される。

（4） 自己評価維持機制と学級適応

1）SEM モデルの学校場面への適用

Tesser & Campbell（1982 b）は，学級適応と自己評価維持の関連について触れ，自己関与度の高い学習活動ほど，心理的に近い他者を意識した行動が生起すると指摘している。また，ある領域での個人の達成度が高くなると，当該領域に対する個人の関与度が上がることや，友人関係によって個人の関心領域が変化することも指摘されている（Tesser & Campbell, 1985）。つまり，自己評価の維持は，子どもの学業成績やその認知，友人関係だけでなく，学習意欲や学校活動など学級適応にも影響を与えていると推測される。

こうした視点から，磯﨑（1997）は，小学校5・6年生を対象に，学級適応と自己評価維持の関連を，成績の認知を測度として検討した。調査時期は2学期で，学級適応は，学級適応診断検査（SMT：学校モラール研究会，1984）の下位尺度（学校への関心，級友との関係，学習への意欲など4カテゴリー計60項目：3段階評定）を用いた。

2）学習への意欲と自己評価維持

参加者全体の成績の認知は，関与度と評定対象（自己と友人）の交互作用が見られ，高関与教科で自己と友人に差が見られず，低関与教科で友人を自己より高く評定していた。

学習意欲高低別では，学習意欲高群は，予測どおり，高関与教科で自己を友人より高く，低関与教科で友人を自己より高く評定していた。学習意欲低群は，高関与，低関与いずれの教科においても，友人を自己より高く評定していた。

学習意欲高群は，自己評価維持がなされているが，学習意欲低群は，友人のよさのみを感じている。つまり，意欲低群は，成績の認知において自己を萎縮させている。

3）学級適応と自己評価維持

SMT の合計得点により，学級適応高群，低群の2群に分けた。高群，低群いずれも関与度と評定対象の交互作用が見られ，高関与教科では自己と友人の評定に差が見られず，低関与教科で友人を自己より高く評定していた。

学級適応の高低と自己評価維持との関わりは，下位尺度である学習意欲の高低ほど明確ではない。学級適応には，教科への関与度以外の要因が作用していることが示唆される。

4）実際の成績から見た学習意欲，学級適応と自己評価維持

磯崎（2001）は，磯崎（1997）と同一対象者の実際の成績を用いて，学習意欲，学級適応と自己評価維持の関連を検討した。実際の成績は，1学期末のもの（3段階評価）である。

参加者全体では，関与度と評定対象の交互作用が見られ，高関与教科では自己の成績が友人より優れ，低関与教科では友人の成績が自己より優れていた。これはモデルの予測どおりであり，男女別では，男子で予測どおりの結果が得られた。

また，学習意欲高群では，予測どおり，高関与教科で自己の成績が友人より優れ，低関与教科で友人が自己より優れていた。これは，学習意欲の高い男子で強く見られる。意欲低群では，高関与教科で自己と友人で差が見られず，低関与教科で友人が自己より優れていた。学級適応高群，低群別に見ると，学級適応高群は，モデルの予測を支持する傾向（高関与，低関与いずれも10％水準）が見られた。適応低群は，高関与教科で自己と友人に差が見られず，低関与教科で友人が自己より優れていた。

5）学習意欲における自己評価維持機制と教育社会心理学的示唆

学習意欲高群は，実際の成績，成績の認知いずれにおいても自己評価維持機制が見られた。自己評価維持がなされていることが学習意欲を高めると共に，自己評価が維持できるよう友人選択，教科への関与度，そして達成度（成績）を調整している可能性の双方が示唆される。

学習意欲低群は，高関与教科で自己評価維持が不十分となっている。注意すべき点は，実際の成績では，高関与教科において，友人との間に差が見られないのに対し，成績の認知では，友人を過大に評価し，友人が自己を凌ぐと捉えている。こうした友人に対する過大評価こそが，自己を萎縮させ，学習意欲を低下させているおそれがある。不適切な認知の修正と共に，自己評価維持が可

能となるような働きかけ（関与度の調整など）や教育的支援が必要となるゆえんである。

第4節　自己評価維持と関係性維持の心理機制

（1）　SEMモデルの総括とその修正

　磯崎・高橋（1988, 1993）や磯崎（1994, 1997, 2001）から，SEMモデルの力動性と教育社会心理学的知見が示された。これらの研究では，関与度の領域として，学校の教科を取り上げ，自己と友人間において，実際の成績では，ほぼ一貫してSEMモデルの予測どおりの結果を得ている。成績の認知では，予測どおり（磯崎・高橋，1988; 磯崎・高橋，1993の1学期）と，高関与教科で自己と友人で差が見られない（磯崎・高橋，1993の3学期; 磯崎，1994; 磯崎，1997）結果とがあるものの，反映過程の生起と合わせ考えると，概してモデルの予測に沿ったものといえる。その意味で，自己と友人については，Tesser et al.（1984）や桜井（1992）からも総合的に判断し，モデルの妥当性が示されたと解釈できる。

　しかし，一般的活動や行動特性の場合，モデルの予測とは異なり，関与度の高い活動においても，友人を自己より高く評定する傾向が見られた（磯崎，1994）。同一対象者において，自己評価維持と自己評価維持を度外視する心理が併存している。これは，人は，関与度の高いすべての領域で，自己評価維持を志向するわけではなく，関与度が高いある側面で自己評価維持がなされれば，他の側面では，自己関与度が高くても，近い他者を積極的に肯定し，自己と他者のよりよいバランスを図ろうとする心理機制の存在を示唆している。ここに自己評価維持とは異なる心理機制を併せもつ人間像が浮かび上がる。SEMモデルの修正が必要となるゆえんである。

（2）　自己評価維持モデルと拡張自己評価維持モデル

　Beach & Tesser（1993, 1995）は，高関与度の領域が心理的に近い他者との

間で重複すると,自己の遂行結果が,近い他者に比較過程を生起させ,他者の自己評価維持を阻害する可能性があると指摘している。このとき,二者間の関係は不安定なものとなりやすい。SEM モデルは,一方の側からの自己評価維持のみを問題としており,関係する他者の自己評価維持については触れていない。したがって,関係する他者の自己評価維持を考慮する必要がある。夫婦など,特に親密な関係にある二者間では,相手の自己評価維持を阻害することによる気まずさ,そこから生じる不安定さを避けようとする心理が働く。

Beach & Tesser (1995) は,親密な二者間では,自己と心理的に近い他者が協同して物事に取り組む,あるいは遂行や関与度を調節する(高関与度の領域を下位領域に分ける)など,二者のいずれもが自己評価維持できるような方略を取るとし,新たに拡張自己評価維持 (extended self-evaluation maintenance:拡張 SEM) モデルを提唱している。二者のいずれもが自己評価維持できれば,より安定した関係となる。下田 (2009) は,こうした拡張 SEM モデルの視点から実証的な検討を試みている。

(3) 自己評価・関係性維持モデルの提唱

拡張 SEM モデルは,関係する二者のいずれもが自己評価維持を志向する存在であるとしている。しかし,すでに述べたように,親密さの高まる2学期や3学期では,成績の認知においても,自己と友人は類似した評定がなされている(磯崎・高橋,1993 の3学期;磯崎,1994,1997)。さらに,自己評価維持とは異なる心理作用が併存することも示唆されている(磯崎,1994)。これらの結果は,拡張 SEM モデルでも説明は難しい。

客観的な基準が示され,ものさしが当てやすい実際の成績では自己評価維持がなされ,客観的な基準が示されにくく,ものさしが当てにくい一般的活動や,行動特性では,自己関与度が高くても,友人を高く評価し,自己評価維持を度外視している。これは,客観的な基準が示されやすい側面で自己評価維持がなされれば,客観的な基準が明示されない側面では,自己関与度の高低にかかわらず,友人を高く評価し,自己と友人の双方を肯定しようとする心理があるこ

とを示している。

つまり，親密さが高いほど，心理的に近い他者の自己評価維持を暗黙のうちに想定した，より積極的に他者に向かう心理が生起しやすい。こうした心理機制を関係性維持機制と呼ぶことにする。これは，関係する二者の双方にとってより心地よい自他のあり方を無意識的に探り，自他双方を重視しようとする心の働きである。人は，自己評価維持機制だけでなく，関係性維持機制を併存させており，親密さが高まるほど関係性維持機制を作用させることになる。この新たなモデルを，自己評価・関係性維持（self-evaluation and relationship maintenance : SERM）モデルと呼ぶことにする（磯崎，2002，2004 a）。なお，高関与領域で他者を自己よりポジティブに捉えようとする心理は，低関与領域における反映過程とはいくぶん異なるものであり，これを第2次反映過程と呼ぶことにする。

第5節　きょうだい関係における自己評価・関係性維持機制
——研究の発展の方向性——

（1）　きょうだい関係の意味と特質

きょうだい関係は，所与のものとして，多くの場合，非選択的に決定されている。その点で，選択的関係としての友人関係とは異なる。また，きょうだい関係は，長期にわたる関わり合いと影響の授受を経て，その親密さも次第に変化し，様々な様相をみせる。「所与のもの」でありながら，成長と共に「作り上げられるもの」でもある。

ときに葛藤をはらみながらも，きょうだい関係は，心理的な結びつきが強く，自己評価・関係性維持の心理機制が作用しやすいように思われる。それは，出生順位によっても異なる可能性がある。塩田・大橋（1958）は，年下のきょうだいの方がきょうだいに対しより好意的であり，けんかをすることも少ない，としている。また，福田・依田（1986）によれば，第1子と第2子の間で，きょうだい関係認知の発達的変化に差があるという。

きょうだい関係の研究は，親子・夫婦関係と比較して少ないとされており，白佐（2006）は，その理由として，①きょうだい関係の軽視，②研究の困難さ，③間接的な影響の多さ，などをあげている。その意味で，きょうだい関係のさらなる研究が求められる。

（2） きょうだい間葛藤と自己評価維持

白佐（2004）は，我が国においては，衰退したとはいえ長幼の序（年長者と年少者の間にある一定の秩序）の思想があり，きょうだいの序列が，きょうだい関係に影響を及ぼす可能性を指摘している。自己評価維持機制においてもその影響が示唆される。

磯崎（2004 b）は，大学生のきょうだい関係に関するエピソード内容から，きょうだい間の葛藤の様相とその解消に向けた自己評価維持の方略を検討した。参加者の回答全体の37％が，ライバル心や葛藤を経験したと答え，自己評価維持の方略として，関与度の調整を上げた人が全体の43％見られた。きょうだいと距離を取るなど，近さを変えた人が17％，達成レベルを上げたのが8％であった。このほか事例として，音楽の得意な妹が，対人関係面で姉のよさを評価するなど，関係性の維持を示唆する記述も得られている。

（3） きょうだい関係の認知と自己評価維持

小学生と中学生を対象とした磯崎（2006）および小学生から大学生までの2人きょうだいを調査した研究（磯崎，2007）によると，きょうだい間においては，様々な側面で長子の優位性を，長子だけでなく次子も認める傾向がある。また，中学生から大学生になるにつれ，長幼の序的傾向は，年齢段階と共に薄れ，得意な運動や最も重要なことがらでは，年下のきょうだいも自己の優位性を主張するようになる（磯崎，2007）。つまり，自己評価維持の傾向が，年下のきょうだいにおいても次第に示されるようになる。

関係性維持機制との関わりは必ずしも明確ではないが，概して年下のきょうだいは，年上のよさを認めやすい傾向にあり，関係性維持機制の作用しやすい

ことが示唆される。また，磯崎（2008）は，青年期におけるきょうだい関係と友人関係を調査し，その進行過程にある種の類似性があると指摘している。今後は，きょうだい関係と友人関係の相互関連を含めた，より力動的な視点からのモデルの検討が望まれる。

引用文献

Beach, S. R. H., & Tesser, A. (1993). Decision making power and marital satisfaction: A self-evaluation maintenance perspective. *Journal of Social and Clinical Psychology*, **12**, 471-494.

Beach, S. R. H., & Tesser, A. (1995). Self-esteem and the extended self-evaluation maintenance model: The self in social context. In M. H. Kernis (Ed.), *Efficacy, agency, and self-esteem*. New York: Plenum Press. pp. 145-170.

Boggiano, A. K., & Ruble, D. N. (1979). Competence and overjustification effect: A developmental study. *Journal of Personality and Social Psychology*, **37**, 1462-1468.

Burnstein, E., & Vinokur, A. (1977). Persuasive argumentation and social comparison as determinants of attitude polarization. *Journal of Experimental Social Psychology*, **10**, 133-146.

Cialdini, R. B., & Richardson, K. D. (1980). Two indirect tactics of image management: Basking and blasting. *Journal of Personality and Social Psychology*, **39**, 406-415.

Conolley, E. S., Gerard, H. B., & Kline, T. (1978). Competitive behavior: A manifestation of motivation for ability comparison. *Journal of Experimental Social Psychology*, **14**, 123-131.

Cottrell, N. B. (1972). Social facilitation. In C. G. McClintock (Ed.), *Experimental social psychology*. New York: Holt, Rinehart & Winston. pp. 185-236.

Festinger, L. (1954 a). A theory of social comparison processes. *Human Relations*, **7**, 117-140.

Festinger, L. (1954 b). Motivations leading to social behavior. In M. R. Jones (Ed.), *Nebraska symposium on motivation*. Lincoln, NE: University of Nebraska Press. pp. 191-219.

Festinger, L. (1957). *A theory of cognitive dissonance*. Stanford, CA: Stanford University Press.（フェスティンガー, L. 末永俊郎（監訳）(1965). 認知的不協和の理論　誠信書房）

福田孝子・依田　明 (1986). ふたりきょうだいにおけるきょうだい関係(2)―幼児期・児

童期におけるきょうだい関係認知の発達的変化— 横浜国立大学教育紀要,**26**, 143-154.

学校モラール研究会(編)(1984). 小学校用SMT手引:結果の見方と利用 1984年改訂版 日本文化科学社

Gruder, C. L. (1977). Determinants of comparison persons in evaluating oneself. In J. M. Suls & R. L. Miller (Eds.), *Social comparison processes: Theoretical and empirical perspectives*. New York: Hemisphere.

Hakmiller, K. L. (1966). Threat as a determinant of downward comparison. *Journal of Experimental Social Psychology*, Supplement **1**, 32-39.

Heider, F. (1958). *The psychology of interpersonal relations*. New York: Wiley. (ハイダー, F. 大橋正夫(訳)(1978). 対人関係の心理学 誠信書房)

Hogg, M. A., & Abrams, D. (1988). *Social identification: A social psychology of intergroup relations and group processes*. London: Routledge. (ホッグ,M. A. & アブラムス,D. 吉森 護・野村泰代(訳)(1995). 社会的アイデンティティ理論:新しい社会心理学体系化のための一般理論 北大路書房)

磯崎三喜年(1981). 能力評価の社会的比較に関する実験的研究 実験社会心理学研究, **20**, 119-125.

Isozaki, M. (1984). The effect of discussion on polarization of judgments. *Japanese Psychological Research*, **26**, 187-193.

磯崎三喜年(1989). 社会的比較と公平 大坊郁夫・安藤清志・池田謙一(編) 社会心理学パースペクティブ1―個人から社会へ― 誠信書房 pp. 184-206.

磯崎三喜年(1994). 児童・生徒の自己評価維持機制の発達的変化と抑うつとの関連について 心理学研究, **65**, 130-137.

磯崎三喜年(1997). 児童の自己評価維持機制と学校活動―自己評価維持とスクール・モラール― 教育研究(国際基督教大学), **39**, 85-112.

磯崎三喜年(1998). 社会的比較と自己評価の維持 安藤清志・押見輝男(編) 自己の社会心理 誠信書房 pp. 97-116.

磯崎三喜年(2001). 児童の学業成績における自己評価維持と学級適応に関する研究 教育研究(国際基督教大学), **43**, 39-52.

磯崎三喜年(2002). 「心の教育」再考―個と関係性の視点から― キリスト教文化学会年報, **48**, 1-11.

磯崎三喜年(2003). 対人関係の親密さにおける自己システムの機能 教育研究(国際基督教大学), **45**, 45-53.

磯崎三喜年(2004 a). 子ども社会研究の可能性―子どもの心理学の立場から― 子ども社会研究, **10**, 25-30.

磯崎三喜年 (2004 b). きょうだい関係における葛藤の解消と自己評価維持　教育研究（国際基督教大学），**46**, 65-75.

磯崎三喜年 (2006). 小・中学生の二人きょうだい関係に関する研究　教育研究（国際基督教大学），**48**, 119-130.

磯崎三喜年 (2007). 出生順位と性がきょうだい関係の認知と自己評価に及ぼす影響　社会科学ジャーナル　COE特別号（国際基督教大学社会科学研究所），**61**, 203-220.

磯崎三喜年 (2008). 青年期におけるきょうだい関係と友人関係　教育研究（国際基督教大学），**50**, 119-127.

磯崎三喜年 (2009 a). 自尊感情と自己評価　日本社会心理学会（編）　社会心理学事典　丸善　pp. 30-31.

磯崎三喜年 (2009 b). 自己評価維持モデル　日本社会心理学会（編）　社会心理学事典　丸善　pp. 38-39.

磯崎三喜年・高橋　超 (1988). 友人選択と学業成績における自己評価維持機制　心理学研究，**59**, 113-119.

磯崎三喜年・高橋　超 (1993). 友人選択と学業成績の時系列的変化にみられる自己評価維持機制　心理学研究，**63**, 371-378.

James, W. (1892). *Psychology : The briefer course*. New York : Henry Holt and Company.

Jones, E. E., & Gerard, H. B. (1967). *Foundations of social psychology*. New York : Wiley.

Jones, S. C., & Regan, D. (1974). Ability evaluation through social comparison. *Journal of Experimental Social Psychology*, **10**, 133-146.

Lamm, H., & Myers, D. G. (1978). Group-induced polarization of attitudes and behavior. In L. Berkowitz (Ed.), *Advances in experimental social psychology*. Vol.11. New York : Academic Press. pp. 145-195.

Lewicki, P. (1983). Self-image bias in person perception. *Journal of Personality and Social Psychology*, **45**, 384-393.

宮本正一 (1993). 人前での心理学　ナカニシヤ出版

Myers, D. G. (1999). *Social psychology*. 6 th ed. New York : McGraw-Hill.

Myers, D. G., & Lamm, H. (1976). The group polarization phenomenon. *Psychological Bulletin*, **83**, 602-627.

根本橘夫 (1972). 対人認知に及ぼすSelf-Esteemの影響（Ⅰ）　実験社会心理学研究，**12**, 68-77.

Pleban, R., & Tesser, A. (1981). The effects of relevance and quality of another's performance on interpersonal closeness. *Social Psychology Quarterly*, **44**, 278-285.

桜井茂男 (1992). 自己評価維持モデルに及ぼす個人差要因の影響　心理学研究，**63**, 16-

22.
Sanders, G. S. (1984). Self-presentation and drive in social facilitation. *Journal of Experimental Social Psychology*, **20**, 312-322.
Sanders, G. S., & Baron, R. S. (1977). Is social comparison irrelevant for producing choice shifts? *Journal of Experimental Social Psychology*, **13**, 303-314.
Schachter, S. (1959). *The psychology of affiliation*. Stanford, CA : Stanford University Press.
下田俊介 (2009). 親密な友人関係における自己評価維持と関係性維持―拡張自己評価維持モデルからの検証― 社会心理学研究, **25**, 70-76.
塩田芳久・大橋正夫 (1958). 同胞関係の心理学的研究 (1) 名古屋大学教育学部紀要, **4**, 101-107.
白佐俊憲 (編) (2004). きょうだい関係とその関連領域の文献集成Ⅲ―研究紹介編― 川島書店
白佐俊憲 (2006). きょうだい研究の動向と課題 日本児童研究所 (編) 児童心理学の進歩 2006年版 金子書房 pp. 57-84.
高田利武 (1974). 社会的比較過程についての基礎的研究Ⅰ 実験社会心理学研究, **14**, 132-138.
高田利武 (1992). 他者と比べる自分 (セレクション社会心理学3) サイエンス社
高田知恵子・高田利武 (1976). 能力の自己評価に及ぼすモデルの影響―社会的比較過程の2機能― 心理学研究, **47**, 74-84.
Tesser, A. (1980). Self-esteem maintenance in family dynamics. *Journal of Personality and Social Psychology*, **39**, 77-91.
Tesser, A. (1984). Self-evaluation maintenance processes : Implications for relationships and for development. In J. C. Masters & K. Yarkin-Levin (Eds.), *Boundary areas in social and developmental psychology*. New York : Academic Press. pp. 271-299.
Tesser, A. (1988). Toward a self-evaluation maintenance model of social behavior. In L. Berkowitz (Ed.), *Advances in experimental social psychology*. Vol.21. New York : Academic Press. pp. 181-227.
Tesser, A., & Campbell, J. (1980). Self-definition : The impact of the relative performance and similarity of others. *Social Psychology Quarterly*, **43**. 341-347.
Tesser, A., & Campbell, J. (1982 a). Self-evaluation maintenance and the perception of friends and strangers. *Journal of Personality*, **50**, 261-279.
Tesser, A., & Campbell, J. (1982 b). A self-evaluation maintenance approach to school behavior. *Educational Psychologist*, **17**, 1-12.
Tesser, A., & Campbell, J. (1983). Self-definition and self-evaluation maintenance. In J.

Suls & A. G. Greenwald (Eds.), *Psychological perspectives on the self*. Vol. 2. Hillsdale, NJ : Lawrence Erlbaum Associates. pp. 1-31.

Tesser, A., & Campbell, J. (1985). A self-evaluation maintenance model of student motivation. In C. Ames & R. Ames (Eds.), *Research on motivation in education*. Vol.2. *The classroom milieu*. New York : Academic Press. pp. 217-247.

Tesser, A., Campbell, J., & Smith, M. (1984). Friendship choice and performance : Self-evaluation maintenance in children. *Journal of Personality and Social Psychology*, **46**, 561-574.

Tesser, A., Millar, M., & Moore, J. (1988). Some affective consequences of social comparison and reflection processes : The pain and pleasure of being close. *Journal of Personality and Social Psychology*, **54**, 49-61.

Tesser, A., & Paulhus, D. (1983). The definition of self : Private and public self-evaluation management strategies. *Journal of Personality and Social Psychology*, **44**, 672-682.

Tesser, A., & Smith, M. (1980). Some effects of task relevance and friendship on helping : You don't always help the one you like. *Journal of Experimental Social Psychology*, **16**, 582-590.

Thornton, D. A., & Arrowood, A. J. (1966). Self-evaluation, self-enhancement and the locus of social comparison. *Journal of Experimental Social Psychology, Supplement*, **1**, 40-48.

Turner, J. (1987). *Rediscovering the social group : A self-categorization theory*. Oxford : Basil Blackwell. (ターナー, J. C. 蘭　千壽・磯崎三喜年・内藤哲雄・遠藤由美 (訳) (1995). 社会集団の再発見　誠信書房)

Zajonc, R. B. (1965). Social facilitation. *Science*, **149**, 269-274.

第3章　企業就業者の職業的アイデンティティ

第1節　企業就業者を取り巻く環境からみた，職業的アイデンティティ形成支援の重要性

（1）企業就業者のキャリア形成における職業的アイデンティティの重要性

近年，年功賃金や長期雇用といった日本型雇用慣行に変化が生じている（厚生労働省，2002a）。勤労者，特に若年層の一社継続勤務にこだわらない意識が高まってきており（厚生労働省，2002a），離転職を重ねながらキャリアを形成する傾向が増加しつつある。このような状況の中で，企業就業者は職業人としての生き方を会社にゆだねるのではなく，みずからキャリアを決定することが求められており，そのためには，職業人としての自己の能力やパーソナリティ，興味，価値観など，自分とは何者かを明らかにすることが必要となる（川﨑，2001）。換言すればErikson（1950）の提唱したアイデンティティのうち職業に関するもの，すなわち職業的アイデンティティを確立することが重要な課題となる。

Hall（1976，金井，1997，p.43による）によると，キャリアとは，「あるひとの生涯にわたる期間における，仕事関連の諸経験や諸活動と結びついた態度や行動における個人的に知覚された連続」である。キャリアは生涯にわたって形成されるものと捉えられるため，金井（1997）は，アイデンティティの生涯発達モデル（岡本，1994）を組み込んでキャリアの発達モデルを提出している。また岡本（1999）も，職業人としてのアイデンティティとキャリア発達には深い

関連があると述べている。以上より，アイデンティティのうち特に職業に関するものである職業的アイデンティティが，キャリア発達を検討するうえで重要な要素のひとつとなると言える。

（2） 職業的アイデンティティ形成支援の重要性

一方，岡本（1994）のアイデンティティのラセン式発達モデルが示しているように，アイデンティティは生涯の節目で再体制化が必要となる。岡本（2002, p.77）によると「危機期」と呼ばれる「今までの自分のあり方や生き方，つまりアイデンティティではもはや自分を支えきれない，これから自分らしく生きていけないということが自覚される時期」があり，「この危機の自覚によって，新しい状況に応じた自分のあり方を模索し，これまでの自己の中に再統合していく」ことが求められる。

職業的アイデンティティも同様に，生涯の中で何度か危機に直面し，再体制化すると考えられる。たとえば，組織における個人のキャリア発達上の課題をキャリア段階別に提唱したSchein（1978）によると，キャリア中期の危機の段階（35歳から45歳まで）では，過去に達成したものを再評価することが課題となるが，これは職業的アイデンティティ再体制化における課題と言える。また，衰えと離脱の段階（40歳から引退まで）では，キャリア全体を評価し引退に備えることが課題となるが，岡本（1994）の定年退職期におけるアイデンティティ再体制化プロセスを踏まえると，これも職業的アイデンティティ再体制化における課題と言える。

一方，近年，日本型雇用慣行の変化に伴い，リストラクチャリングが広く行われ（厚生労働省，2000），希望退職などで雇用の調整を行う会社も多い（厚生労働省，2003）。さらに，倒産した企業も多く，帝国データバンク「全国企業倒産集計」によると，2001年の倒産企業件数は1万9,441件であった（厚生労働省，2002b）。このような状況下で，会社や職場が変わったり，職務内容が変わることは頻繁にあることである（宮城，2002）。このような状況は，自分の今後の職業的な生き方について不安を抱きやすくなると考えられる。事実，児玉・

深田（2005e）が企業就業者を対象に年代別に職業に関連する心理的葛藤の有無を調査しているが，その結果，「職業的な生き方について，このままでいいだろうか」という今後の職業的な生き方に関する心理的葛藤は，20代から40代までの人の約半数が抱いていることが判明した。職業的アイデンティティの危機に直面すると，このような職業に関する問いかけを自らに対して行うと考えられる。この結果より，現代の社会では，企業就業者は，人生の節目にあるか否かを問わず，職業的アイデンティティの危機に直面しやすい状況に置かれていると言える。

そのため，企業就業者に対する職業的アイデンティティ形成の支援が重要な課題である。支援のためには，まず企業就業者の職業的アイデンティティの状態を測定する適切なツールが必要である。職業的アイデンティティの測定方法としては面接法（たとえば，Marcia（1966）の半構造化面接）が主に利用されているが，多人数の企業就業者の職業的アイデンティティを時間的・労力的・経費的に効率よく測定するには，簡単に実施でき，かつ数値化できる，「尺度」の利用が望ましいであろう。

第2節　企業就業者の職業的アイデンティティとは
――その概念と測定尺度――

（1）　職業的アイデンティティの定義とその概念構造

前述の通り，職業的アイデンティティはErikson（1950）の提唱したアイデンティティのうち，職業に関するものと捉えられる。アイデンティティとは「自分を自分たらしめている自我の性質であり，他者の中で自己が独自の存在であることを認める（自分は他人と違う）と同時に，自己の生育史から一貫した自分らしさの感覚（自分は自分）を維持できている状態」である（鑪・山本・宮下，1984, p. 50）。これを踏まえ，職業的アイデンティティは，職業人としての自分が独自で一貫しているという感覚，すなわち職業領域における自分らしさの感覚と定義できる。

これまで職業的アイデンティティは vocational identity, occupational identity, professional identity などと呼ばれ，研究がなされてきたが，それらの定義は研究者によって異なる。これらの概念を整理すると大きく2つに分類できる。

ひとつは，職業集団の個性であり，たとえば，医者らしさ，看護師らしさなどを扱ったものである (e.g., Loseke & Cahill, 1986)。エリクソン (1969) は職業的アイデンティティを集団的同一性 (group identity) のひとつとして捉えている。集団的同一性とは「同一性の概念を個人のレベルから集団，民族，国家といったレベルに抽象して使用されるもの。個人に対して，集団が1つの凝集性をもち，1つの目的をもって機能している場合，その集団の個性，集団の集団らしさを表わす用語」である (鑪他，1984, p. 50)。そのため，特定の専門家らしさを職業的アイデンティティとして扱っているものは，このエリクソン (1969) の概念に基づいたものと考えられる。企業就業者に当てはめて考えると，会社の個性，専門家らしさ（たとえばシステム・エンジニアらしさ）などを表すものと考えられる。一方，鑪他 (1984) によると，個人にとって集団的同一性は，集団に対する内面的な連帯感ないしは所属意識を意味する。すなわち，個人にとって職業的アイデンティティは，職業集団の一員であるという感覚と捉えることができ，さらには，職業集団の一員として求められる職業役割やもつべき特性が自分に合っているという感覚と捉えることができる。

もうひとつは，職業的な生き方に関する主体性や，職業的な生き方の選択に必要となる職業に関する明確な自己像の有無など，職業的な生き方に関する自分らしさを扱っているものである。これについては，よく利用されているものとして2つ挙げられる。まず，アイデンティティの職業領域として職業的アイデンティティを捉えている Marcia (1966) の概念がある。Marcia (1966) は，アイデンティティのうち，職業，宗教，政治的イデオロギーの3つの領域に関して，危機 (crisis) と積極的関与 (commitment) を基準とし，アイデンティティ・ステータスを4つ（達成，早期完了，モラトリアム，拡散）に分類できるとした。そのうち，職業的アイデンティティは職業的な生き方に関する主体性とし

て捉えられている。もう一方は，特に学生を対象とした先行研究において利用頻度の高い，Holland, Gottfredson, & Power（1980 b, p. 1191）の提唱した職業的アイデンティティの概念「（職業に関わる）目的，興味，才能に関する明確で安定した概念の所有」がある。

　企業就業者を含めた，職に就いている者の職業的アイデンティティは，上述の2つの下位概念，すなわち，自分が就いている職業役割への適合度で捉えられる「職業役割に関する自分らしさの感覚」と，職業人としての生き方に自分なりの目的をもち主体的に生きているという感覚を指す「職業的な生き方に関する自分らしさの感覚」から成ると言える。

（2）職業的アイデンティティ測定尺度

　これまで開発された職業的アイデンティティ測定尺度のうち，もっともよく利用されているものとしては，Holland et al.（1980 b）の概念を基に作成された，My Vocational Situation の下位尺度である Vocational Identity 尺度がある（Holland, Daiger, & Power, 1980 a）。本研究で想定した職業的アイデンティティの2つの下位概念と照らし合わせると，この尺度は「職業的な生き方に関する自分らしさの感覚」の一部のみを扱っている。さらに，Vondracek（1992）は，職業的アイデンティティのベースとなる Erikson（1950）のアイデンティティの概念がライフサイクルの中で心理・社会的危機との関係を基に検討されていることを踏まえ，Holland et al.（1980 b）の概念にはこの観点が欠けていると指摘している。また，Vocational Identity 尺度に関しては，概念的妥当性を支持する結果がある一方（Leong & Morris, 1989），概念的妥当性が支持されなかった結果もあり（Leung, Conoley, Scheel, & Sonnenberg, 1992），職業的アイデンティティを適切に測定しているかどうか疑わしい。

（3）企業就業者用職業的アイデンティティ測定尺度

　企業就業者を対象とした職業的アイデンティティの研究は数少ないが，その中で前述の2つの下位概念で職業的アイデンティティを捉えている測定尺度は，

表3-1 職業的アイデンティティの質問項目

因　子	質問項目
役割獲得感因子	あなたは，現在所属している会社の一員として自分で判断しなければならないことについては一人で判断できる
	あなたは，現在担当している仕事の担当者としての役割を自覚して行動している
	あなたは，現在ついている仕事の担当者として求められる能力をもっていると思う
	あなたは，自分のついている職級・役職に関して、うまくやっていけそうな感じがある
実現感因子	職業的な生き方に関するあなたの選択は，自分なりに正しかったと確信をもっている
	あなたは，自分の職業的な生き方を自分の意志で決めてきたと思う
	あなたは，自分なりの職業的な生き方に関する目標・目的を達成するため，努力をしている
	あなたは，自分なりの職業的な生き方に関する目標・目的が実現してきていると感じる
喪失感因子	あなたは，いつも周囲の目ばかり気にして職業的な生き方に関する選択をしている
	あなたは，自分なりの職業的な行き方に関する目標・目的がよく分からない
	あなたは，自分の現在ついている職級・役職に応じた目標・目的がよく分からない
	周囲と比較して，あなたは現在所属している会社の一員としてふさわしくないのではと感じる

児玉・深田（2005a）の企業就業者用職業的アイデンティティ測定尺度のみである。この尺度は，因子分析の結果，3因子構造となった。第1因子は「職業役割に関する自分らしさの感覚の獲得感」（以下，役割獲得感因子），第2因子は「職業的な自分らしさの実現感」（実現感因子），第3因子は「職業的自己の喪失感」（以下，喪失感因子）であった（測定尺度の項目を表3-1に示す）。なお，役割獲得感因子は，職業的アイデンティティの2つの下位概念のうち「職業役割に関する自分らしさの感覚」にあたり，実現感因子は，もうひとつの下位概念である「職業的な生き方に関する自分らしさの感覚」に該当する。喪失感因子は，項目作成時には逆転項目として捉えていた項目のみから成るが，Erikson（1950）が自我同一性を確立と拡散の対で捉えていることを踏まえると，役割獲得感因子および実現感因子は職業的アイデンティティの確立に関するもの，喪失感因子は職業的アイデンティティの拡散に関するものと考えられる。なお，児玉・深田（2005a）によると，この尺度の信頼性についてはクロンバックの

α係数の結果より，また妥当性については外的基準（職務満足，仕事への内発的動機づけ，出社拒否による突発的な休み，残業等の頻度，経歴満足，キャリア形成への積極性，離転職意志）との関係性より確認された。

また，職業的アイデンティティの危機と職業的アイデンティティ尺度（児玉・深田，2005a）で測定された結果との関係をみた児玉・深田（2005e）では，危機に直面している場合や，以前危機を経験したが主体的な解決ができていない場合，実現感因子と役割獲得感因子の得点は低くなり，喪失感因子の得点は高くなる傾向が確認されている。この結果も，当尺度の妥当性を示している。また児玉・深田（2005e）では，役割獲得感因子は，危機に対する主体的な解決・模索の経験がなくても形成されうるが，実現感因子は，危機に対する主体的な解決・模索の経験によって形成されることが示された。実現感因子は，自分らしい職業的な生き方が実現できていることを，役割獲得感因子は，現在就いている職業において求められる役割を獲得している感覚を示している。自分の職業を主体的に模索，選択し，職業生活を通じて生じる心理的葛藤に対して自分なりに解決することは，職業的な生き方に対する自分らしさの感覚に大きく影響すると考えられるため，この結果は妥当と言える。同時に，この結果は職業的アイデンティティの各下位次元の特徴も示している。

児玉・深田（2005a）の尺度以外で，企業就業者を対象として職業的アイデンティティを測定する尺度のうち，もっともよく使用されているものは，London（1983）のキャリア・アイデンティティ（career identity）の概念を基にした尺度である（e.g., Noe, Noe, & Bachhuber 1990; Carson & Bedeian 1994; Kidd & Smewing 2001）。キャリア・アイデンティティは，「本人のアイデンティティのうち，キャリアがどの程度主要であるか」を表し（London, 1983, p. 621），「携わっている職業で自分を定義する度合」を扱っているため（London, 1993, p. 56），職業的アイデンティティが個人にとってどれくらい重要な位置づけになっているかを扱ったものであると解釈できる。キャリア・アイデンティティに関する研究以外でも，個人にとっての職業的アイデンティティの重要性を「職業的アイデンティティ（occupational identity）」と称して扱っている研究は，いくつか

みられる (e.g., Ng & Feldman, 2008)。そのためKodama & Fukada (2008) では，職業的アイデンティティの捉え方として，児玉・深田 (2005 a) の尺度のような職業的アイデンティティそのものの確立状態について捉える方法と，London (1983) 他の概念にみられる「個人にとっての職業的アイデンティティの重要性」で捉える方法とでは，いずれが有用かについて，キャリア形成およびワークコミットメントへの説明力の比較で検討した。その結果，児玉・深田 (2005 a) の職業的アイデンティティの捉え方の方が有用であることを確認した。

第3節　企業就業者の職業的アイデンティティ形成の支援

（1）　メンタリングの定義とその分類

職業的アイデンティティ形成を促進する要因のひとつとして，メンタリングが挙げられる。メンタリングとは，メンターと呼ばれる支援する者とプロテジェと呼ばれる支援される者とで構成されており，メンターとは「人生経験が豊富な人であり，指導者，後見人，助言者，教育者，または支援者という役割をすべて果たす人」（久村，1997, p. 83）をさす。また，Levinson, Darrow, Klein, Levinson, & McKee (1978, p. 97) はメンターとプロテジェとの関係について「成人前期にもつ人間関係としては，もっとも複雑で，人間成長のうえでもっとも重要なもののひとつ」とし，メンターについては「通常年長で，若者がこれから入ろうとしている世界で経験と年功を積んだ人物」としている。また，メンターとプロテジェの間には情動的な結びつき（信頼感など）がある（Kram, 1985）。以上を踏まえると，メンタリングとは「知識や経験の豊かな人々であるメンターが，まだ未熟な人々のうち信頼関係にある人々であるプロテジェに対して，プロテジェの一人の人間としての発達を目的とし支援を行うこと」と定義できる。

Eby, Rhodes, & Allen (2010) は，これまでのメンタリングの研究を概観し，メンターとプロテジェの関係性を基に，主に職場の関係である「職場でのメンタリング」，学校での教員と学生という関係である「学生－教員間メンタリン

グ」，それ以外の若者と大人の支援関係である「若者へのメンタリング」の3つにメンタリングを分類している。一方，メンタリングの目的や支援内容別に分類をしなおしてみると，まずひとつ目に，学生－教員間メンタリングと職場メンタリングの主目的である，「職業人としての成長」を目的とするメンタリングがある。ここではそれを「職業領域メンタリング」と呼ぶ。一方，メンタリングの定義は「人としての成長」を目指しており，「職業人」以外の人生役割（たとえば，親役割など）に着目したメンタリングが存在すると考えられる。実際，Eby et al.（2010）でいう「若者へのメンタリング」に該当する研究の中には，そのようなメンタリングを扱っているものがいくつか見受けられる。たとえば，Blinn-Pike, Kuschel, McDaniel, Mingus, & Mutti（1998）では，公的な援助を受けている妊娠・育児中の青年（プロテジェ）と，ボランティアのメンターとの間のメンタリング関係を扱い，そのメンタリング関係の中での支援行動を洗い出したところ，養育情報を提供するなどの親としての成長を図るための支援が多く提供されていた。その他，McFarlane & Wiist（1997）やParis, Gemborys, Kaufman, & Whitehill（2007）でも，問題を抱えた妊婦や母親に対する「親としての成長」を促す支援をメンタリングとして捉えていた。このようなメンタリングは，「親としての成長」を目的とするメンタリング（ここでは「育児領域メンタリング」と呼ぶ）となろう。

このことを踏まえると，企業就業者は「職業人」としての役割と同時にそれ以外の役割も担っているため，「職業領域メンタリング」以外にも，個人の状況に応じた他のメンタリング関係をもつことが考えられる。

（2）キャリア段階別にみた，職業的アイデンティティに及ぼすメンタリングの効果

職業的アイデンティティ形成に特に有効なメンタリングは，職業人としての成長を目的としている職業領域のメンタリングと言えよう。よって，まず職業領域のメンタリングが職業的アイデンティティ形成に及ぼす効果について紹介する。

前述したメンタリングの定義からは，メンタリングを受けるプロテジェの効果が理解できる。一方，発達段階によって，メンターになることやプロテジェになることの重要性が異なると言われている。たとえば，Schein（1978）によると，キャリア初期（17〜30歳）ではプロテジェになることが，キャリア中期（25歳〜）ではメンターになる準備をすることが，キャリア中期の危機（35〜45歳），キャリア後期（40歳〜，もしくはリーダー役割に就いている期間）ではメンターになることが個人のキャリア発達上の課題となる。キャリア発達と職業的アイデンティティは深い関係があるため，適切な時期にメンターやプロテジェになることは，同時に職業的アイデンティティ形成にも効果をもたらすであろうと考えられる。Kram（1985）も，22〜40歳をキャリア初期，40〜60歳をキャリア中期，60歳以降をキャリア後期として，キャリア段階別にメンターやプロテジェになることによる職業的アイデンティティ形成への効果について言及している。それによると，キャリア初期ではプロテジェになることで，メンターにモデルを見出し，職業的アイデンティティを発達させる。一方，キャリア中期では，「彼らはコンサルテーション，リーダーシップやサポートを新米に提供することが自分の管理者としてのアイデンティティの欠くことのできない部分であるとみる」(Kram, 1985, p. 82)。これより，メンターになることで職業的アイデンティティが形成されると推測できる。メンタリングの職業的アイデンティティ形成に及ぼす実証的な研究としては児玉・深田（2005 b）が挙げられる。児玉・深田（2005 b）では，児玉・深田（2005 a）で開発された企業就業者用職業的アイデンティティ測定尺度を用い，企業就業者の職業的アイデンティティ形成に及ぼすメンタリングの効果をキャリア段階別に検討した。なおキャリア段階は，20代，30代，40代，50代以上の4つに分類した。その結果，20代ではプロテジェになることが，40代，50代ではメンターになることが職業的アイデンティティ形成に効果を示した。さらに児玉・深田（2005 b）では，職業的アイデンティティの危機となりうる心理的葛藤を抱いているかどうかによって，メンタリングの効果が異なるか否かも確認した。その結果，心理的葛藤の有無にかかわらず，メンターになることやプロテジェになることが，職業

的アイデンティティ形成を促進することが確認された。

（3） 育児中の就業者の職業的アイデンティティに及ぼすメンタリングの効果

職業的アイデンティティ形成支援を具体的に検討する際，特に危機に直面しやすい時期にある者への有効な支援を明らかにすることは重要な課題と言えよう。

危機に直面しやすい時期のひとつに育児期があげられる。育児期には，仕事領域と家庭領域の各々からの役割要請がいくつかの点で互いに両立しないときに生じる，役割間葛藤の一形態である「ワーク・ファミリー・コンフリクト（以下，WFC）」(Greenhaus & Beutell, 1985) を抱きやすい。岡本（2002）によると，このような役割間葛藤はアイデンティティ (Erikson, 1950) にとっての危機となる。児玉・深田（2008）はライフステージ別に被調査者を未婚群，子どもなし群（結婚後子どものいない者），子育て中群（一番下の子どもが6歳以下の者），子育て後群（一番下の子どもが7歳以上の者）に分けて，児玉・深田（2005 a）で測定される職業的アイデンティティの得点を比較した。その結果，子育て中群は子育て後群に比べ，実現感因子，役割獲得感因子の得点が低く，喪失感因子の得点が高くなった。それと同時に，実現感因子の得点が，子育て中群が子どもなし群より有意に低くなったが，これらの2群の平均年齢に差はなかったことから，同じ年代でも子育て中の場合，職業人として自分なりの目的をもって主体的に生きているという感覚の度合が低くなることが確認された。すなわちこの結果は，育児期が職業的アイデンティティに関する危機に直面しやすい時期であることを支持していると言えよう。

これを踏まえ，児玉（2010）は，育児中の男女正社員を対象に，WFCを介しての職業的アイデンティティおよび親アイデンティティ形成に及ぼすメンタリングの効果を検討した。アイデンティティを職業的アイデンティティと親アイデンティティの2種類で捉えているため，メンタリングも一人の職業人としての成長を目的として行われる職業領域メンタリングと，一人の親としての成長を目的として行われる育児領域メンタリングの2種類で捉えた。第1ステッ

プに各領域のメンターの有無と統制変数（年齢，子どもの年齢，子どもの数，上司の配慮，配偶者の配慮，育児負担の割合）を，第2ステップにWFC（仕事責任が家庭責任の遂行に影響を及ぼすことから生じる葛藤である「W→F」因子と，家庭責任が仕事責任の遂行に影響を及ぼすことから生じる葛藤である「F→W」因子の2因子。以下，同様）を，第3ステップに職業的アイデンティティと親アイデンティティを設定し，男女別にパス解析を行った結果，男女いずれも社内に職業領域メンターをもつほど職業的アイデンティティ形成が促進されることが，社外に育児領域メンターをもつほど親アイデンティティ形成が促進されることが示された。また，男女ともにWFCのうちF→W因子から職業的アイデンティティへの形成抑制効果がみられた。一方，男女ともに，メンターをもつほどWFCが増加し，間接的に職業的アイデンティティもしくは親アイデンティティの形成を抑制する働きが，その影響力は小さいながらも見られた。

　また，児玉・深田（2010）では，育児中の女性正社員の就業継続意思に及ぼすメンタリングの効果を，職業的アイデンティティおよびWFCを媒介変数に投入して検討した。この際，メンタリングを職業領域メンタリングと育児領域メンタリングと両立領域メンタリングの3種類で捉えた。なお，両立領域メンタリングについては，「仕事と育児の両立に関する知識や経験の豊かな人々であるメンターが，まだ未熟な人々のうち信頼関係にある人々であるプロテジェに対して，プロテジェの職業人と親の2つの役割を担う人間としての発達を目的とし，仕事と育児の両立に関する支援を行うこと」と定義している。第1ステップにメンターの有無，第2ステップにWFC，第3ステップに職業的アイデンティティ，最終変数に就業継続意思を設定したパス解析を行った結果，図3-1のとおりとなり，社内に職業領域のメンターをもつことが職業的アイデンティティ形成を直接的に促し，社内に両立領域のメンターをもつことが就業継続意思を直接的に促すことが示された。またWFCのうちF→W因子は職業的アイデンティティの確立度合に負の影響を示し，職業的アイデンティティの確立度合は就業継続意思に正の影響を示した。同時に社外に職業領域メンターをもつことがWFCのうちW→Fを増加させる働きもみられた。

第3章　企業就業者の職業的アイデンティティ

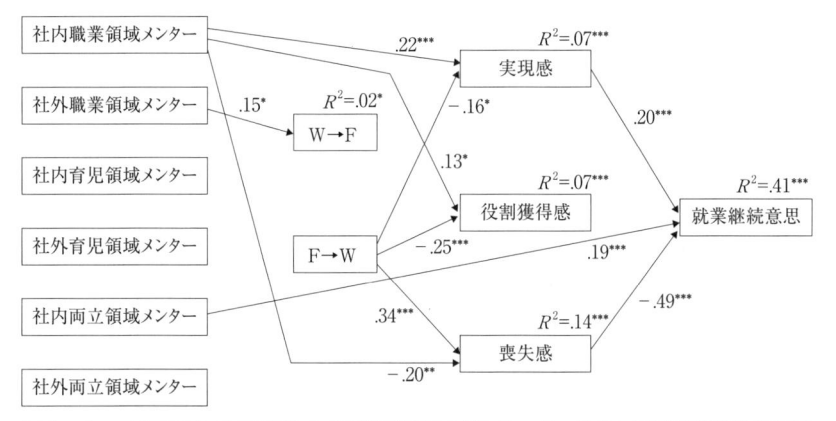

図3－1　メンタリングがWFCおよび職業的アイデンティティを介して就業継続意思に及ぼす影響

注：1）図中の数値は標準化係数を示す。
　　2）各領域のメンターの有無は，有が1，無が0を示す。
　　3）$***p<.001$, $**p<.01$, $*p<.05$.

児玉・深田（2005b）と同様，児玉（2010）と児玉・深田（2010）のいずれにおいても職業領域メンタリングの職業的アイデンティティ形成促進効果が確認された。しかし同時に職業領域メンタリングや育児領域メンタリングはWFCを助長する働きもみられた。職業領域のメンタリングとWFCとの関係について検討したNielson, Carlson, & Lankau（2001）では，メンターとプロテジェとの価値観の一致度やメンターがプロテジェの家庭と仕事の両立に協力的である度合が，W→FとF→Wの両方に対して抑制効果を示している。児玉・深田（2010）のメンターの有無を指標としたパス解析の結果からは両立領域メンタリングがWFCを抑制する働きは確認されなかったが，両立領域のメンターをもっている人のデータのみを対象に，そのメンターからのメンタリング行動の享受度合とWFCとの相関係数を算出したところ，社内の両立領域メンターからのメンタリング行動の享受度合はWFCの2因子と有意な負の相関がみられた。これらより，メンターは，プロテジェの担っている2つの役割（職業人，親）のうちのいずれか一方を配慮した支援のみを実施するのではなく，プロテジェが2つの役割を両立できるような支援も同時に行うことが重要となると言

えよう。

（4） メンタリング以外の職業的アイデンティティ形成の支援

メンタリング以外に職業的アイデンティティ形成を促進するものとして，児玉・深田 (2005 d) は，ピア関係 (peer relationship) を取り上げ，検討している。ピア関係とは，年齢，職位に差のない，双方向の支援関係である (Kram & Isabella, 1985)。社内メンター，社内プロテジェ，社外メンター，社外プロテジェ各々をもっているかどうか，社内ピア関係，社外ピア関係にあるかどうかと，性別，心理的葛藤の有無を説明変数，職業的アイデンティティの各因子を目的変数として，年代 (20 代，30 代，40 代，50 代以上) 別に重回帰分析 (ステップワイズ法) を行ったところ，20 代では社内メンターをもつことが，30 代では社内もしくは社外にプロテジェをもつことが，40 代，50 代では特に社内プロテジェをもつことが職業的アイデンティティ形成に効果を示した。それと同時に 30 代で職業的アイデンティティに対する社外ピア関係の形成促進効果が確認された。

また，荒木 (2007, 2009) は，キャリア確立を職業的アイデンティティ獲得やキャリア形成への意欲向上として捉え，キャリア確立に及ぼす「実践共同体」への参加の影響およびキャリア確立を促すための「実践共同体」のあり方について検討した。キャリア確立については，荒木 (2007) では，社会的役割の獲得感因子，今後のキャリアに対する意欲と展望因子，専門領域の自覚因子の 3 因子から成り，荒木 (2009) では，情報・知識の獲得，社会的役割の獲得，今後のキャリアに対する意欲と展望の 3 カテゴリーで捉えられており，いずれも児玉・深田 (2005 a) の職業的アイデンティティの構造と類似している。また，「実践共同体」とは興味・関心を共有したメンバーが共同で活動に取り組む共同体である (荒木, 2007, 2009)。荒木 (2009) では，仕事に関する知識やアイデアを交換し，助け合いながら共に学ぶことを目的とする「助け合いの実践共同体」を対象にして分析したところ，実践共同体への参加により，職場を超えた多様なメンバーが活動を行う中で，自らの仕事や組織についてのリフレク

ション（ふり返り）を行うことでキャリア確立が促されることが示された。「助け合いの実践共同体」での個人間の関係性は，ピア関係に近いものであり，また，職場を超えた関係性が効果を示したという荒木（2009）の結果は，児玉・深田（2005 d）の結果でピア関係のうち社外のものでのみ職業的アイデンティティ形成促進効果があったことと一致するといえる。

第 4 節　就業者の職業的アイデンティティ研究の発展の方向性

金井（1997）や岡本（1999）の指摘の通り，また，児玉・深田（2010）でも職業的アイデンティティが就業継続意思に大きく影響する要因のひとつとなることが確認されたように，職業的アイデンティティはキャリア形成と密接な関わりがある。それのみでなく，職業的アイデンティティはストレスとの関連が示されたり（Elovainio & Kivimäki, 2001；児玉・深田，2005 c），生産性との関連が示唆されており（児玉・深田，2006），職業的アイデンティティが個人にとっても企業にとっても重要な役割を担っていることが認められる。以上より，企業就業者の職業的アイデンティティの形成支援は重要な課題といえる。

企業就業者の職業的アイデンティティ形成を促進する具体的な取り組みを展開するためには，第 1 に，職業的アイデンティティの状態に問題のある個人のスクリーニングが可能な尺度の開発が望まれる。そのためには，児玉・深田（2005 a）が開発した企業就業者用職業的アイデンティティ測定尺度のスクリーニングとしての使用の可能性について検討する必要があろう。第 2 として，個人の状態に応じた，職業的アイデンティティ形成に関する有効な支援を検討する研究を，今後も継続して行う必要があろう。近年の企業就業者は危機に直面しやすいが（児玉・深田，2005 e），その直面している危機の質的な差異を踏まえて，職業的アイデンティティ形成に関するより有効な支援を明らかにする研究が必要であろう。また，非正規雇用労働者や休職者といった職業的アイデンティティの形成度合が全般的に低いと推測される就業者への，有効な職業的アイデンティティ形成支援を明らかにすることも必要であろう。

引用文献

荒木淳子（2007）．企業で働く個人の「キャリアの確立」を促す学習環境に関する研究—実践共同体への参加に着目して— 日本教育工学会論文誌，**31**, 15-27.

荒木淳子（2009）．企業で働く個人のキャリアの確立を促す実践共同体のあり方に関する質的研究 日本教育工学会論文誌，**33**, 131-142.

Blinn-Pike, L., Kuschel, D., McDaniel, A., Mingus, S., & Mutti, M. P.（1998）. The process of mentoring pregnant adolescents : An exploratory study. *Family Relations : An Interdisciplinary Journal of Applied Family Studies*, **47**, 119-127.

Carson, K. D., & Bedeian, A. G.（1994）. Career commitment : Construction of a measure and examination of its psychometric properties. *Journal of Vocational Behavior*, **44**, 237-262.

Eby, L. T., Rhodes, J. E., & Allen, T. D.（2010）. Definition and evolution of mentoring. In T. D. Allen & L. T. Eby（Eds.）, *The Blackwell handbook of mentoring : A multiple perspectives approach*. West Sussex : Blackwell Publishing. pp. 7-20.

Elovainio, M., & Kivimäki, M.（2001）. The effects of personal need for structure and occupational identity in the role stress process. *Journal of Social Psychology*, **141**, 365-378.

Erikson, E. H.（1950）. *Childhood and Society.* New York : Norton.

エリクソン，E. H. 岩瀬庸理（訳）（1969）．主体性—青年と危機— 北望社

Greenhaus, J. H., & Beutell, N. J.（1985）. Sources of conflict between work and family roles. *Academy of Management Review*, **10**, 76-88.

Holland, J. L., Daiger, D. C., & Power, P. G.（1980 a）. *My vocational situation.* Palo Alto, CA : Counseling Psychologists Press.

Holland, J. L., Gottfredson, D. C., & Power, P. G.（1980 b）. Some diagnostic scales for research in decision making and personality : Identity, information, and barriers. *Journal of Personality and Social Psychology*, **39**, 1191-1200.

金井壽宏（1997）．キャリア・デザイン論への切り口—節目のデザインとしてのキャリア・プランニングのすすめ— 季刊ビジネス・インサイト，**17**, 34-55.

川﨑友嗣（2001）キャリア 田尾雅夫（編） シリーズ21世紀の社会心理学2 組織行動の社会心理学 北大路書房 pp. 52-65.

Kidd, J. M., & Smewing, C.（2001）. The role of the supervisor in career and organizational commitment. *European Journal of Work and Organizational Psychology*, **10**, 25-40.

児玉真樹子（2010）．ワーク・ファミリー・コンフリクトを媒介変数とした職業的アイデンティティと親アイデンティティに及ぼすメンタリングの影響—育児期の男女正社員

を対象として─　産業組織心理学研究, **24**, 3-14.

児玉真樹子・深田博己（2005 a）. 企業就業者用職業的アイデンティティ尺度の作成　産業ストレス研究, **12**, 145-155.

児玉真樹子・深田博己（2005 b）. キャリア段階別に見た, 企業就業者の職業的アイデンティティの形成に及ぼすメンタリングの効果　産業ストレス研究, **12**, 221-231.

児玉真樹子・深田博己（2005 c）. 職業性ストレスに及ぼすメンタリングの影響と, 職業的アイデンティティの媒介変数としての働き　産業ストレス研究, **12**, 341-351.

児玉真樹子・深田博己（2005 d）. 職業的アイデンティティ形成に及ぼすメンタリング関係およびピア関係の影響　日本社会心理学会第 46 回大会論文集, 580-581.

児玉真樹子・深田博己（2005 e）. 企業就業者の職業的アイデンティティの危機に関する研究　広島大学大学院教育学研究科紀要　第三部（教育人間科学関連領域）, **54**, 265-273.

児玉真樹子・深田博己（2006）. 生産性に関連する態度や行動に及ぼす職業的アイデンティティの影響　広島大学心理学研究, **6**, 19-25.

児玉真樹子・深田博己（2008）. ライフステージ別にみた職業的アイデンティティの状態　中国四国心理学会論文集, **41**, 23.

Kodama, M., & Fukada, H. (2008). Two dimensions of vocational identity in Japanese employees and their effect on career development and work commitment. *International Journal of Counseling and Psychotherapy*, **6**, 3-13.

児玉真樹子・深田博己（2010）. 育児中の女性正社員の就業継続意思に及ぼすメンタリングの効果─ワーク・ファミリー・コンフリクトと職業的アイデンティティに着目して─　社会心理学研究, **26**, 1-12.

厚生労働省（2000）. 平成 12 年版　労働経済の分析〈http : //wwwhakusyo.mhlw.go.jp/wp/index.htm〉（2011 年 7 月 20 日）

厚生労働省（2002 a）. 平成 14 年版　厚生労働白書〈http : //wwwhakusyo.mhlw.go.jp/wp/index.htm〉（2011 年 7 月 20 日）

厚生労働省（2002 b）. 平成 14 年版　労働経済の分析〈http : //wwwhakusyo.mhlw.go.jp/wp/index.htm〉（2011 年 7 月 20 日）

厚生労働省（2003）. 平成 15 年版　労働経済の分析〈http : //wwwhakusyo.mhlw.go.jp/wp/index.htm〉（2011 年 7 月 20 日）

Kram, K. E. (1985). *Mentoring at work : Developmental relationships in organizational life*. Glenview, IL : Scott, Foresman and Company.

Kram, K. E., & Isabella, L. A. (1985). Mentoring alternatives : The role of peer relationships in career development. *Academy of Management Journal*, **28**, 110-132.

久村恵子（1997）. メンタリングの概念と効果に関する考察─文献レビューを通じて─経

営行動科学, **11**, 81-100.

Leong, F. T. L., & Morris, J. (1989). Assessing the construct validity of Holland, Daiger and Power's measurement of Vocational Identity. *Measurement and Evaluation in Counseling and Development*, **22**, 117-125.

Leung, S. A., Conoley, C. W., Scheel, M. J., & Sonnenberg, R. T. (1992). An examination of the relation between vocational identity, consistency, and differentiation. *Journal of Vocational Behavior*, **40**, 95-107.

Levinson, D. J., Darrow, C. N., Klein, E. B., Levinson, M. H., & McKee, B. (1978). *The seasons of a man's life*. New York: Alfred A. Knopf.

London, M. (1983). Toward a theory of career motivation. *Academy of Management Review*, **8**, 620-630.

London, M. (1993). Relationships between career motivation, empowerment and support for career development. *Journal of Occupational and Organizational Psychology*, **66**, 55-69.

Loseke, D. R., & Cahill, S. E. (1986). Actors in search of a character: Student social workers' quest for professional identity. *Symbolic Interaction*, **9**, 245-258.

Marcia, J. E. (1966). Development and validation of ego-identity status. *Journal of Personality and Social Psychology*, **3**, 551-558.

McFarlane, J., & Wiist, W. (1997). Preventing abuse to pregnant women: Implementation of a "mentor mother" advocacy model. *Journal of Community Health Nursing*, **14**, 237-249.

宮城まり子 (2002). キャリアカウンセリング 駿河台出版社

Ng, T. W. H., & Feldman, D. C. (2008). Long work hours: A social identity perspective on meta-analysis data. *Journal of Organizational Behavior*, **29**, 853-880.

Nielson, T. R., Carlson, D. S., & Lankau, M.J. (2001). The supportive mentor as a means of reducing work-family conflict. *Journal of Vocational Behavior*, **59**, 364-381.

Noe, R. A., Noe, A. W., & Bachhuber, J. A. (1990). An investigation of the correlates of career motivation. *Journal of Vocational Behavior*, **37**, 340-356.

岡本祐子 (1994). 成人期における自我同一性の発達過程とその要因に関する研究 風間書房

岡本祐子 (1999). アイデンティティ論からみた生涯発達とキャリア形成 組織科学, **33** (2), 4-13.

岡本祐子 (2002). アイデンティティ生涯発達論の射程 ミネルヴァ書房

Paris, R., Gemborys, M. K., Kaufman, P. H., & Whitehill, D. (2007). Reaching isolated new mothers : Insights from a home visiting program using paraprofessionals. *Families in Society : The Journal of Contemporary Social Services*, **88**, 616-626.

Schein, E.H. (1978). *Career dynamics : Matching individual and organizational needs.* Reading, MA : Addison-Wesley.

鑪幹八郎・山本力・宮下一博（共編）(1984). アイデンティティ研究の展望 I　ナカニシヤ出版

Vondracek, F. W. (1992). The construct of identity and its use in career theory and research. *Career Development Quarterly*, **41**, 130-144.

第4章　羞恥感情のプロセス

"恥ずかしい"という感情は日常生活において非常に頻繁に感じる感情であり，大学生の普段の会話において最も頻繁に言及される感情のひとつである(Shimanoff, 1984)。この感情状態を表わす際には，単なる"恥ずかしい"，だけではなく，"恥をかいた"，"気まずい"などといった様々な用語が使用される。日本における研究においても，"恥"（たとえば，作田，1967），"羞恥"（たとえば，井上，1977），"対人不安"（たとえば，菅原，1992a），"はずかしさ"（たとえば，加納・宇賀，1997）等，様々な用語が使用されてきている。内容に多少の差異はあるものの，大まかには同じものを対象にしていると考えられるため，本章では，最近の研究において共通して用いられてきている"羞恥感情"という用語を使用する。

羞恥感情は，無意図的に引き起こされる，あるいは自らが望んでいないにもかかわらず引き起こされる苦境や逸脱を意識した際に生じる感情反応であると定義される（たとえば，Edelmann, 1985; Goffman, 1956）。近年の研究によって，この羞恥感情の複合的多様性とでもいうべき特徴が明らかになってきた。すなわち，多様な状況で生じるという状況的多様性，多様な下位感情を含むという感情的多様性，多様な認知的要因によって生じるという認知的多様性である。さらにこの羞恥感情は様々な形で対処されるし，生起した羞恥感情はその後の人間の様々な行動に影響を及ぼしていく。

本章では，羞恥感情の発生からその後の行動に至るまでのプロセスに関する心理学領域における近年の研究を紹介する。その際，①羞恥感情の生起状況，

②羞恥感情の下位感情，③羞恥感情の認知的発生因，④羞恥感情への対処行動，⑤羞恥感情の応用的研究，という5つの領域に研究を区切り，これまでの研究を展望していく。

第1節　羞恥感情の生起状況

　羞恥感情が多様な状況において生じることは，当初，社会学や文化人類学などの領域において指摘されてきた（たとえば，井上，1969, 1977; 作田，1967）。これらの研究では，思弁的な分類によって，公の場面における「公恥」や一人ひそかに覚える種類の「私恥」といった分類がなされている。

　思弁的な分類による指摘を受ける形で，心理学領域においても羞恥感情がどのような状況において生じるのかに関する実証的な検討が進められてきた。これらの研究は，まず羞恥感情が生じる多様な状況を収集し，それを項目化したうえでそこでの羞恥感情の程度を測定し，さらに因子分析などの手法を用いて分類する，という方法が主に用いられてきている。その代表的な研究が成田・寺崎・新浜（1990）によるものである。

　成田他（1990）は，171名の大学生および看護学生から合計 2,070 例の羞恥感情が生起する状況を収集した。さらにそれを基に 120 項目から成る質問紙を作成し，大学生 264 名に対して調査を行った。得られたデータに対する因子分析の結果，羞恥感情の生起状況は4種類に類型化できることが示された。4種類の状況とは，「かっこ悪さ」状況（例："みっともない髪形や服装をしている時"），「気恥ずかしさ」状況（例："初対面など，知らない人と話をする時"），「自己不全感」状況（例："自分にできるはずのことができなかった時"），そして「性」状況（例："ヌードやポルノシーンのポスターを見た時"，"セックスについての話をする時"）である。

　この他にも，羞恥感情の生起状況が，「性」，「かっこ悪さ」，「注視」，「家族」，「異性」，「ぶざまな行為」，「思い違い」，「きまり悪さ」，「知識・能力露見」，「自己不全感」などの12状況に分類されることを示した橋本・清水（1981）や，

4つの状況に分類されることを示した山下・川上・佐藤（1981）なども，羞恥感情の生起状況の分類を試みた研究である。また欧米においても同様に羞恥感情の生起状況の多様性が指摘されており，Edelmannらは一連の研究によって，羞恥感情が「他者の注目の的になった（center of attention）」,「他者に対して恥ずかしい（embarrassment to others）」,「他の人の行為によって恥を感じた（other's behavior）」,「間抜けさを露呈した（appearing foolish）」,「代理羞恥（vicarious embarrassment）」などの多様な状況において生じることを示している（Edelmann, 1985; Edelmann & McCusker, 1986）。

羞恥感情の生起状況に関する過去の先行研究を整理した成田（1993）は，羞恥感情の生起状況が大きく6種類に分類されることを示唆している（表4-1）。それを受けて樋口（2000）は，羞恥感情の生起状況は以下の6種類であると結論づけている。すなわち，①自らの劣位性が人前で露呈する公恥状況（例："授業中に自分のレポートが，悪い見本として名指しで指摘された時"），②自らの行動等について反省する私恥状況（例："親友が困っていたのに，十分な援助ができなかった時"），③ポジティブな評価や対人相互作用に戸惑う照れ状況（例："自分のちょっとした行為が，人前でほめられた時"），④人前での自分に自信がもてない対人緊張状況（例："大勢の知らない人の前で，壇上に立って自己紹介をする時"），⑤対人場面において自己の役割が混乱している対人困惑状況（例："あまり親しくない人との会話中に，話題がなくなって沈黙が続く時"），そして⑥性に関する情報が存在する性的状況（例："異性の友人がいる前で，自分のセックス経験について尋ねられた時"）である。

さらに樋口（2002a）やHiguchi & Fukada（2002, 2008）は，これら6種類の状況のうち，公恥状況および私恥状況は，報告頻度が非常に多いという意味で典型的な羞恥感情生起状況であり，それ以外の状況は報告頻度が相対的に少ない非典型的な状況であるとしている。また樋口（2009）は，典型的状況とされた公恥状況および私恥状況は主体に何らかのネガティブな行為が含まれている状況であり，一方それ以外の非典型的状況は必ずしもネガティブな行為が含まれていない状況であると指摘している。

表 4 - 1　羞恥感情の生起状況の分類 (成田, 1993 を参考に作成)

研究者	羞恥感情の発生状況の類型					
橋本・清水 (1981)	自己不全感	かっこ悪さ ぶざまな行為 知識能力露見	異性	注視	きまり悪さ, 家族, 思い違い, 不適当	性
山下他(1981)	V	Ⅳ, Ⅵ	Ⅱ			
成田他(1990)	自己不全感	かっこ悪さ	気恥ずかしさ			性
菅原(1992 a)		恥の意識		コミュニケーション不安		
		Ⅰ	Ⅱ	Ⅲ	Ⅳ	
Edelmann (1985)		Center of attention		Embarrassment to others, Other's behavior	Embarrassment to others	
Edelmann & McCusker (1986)		Appearing foolish		Embarrassment to others, Vicurious embarrassment, Other's behavior	Embarrassment to others	
樋口(2000)	私恥状況	公恥状況	照れ状況	対人緊張状況	対人困惑状況	性的状況

第 2 節　羞恥感情の下位感情

　羞恥感情の生起状況の多様性を指摘した作田 (1967) や井上 (1969, 1977) は, 状況に応じて生じる主観的な感情状態が異なることも同時に指摘していた。すなわち, 羞恥感情には状況の多様性のみならず, 感情状態にも多様性が存在する可能性の指摘である。この指摘は日常的な感覚とも一致する。たとえば我々が"恥ずかしい"と表現する際, その感覚は"気恥ずかしい", "照れる"といった内容のこともあれば, "恥じ入る", "情けない"といった内容のこともあるだろう。こういった羞恥感情の感情的多様性, すなわち下位感情に関する研究は, 羞恥感情にはどういった下位感情が存在するのかという下位感情の分類の研究と, それぞれの下位感情が一体どういった状況において生じるのかという生起状況と下位感情との関連の研究の 2 つの領域に大別できる。

(1) 下位感情の分類

　羞恥感情の下位感情の分類に関する代表的な心理学的研究のひとつとして，菅原（1992 a）があげられる。菅原（1992 a）は，たとえば"気まずい"，"はにかむ"などの羞恥感情に関連する 20 の感情語を調査対象者に提示し，その感情語に関わる対人場面を想起させた。そしてその場面における 20 の感情語の当てはまり度を評定させ，その評定を基に数量化Ⅲ類によって感情語の分類を試みた。その結果，"気まずい，気づまり，きまり悪い"といった対人的な困惑感（「対人困惑」），"気おくれする，緊張する，あがる"といった対人場面での緊張感（「対人緊張」），"はにかむ，恥じらう，照れる"といった軽い恥じらいの感覚（「テレ」），"体裁が悪い，赤っ恥をかく，恥じる，屈辱的"などの不快の程度が強い恥辱の感覚（「ハジ」），という 4 種類の羞恥の下位感情が存在することを示している。

　菅原（1992 a）によるこの研究は，羞恥感情の下位感情を実証的に示した先駆的な研究であった。しかしながらそこで扱われているのは対人場面だけであり，羞恥感情の生起状況のうち私恥状況に代表される，非対人的な状況に関しては不明のままであった。そこで樋口（2000）は，6 種類の羞恥感情生起状況すべてを考慮したうえで，羞恥感情の下位感情の検討を行った。

　樋口（2000）は，様々な先行研究や類語辞典より，羞恥感情を表現するために用いられている計 125 の感情語を収集し，これを基に 27 項目から成る質問紙を作成した（項目例："気まずさ"，"おどおどした気持ち"）。そのうえで，大学生 309 名に対して過去の羞恥感情の体験をひとつ自由に想起させ，その体験における各感情語の当てはまり度を評定させた。得られたデータに対する因子分析の結果，6 因子が抽出された。第 1 は，"おどおどした気持ち"，"うろたえ"といった項目から構成されており，落ち着かない状態を示す「混乱的恐怖」である。第 2 は"情けなさ"，"みじめさ"といった自分自身に対する否定を伴うような感情項目から構成されており，「自己否定感」とされた。第 3 は"恥じ入り"，"恥じらい"といった"ハジ"という音を含む項目から構成されており，「基本的恥」とされた。第 4 は"気おくれ"，"後ろめたさ"といった項目から

構成されており，自信を失ってひるんだり気がひける感覚を表す「自責的萎縮感」とされた。さらに第5は"ばつの悪さ"，"気まずさ"といった項目から構成されており，調子が悪くじっとしていられないという意味で「いたたまれなさ」とされた。そして第6は"はにかみ"，"もどかしさ"という2項目から構成されており，「はにかみ」とされた。

　この結果より，樋口（2000）は羞恥感情を構成する下位感情は上記の6種類であると結論づけた。さらに，この調査で使用された尺度は，ある状況における状態としての羞恥感情を測定する尺度として信頼性および妥当性も確認されており，状態羞恥感情尺度として利用することが可能である（樋口，2000）。

（2）　羞恥感情の下位感情と生起状況との関連

　どのような状況であれば，どのような羞恥感情の下位感情が生じるのか，という下位感情と生起状況との関連に関する研究としては，まず菅原（1992a）があげられる。菅原（1992a）は，羞恥感情が生起する対人状況を「Ⅰ．社会的に受け入れられない自己像が露呈した状況」，「Ⅱ．他者にとって馴染みのない自己像が露呈した状況」，「Ⅲ．人前での自分に自信がもてない状況」，「Ⅳ．対人場面において自己の役割が混乱した状況」の4種類に分類しており，それぞれの状況において対応する下位感情が存在することを示した。Ⅰの状況においては「ハジ」（"恥じる"など）が，Ⅱの状況では「テレ」（"照れる"など），Ⅲの状況では「対人緊張」（"あがる"など）が，Ⅳの状況では「対人困惑」（"気まずい"など）がそれぞれ対応していた。

　一方，対人状況以外についても扱った樋口（2000）は，大学生161名に対して上述の6状況（公恥状況，私恥状況，対人緊張状況，対人困惑状況，照れ状況，性的状況）に対応する具体的場面を提示し，それぞれの場面における羞恥感情の下位感情の得点を測定した。対象者に呈示する具体的場面を変更して検討を行った樋口（2002b）の研究と合わせると，行為者による何らかのネガティブな要素が含まれている公恥状況および私恥状況は，"情けない"といった感情に代表される「自己否定感」によって特徴づけられ，一方それ以外のネガティブ

ではない状況においては「自己否定感」はほとんど感じられていないことが明らかになった。さらに、"ばつが悪い"、"気まずい"といった「いたたまれなさ」の下位感情は、会話中に沈黙が訪れるといった対人困惑状況に、「はにかみ」は照れ状況において特徴的であることが示されている。

第3節　羞恥感情の認知的発生因

　羞恥感情が多様な状況で生じる、多様な感情状態を含む感情であることはここまでに述べた。それでは、この羞恥感情は一体どのような原因で生じるのであろうか。

　羞恥感情の生起要因としては、たとえば状況に居合わせた他者との親密度といった状況的要因（たとえば、佐々木・菅原・丹野, 2005; 堤, 1992）や、年齢や性別などの個人差（たとえば、橋本・清水, 1982）など、様々な要因が取り上げられてきた。その中でも近年は、後述する羞恥感情の応用的な研究への発展可能性が考慮され、個人が置かれた状況内での認知的な側面、すなわち羞恥感情の生起要因としての認知的発生因が特に注目されている。

　羞恥感情の認知的発生因に関してはこれまでに様々な研究が行われてきているが、その内容から、単一の発生因が羞恥感情を生起させると仮定した単独モデル型の研究と、複数の発生因が並列的に羞恥感情に影響を及ぼすと仮定した複合モデル型の研究に大別できる。以下、それぞれの研究について紹介する。

（1）　単独モデル
1）自尊心低減モデル

　最も初期に検討されたのは、Modigliani（1971）の提案した自尊心低減モデルである。このモデルは、他者からの否定的評価とそれに伴う自尊心の低減によって羞恥感情が生起すると仮定した。

　Modigliani（1971）は、実験参加者に困難な課題を遂行させ、課題成績の悪さを指摘するという実験事態を設定した。そして、課題が困難であることを前

もって実験参加者に知らせる条件（自尊心は低減しない）と知らせない条件（自尊心は低減する）とを比較することによって，自尊心低減モデルの検討を試みた。しかしながら両条件間では羞恥感情の程度に有意な差はみられず，この段階においては自尊心低減モデルを支持する結果は得られなかった。自尊心低減モデルの有効性が注目されるのは，複合モデル型の研究によって取り上げられるようになってからである。

　2）社会的評価懸念モデル

　社会的評価懸念モデルは，現在まで盛んに検討され，支持されているモデルである（たとえば，Manstead & Semin, 1981; Semin & Manstead, 1981）。このモデルは，"他者からの好ましくない社会的評価の懸念"（Miller, 1996, p. 113）が羞恥感情を生起させると説明する。"好ましくない評価"というのは，たとえば"道を歩いている男らしいギャングが，初老の女性に刺青を賞賛された時"（Miller, 1996, p. 113）という場面なども含み，自らが望んでいない評価と言い換えることもできる。

　社会的評価懸念モデルを検討した代表的な研究である Manstead & Semin (1981) は，たとえば"パーティ会場において，ある国の住民の批判をしていたところ，その場にその国の出身者がいた"といった仮想場面を設定し，その場面で他者に与えたと思う印象（主観的公的イメージ）について，ポジティブからネガティブの3段階に操作した実験を行った。その結果，社会的評価懸念モデルからの予測と一致し，主観的公的イメージがネガティブな場合には，中立的またはポジティブであるよりも強い羞恥感情が生起することが示された。

　また"買い物中に階段から転げ落ち，買い物かごの中身をぶちまけた"，"ズボンのジッパーを開けたまま歩きまわる"といった場面を用いた Semin & Manstead (1981) においても社会的評価懸念モデルを支持する結果が得られている。

　3）個人的規範モデル

　羞恥感情の認知的発生因に関する第3のモデルは，個人的規範モデル（Babcock, 1988; Babcock & Sabini, 1990）である。このモデルは，自らの行動が自分

自身に関する概念から逸脱することが羞恥感情を生起させると説明する（Babcock, 1988）。

Babcock & Sabini（1990）は，"髪の毛を切りすぎてしまって，それを人に指摘された"，"レストランで間違えて異性用のトイレに入ってしまった" といった場面を設定し，モデルの検討を行った。これらの場面は，自分ならばこのような失敗はしないと思っていたのに失敗してしまったといった内容で，自己概念から逸脱する場面であった。検討の結果，自己概念から逸脱する場面においては羞恥感情が強く生起することが示された。

4）相互作用混乱モデル

続いて紹介する第4のモデルは，相互作用混乱モデル（Parrott, Sabini, & Silver, 1988; Parrott & Smith, 1991; Silver, Sabini, & Parrott, 1987）である。このモデルでは，社会的場面において個人がとるべき役割を見失い，対人相互作用が混乱・停滞することが羞恥感情を引き起こすと説明する（Silver et al., 1987）。

相互作用混乱モデルを検討した研究のひとつである Parrott et al.（1988）は，従来有力な説であった社会的評価懸念モデルでは羞恥感情を十分に説明できないと考え，相互作用混乱モデルと社会的評価懸念モデルを比較する形で検討を行った。Parrott et al.（1988）は，"フレッドが仕事仲間のジェーンをデートに誘うが断られる" といった仮想場面を設定し，まったく言い訳なしで断られる場合（言い訳なし条件），"仕事仲間とはデートに行かないことにしているの" といった言い訳つきで断られる場合（真の言い訳条件），同じく言い訳つきで断られるがジェーンが他の仕事仲間とデートに行っていることを知っている場合（嘘の言い訳条件），という3条件間で羞恥感情の程度を比較した。相互作用混乱モデルと社会的評価懸念モデルの双方から，言い訳なし条件が最も羞恥感情の程度が高く，真の言い訳条件が最も低いと予測される。しかしながら嘘の言い訳条件における羞恥感情の程度については，2つのモデルからの予測が異なると Parrott et al.（1988）は主張した。まず社会的評価懸念モデルからの予測であるが，言い訳があったとしてもそれが嘘の場合には相手（ジェーン）からの低い評価には変わりがないため，羞恥感情の程度は言い訳なしの場合と嘘の

言い訳がなされる場合とでは同程度に高いと予測される。一方で相互作用混乱モデルからは，嘘の言い訳によってその場の相互作用は混乱しないですむために，羞恥感情の程度は真の言い訳ありの場合と同程度に低いと予測される。実験の結果，羞恥感情の程度は，嘘の言い訳条件（$Mean=3.89$）と真の言い訳条件（$Mean=3.39$）とで有意な差がなく，言い訳なし条件（$Mean=4.71$）においてはその他の条件よりも有意に羞恥感情の程度が高かった。つまり，相互作用混乱モデルが支持される結果であった。

Parrott et al.（1988）はこの実験の結果より，相互作用の混乱こそが羞恥感情を生起させる発生因であると主張した。しかしながらこの実験の結果に対し，社会的評価懸念モデルを主張する研究者である Miller（1996）は批判を行っている。Miller（1996）によると，Parrott et al.（1988）における嘘の言い訳条件は，嘘とはいえ何らかの言い訳がなされていることから，相手（ジェーン）からの好ましくない評価が相対的に少ないと見なすことができる。こう考えた場合は，結果は社会的評価懸念モデルからの予測とも一致する。したがって，社会的評価懸念モデルがすぐに棄却されるわけではないのである。

5）期待裏切りモデル

羞恥感情の認知的発生因に関する第5のモデルは，期待裏切りモデル（菅原, 1992b, 1998）である。このモデルは，従来の社会的評価懸念モデルではいわゆる"照れ"などのポジティブな状況にもかかわらず羞恥感情が生じてしまう現象についてうまく説明できないことを受け，社会的評価懸念モデルを改良する形で提出されたものである。このモデルは，他者からの期待に応え続けることが人間関係における自己の立場や居場所を確保するための条件であると考え，他者からの期待を裏切る自己像を呈示したり，呈示を予測した場合に，他者からの否定的評価が懸念され，それが羞恥感情を生起させると説明している（菅原, 1998）。

このモデルを検討した菅原（1992b）は，保育園で保育実習を行った学生への調査を行い，初めて"先生"と呼ばれた時の"テレ"の程度について検討している。保育園の先生としての期待の肯定度と，期待に応える自信の程度が

"テレ"の程度に及ぼす影響を検討したところ，期待に応える自信がない学生の中でも，期待をより望ましいものであると肯定的に捉えている場合に，強い羞恥感情が生起することが明らかになった。つまり，他者からの期待を裏切ってしまうのではないかと予測した学生が最も"テレ"を感じたのであり，期待裏切りモデルを支持する結果となった。

（2） 複合モデル

ここまでに紹介してきた5つのモデルはそれぞれ，認知的発生因が単独で羞恥感情を引き起こすと仮定し，主に実験的な検討によってその仮定の実証を試みてきた。それに対し，複数の認知的発生因がそれぞれ並列的に羞恥感情に影響を及ぼすと仮定したものが，複合モデル型の研究である。

樋口（2001, 2002 a）および Higuchi & Fukada（2002, 2008）は，過去に単独モデルにおいて主張されてきた5種類の羞恥感情の認知的発生因を尺度化することによって，その構造の整理を試みた。その結果，羞恥感情が発生するいずれの状況においても，羞恥感情の認知的発生因は4種類に整理できることが示された。認知的発生因の第1は，"他の人が私のことをどのように評価するか，気がかりだ"といった項目に代表される「社会的評価懸念」であり，Miller（1996）などによる社会的評価懸念モデルが主張する発生因に対応するものである。第2は"そのような私は，自分らしくないと思う"，"まわりの人が持っている普段の私の印象から考えると，思いがけないことだろう"いった項目に代表される「自己イメージ不一致」であり，個人的規範モデル（たとえば，Babcock, 1988）が主張する個人的な自己イメージからの乖離，および期待裏切りモデル（たとえば，菅原，1998）が主張する公的な期待からの乖離と対応している。第3は"他者に対してどのように行動すべきか，混乱してしまう"といった項目に代表される「相互作用混乱」であり，Parrott et al.（1988）などによる相互作用混乱モデルが主張する発生因と対応する。そして第4の認知的発生因は"自分はだめな人間だと感じる"といった項目に代表される「自尊心低減」であり，Modigliani（1971）が主張した自尊心低減モデルにおける発生因

と対応する。

　これら4種類に整理された羞恥感情の認知的発生因は，強く意識されるものとそうでないものとが羞恥感情の生起状況によって異なることが示されている。Higuchi & Fukada（2002, 2008）によると，自らの行動等について反省する私恥状況においては「自尊心低減」が，それ以外の公恥状況，対人緊張状況，対人困惑状況，照れ状況，性的状況においては「相互作用混乱」がその他の発生因よりも有意に強く意識されていることが示されている。

　さらに樋口（2002a）は，公恥状況および私恥状況という2つの典型的な羞恥感情生起状況を用いて，そこで生じる羞恥感情の下位感情と認知的発生因との関係を検討している。288名の大学生を対象にした調査の結果，公恥状況（例：授業中に自分のレポートが悪い見本として名指しで指摘されている時）においては，「相互作用混乱」が「いたたまれなさ」（例："ばつの悪さ"）に，「自己イメージ不一致」および「自尊心低減」が「自己否定感」（例："情けなさ"）に，そして「社会的評価懸念」が「基本的羞恥」（例："恥じ入り"）に対して，それぞれ強い正の影響を及ぼしていることが示された。一方私恥状況（例：親友が困っていたのに，遊びに熱中してしまい，十分な援助をしなかった時）においては，「相互作用混乱」，「自己イメージ不一致」，「社会的評価懸念」のそれぞれが「基本的羞恥」に，そして「自尊心低減」が「自己否定感」にそれぞれ強い正の影響を及ぼしていた。

　樋口（2002a）における重要な知見は羞恥感情の下位感情に応じてその発生因が異なることを示したことのみならず，羞恥感情の認知的発生因間に因果関係が仮定できることを示した点にもある。上記の検討を行う際，樋口（2002a）は4種類の認知的発生因の間に比較的高い相関が得られたことから，4種類の発生因間にも因果関係があるとの仮説を立て，構造方程式モデリングによって仮説の検証を行った。その結果，状況に応じて若干の相違はあるものの，「自己イメージ不一致」が「自尊心低減」および「社会的評価懸念」を，「社会的評価懸念」が「相互作用混乱」および「自尊心低減」を，そして「相互作用混乱」が「自尊心低減」をそれぞれ生起させると仮定したモデルの適合度が高

くなり，羞恥感情の発生因がそれぞれ独立したものではなく，因果的な関係をもつことが示された。すなわち，羞恥感情の発生因は，相互に関係をもちながら，それぞれが羞恥感情の下位感情に影響を及ぼしていることが明らかになった。

樋口（2002a）において検討された公恥状況および私恥状況は，羞恥感情を感じている主体者による何らかのネガティブな行為が存在する状況である。一方でネガティブな行為が存在しない状況もある。内田（2009）および村片（2009）は，公恥状況および私恥状況以外の状況における羞恥感情の生起メカニズムの検討を行っている。その結果，ネガティブな行為が存在しないこれらの状況は，"おどおどした気持ち"といった「いたたまれなさ」の下位感情に強く特徴づけられる状況であり，そこでの羞恥感情の下位感情は，主に"どのようにふるまったらよいかわからない"といった「相互作用混乱」によって生起することが示されている。

複合モデルを検討したこれらの研究より，羞恥感情は発生する状況およびそこで生じる下位感情に応じて，異なる認知的発生因によって生起すると結論づけることができるだろう。そしてこれらの研究知見が，羞恥感情の制御を目指した応用的研究にとって重要な役割を果たしていくことになる。

第4節　羞恥感情への対処行動

羞恥感情が生じた場合，人はどのようにそれに対処するのだろうか。人間は，生じた羞恥感情を何とかして"片づける"ために，様々な対処行動を用いることが明らかにされてきた。羞恥感情への対処行動に関する研究では，対処行動の種類の特定，および対処行動の選択・実行に影響を及ぼす要因の検討の2点が主な検討対象である（たとえば，Cupach & Metts, 1992; 樋口, 2004; Sharkey & Stafford, 1990）。

第4章　羞恥感情のプロセス

（1）　羞恥感情への対処行動の種類

　Cupachらは一連の研究において，主に自由記述の収集およびその類型化という方法を用いて，羞恥感情への対処行動の特定を行ってきた。その結果，謝罪，弁解，正当化，無視，逃走，ユーモア，修復，攻撃，事実の報告という9種類の行動が，羞恥感情が生じた際の対処行動として用いられることを明らかにした（たとえば，Cupach & Metts, 1992; Imahori & Cupach, 1994）。

　またその他の研究においても，これら9種類の対処行動は共通して見出されている（たとえば，Edelmann & Iwawaki, 1987; Sharkey & Stafford, 1990）。さらにこの9種類以外の対処行動としては，Sharkey & Stafford（1990）が，客観的行動および内的状態の報告という2種類を指摘している。

　樋口（2004）は，先行研究を整理し，羞恥感情への対処行動が，謝罪，正当化，弁解，修復，無視，逃走，ユーモア，攻撃，客観的行動，内的状態の報告，事実の報告という11種類にまとめられることを指摘した。11種類の対処行動の説明は，以下の通りである。

①**謝罪**：自分の行動に対する他者の非難を素直に受容する言語的行動（例："すみませんでした"）

②**正当化**：責任は認めるが，自らの行動自体が必ずしも悪いことではないと主張する言語的行動（例："何も悪いことはしていない"）

③**弁解**：不適切な行為に対する自己の責任を否定する言語的行動（例："私にはいかなる責任もない"）

④**修復**：羞恥が生じる以前の状態に，事態を復元しようとする行為（例：その状況を何とかして元の状態に戻そうとする）

⑤**無視**：羞恥を引き起こした行為や事態を曖昧にしたまま放置（例：何事もなかったかのようにふるまう）

⑥**逃走**：その場面からの物理的な移動（例：その場を離れる）

⑦**ユーモア**：ジョークやユーモアを用いる行為（例：ジョークを言って笑いをとる）

⑧**攻撃**：言語的，物理的に他者を攻撃する行為（例：相手や周りの人に対して攻

撃する)

⑨**客観的行動**:笑い,微笑,沈黙,絶叫などの客観的行動(例:笑ってごまかす)

⑩**内的状態の報告**:個人の情緒的,心理的な内的状態の報告(例:自分が今感じていることを口に出す)

⑪**事実の報告**:起こった事実の単純な報告(例:起こったことをそのまま口に出す)

(2) 羞恥感情への対処行動の選択・実行に影響を及ぼす要因

羞恥感情への対処行動の選択・実行に影響を及ぼす要因としては,主に羞恥感情が生起する状況が取り上げられてきた(たとえば,Cupach & Metts, 1992; 樋口, 2004; Imahori & Cupach, 1994; Sharkey & Stafford, 1990)。

樋口(2004)は,日本における典型的な羞恥感情の発生状況である公恥状況および私恥状況における対処行動を検討した。大学生328名を対象にした検討の結果,公恥状況においては,客観的行動が最も特徴的であり,次いで事実の報告,内的状態の報告,無視の順で使用されていた。一方私恥状況においては,謝罪が最も特徴的であり,次いで事実の報告,内的状態の報告が特徴的であった。また,攻撃はいずれの状況においても,最も使用される可能性の小さい対処行動であった。

さらに樋口(2004)は,状況以外の要因についても取り扱っている。樋口(2004)は,「社会的評価懸念」,「自己イメージ不一致」,「相互作用混乱」,「自尊心低減」という4種類の羞恥感情の認知的発生因が,「自己否定感」,「いたたまれなさ」といった6種類の羞恥感情の下位感情を発生させ,さらに認知的発生因および下位感情のそれぞれが11種類の対処行動に影響を及ぼす,と仮定したモデルの検討を行った。この検討についても,典型的な羞恥感情の生起状況である公恥状況および私恥状況に関して行われた。分析の結果,モデル自体の適合度は非常に高かったものの,羞恥感情の下位感情およびその認知的発生因による対処行動への影響は非常に小さいものであった($R^2 = .00 \sim .14$)。

これらの研究より，羞恥感情への対処行動は，その羞恥感情が発生した状況に応じて使用する種類が選択され，実行されると言えるだろう。しかしながらどのようなメカニズムによって羞恥感情への対処行動がとられるのかは未だ十分に明らかにされたとは言えず，今後のさらなる検討が必要な研究領域である。また，各対処行動の有効性，すなわち羞恥感情の低減に及ぼす対処行動の効果，さらには羞恥感情を引き起こした認知的な発生因に及ぼす対処行動の影響については未検討である。対処行動の種類によっては，羞恥感情をさらに増幅させるような場合もあるかもしれない。今後の検討が期待される。

第5節　羞恥感情の応用的研究

羞恥感情は，対人相互作用を完全に崩壊させ，個人を強くそして長く苦しめる感情のひとつである（Miller, 2007）。したがってこの羞恥感情を適切に制御することは，人間の快適かつ適応的な生活に大きく関わっていると言えよう。近年では，羞恥感情の制御を通じて，我々の生活を豊かにそして望ましくすることをより具体的に目指した応用的・実践的な検討が行われ始めている。羞恥感情の応用的研究は，そこで取り組む問題の方向性より大きく2つに大別できる。第1は，羞恥感情を感じないがゆえに適切な行動がとれないという問題で，第2は，羞恥感情を感じてしまうがゆえに適切な行動がとれないというものである。

第1の問題は，たとえばマナーに関する行動などが該当する（たとえば，菅原，2005）。駅のホームや電車の中などの公共空間における化粧や飲食，床に座るなどの迷惑行動を検討した菅原・永房・佐々木・藤澤・薊（2006）は，恥ずかしさを感じない人ほどこれらの迷惑行動をとる傾向があることを示した。すなわちこの研究は，羞恥感情を感じないがゆえに適切な行動がとれないことを示した一例である。こういった研究領域においては今後，適切な行動が行われるために羞恥感情を活用する，という方向で一層の検討が進んでいくだろう。

一方，羞恥感情を感じてしまうがゆえに適切な行動がとれない，という応用

的研究の第2の問題に関しては，特に性に関連する健康行動に関して検討が行われてきている（たとえば，坂口，2007）。そこでは，適切な行動が行われるために羞恥感情を抑制する必要が指摘されている。

樋口・中村（2009）は，羞恥感情によって抑制される健康行動として，コンドーム購入を取り上げて，詳細な検討を行った。コンドームの購入は，HIV（human immunodeficiency virus：ヒト免疫不全ウィルス）をはじめとする様々な性感染症の予防にとって非常に重要な行動のひとつである（たとえば，Helweg-Larsen & Collins, 1994）。樋口・中村（2009）は，コンドーム購入時には，「いたたまれなさ」や「基本的羞恥」といった羞恥感情の下位感情（たとえば"気まずい"，"気恥ずかしい"）が特徴的であり，これらの羞恥感情がコンドーム購入行動を強く抑制していることを示した。さらに樋口・中村（2009）は，羞恥感情の認知的発生因の複合モデルの考え方を用い，コンドーム購入時の羞恥感情がどういった認知的発生因により生じているのかを検討した。その結果，コンドーム購入時の羞恥感情は，"どのようにふるまったらよいかわからない"（「相互作用混乱」）や，"周囲の人からどのように思われているか不安になる"（「社会的評価懸念」）といった認知的発生因によって生じていることが明らかになった。

羞恥感情がコンドームの購入を抑制することは，過去にも検討されてきたことであった（たとえば，Moore, Dahl, Gorn, & Weinberg, 2006）。しかしながら，どういった認知的発生因がより強く羞恥感情の生起に影響するのかは詳細には明らかにされてこなかった。樋口・中村（2009）によるコンドーム購入時の羞恥感情の認知的発生因に関する検討は，コンドームの購入という重要な健康行動について，その促進を目指した介入方法の開発に寄与する重要な知見を提供したといえる。すなわち，コンドーム購入が羞恥感情によって抑制され，その羞恥感情が"どのようにふるまったらよいかわからない"ために生じるのであれば，購入場面におけるふるまい方の提供こそが，羞恥感情の低減，ひいては適切なコンドームの購入につながると予測できる。

樋口・中村（2010 a）は，シングルケースデザインによる介入実験によってこの予測の検証を試みた。対象者はコンドーム購入経験がなく，コンドーム購

第4章 羞恥感情のプロセス

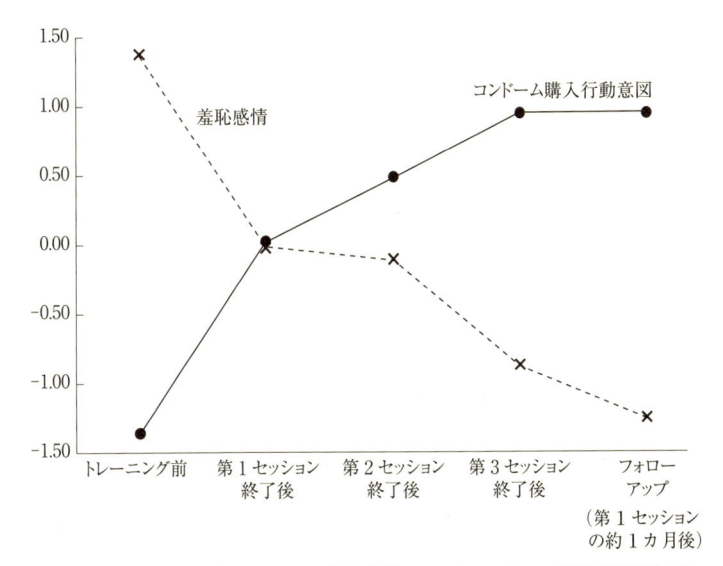

図4-1 介入プログラムによる羞恥感情およびコンドーム購入行動意図の変化（樋口・中村，2010a）
注：変数ごとに標準化した得点（$M=0, SD=1$）を使用。

入に対して強い羞恥感情を感じている男子学生1名であり，介入プログラムは3つのセッションから構成されていた。第1のセッションはVTRの視聴であった。VTRの内容は，ドラッグストアにおいておどおどとコンドームを購入している男性および堂々と購入している男性の様子であり，事前に撮影されたものであった。このVTRは，社会不安障害の治療法として用いられているビデオフィードバック法（Clark & Wells, 1995）を参考に作成されたものであり，堂々とコンドームを購入した方がおどおどと購入するよりも，他者の視点からはおかしいものではないことを視聴者に理解させ，同時に購入時のふるまい方を具体的に提供することを目指すものであった。介入プログラムの第2セッションは，実験室でのコンドーム購入のロールプレイであった。そして最後の第3セッションは，実際のドラッグストアでのコンドーム購入の実地訓練であった。

これらの介入プログラムを用いたトレーニングによる，羞恥感情およびコンドーム購入行動意図の変化を示したのが図4-1である。樋口・中村（2010a）

表 4-2 様々な健康行動と羞恥感情に関する研究数

(2011 年 2 月現在)

キーワード	研究数
condom and embarrassment (コンドーム and 羞恥感情)	36
obstetrics and embarrassment (産科 and 羞恥感情)	18
gynecology and embarrassment (婦人科 and 羞恥感情)	18
mammography and embarrassment (マンモグラフィ and 羞恥感情)	15
urology and embarrassment (泌尿器科 and 羞恥感情)	6

注:PsycINFO データベースを使用した検索結果。

はこの結果より,作成した介入プログラムがコンドーム購入時の羞恥感情を低減させ,コンドーム購入を促す効果的なトレーニングとして使用できる可能性を主張している。

さらに樋口・中村(2010 b)は,樋口・中村(2010 a)が作成した介入プログラムのうち,VTR 視聴セッションのみを使用したプログラムを 15 名程度の集団に対して実施し,無作為化比較試験による効果の検討を行っている。その結果,VTR の視聴はコンドーム購入時の羞恥感情を低減させるのに有効であり,さらにその効果は約 1 カ月経過後であっても持続することが示されている。

羞恥感情が重要な健康行動を抑制することについては,コンドーム購入以外にも様々な健康行動において明らかにされている(たとえば,Engelman, Cizik, & Ellerbeck, 2005)。しかしながらこの領域の研究数は絶対的に少ない(表 4-2 参照)。また健康行動の促進という将来的な目的を考慮した場合,単に羞恥感情と健康行動との関連を示すだけの研究では不十分である。樋口・中村(2009)がコンドーム購入行動に関する研究において行ったように,なぜそこでの羞恥感情が生じているのかという認知的な発生因を検討することは,介入プログラムの開発等のより実際的な知見の提供につながるひとつの重要な研究の方向性である。こういった方向性で行われた研究は,現在までに,樋口・中村(2009)によるコンドーム購入行動に関する研究の他には,コンドーム使用

および使用交渉行動（樋口・中村，2010c），乳がん検診行動（出雲，2010），泌尿器科受診行動（染井，2011）などを扱ったものがある。今後，さらにこういった検討が進み，そしてこれらの重要な健康行動の促進へ向けた具体的な介入プログラムの開発などが行われることが期待される。

第6節　羞恥感情に関する将来の研究の方向性

　羞恥感情に関する将来の研究としては，特に以下の3点が指摘できる。

　まず第1は，本章第5節において解説した，羞恥感情の適切な制御による応用的な方向の研究である。羞恥感情に関する基礎的な研究知見を活用し，暴力やマナー違反といった社会的な問題行動の抑制，そしてコンドームの購入や使用，医療サービスの活用といった健康行動の促進の両者を目指した具体的な研究が進んでいくことが望まれる。

　将来の研究に関する第2の方向性は，進化および文化的な問題である。Benedict（1946）による日本は恥の文化であるとの指摘より，すでに65年あまりが経過した。社会構造の変化に伴い，日本における恥や羞恥感情の様態はどのように変わってきたのだろうか。近年の進化心理学の発展に伴い，羞恥感情と進化および文化との関わりについても検討されつつある（遠藤，2009）。羞恥感情は，社会や文化，世代を超えて共通する部分もあれば，それぞれの社会や文化，世代に固有の部分もあるだろう。近年では，fMRI（機能的磁気共鳴像）によって，大脳の部位と羞恥感情との関連についても明らかにされてきており（たとえば，Beer, 2007），羞恥感情の生物学的な基盤を検討することも可能である。こういった様々な手法を用いて，羞恥感情についてより詳細な検討をしていくことが必要であろう。

　第3の方向性は，集合的羞恥の問題である。集合的羞恥とは，通常の羞恥感情のように個人が自身の行動を振り返って感じるものではなく，個人が内集団を振り返って感じる，いわば「集団としての恥」である。集合的羞恥（collective shame）は，個人が自分の所属する内集団の行動をコントロールできず，かつ

自分たちが弱者あるいは無能者と見なされていると感じる際に生じる（たとえば，Branscombe, Slugoski, & Kappen, 2004）。そして，集合的罪悪感（collective guilt）とともに，歴史的犯罪への補償行動など，世界的な規模での重要な問題と関連していることが示されている（たとえば，Brown, González, Zagefka, Manzi, & Čehajić, 2008）。しかしながら集合的羞恥の研究は十分に進んでいるとは言えず，今後一層の研究が必要とされる領域であろう。

引用文献

Babcock, M. K. (1988). Embarrassment : A window on the self. *Journal for the Theory of Social Behavior*, **18**, 459-483.

Babcock, M. K., & Sabini, J. (1990). On differentiating embarrassment from shame. *European Journal of Social Psychology*, **20**, 151-169.

Beer, J. S. (2007). Neural systems for self-conscious emotions and their underlying appraisals. In J. L. Tracy, R. W. Robins, & J. P. Tangney (Eds.), *The self-conscious emotions : Theory and research*. New York : Guilford Press. pp. 53-67.

Benedict, R. F. (1946). *The chrysanthemum and the sword : Patterns of Japanese culture*. Boston : Houghton Mifflin.

Branscombe, N. R., Slugoski, B., & Kappen, D. M. (2004). The measurement of collective guilt : What it is and what it is not. In N. R. Branscombe & B. Doosje (Eds.), *Collective guilt : International perspectives*. New York : Cambridge University Press. pp. 16-34.

Brown, R., González, R., Zagefka, H., Manzi, J., & Čehajić, S. (2008). Nuestra culpa : Guilt and shame as predictors of reparation for historical wrongdoing. *Journal of Personality and Social Psychology*, **94**, 75-90.

Clark, D. M., & Wells, A. (1995). A cognitive model of social phobia. In R. G. Heimberg, M. R. Liebowitz, D. A. Hope, & F. R. Schneier (Eds.), *Social phobia : Diagnosis, assessment, and treatment*. New York : Guilford Press. pp. 69-93.

Cupach, W. R., & Metts, S. (1992). The effects of type of predicament and embarrassability on remedial responses to embarrassing situations. *Communication Quarterly*, **40**, 149-161.

Edelmann, R. J. (1985). Individual differences in embarrassment : Self-consciousness, self-monitoring and embarrassability. *Personality and Individual Differences*, **6**, 223-230.

Edelmann, R. J., & Iwawaki, S. (1987). Self-reported expression and consequences of embarrassment in The United Kingdom and Japan. *Psychologia*, **30**, 205-216.

Edelmann, R. J., & McCusker, G. (1986). Introversion, neuroticism, empathy and embarrassibility. *Personality and Individual Differences*, **7**, 133-140.

遠藤利彦 (2009). 自己と感情―その進化論・文化論― 有光興記・菊池章夫 (編著) 自己意識的感情の心理学 北大路書房 pp. 2-36.

Engelman, K. K., Cizik, A. M., & Ellerbeck, E. F. (2005). Women's satisfaction with their mammography experience : Results of a qualitative study. *Women & Health*, **42**, 17-35.

Goffman, E. (1956). Embarrassment and social organization. *American Journal of Sociology*, **62**, 264-271.

Helweg-Larsen, M., & Collins, B. E. (1994). The UCLA multidimensional condom attitudes scale : Documenting the complex determinants of condom use in college students. *Health Psychology*, **13**, 224-237.

橋本恵似子・清水哲郎 (1981). 羞恥感情の研究 (2) ―羞恥感情構造の因子分析― 聖母女学院短期大学研究紀要, **10**, 88-93.

橋本恵似子・清水哲郎 (1982). 羞恥感情の研究 (3) ―発達差の側面から― 聖母女学院短期大学研究紀要, **11**, 149-156.

樋口匡貴 (2000). 恥の構造に関する研究 社会心理学研究, **16**, 103-113.

樋口匡貴 (2001). 公恥系状況および私恥系状況における恥の発生メカニズム―恥を構成する情緒群とその原因要素からのアプローチ― 感情心理学研究, **7**, 61-73.

樋口匡貴 (2002 a). 公恥状況および私恥状況における恥の発生メカニズム―恥の下位情緒別の発生プロセスの検討― 感情心理学研究, **9**, 112-120.

樋口匡貴 (2002 b). 恥の発生状況と恥の下位情緒との関連 松山東雲女子大学人文学部人間心理学科紀要「人間心理」, **3**, 35-45.

樋口匡貴 (2004). 恥の発生―対処過程に関する社会心理学的研究 北大路書房

樋口匡貴 (2009). 恥―その多様な感情の発生から対処まで― 有光興記・菊池章夫 (編著) 自己意識的感情の心理学 北大路書房 pp. 126-141.

Higuchi, M., & Fukada, H. (2002). A comparison of four causal factors of embarrassment in public and private situations. *The Journal of Psychology*, **136**, 399-406.

Higuchi, M., & Fukada, H. (2008). Comparison of four factors related to embarrassment in nontypical situations. *Psychological Reports*, **102**, 328-334.

樋口匡貴・中村菜々子 (2009). コンドーム購入行動に及ぼす羞恥感情およびその発生因の影響 社会心理学研究, **25**, 61-69.

樋口匡貴・中村菜々子 (2010 a). ビデオフィードバック法によるコンドーム購入トレーニ

ングの効果に関する予備的検討　日本エイズ学会誌, **12**, 110-118.

樋口匡貴・中村菜々子（2010 b）．コンドーム使用促進に関する心理学的研究(12)—VTR を使用したコンドーム購入集団トレーニングの効果—　日本社会心理学会第51回大会発表論文集, 664-665.

樋口匡貴・中村菜々子（2010 c）．コンドーム使用・使用交渉行動意図に及ぼす羞恥感情およびその発生因の影響　社会心理学研究, **26**, 15-157.

Imahori, T. T., & Cupach, W. R.（1994）. A cross-cultural comparison of the interpretation and management of face : U.S. American and Japanese responses to embarrassing predicaments. *International Journal of Intercultural Relations*, **16**, 193-219.

井上忠司（1969）．主体の内的側面から観た恥と罪—その社会心理学的構造—　ソシオロジ, **49**, 113-124.

井上忠司（1977）．「世間体」の構造—社会心理史への試み—　日本放送出版協会

出雲はる奈（2010）．乳がん検診受診に及ぼす羞恥感情およびその発生因の影響　広島大学教育学部卒業論文（未公刊）．

加納真美・宇賀万希子（1997）．はずかしさの情動に関わる要因について—はずかしがりの程度と公的自己意識の水準の関連性—　日本心理学会第61回大会発表論文集, 925.

Manstead, A. S. R., & Semin, G. R.（1981）. Social transgression, social perspectives, and social emotionality. *Motivation and Emotion*, **5**, 249-261.

Miller, R. S.（1996）. *Embarrassment : Poise and peril in everyday life*. New York : Guilford Press.

Miller, R. S.（2007）. Is embarrassment a blessing or a curse? In J. L. Tracy, R.W. Robins, & J. P. Tangney（Eds.）, *The self-conscious emotions : Theory and research*. New York : Guilford Press. pp. 245-262.

Modigliani, A.（1971）. Embarrassment, facework, and eye contact : Testing a theory of embarrassment. *Journal of Personality and Social Psychology*, **17**, 15-24.

Moore, S. G., Dahl, D. W., Gorn, G. J., & Weinberg, C. B.（2006）. Coping with condom embarrassment. *Psychology, Health & Medicine*, **11**, 70-79.

村片麻佑子（2009）．恥の非典型的発生状況における生起メカニズムの解明—成功回避動機を導入して—　広島大学教育学部卒業論文（未公刊）．

成田健一（1993）．共分散構造分析による羞恥感情を引き起こす状況の構造　東京学芸大学紀要（1部門）, **44**, 191-204.

成田健一・寺崎正治・新浜邦夫（1990）．羞恥感情を引き起こす状況の構造—多変量解析を用いて—　関西学院大学人文論究, **40**, 73-92.

Parrott, W. G., Sabini, J., & Silver, M.（1988）. The role of self-esteem and social interaction in embarrassment. *Personality and Social Psychology Bulletin*, **14**, 191-202.

Parrott, W. G., & Smith, S. F. (1991). Embarrassment : Actual vs. typical cases, classical vs. prototypical representations. *Cognition and Emotion*, **5**, 467-488.

坂口哲司 (2007). 羞恥―女子専門学生が体験した看護・教育・保育・介護場面― ナカニシヤ出版

作田啓一 (1967). 恥の文化再考 筑摩書房

佐々木 淳・菅原健介・丹野義彦 (2005). 羞恥感と心理的距離との逆U字型関係の成因に関する研究―対人不安の自己呈示モデルからのアプローチ― 心理学研究, **76**, 445-452.

Semin, G. R., & Manstead, A. S. R. (1981). The beholder beheld : A study of social emotionality. *European Journal of Social Psychology*, **11**, 253-265.

Sharkey, R. F., & Stafford, L. (1990). Responses to embarrassment. *Human Communication Research*, **17**, 315-342.

Shimanoff, S. B. (1984). Commonly named emotions in everyday conversations. *Perceptual and Motor Skills*, **58**, 514.

Silver, M., Sabini, J., & Parrott, W. G. (1987). Embarrassment : A dramaturgic account. *Journal for the Theory of Social Behavior*, **17**, 47-61.

染井大輔 (2011). 羞恥感情が泌尿器科受診に及ぼす影響 広島大学教育学部卒業論文 (未公刊).

菅原健介 (1992 a). 対人不安の類型に関する研究 社会心理学研究, **7**, 19-28.

菅原健介 (1992 b). 新しい役割の遂行場面における「テレ」の現象について―初めての保育園教育実習を経験した学生への調査結果から― 江戸川大学紀要『情報と社会』, **2**, 31-39.

菅原健介 (1998). セレクション社会心理学19 人はなぜ恥ずかしがるのか―羞恥と自己イメージの社会心理学― サイエンス社

菅原健介 (2005). 羞恥心はどこへ消えた？ 光文社

菅原健介・永房典之・佐々木 淳・藤澤 文・薊 理津子 (2006). 青少年の迷惑行為と羞恥心―公共場面における5つの行動基準との関連性― 聖心女子大学論叢, **107**, 57-77.

堤 雅雄 (1992). 想像的他者との心理的距離の関数としての羞恥感 島根大学教育学部紀要 (人文・社会科学), **26**, 87-92.

内田 彩 (2009). 恥の非典型的発生状況における生起メカニズムの解明―自意識を導入して― 広島大学教育学部卒業論文 (未公刊).

山下恒男・川上善郎・佐藤美幸 (1981). 恥意識分類の試み 教育心理と近接領域, **6**, 55-74.

第5章　社会的比較の引き起こす妬み感情

　「世界に一つだけの花」という曲をご存知だろうか。その中に、「それなのに僕ら人間は、どうしてこうも比べたがる……」という歌詞が出てくる。人間のこのような他者との比較行動を、社会心理学では社会的比較の問題として取り上げてきた。Festinger（1954）は社会的比較理論として、この行動の生起条件や機能・効果などをまとめている。彼は、どのような他者が比較対象として選ばれるのか、比較の結果、何がわかるのかなどの認知的な部分に焦点を当てているが、認知面のみに他者との比較の影響が現れるわけではない。他者と比較することで感情面も影響を受ける。このような他者とのかかわりの中で感じる感情を社会的感情といい、今回取り上げる妬み（envy）もその中のひとつである。以下、本章では坪田（2011）の枠組みを利用して妬み研究について述べる。

第1節　妬みとは何か

（1）社会的比較によって生じる感情における妬みの位置づけ

　Smith（2000）は、社会的比較の状況を比較の方向性、感情の性質、注意の方向の3つの観点で分類し、社会的比較にかかわる感情を分類するモデルを提唱している（図5-1）。比較の方向性とは、自分より優れた者と比較するか（上方比較）、自分より劣った者と比較するか（下方比較）を示し、感情の性質とは、他者の感じる感情と自分が感じる感情が同質のものか（同化的）、異質のものか（対比的）を示し、注意の方向は、注意が自己に向けられているか（自己焦

第5章 社会的比較の引き起こす妬み感情

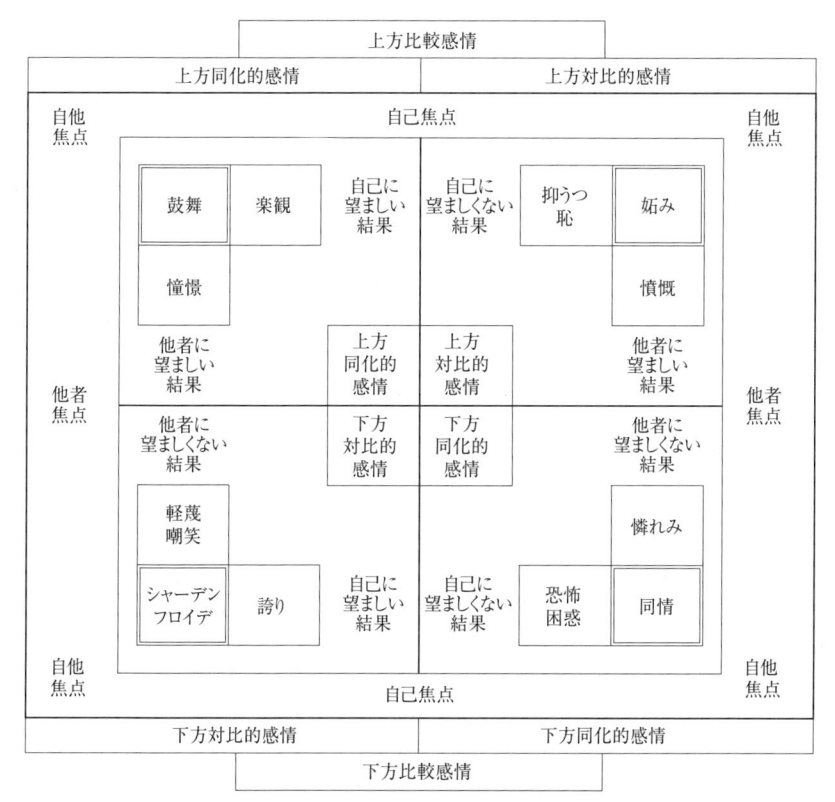

図5-1 社会的比較における感情の構造 (Smith, 2000より作成)

点), 他者に向けられているか (他者焦点), 自他共に向けられているか (自他焦点) を示している。このモデルによると妬みは, 上方, 対比的, 自他焦点の感情に位置づけられる。つまり, 妬みは, 自分が不快な感情を感じ, 少なくとも他者は不快ではない感情を感じているという意味で対比的であり, また常に他者の方が優れた結果を示しているため, 上方比較となる。またこのような状況では, 妬みばかりではなく, 抑うつや恥ずかしさを感じたり, 怒りを感じたりする場合も考えられる。これは注意の焦点で説明される。抑うつや恥を感じるのは, 注意の焦点が自己に向けられる場合で, 怒りは他者に焦点が向けられる場合, 妬みは, 自他共に注意が向けられる場合で, そのため自分に注意が向け

られた際に喚起されやすい抑うつや恥などの比較的穏やかな感情と他者に注意が向いた際の怒りなどの激しい感情が混在する複合感情と考えられる。

（2） 妬みと嫉妬の関係

妬みに類似した感情として嫉妬が取り上げられ，これらの感情の違いは何かに関して検討が進められている。両者には，概念的な定義からは明確な違いが存在する。ひとつは，感情の強度であり，「嫉妬は妬みよりも激しい感情で，嫉妬は暴力的，復讐的な行動に結びつくが，妬みは暴力的な行動に結びつかない」(Sullivan, 1956) とか，「嫉妬は他人の方が自分より優位にある，あるいは，優位になりそうだということを認めた上で，積極的にそれを排除し，蹴落としてやろうとする激しい感情である。妬みは他人が優位で，その他人にとてもかなわないと思ったあきらめの態度である」(詫摩，1975) などのように，妬みは嫉妬に比べてより弱い感情であると述べられている。また，もうひとつの違いはそれぞれの感情が生起する状況の差異である。嫉妬は「自分にとって非常に重要で価値あるものをもっており，それを誰かが自分から奪い去るのではないかという恐れを感じるときに生じる感情」と，妬みは「自分が非常に欲しいと思っているが手に入れていない何かを他者がもっていることを知覚したとき生じる感情」と定義されている (Schimmel, 2008)。嫉妬の場合，非常に重要で価値あるものとして特定の他者との関係が想定されることが多く，妬みの場合は，手に入れていない何かとして，業績や能力などが想定されることが多いため，嫉妬は三者関係で，妬みは二者関係で生じるとする見解もあるが，その違いの本質は，状況における人数ではなく，嫉妬は失うことへの恐怖，妬みはもちたいという憧憬にある。

一方，日常的な場面では，妬みと嫉妬はさほど区別して使われていないという報告もある。Parrot & Smith (1993) は，妬みと嫉妬の状況を収集し，その状況の分析を行ったところ，嫉妬状況としてあげられたものの中の約6割は上記の妬みの定義に合致する状況であるが，妬み状況としてあげられたものでは，約1割しか嫉妬の定義に合致する状況は見られないことを明らかにしている。

すなわち，日常的な用語としては，嫉妬は妬みを含む意味で使われ，より広い意味の言葉であるということであろう。

第2節　社会心理学の観点からの妬みの検討

Smith & Kim（2008）は，妬みに関する研究を，①宗教，哲学，進化心理学からの検討，②社会心理学からの検討，③産業・組織心理学，消費心理学，生理心理学からの検討，④健康心理学，臨床心理学からの検討の4つに分類している。この中の2番目の社会心理学の観点からの妬み研究について，妬みの構造，妬みの生起にかかわる要因，妬みの影響などに関してまとめていく。

（1）　妬みの構造

上述のように，妬みは，単一の感情ではなく，いくつかの感情が同時に生じる複合感情と考えられている。そのため，妬みが生じる状況でどのような感情が生起しているのかという妬みの構造について検討が行われている。澤田（2005）は，小学生，中学生を対象とし，過去の妬み生起場面と仮想場面の2種類の状況を使って，そこで感じる感情の構造を明らかにしている。その結果，憎らしい，悔しいなどの他者に向けられる感情と苦しい，悲しいなどの自己に対する感情を見出し，敵対感情，苦痛感情，欠乏感情の3因子を抽出している。また，坪田（1990）は，大学生を対象とし，仮想場面を用いて同様の検討を行い，あきらめ・無力感，敵意・怒り，驚き・当惑，憧れ・劣等感の4因子を抽出しており，驚き・当惑の因子以外は澤田の結果と同様の結果と解釈できる。驚き・当惑の因子が後者の結果のみで見られたのは，前者の研究では，そもそも評定された感情語にこれらの感情にあたるものが含まれていなかったこと（前者の研究では嫌な気持ち（negative emotion）に限定して感情を収集しており，その結果，比較的中立的（neutral emotion）であると考えられる驚きなどの感情が含まれなかったこと）が原因と思われる。また，Parrot（2001）は，妬みの感情体験として，切望（longing），劣等感（inferiority），対象に焦点化された憤慨（agent-focused resentment），全般的な憤慨（global resentment），罪悪感（guilt），憧憬（admiration）をあげている。以上のことから，妬みの感情は，怒りに近いもので，他者との比較の結果，自分に注意が向くと悲しみなどの苦痛の感情を，他者に向くと怒りや憤慨などの敵意の感情をより感じやすい複合感情といえるようである。

（2） 妬みの生起にかかわる要因

これまで検討されてきた妬みの生起因として多くのものがあるが，それらは妬みを感じる個人の特性や認知に関する要因，比較次元や比較他者との関係性に分類できる。

1） 個人内の要因

(a)**自尊感情**：妬みとの関連が検討されてきた個人特性の中で，最初に取り上げるのが自尊感情（self-esteem）である。社会的比較における研究では，自尊感情の低い者は比較を避ける傾向にあることが示されており（高田，1971），この現象は自尊感情の低い者は自分が劣っているという結果により脅威を感じるためであると解釈されている。このように妬みの生起の前提となる社会的比較においても自尊感情が関連していることや，妬みだけでなく嫉妬や抑うつ，適応などとの関連においても自尊感情は古くから検討されている。また，妬みとよく似た嫉妬の研究では，恋愛関係における嫉妬の生起モデル（White, 1981）において嫉妬の生起因のひとつとして自尊感情の喪失が取り上げられている。このようなことから考えても自尊感情と妬みの関係を検討することは十分意味のあることであろう。

これまでの妬みと自尊感情のレベルの関係を検討したものをみると，妬みと自尊感情に関連は見られないものや自尊感情の低い者ほど妬みを強く感じるものなど，その結果は一致していない（坪田，1991, 2002）。また，嫉妬と自尊感情の関係を検討した研究も多く，それらも同様に一貫した結果は得られていない（Buunk, 1982; Mathes & Severa, 1981; 池上・荒川，2001など）。

一方，自尊感情については，そのレベルだけでなく，安定性にも注目して検

討が行われている。自尊感情の安定性とは，時系列的，文脈的な変化で生じる自尊感情の揺らぎの大きさと定義できる（Rosenberg, 1986）。この安定性は，学業達成や動機づけ，怒りや抑うつとの関連性が報告されていることからもわかるように，自尊感情のレベル同様，人間の行動や感情に影響する要因といえる（Kernis, Grannemann, & Barclay, 1989; Kernis, Grannemann, & Mathis, 1991; Kugle, Clements, & Powell, 1983）。また，Wells & Sweeney（1986）は，自尊感情の安定性を，現象的安定性（phenomenal stability）と統計的安定性（statistical stability）に分類している。現象的安定性とは，Rosenberg（1965）の作成した自尊感情安定性尺度を用いて測定したものをさし，統計的安定性とは自尊感情を複数回測定し，その尺度得点の変動を指標とするものをさす。この現象的安定性とレベルの両方を考慮して妬みとの関連を検討したものに坪田（2002）がある。ここでは，性，安定性の主効果が報告され，男性よりも女性のほうが，安定的な者よりも不安定な者のほうが妬みを強く感じることが示されている。また，恋愛関係における嫉妬を対象として，自尊感情のレベルと現象的安定性の効果を検討した研究（池上・荒川, 2001）もあり，ここでは嫉妬の強さそのものではなく，恋人との関係を修復しようとする建設的行動に差が見られ，不安定な者ほどこのような行動に従事しやすいことが報告されている。このように，自尊感情の現象的安定性が妬みに影響することを示した研究もあるが，研究数も少なく，一貫した結果が得られているとはいえない状況である。また，自尊感情の安定性のうち，統計的安定性に関する検討は行われておらず，この領域でも研究が必要であろう。

　(b)**原因帰属**：個人内要因として次に取り上げるのは，これまでの対人感情研究の中でも検討されてきた原因帰属である。帰属研究では，帰属される原因の分類次元として，内在性，安定性，統制可能性を取り上げ，どのような原因に帰属するかによってその後に生じる感情が異なることが指摘されている。たとえば，内的帰属は自尊心や誇りに結びつき，失敗を統制不可能原因に帰属した場合は怒りに結びつくなどが示されている（Weiner, 1985）。この原因帰属と妬みの関連性を検討したものに，Mikulincer, Bizman, & Aizenberg（1989）と坪

田 (1993) がある。Mikulincer et al. (1989) は，過去の経験の中から他者が優れた結果を示した状況を想起させ，その際の感情や原因を評定させたところ，内的帰属において妬みを強く感じ，内的帰属の中でも不安定な原因ほど妬みが強いことを報告している。また，坪田 (1993) は，内在性，安定性，原因の方向という3つの次元を操作した2種類の仮想場面を提示して，その際の感情を測定したところ，外的帰属において妬みが強いことを報告している。このように2つの研究結果は矛盾する結果を示している。これについて澤田 (2006) は，妬み喚起領域の違いが原因であろうと推論している。すなわち Mikulincer et al. (1989) は過去の妬み場面を自由に想起させており，最も印象に残った場面が想起されたならば，それは自分の落ち度や失敗による場面（より内的帰属がされやすい場面）がより想起されやすいことが予想され，一方，坪田 (1993) は主人公がある程度努力していたにもかかわらず失敗する場面（より外的帰属がされやすい場面）が設定されている。つまり検討した領域がそもそも内的帰属あるいは外的帰属につながりやすい領域だったことがこの矛盾した結果につながったということである。またこれ以外の原因も考えられる。それは帰属と帰属の表明の違いという原因である。坪田 (1993) は，主人公の帰属を，「このような結果になったのを〜だからだと思いました」と記述している。これを，主人公の帰属そのものと認識するか，主人公がそう言ったと認識するかは，読み手（実験参加者）に委ねられており，もし主人公の発言と認識された場合は，たとえば，自分の努力が足りなかったと言った時，その人が自分の能力不足を隠そうとしてそういったのだろうと解釈する場合も出てくるであろう。そうなると外的帰属条件をそのまま外的帰属と考えてよいかどうか不明となってしまう。以上のような2つの原因が帰属の妬みの喚起に与える影響における矛盾した結果の原因として推論できる。1番目の原因に対する方策については，想起されやすい状況が内的帰属につながりやすいのであるとすれば，複数の状況を想起させ，その際の想起の順で最上位の状況と最下位の状況，それぞれで帰属様式と妬みの喚起の関連性の強さを検討し比較することで検討可能かもしれない。また，2番目の原因については，提示する刺激文に帰属情報を含めず，状況だ

けを提示し，その際の帰属を実験参加者に行わせ，その際の帰属様式と妬みの喚起の関連性を検討することで対応可能であろう。

　(c) **獲得可能性**：澤田（2006）は，状況認知にかかわる要因として獲得可能性をあげている。妬みの状況は，定義からもわかるように，欲しいと思っているものを他者がもっている状況（自分が他者に負けている状況）において喚起される。その際，その欠けているものを将来自分ももてるだろうという認知が獲得可能性にあたるものである。自分がとても及ばないと認知するとそれは妬みではなく，憧れと考えられる（Ben-Ze'ev, 1992）。

2）比較次元，比較他者との関係性

　ここで取り上げる要因は，自己評価維持モデル（Tesser, 1988）の枠組みで検討されたもので，比較次元の関連性，比較他者との心理的近さが妬みの生起にかかわる要因として指摘されている。自己評価維持モデルでは，人は自分の肯定的な自己評価を維持しようと動機づけられると仮定し，自己評価が維持される状況を，遂行結果（performance），関連性（relevance），心理的近さ（closeness）の3つの変数を使って説明し，維持する方法として，反映過程と比較過程の2つをあげている。反映過程とは，自分にとって心理的に近い他者が自分にとってさして重要でない次元において優れた結果を示す状況（遂行結果：自分＜他者，関連性：低，心理的近さ：高）で，比較過程とは，自分にとって心理的に近い他者が自分にとって重要な次元で劣った結果を示す状況（遂行結果：自分＞他者，関連性：高，心理的近さ：高）である。3つの変数の組み合わせがこれら2つの過程以外の場合は，自己評価が脅かされる，あるいは，自己評価に何の影響も与えないと考えている。以上のことから，妬みを感じるのは，単に自分の遂行結果が他者のそれを下回るだけでは不十分で，そこで比較された次元は自分にとって関連性の高いものでなくてはならず，またその比較他者は自分にとって心理的に近い人物である必要があることが推論される。このような観点から検討したものに，Salovey & Rodin（1984, 1986）やTesser & Collins（1988）がある。これらの研究では，上述の仮説を支持する結果が得られている。

3）妬みの影響

　Silver & Sabini（1978）は相手を貶めたり，相手の邪魔をしたりといった行動が妬みの結果として生起しやすいことを示している。Salovey & Rodin（1988）は，妬みを表さないようにしたり，自分自身の力だけで対処しようとしたりする「自己信頼」，自分の良いところを探して低下した自尊心を維持しようとする「自己補強」，こんなところで負けてもたいしたことではないと自己の関与度を下げる「選択的無視」の3つの方略を妬みの影響として報告している。Vecchio（1997）は職場での妬みの対処方略の分類次元として「破壊的－建設的」，「他者にかかわる－かかわらない」の2次元を報告している。澤田・新井（2002）は小・中学生の妬みへの対処方略として，悪口を言いふらしたり，その人を叩いたりといった「破壊的関与」，何もしないで忘れようとしたり，自分にとってあまり重要でないと考え直したりといった「意図的回避」，誰かに相談したり，自分なりに努力したりといった「建設的解決」を指摘している。Silver & Sabini（1978）の知見は，Vecchio（1997）の破壊的で他者にかかわる対処，澤田・新井（2002）の「破壊的関与」と対応するものであり，Salovey & Rodin（1988）の「自己信頼」は，Vecchio（1997）の建設的で他者とかかわらない対処，澤田・新井（2002）の「建設的解決」と対応し，Salovey & Rodin（1988）の「選択的無視」は澤田・新井（2002）の「意図的回避」に対応するものと考えられる。また，この「選択的無視」の方略は自身の関与度を下げることで妬みに対応しようとする方略であり，これは妬みの生起にかかわる要因で指摘した比較次元の関連性の知見と合致する結果とも考えられる。すなわち，比較次元の関連性（自分にとっての関与度）が高いほど妬みを強く感じてしまうため，関与度をさげることで今感じている妬みを低減させようとする方略と考えられるからである。

第3節　妬みの生起における予期の役割
――研究の発展の手がかり――

　最後に妬みの生起にかかわる予期の役割に関して考察していく。妬みの構造のところで指摘したように，坪田（1990）は，妬みの構成要素として驚きを見出している。驚きの感情は予想が覆されたときに感じる感情と思われる。であるならば，妬みの状況においてはその人物は何らかの期待をもっており，その期待が裏切られたことが含まれていると想定される。また，妬みの生起にかかわる要因の中で指摘した獲得可能性の要因は，将来それを自分ももてるであろうという認知，すなわち期待そのものといえるものである。また，比較次元が重要である場合や比較他者との関係性が近いほうが妬みを感じやすいという結果も，重要な次元であるがゆえに，多くの情報をもっており，また心理的に近い他者であるがゆえに，その人と自分の比較次元での優劣の予想がつきやすいとも推測できる。このようなことを考え合わせると，妬みの生起には，予期が不可欠であり，他者との比較において，自分のほうが優れている，あるいは同等であるという予期が裏切られた状況で喚起される感情といえるのかもしれない。

引用文献

Ben-Ze've, A.（1992）. Pleasure-in-others'-misfortune. *Iyyun : The Jerusalem Philosophical Quarterly*, **41**, 41-61.

Buunk, B.（1982）. Anticipated sexual jealousy : Its relationship to self-esteem, dependency, and reciprocity. *Personality and Social Psychology Bulletin*, **8**, 310-316.

Festinger, L.（1954）. A theory of social comparison process. *Human Relations*, **7**, 117-140.

池上知子・荒川知歌（2001）. 対人感情の制御変数としての自尊心―恋愛における嫉妬感情の場合―　日本心理学会第65回大会発表論文集，885.

Kernis, M. H., Grannemann, B. D., & Barclay, L. C.（1989）. Stability and level of self-esteem as predictors of anger arousal and hostility. *Journal of Personality and*

Social Psychology, **56**, 1013-1022.

Kernis, M. H., Grannemann, B. D., & Mathis, L. C. (1991). Stability of self-esteem as a moderator of the relation between level of self-esteem and depression. *Journal of Personality and Social Psychology*, **61**, 80-84.

Kugle, C. L., Clements, R. O., & Powell, P. M. (1983). Level and stability of self-esteem in reaction to academic behavior of second graders. *Journal of Personality and Social Psychology*, **44**, 201-207.

Mathes, E. W., & Severa, N. (1981). Jealousy, romantic love, and liking : Theoretical considerations and preliminary scale development. *Psychological Reports*, **49**, 23-31.

Mikulincer, M., Bizman, A., & Aizenberg, R. (1989). An attributional analysis of social-comparison jealousy. *Motivation and Emotion*, **13**, 235-258.

Parrot, W. G. (2001). The emotional experiences of envy and jealousy. In W. G. Parrot (Ed.), *Emotions in social psychology*. Philadelphia : Psychology Press. pp.306-620.

Parrot, W. G., & Smith, R. H. (1993). Distinguishing the experience of envy and jealousy. *Journal of Personality and Social Psychology*, **64**, 906-920.

Rosenberg, M. (1965). *Society and adolescent self image*. Princeton, NJ : Princeton University Press.

Rosenberg, M. (1986). Self-concept from middle childhood through adolescence. In J. Suls & A. G. Greenwald (Eds.), *Psychological perspectives on the self*. Vol.3. Hillsdale, NJ : Erlbaum. pp. 107-135.

Salovey, P., & Rodin, J. (1984). Some antecedents and consequences of social-comparison jealousy. *Journal of Personality and Social Psychology*, **47**, 780-792.

Salovey, P., & Rodin, J. (1986). The differentiation of social-comparison jealousy and romantic jealousy. *Journal of Personality and Social Psychology*, **50**, 1110-1112.

Salovey, P., & Rodin, J. (1988). Coping with envy and jealousy. *Journal of Social and Clinical Psychology*, **7**, 15-33.

澤田匡人 (2005). 児童・生徒における妬み感情の構造と発達的変化―領域との関連および学年差・性差の検討― 教育心理学研究, **53**, 185-195.

澤田匡人 (2006). 子どもの妬み感情とその対処 新曜社

澤田匡人・新井邦二郎 (2002). 妬みの対処法略選択に及ぼす, 妬み傾向, 領域重要度, および獲得可能性の影響 教育心理学研究, **50**, 246-256.

Schimmel, S. (2008). Envy in Jewish thought and literature. In R. H. Smith (Ed.), *Envy theory and research*. New York : Oxford University Press. pp. 17-38.

Silver, M. & Sabini, J. (1978). The perception of envy. *Social Psychology*, **41**, 105-117.

Smith, R. H. (2000). Assimilative and contrastive emotional reactions to upward and downward social comparison. In J. Suls & L. Wheeler (Eds.), *Handbook of social comparison : Theory and Research*. New York : Kluwer Academic/Plenum Publishers. pp. 173-200.

Smith, R. H., & Kim, S. H. (2008). Introduction. In R. H. Smith (Ed.), *Envy theory and research*. New York : Oxford University Press. pp. 3-16.

Sullivan, H. S. (1956). *Clinical studies in psychiatry*. New York : W. W. Norton.

高田利武 (1971). 他人連合の決定因としての社会的比較の効果　早稲田心理学年報, **3**, 10-16.

詫摩武俊 (1975). 嫉妬の心理学―人間関係のトラブルの根源―　光文社

Tesser, A. (1988). Toward a self-evaluation maintenance model of social behavior. In L. Berkowitz (Ed.), *Advances in experimental social psychology*. Vol.21. New York : Academic Press. pp. 181-227.

Tesser, A., & Collins, J. (1988). Emotion in social reflection and comparison situations : Intuitive, systematic, and exploratory approaches. *Journal of Personality and Social Psychology*, **55**, 695-709.

坪田雄二 (1990). 二者関係における嫉妬と羨望の比較―両感情の生起因と感情構造の観点から―　広島大学大学院博士課程論文集, **16**, 76-80.

坪田雄二 (1991). 社会的比較によって生じる嫉妬と自尊感情の関連性の検討　広島大学教育学部紀要　第1部, **40**, 113-117.

坪田雄二 (1993). 原因帰属が社会的比較によって生じる嫉妬感情に与える影響　実験社会心理学研究, **33**, 60-69.

坪田雄二 (2002). 自尊感情と嫉妬の関連性　広島県立大学論集, **6**, 1-10.

坪田雄二 (2011). 妬みの生起における予期の役割　対人社会心理学研究, **11**, 101-108.

Vecchio, R. P. (1997). Categorizing coping responses for envy : A multidimensional analysis of workplace perceptions. *Psychological Reports*, **81**, 137-138.

Weiner, B. (1985). Attributional theory of achievement motivation and emotion. *Psychological Review*, **92**, 548-573.

Wells, L. E., & Sweeney, P. D. (1986). A test of three models of bias in self-assessment. *Social Psychology Quarterly*, **49**, 1-10.

White, G. L. (1981). A model of romantic jealousy. *Motivation and Emotion*, **5**, 295-310.

第6章　対人状況での被援助に伴う心理的負債

第1節　援助に対する被援助者の反応

　援助行動に関する研究のテーマは「なぜ人は助けを求めている他者に対して冷淡な傍観者になれるのか？」であった。この問いに答えるべく，援助行動に関する研究は質，量ともに増大し社会心理学におけるひとつの重要な領域になったが，これらの研究は，当初，援助者の問題だけを扱い，援助を受ける側，つまり被援助者の反応を取り上げることはなかった。それは，援助を与えることは良いこと，奨励されるべき行為だという素朴な信念があったからである (Fisher, 1983)。

　1970年後半になって援助行動の研究が一定の成果をあげるにつれて，被援助者の反応を研究する重要性が唱えられだした。誰もが他者から有形，無形，大小様々な援助を受けて生きている以上，誰もが被援助者になる可能性があり (相川, 1989)，しかも，援助を受けることは，認知，感情，行動に強いインパクトを与える心理的体験だという認識が浸透したからである。援助行動の最終目的が，効果的かつ人道的に被援助者を救済することであるなら，援助に対する被援助者の反応は，検討すべき重要な課題である。

　被援助者の反応に関する研究が開始されてすぐに明らかになったことは，被援助者が援助や援助者に対して必ずしも肯定的に反応しないことであった。援助は向社会的行動であり，被援助者の肯定的反応を期待して行われているが，被援助者の反応は単純なものではなく，時には否定的に反応することもある。

「なぜ人は援助に対して時に否定的に反応するのか？」，これが被援助者に関する研究の出発点となるテーマであった（Fisher, 1983）。

第2節　心理的負債モデルの概要

人は，なぜ，どのような時に，援助に対して否定的に反応するのか説明できる理論として，心理的反発理論，帰属理論，衡平理論があげられてきた（Fisher, Nadler, & Whitcher-Alagna, 1983）。しかし，これらの理論は一般理論であり，被援助者の反応を直接扱った理論ではないため，一定の条件が整わないと被援助者の反応に適用できないだけでなく，被援助者に関する諸研究の結果と矛盾する予測をすることもある。

これに対して被援助者の反応を直接扱おうと試みているのが，心理的負債モデル（Greenberg, 1980）である。以下，このモデルの概要を述べる。

(1) 心理的負債の定義

私たちの社会には，援助を受けた者は「助けてくれた人を助けるべきだ，傷つけてはいけない」という互恵規範（norm of reciprocity）が存在している（Gouldner, 1960）。この互恵規範のもとで援助を受けた者は，援助者に何らかの返報をしなければならない義務を負うことになる。被援助者の内に生じる「援助者に返報をしなければならない義務のある状態」を心理的負債（indebtedness）と呼ぶ。

心理的負債は，衡平理論での不衡平と同様，これを低減するよう人を動機づける性質をもっている。心理的負債が大きいほど，これを低減しようとする動機も強まり，低減のための認知や行動が起こり，低減の機会に対する感受性も増す。

(2) 心理的負債の低減法

心理的負債の低減法には，行動的方法と認知的方法がある。

行動的方法とは，心理的負債を低減させるために何らかの行動をとることで

ある。最も直接的かつ効果的な方法は，援助者に利益を与える返報行動である。被援助者が返報行動を実行するのは，①返報行動がほかの行動よりも優勢である，②自分には返報する機会がある，と判断する時である。

①の判断は次のような時に生じやすい。(a)過去に返報に対して強化を受けている，(b)その時の状況と，現在の状況に類似性がある，(c)他者が返報すべきだという期待を表明し，返報の優勢さが増している。また，②の判断には，(a)自分には返報する能力がある，(b)援助者は喜んで返報行動を受け入れる，(c)返報行動に必要なコストは最小限である，という前提条件が必要である。

このような条件が整わない場合は，被援助者は消極的，間接的な行動的方法を採用する。当該の援助者からのそれ以上の援助を辞退または拒否する，援助の要請を差し控えるなどの行動である。

他方，認知的方法とは，被援助利益と援助コストの大きさを査定し直したり，被援助状況を解釈し直すことである。具体的には，①被援助利益，または援助コストは，当初思ったよりも大きくない，②援助者の援助動機は，当初思ったよりも利他的ではない，③援助行動の原因の所在は，当初思ったよりも外的である，④他者からの手がかりを誤って解釈した，などである。

このような認知的再構成が採用できるかどうかは，第1に，現実と矛盾しないか否かにかかっている。あまりに現実と矛盾するようでは，被援助者自身，認知的再構成を信じることができない。第2に，認知的再構成を他者，特に援助者がどう思うかにかかっている。援助者から「恩知らず」等の社会的な非難を受けるリスクがあるからである。このような点を考慮に入れると，心理的負債の認知的低減の試みは，次のような時に生じやすいと考えられる。①被援助利益や援助コストが曖昧である，②援助の目撃者がほとんどいない，③援助者あるいは目撃者との将来の相互作用が予測されない，④返報の機会がほとんどない。

（3） 心理的負債の大きさの測定法

心理的負債の大きさは2つの方法で測定することができる。ひとつは，被援

助者の自己報告である。心理的負債の存在は，被援助者に，①返報しなければならないという義務感を生じさせ，②これに伴い不快感や緊張，窮屈な感じをもたらし，③心理的負債の低減に関連した手がかりに対する感受性を高める。そこで，これら3つに関する自己報告を被援助者に求めることによって，心理的負債の大きさを測定することができる。

もうひとつの方法は，心理的負債を低減しようとする被援助者の行動的試みと認知的試みの大きさを測定する方法である。上述したように，心理的負債を低減するには行動的方法と認知的方法があるので，被援助者がこれらを実行しようと試みるその大きさを測定するのである。心理的負債の大きさが増せば，それに応じて，心理的負債を低減しようとする試みの程度も増すからである。

具体的には，行動的低減法では，返報の生起の有無，返報の量や強さ，援助の辞退や拒否の程度，援助要請の遅延や中止などに関連する指標を測定することである。また，認知的低減法では，被援助利益と援助コストの大きさを査定し直したり，被援助状況を解釈し直すなどの認知的再構成に関連する指標を測定する。

（4） 心理的負債の規定因

心理的負債の大きさの主な規定因は，次の4つである。

第1の要因は，被援助利益の大きさ（B）と援助コストの大きさ（C）に関する被援助者の認知である。BとCいずれも，大きく認知されれば，それに応じて心理的負債（I）も大きくなると仮定できるので，Iは，BとCの加法関数 $I = x_1 B + x_2 C$ として表される。x_1 と x_2 は，心理的負債の大きさに対するB，Cそれぞれの重みであり，両者には $x_1 > x_2$ という大小関係がある。つまり，$x_1 > x_2$ は，心理的負債の規定因として，被援助利益の方が援助コストよりも重みがあることを表している。

第2の要因は，援助者の動機に関する被援助者の帰属である。被援助者は「あの人が私を助けたのは本当に私のためなのか，それとも自分自身のためなのか」と，援助者の援助動機を推測する。援助者の動機が利他的なものだと推

測するほど，心理的負債も大きくなる。この点は，対応推論理論が応用されている。

第3の要因は，援助行動の原因に関する被援助者の帰属である。被援助者は，援助行動が生起した原因について推測する。援助行動の原因が被援助者自身に帰属される時（たとえば，被援助者が援助を要請した時），心理的負債は最も大きく，次いで，援助者に帰属される時（たとえば，援助者が援助を申し出た時），そして，状況や環境に帰属される時（たとえば，援助者が義務や役割から，あるいは偶然，援助した時）である。これらの仮定は，外的帰属理論の応用である。

第4の要因は，比較他者からの手がかりである。被援助者は，自分の置かれている状況が曖昧であったり混乱している時に，自分以外の被援助者，傍観者，援助者などの他者の行動から，その場の状況を判断する手がかりを得ようとする。このような比較他者がもたらす手がかりが心理的負債の大きさを決定する。

第3節　心理的負債の規定因に関する実証的研究

（1）　被援助利益と援助コストの大きさに関する認知

心理的負債モデルでは，すでに述べたように，心理的負債の大きさ（I）は，被援助利益の大きさ（B）と援助コストの大きさ（C）の加法関数 $I = x_1B + x_2C$ として表され，x_1 と x_2 には $x_1 > x_2$ という大小関係があると仮定されている。

これらの仮定のうち，心理的負債の大きさ（I）が，被援助利益の大きさ（B）に規定されるという仮定は，実験的に支持されている（相川，1984; Kahn, 1972; Stapleton, Nacci, & Tedeschi, 1973 など）。心理的負債の大きさ（I）が，援助コストの大きさ（C）に規定されることも実験的に証明されている（Gergen, Ellsworth, Maslach, & Seipel, 1975 など）。

ところが，心理的負債の大きさ（I）が，被援助利益の大きさ（B）と援助コストの大きさ（C）の加法関数（$I = B + C$）であることを直接，証明した研究はなかった。被援助利益は大きいが援助コストの小さな援助を受ける群と，被援助利益はないが援助コストの大きな援助を受ける群とを比較して，間接的に

I＝B＋Cを検証している研究はあるが（Morse, Gergen, Peel, & van Ryneveld, 1977；西川, 1986など），I＝B＋Cを直接証明した研究はなかった。相川（1992）も，B＋Cの大きさが一定になるよう操作した3つの実験群を設定して，実験的な検討を試みたが，I＝B＋Cであることは推測できたものの，x_1とx_2の大小関係は検証できなかった。これは，BかCか，どちらか一方だけを実験的に操作することは容易であるが，両者を同時に操作することが困難だからである。I＝B＋Cを直接，証明できないために，$x_1＞x_2$という大小関係を実験的に証明した研究もなかった。

そこで相川（1988）は，仮想エピソード法を用いた。これは，援助者と被援助者の関係性，援助の自発性，援助成果などの構成要素を組み合わせて，具体的な被援助エピソードを32状況設定し，それぞれの状況で，回答者がどの程度，被援助利益の大きさ（B），援助コストの大きさ（C），心理的負債の大きさ（I）を認知するか回答させる方法である。回答者が答えたIを基準変数，BとCを説明変数とする重回帰分析を行い，重相関係数の有意性の検定を行った。その結果，32状況中，23状況でI＝x_1B＋x_2Cの妥当性が確認された。この23状況中，$x_1＞x_2$と判断できたのは12状況，$x_1＜x_2$と判断できたのは8状況，どちらとも言えないのが3状況であった。

また，Aikawa（1990）は，回答者に実際の被援助体験エピソードを想起させ，そこでの心理的負債の大きさ（I），被援助利益の大きさ（B），援助コストの大きさ（C）を評定させた。この評定結果に対して，上記の研究と同様の重回帰分析を行い，実際の被援助体験に基づいたデータでも，I＝x_1B＋x_2Cが成立すること，また，x_1とx_2の大小関係は，$x_1＜x_2$であることを明らかにした。回答者の属性（男性か女性か，学生か社会人か）ごとに分析しても，また，援助者との関係が同僚・友人であろうと初対面であろうと，さらには，援助者が申し出た援助であろうと被援助者が要請した援助であろうと，x_1とx_2の大小関係は，$x_1＜x_2$であった。この結果は，心理的負債は，被援助者自身が得た被援助利益の大きさよりも，援助者が支払ったコストの大きさによって規定されていることを示すものであり，心理的負債モデルに修正を迫るものである。

表6-1　x_1 と x_2 の大小関係の日米比較（一言・新谷・松見，2008より作成）

援助者 \ 国	日　本	アメリカ
家　族	$x_1 < x_2$	$x_1 ≒ x_2$
友　人	$x_1 < x_2$	$x_1 > x_2$
見知らぬ人	$x_1 < x_2$	$x_1 > x_2$

　Aikawa（1990）は，日本人のデータで，$x_1 < x_2$ という結果が出た解釈として文化差を示唆したが，これを実証してはいなかった。Naito, Wangwan, & Tani（2005）は，日本人大学生とタイ人大学生を対象に，被援助状況を提示して，被援助利益と援助コストが心理的負債に及ぼす影響の強さを比較し，日本人，タイ人とも援助コストの方が強いという結果を得ている。しかし，Triandis（1995）の個人主義－集団主義の分類で言えば，日本もタイも同じ文化圏に入る（Hofstede, 2001の個人主義指標によると，アメリカ91点に対して日本46点，タイ20点）。

　一言・新谷・松見（2008）は，日米の大学生を直接比較することで，Aikawa（1990）の示唆を実証しようとした。再翻訳法を用いて日米の大学生に同じ内容の質問項目を提示し，被援助体験エピソードを想起させて，I, B, C の大きさを評定させた。その結果を重回帰分析で分析したところ，x_1 と x_2 の大小関係は，表6-1に示したように，日本人大学生では援助者が誰であろうと $x_1 < x_2$ であったが，アメリカ人大学生では，家族以外では，$x_1 > x_2$ であった。$I = x_1 B + x_2 C$ という式は日米どちらでも妥当であるが，x_1 と x_2 の大小関係は，文化の影響を受けることが実証されたのである。

（2）援助者の動機に関する被援助者の帰属

　心理的負債モデルでは，被援助者は，援助者の援助動機を推測し，その動機を利他的なものだと推測するほど，心理的負債も大きくなると仮定している。この仮定は，実験的に実証されてきた。援助者が自発的に援助した場合（自発的援助）と，他者から強制されて援助した場合（強制的援助）の比較（Nemeth, 1970），援助者が意図的に援助した場合（意図的援助）と，偶発的に援助が生起

した場合の比較 (Greenberg & Frisch, 1972) などである。援助者の利他的動機を推測できる援助（自発的援助，意図的援助）を受けた被援助者の方が，多くの返報行動または強い返報意図を示した。

ただし，自発的援助と強制的援助を比較した西川らの3つの研究（西川, 1985, 1986; 西川・高木, 1986）によると，2つの研究では両者に差は認められず，残りの研究では，強制的援助を受けた者の方が，自発的援助を受けた者よりも，強い返報意図を示した。被援助者は，援助者が他者から強制されて援助をしてくれたことに強く反応していたのである。

この結果は，Greenberg (1980) の仮定やアメリカの研究結果とは逆の結果である。すでに述べたように日本人の被援助者は，援助者の援助コストに注意を払うので（$x_1 < x_2$），強制的に援助をさせられた援助者のコストを補償しようとして，強い返報意図を示したと解釈できる。

（3） 援助行動の原因に関する被援助者の帰属

心理的負債は，被援助者が援助行動の原因を自分自身に帰属する時に最も大きく，次が援助者に帰属する時，そして，状況や環境に帰属する時だと仮定されている。この仮定を支持する研究として，たとえば，Greenberg & Saxe (1975) は，「被援助者が援助を要請する群」，「援助者が援助を申し出る群」，「援助者が不必要な援助を押しつける群」を設定し，返報意図の強さがほぼ仮定通りであることを確認している。

（4） 規定因の広範な探索

Greenberg (1980) は，心理的負債の規定因を4つ挙げているが，これらの規定因に関する実証的な検証は，必ずしも十分ではなかった。また，4つ以外の規定因も仮定できると考えられる。そこで相川 (1995) は，以下に示すような4つの研究で，心理的負債の規定因を幅広く検討した。

最初の研究では，被援助状況を構成する要素を変化させて，38状況の被援助エピソードを設定して，実験協力者に，似ているエピソード同士を分類させ

た。この分類結果を入力データとする階層的クラスター分析を行い，7つのクラスターを得た。実験協力者による各被援助状況に対する評定結果のデータで，この7つのクラスターを特徴づけた結果，実験協力者が被援助状況を分類するのに用いていた基準は，①被援助者から要請した援助か，援助者が申し出た援助か，②援助者が初対面の人か知人なのか，知人ならば友人か否か，③援助は援助者の職業に関連するものか否か，④日常的な援助状況か，何らかのアクシデントに伴う援助状況か，であることが明らかになった。これらの分類基準は，被援助者が援助状況を認識する際に，どの構成要素に注目しているかを示すものであり，被援助者の心理的負債の判断に影響を与えるものである。

第2の研究では，5つの構成要素を組み合わせて被援助エピソードを32状況設定して，実験協力者に提示し，各状況での心理的負債の大きさを評定させた。被援助状況を構成する5つの構成要素を独立変数とみなして，心理的負債の大きさを従属変数とする5要因の分散分析を行った。その結果，「援助者との関係」の主効果と，「援助者との関係」と「被援助場面」の交互作用効果が有意であった。援助コストが顕著ではない場面では，親友に対して，初対面の人よりも大きな心理的負債を感じていたが，援助コストが顕著な場面では，親友でも初対面でも同程度の心理的負債を感じていた。

「援助の自発性」と「援助成果」の交互作用効果も有意であり，Greenberg & Saxe (1975) の結果と一致していた。被援助者が援助を要請した場合は，心理的負債は，援助成果が不成功でも，成功した時と同じ程度になるが，援助者が申し出た場合には，それが不成功に終わると，成功した時よりも減少していた。

第3の研究では，実験協力者に実際の被援助体験エピソードを想起させ，各被援助体験における心理的負債の大きさ，援助コスト，被援助時の感情など20項目にわたって尋ねた。これらの回答を元に，心理的負債の大きさを外的基準変数にし，20項目にわたって尋ねた項目を説明変数とする数量化I類を適用した。その結果，「援助コスト」「被援助に伴う心苦しさ」「被援助に伴う嬉しさ」「被援助場面」「被援助者と援助者の関係」「被援助者の年代」が有意な規

第6章　対人状況での被援助に伴う心理的負債

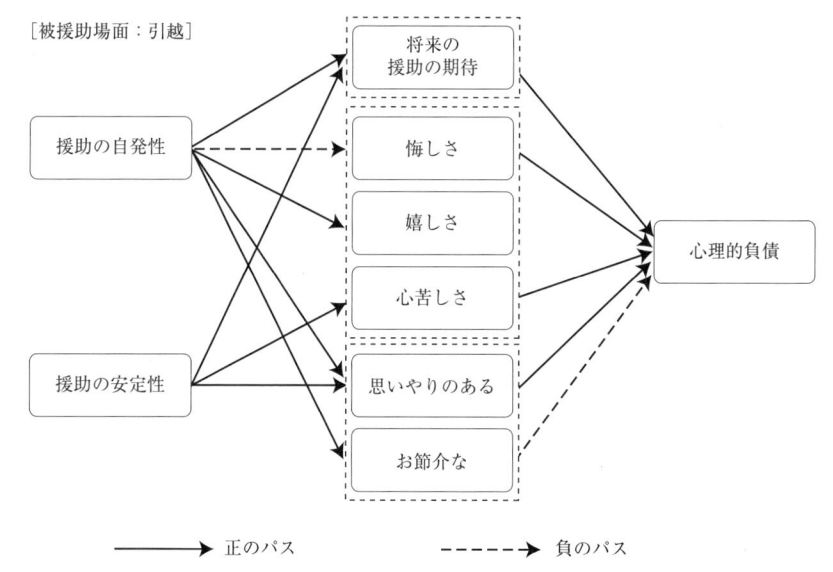

[被援助場面：引越]

```
                    将来の
                    援助の期待
  援助の自発性       悔しさ
                    嬉しさ              心理的負債
                    心苦しさ
  援助の安定性       思いやりのある
                    お節介な
```

──────▶ 正のパス　　- - - - -▶ 負のパス

図6-1　帰属の結果が媒介変数を経て心理的負債に及ぼす影響（相川, 1995より作成）

定因であった。

　第4の研究では，Weiner (1980) の原因帰属モデルを援用して，被援助者の帰属が，「将来の援助の期待」，「被援助に伴う感情」，「援助者に対する評価」に影響を及ぼし，これらを媒介変数にして心理的負債の大きさを規定するというモデルを立てた。複数の被援助場面に関するデータを収集してパス解析によって検証したところ，いずれの被援助場面でも，原因帰属は，直接，心理的負債を規定することはなく，将来の援助への期待，被援助に伴う感情，援助者に対する評価を媒介して間接的に規定していた。たとえば，図6-1は，「引越」という被援助場面において，有意な（$p<.05$）標準偏回帰係数のみを示したパスダイアグラムであるが，「援助の自発性」，「援助の安定性」に関する原因帰属は，将来の援助の期待，被援助に伴う感情（「悔しさ」「心苦しさ」），援助者に対する評価（「思いやりのある」は正の関係，「お節介な」は負の関係）を媒介して間接的に心理的負債を規定していた。

　以上4つの研究を通覧すると，心理的負債の有力な規定因として考えられる

のは,「援助コスト」「被援助者と援助者の関係性」(援助者が初対面か,友人知人か),「援助の自発性」(被援助者が要請した援助か,援助者が申し出た援助か)である。これらの要因は,単独で心理的負債を規定するのではなく,相互に影響をし合い,ほかの要因と交互作用効果を引き起こして,心理的負債を規定していると考えられる。また,被援助に伴う感情や援助者に対する評価なども媒介変数として仮定できると考えられる。今後は,心理的負債を規定する諸要因を単に列挙するのではなく,諸要因同士の交互作用や関連性や因果関係についてモデルを構築して,諸要因同士の関係を整理していく必要がある。

第4節　心理的負債の個人差

　同じ被援助状況に置かれても全ての人が同程度に心理的負債を感じるとは限らない。心理的負債を強く感じる者もいれば,ほとんど感じない者もいる。
　このような個人差は,幼少時からの社会化の相違によって生じると考えられている (Greenberg, 1980)。私たちは誕生以来,親子関係をはじめとする多くの人間関係の影響を受けながら,また地域社会や日本文化などの影響を受けながら社会化の過程を経るが,各個人の社会化の過程は,各個人が置かれた環境によって異なる。このような社会化の過程の相違が,心理的負債に対する閾値や耐性の個人差を生むのである。
　心理的負債の個人差に関して,Greenberg & Westcott (1983) は,債権者人格 (creditor personality) と,有資格者人格 (entitled personality) という2つの人格特性を仮定している。債権者人格傾向の強い人は,借りを作られることに敏感で,そのような状況を避けようとし,借りがあれば速やかに返報し,心理的負債の低減を試みる一方で,人に借りを作ることには熱心で,相手が借りを返そうとする行動を押し止めようとすると仮定されている。これに対して,有資格者人格傾向の強い人は,援助は,自分が受ける資格があるから与えられたと思うため,返報義務感をほとんど感じないが,自分が他者に与えた援助の返報は強く期待すると仮定されている。

Greenberg & Westcott (1983) は，債権者人格に関する上記の仮定に基づいて，債権者主義（creditor ideology）の強さを測定する11項目から成る心理的負債尺度（Indebtedness scale）を試験的に作った。ある程度の信頼性と妥当性が確認されたが，社会的望ましさ尺度との間に正の相関が認められ，社会的承認欲求の影響を受けやすい尺度であった。

Eisenberger, Cotterell, & Marvel (1987) は，債権者主義の考えを取り入れながら，返報主義（reciprocation ideology）という概念を提唱した。返報主義とは，個人が自己利益のためにどのような返報を行うか，その個人差を扱う概念であり，自己利益のために，援助されたもの以上の返報をしたがる個人と，自己利益のために返報しない個人がいるという前提に立っている。彼らは，この返報主義を測定する返報主義尺度を作った。この尺度は，Greenberg & Westcott (1983) の心理的負債尺度11項目を含む23項目から成り，債権者主義，返報への警戒心，返報規範の受容という3因子で構成されている。

相川・吉森 (1995) は，債権者人格と有資格者人格，返報主義などの概念を精査したうえで，「心理的負債感（sensibilities to indebtedness）」という概念を仮定している。心理的負債感とは，心理的負債への感受性を意味し，①他者から好意や援助を受けたことをどの程度，心理的負債と感じるか（心理的負債の感じやすさ），②すでに自らの内にある心理的負債に，どの程度耐えられるか（心理的負債への耐性），③心理的負債を低減したいと，どの程度強く感じるか（心理的負債の低減欲求），という3つの要素から成る。相川・吉森 (1995) は，心理的負債の個人差とは，これらの3要素から成る心理的負債への感受性における個人差だと捉えて，この個人差を測定する尺度の作成を試みた。

まず，Greenberg & Westcott (1983) の尺度項目，Eisenberger et al. (1987) の尺度，Murstein, Wadlin, & Bond, Jr. (1987) の交換志向尺度の項目を参考にして，25項目から成る原尺度を作成し，1,237名（学生887名，社会人350名）に回答を求めた。次に，回答データをもとに項目を精選して，18項目から成る心理的負債感尺度を構成した。この尺度は，内的整合性を有し（18項目全体のα係数=.850，折半法によるスピアマン－ブラウンの信頼性係数=.797），安

定性もあった（3カ月間隔での再検査法で $r = .778$）。社会的望ましさ尺度との相関は低く（$r = .074$），数種類の既存の尺度との相関関係は予測を支持する結果が多く得られ，構成概念妥当性や基準関連妥当性も確認されている。

第5節　研究の発展の方向性

心理的負債に関する研究は，以下のような領域において発展している。

（1）　心理的負債の発達心理学

心理的負債は，すでに述べたように，社会化の過程で獲得されるものであると考えられている（Greenberg, 1980）。このことを発達心理学的視点から実証しようとする研究があり，次のようなことを明らかにしている。

幼児でも，援助を受けたらお返しをすることは大切だと思っていて，心理的負債の前提となる返報意識はもっている（佐々木，2000）。しかし，幼児は，返報できなくても「嫌な気持ち」にはならないと答えていて，心理的負債を抱えていることが不快な状態であるという認識は未発達である。ただし，同年齢の友人からの援助には心理的負債を抱く可能性がある（泉井，2008）。

小学校1年生は，返報の重要性を意識していて，返報ができなかった時には不快感情をもつこと，3年生以降であれば，大人と同様に援助者のコストが高いほど，返報できない時の不快感情が高くなると報告されている（DeCooke, 1992, 1997）。これに対して，小学校2年生でも，返報の重要性は認識しているものの，返報できなかった時の不快感情が弱く，成人のような心理的負債はまだ獲得されていないこと，小学校4年生頃からは，返報の重要性や，返報できない時の不快感情が成人と大差がなくなり，心理的負債が獲得されるという報告もある（泉井，2009）。

（2）　医療や福祉の領域における心理的負債の研究

医療や福祉の現場にいる援助者にとっては，被援助者の否定的反応は，解決

すべき重要な課題である。心理的負債は，援助に対する被援助者の否定的な反応を説明する概念であるために，医療や福祉の領域において重要視されている。

入院患者は，必然的に被援助者の立場に置かれる。長田らは，入院患者の心理的な反応を，心理的負債の観点から捉え（長田・渡邉・鳴海・今野・清正・堀，2005），患者が看護ケアを受ける際の心理的負債を検討している（長田・渡邉・今野・鳴海，2007）。

ボランティア活動は，自主的，主体的な向社会的行動であるが，ボランティア活動を受けとる側は，返報したくてもできなかったり，返報を期待されていると意識したりすることで，心理的負債を感じていることが指摘されている（松浦，1996; 鈴木，2005）。阪神・淡路大震災の被災者に対するインタビュー調査では，ボランティア活動に対する肯定的評価が多数を占めていたものの，否定的評価も認められて，「自分たちもお返しをしないといけない」といった返報義務感についての回答が見られている（高木・田中，1995）。

ソーシャル・サポートは，狭義には，「ある個人を取り巻くさまざまな人々からの有形・無形の資源の提供」を意味するが（周，1995），提供された資源が，受け手の心身の健康に及ぼす影響までを射程に入れている概念である。いくつかのソーシャル・サポート研究は，サポートの受け手が，心理的負債を感じている可能性を示唆している。

たとえば，周・深田（1996）は，調査対象者に，提供したサポートと受けとったサポートの程度，感情状態，不適応度を評定させた。その結果をパス解析して，サポートを過剰に受けているほど，負債感（「恥ずかしさ」と「申し訳なさ」で構成）が高まり，負債感が高いほど不適応や精神的自覚症状が高まることを明らかにしている。

サポートを提供するよりもサポートの受容が多い人は，夫婦や同居人の間でさえ，否定的な感情（怒り，抑鬱，不安）が高まることを示す研究もある（Gleason, Iida, Bolger, & Shrout, 2003）。とりわけ高齢者は，サポートを提供するよりも受容することが多いため，サポート交換の互恵性が重要だという指摘もある（飯田，2000）。

（3） 心理的負債の文化心理学

　Aikawa（1990）が示唆し，一言他（2008）が実証したように，アメリカ人にとっての心理的負債は，自分の被援助利益がどの程度であったかが重要であるのに対して，日本人の心理的負債は，援助者の援助コストがどの程度であったかが重要であった。これは，アメリカでは個々人の独立と相互の自己利益を最大化する関係を重視するのに対して，日本では，個人間の協調と相互に配慮し合う関係を重視するという対人関係のあり方の文化差（Kitayama & Markus, 2000）が，心理的負債にも影響しているからである。独立的な自己を奨励する文化における心理的負債は，自己に利益をもたらしてくれた他者への報償的な返報義務感であるのに対して，協調的な自己を奨励する文化の心理的負債は，他者が支払ったコストや蒙った迷惑に対する補償的な返報義務感であると考えられる。

　一言他（2008）は，被援助に伴う感情にも文化差があることを実証している。被援助に伴う感情のうち「嬉しさ」「感謝」を平均して肯定的感情，「すまなさ」「恥ずかしさ」「悲しさ」「後悔」を平均して否定的感情とすると，アメリカでは肯定的感情と否定的感情の相関関係は負であったのに対して，日本では正であった。アメリカ人にとっては被援助後の肯定的感情と否定的感情は両立しないが，日本人は両立していて，「助けられて嬉しい，感謝している」が，同時に，「すまない，恥ずかしい，悲しい，後悔している」と感じるのである。一言（2009）は，このような感情状態になる背景には，援助者への配慮や「関係懸念（relationship concern）」（Taylor, Sherman, Kim, Jarcho, Takagi, & Dunagan, 2004）があることをデータを用いて実証的に示唆している。

　心理的負債には，対人関係のあり方の文化差が色濃く出る。そこで，日本人の対人関係のあり方に関わる概念として提唱されてきた恩や義理の中核に心理的負債を位置づけて，文化心理学の観点から実証的に検討すれば，新たな知見が得られるかもしれない。

（4） 心理的負債と感謝

　援助者が援助を受けた時に感じる感情は，心理的負債だけでなく感謝もある。感謝とは「他者の善意によって自己が利益を得ている時に認知することで生じる肯定的感情」と定義され（Tsang, 2006 a），ポジティブ心理学の興隆に伴って実証的な検討が加えられている感情である（Watkins, Van Gelder, & Frias, 2009）。

　心理的負債と感謝の違いは，被援助者が援助者の意図をどう受けとめるかによって異なることが実証されている。

　たとえばTsang（2006 b）は，実験協力者に，利己的動機または利他的動機によって被援助者が援助を受けるシナリオを読ませたり，実体験を思い出させたりして，心理的負債と感謝の程度を尋ねた。その結果，心理的負債は援助者の意図の影響を受けなかったが，感謝は利己的動機よりも利他的動機の時に強まっていた。Watkins, Scheer, Ovinicel, & Kolts（2006）は，実験協力者にシナリオを読ませる実験で，贈り物提供者のお返しの期待が強まると，受益者の心理的負債は強まり，感謝が弱まることを示している。なお，両研究とも，被援助者は援助者に心理的負債よりも感謝を強く感じる傾向があったが，上記の文化心理学の観点からすると，日本人は感謝よりも心理的負債を強く感じる可能性がある。

引用文献

相川　充（1984）．援助者に対する被援助者の評価に及ぼす返報の効果　心理学研究，**55**, 8-14.

相川　充（1988）．心理的負債に対する被援助利益の重みと援助コストの重みの比較　心理学研究，**58**, 366-372.

相川　充（1989）．援助行動　大坊郁夫・安藤清志・池田謙一（編）　社会心理学パースペクティブ1　個人から他者へ　誠信書房　pp. 291-311.

Aikawa, A.（1990）. Determinants of the magnitude of indebtedness in Japan : A comparison of relative weight of the recipient's benefits and the donor's costs. *The Journal of Psychology*, **124**, 523-534.

相川　充（1992）．返報行動に及ぼす被援助利益と援助コストの効果に関する実験的研究　宮崎大学教育学部紀要　社会科学，**70-71**, 1-9.

相川　充（1995）．対人状況での被援助に伴う心理的負債の規定因に関する研究　広島大学大学院教育学研究科博士論文（未公刊）

相川　充・吉森　護（1995）．心理的負債感尺度の作成の試み　社会心理学研究，**11**，63-72．

DeCooke, P. A. (1992). Children's understanding of indebtedness as a feature of reciprocal help exchanges between peers. *Developmental Psychology*, **28**, 948-954.

DeCooke, P. A. (1997). Children's perceptions of indebtedness : The help-seekers perspective. *International Journal of Behavioral Development*, **20**, 699-713.

Eisenberger, R., Cotterell, N., & Marvel, J. (1987). Reciprocation ideology. *Journal of Personality and Social Psychology*, **53**, 743-750.

Fisher, J. D. (1983). Recipient reaction to aid : The parameters of the field. In J. D. Fisher, A. Nadler, & B. M. DePaulo (Eds.), *New directions in helping*, Vol.1. *Recipient reaction to aid*. New York : Academic Press. pp. 3-14.

Fisher, J. D., Nadler, A., & Whitcher-Alagna, S. (1983). Four conceptualizations of reactions to aid. In J. D. Fisher, A. Nadler, & B. M. DePaulo (Eds.), New directions in helping, Vol.1. *Recipient reaction to aid*. New York : Academic Press. pp. 51-84.

Gergen, K. J., Ellsworth, P., Maslach, C., & Seipel, M. (1975). Obligation, donor resources, and reactions to aid in three nations. *Journal of Personality and Social Psychology*, **31**, 390-400.

Gleason, M. E. J., Iida, M., Bolger, N., & Shrout, P. E. (2003). Daily supportive equity in close relationships. *Personality and Social Psychology Bulletin*, **29**, 1036-1045.

Gouldner, A. W. (1960). The norm of reciprocity : A preliminary statement. *American Sociological Review*, **25**, 161-178.

Greenberg, M. S. (1980). A theory of indebtedness. In K. J. Gergen, M. S. Greenberg, & R. Willis (Eds.), *Social Exchange : Advances in theory and research*. New York : Plenum. pp. 3-26.

Greenberg, M. S., & Frisch, D. M. (1972). Effect of intentionality on willingness to reciprocate a favor. *Journal of Experimental Social Psychology*, **8**, 99-111.

Greenberg, M. S., & Saxe, L. (1975). Importance of locus of helping initiation and type of outcome as determinants of reactions to another's help attempt. *Social Behavior and Personality*, **3**, 101-110.

Greenberg, M. S., & Westcott, D. R. (1983). Indebtedness as a mediator of reactions to aid. In J. D. Fisher, A. Nadler, & B. M. DePaulo (Eds.), *New directions in helping*. Vol.1. *Recipient reaction to aid*. New York : Academic Press. pp. 85-112.

一言英文（2009）．対人的負債感　有光興記・菊池章夫（編著）　自己意識的感情の心理学

北大路書房　pp. 106-125.

一言英文・新谷優・松見淳子（2008）．自己の利益と他者のコスト―心理的負債の日米間比較研究―　感情心理学研究, **16**, 3-24.

Hofstede, G. (2001). *Culture's consequences*. 2nd ed. Thousand Oaks : Sage.

飯田亜紀（2000）．高齢者の心理的適応を支えるソーシャル・サポートの質―サポーターの種類とサポート交換の主観的互恵性―　健康心理学研究, **13**, 29-40.

Kahn, A. (1972). Reactions to generosity or stinginess from an intelligent or stupid work partner : A test of equity theory in a direct exchange relationships. *Journal of Personality and Social Psychology*, **21**, 116-123.

Kitayama, S., & Markus, H. R. (2000). The pursuit of happiness and the realization of sympathy : Cultural patterns of self, social relations, and well-being. In E. Diener & E. M. Suh (Eds.), *Culture and subjective well-being*. Cambridge : MIT Press. pp. 113-164.

松浦　均（1996）．ボランティア活動の社会心理学的考察　長田雅喜（編）　対人関係の社会心理学　福村出版　pp. 163-175.

Morse, S. J., Gergen, K. J., Peel, S., & van Ryneveld, J. (1977). Reactions to receiving expected and unexpected help from a person who violates or does not violate a norm. *Journal of Experimental Social Psychology*, **13**, 397-402.

Murstein, B. I., Wadlin, R., & Bond, C. F. (1987). The revised exchange-orientation scale. *Small Group Behavior,* **18**, 212-223.

Naito, T., Wangwan, J., & Tani, M. (2005). Gratitude in university students in Japan and Thailand. *Journal of Cross-Cultural Psychology*, **36**, 247-263.

Nemeth, C. (1970). Effects of free versus constrained behavior on attraction between people. *Journal of Personality and Social Psychology*, **15**, 302-311.

西川正之（1985）．補償的返礼行動に及ぼす加害の程度と援助意図性の効果　実験社会心理学, **24**, 161-165.

西川正之（1986）．返礼義務感に及ぼす援助意図性，援助成果，および援助出費の効果　心理学研究, **57**, 214-219.

西川正之・高木修（1986）．援助に対する返礼行動の研究（1）―被援助経験の有無と援助意図性の効果　社会心理学研究, **2**, 11-16.

長田京子・渡邊岸子・鳴海喜代子・今野裕之・清正　巖・堀　洋道（2005）．入院患者の心理的負債感に関する研究の動向　新潟大学医学部保健学科紀要, **8**（1），85-90.

長田京子・渡邊岸子・今野裕之・鳴海喜代子（2007）．看護ケア場面における患者の心理的負債感に関する基礎的研究　新潟大学医学部保健学科紀要, **8**（3），11-17.

佐々木裕子（2000）．幼児の返報行動における社会的情報処理　広島大学教育学部紀要

第三部, **49**, 347-355.

周　玉慧（1995）．社会的支援　小川一夫（監修）　改訂新版　社会心理学用語辞典　北大路書房　pp. 127-128.

周　玉慧・深田博己（1996）．ソーシャル・サポートの互恵性が青年の心身の健康に及ぼす影響　心理学研究, **67**, 33-41.

Stapleton, R. E., Nacci, P., & Tedeschi, J. T. (1973). Interpersonal attraction and the reciprocation of benefits. *Journal of Personality and Social Psychology*, **28**, 199-205.

鈴木邦生（2005）．心理的負債感とボランティア　畑山俊輝（編集代表）感情心理学―感情の豊かな世界―　北大路書房　pp. 19-25.

髙木　修・田中　優（1995）．阪神大震災における避難者と救助活動―避難生活における問題とそれへの対処方法―　関西大学社会学部紀要, **27**, 33-57.

Taylor, S. E., Sherman, D. K., Kim, H. S., Jarcho, J., Takagi, K., & Dunagan, M. S. (2004). Culture and social support: Who seeks it and why? *Journal of Personality and Social Psychology*, **87**, 354-362.

Triandis, H. C. (1995). *Individualism and collectivism*. Boulder: Westview Press. （トリアンディス, H. C. 神山貴弥・藤原武弘（編訳）(2002)．個人主義と集団主義―2つのレンズを通して読み解く文化―　北大路書房）

Tsang, J. A. (2006 a). Gratitude and prosocial behavior: An experiment test of gratitude. *Cognition and Emotion*, **20**, 138-148.

Tsang, J. A. (2006 b). The effect of helper intention on gratitude and indebtedness. *Motivation and Emotion*, **30**, 199-205.

泉井みずき（2008）．幼児にとっての被援助と不快感情―幼児期の心理的負債の大きさに影響する要因の検討―　発達研究, **22**, 59-70.

泉井みずき（2009）．被援助時の不快感情の発達―いつから助けられることを不快に感じるのか―　学校教育学研究論集, **20**, 1-15.

Watkins, P. C., Van Gelder, M., & Frias, A. (2009). Furthering the science of gratitude. In S. J. Lopez & C. R. Snyder (Eds.), *Oxford handbook of positive psychology*. 2 nd ed. New York: Oxford University Press. pp. 437-445.

Watkins, P. C., Scheer, J., Ovinicel, M., & Kolts, R. (2006). The debt of gratitude: Dissociating gratitude and indebtedness. *Cognition and Emotion*, **20**, 217-241.

Weiner, B. (1980). A cognitive (attribution)-emotion-action model of motivated behavior: An analysis of judgments of help-giving. *Journal of Personality and Social Psychology*, **39**, 186-200.

COLUMN 1　感謝の生起状況と感情体験

　われわれは，他者から助けられたときや，何かを成し遂げたとき等，日常生活における様々な状況で感謝を感じる。また，そのとき経験する感謝は，"嬉しい"ものであったり，"申し訳ない"ものであったりと多様である。これらのことは，感謝の生起状況や感情体験が多様であることを意味している。

　まず感謝の生起状況に関しては，蔵永・樋口（2011）によって以下の5種類に整理されることが示されている。すなわち，①個人が困っているときに他者から助けられる"被援助"，②個人が特に困っていないときに他者から何らかの資源の提供を受ける"贈物受領"，③他者から直接支援を受けるのではなく，他者に負荷がかかったことによって個人が間接的に支援を受ける"他者負担"，④個人をとりまく何らかの状態が好転する"状態好転"，⑤一見個人をとりまく状態に大きな変化のない"平穏"の5種類である。これら5種類の感謝生起状況の特徴は様々であるが，自身以外のものから利益を受けたことを意識しうるという点では共通している。

　また感謝の感情体験に関しては，これまでの実証的研究（池田，2006；蔵永・樋口，2011; Naito, Wangwan, & Tani, 2005; Wangwan, 2005）によって，"喜び"，"嬉しさ"などの肯定的内容に加えて，"すまなさ"，"申し訳なさ"などの非肯定的内容が含まれることが示されている。さらに，表1の場面を使用して感謝の生起状況と感情体験との関連を検討した蔵永・樋口（2011）においては，図1のような結果が得られている。図1をみると，状況によって感情体験の強さが異なることがわかる。たとえば，感謝の肯定的内容の感情体験である満足感因子（項目例：喜び，嬉しさ）は，他者から直接支援を受ける状況（被援助，贈物受領）の方が，間接的に支援を受ける状況（他者負担）よりも強く経験されている。また，感謝の非肯定的内容の感情体験である申し訳なさ因子（項目例：申し訳なさ，すまなさ）は，他者の存在や行為が強調されない状況（状態好転，平穏）ではほとんど経験されていない。

第 I 部　社会的自己と社会的感情

表 1　感謝生起状況の呈示場面（蔵永・樋口，2011 を一部改変）

感謝生起状況	呈示場面
被援助	いろいろなことがうまくいかなくて悩んでいたときに，友人が相談にのってくれた。 出費がかさみ，お金がなくて困っていたときに，親がお小遣いをくれた。
贈物受領	自分が何気なく「食べてみたい」と言ったお店のケーキを，母親が次の日探して買ってきてくれた。 自分の誕生日に，アルバイト先で同僚から誕生日プレゼントをもらった。
状態好転	大雨や暴風雨で外に出られない日が何日か続いたが，数日後に天気が良くなり，外出が可能になった。 病気で食事ができない日が 1 カ月続いたが，その後回復して元のように食事ができるようになった。
平　穏	休日の朝目覚めるととても天気が良く，窓の外からは小鳥のさえずりが聞こえてきた。 何気なく見ていたニュース番組で，内戦が続く地域で家や家族を失った人々のことを知った。
他者負担	学生用共同研究室で大量にたまったゴミを，他の人が一人で捨てに行った。 面倒くさいので後回しにしていた家族旅行の手配を，忙しい中，母親が一人でした。

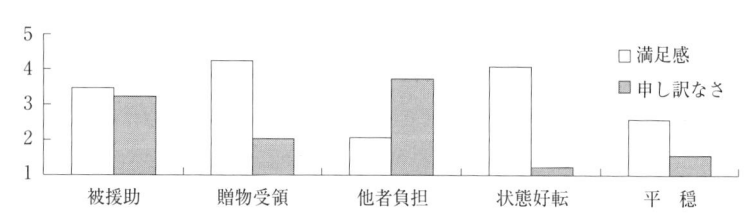

図 1　様々な状況における感謝の感情体験（蔵永・樋口，2011 より作成）
注：得点は 1〜5 点までの範囲であり，すべての得点の平均値に基づいてグラフを作成した。

　以上より，感謝は生起状況も感情体験も多様な感情であると言える。しかし，感謝の生起メカニズムや，感謝のもつ機能（感謝がその後の行動や精神的健康に及ぼす影響）に関する研究においては，感謝の多様性を考慮した検討がこれまでほとんど行われていない。どのような状況で生じた感謝であるのか，また，どのような内容の感情体験として経験された感謝であるのかによって，その生起メカニズムや機能は異なる可能性がある。今後感謝に関する検討を行う上では，感謝の

多様性を考慮した検討を行う必要があろう。

引用文献

池田幸恭（2006）．青年期における母親に対する感謝の心理状態の分析　教育心理学研究，**54**, 487-497.

蔵永　瞳・樋口匡貴（2011）．感謝の構造—生起状況と感情体験の多様性を考慮して—　感情心理学研究，**18**, 111-119.

Naito, T., Wangwan, J., & Tani, M.（2005）. Gratitude in university students in Japan and Thailand. *Journal of Cross Cultural Psychology*, **36**, 247-263.

Wangwan, J.（2005）．日本とタイの大学生における感謝心の比較研究（2）　日本道徳性心理学研究，**19**, 1-12.

第 II 部

態度と態度変容

第Ⅱ部「態度と態度変容」では，個人レベルの社会心理学の中でも最も伝統的な研究テーマである「態度」と「態度変容」を取り上げている。すなわち，人間の社会的行動を説明するための個人内心理過程としての「態度」に特化し，さらに説得による「態度」の「変容」の問題に特化している。

　第7章から第12章の共通テーマは，説得による「態度変容」である。第7章は2種類の態度変容を予測・説明する二重過程モデル，第8章は説得効果低減現象に着目した説得への抵抗，第9章は説得促進技法である恐怖アピール研究と説得抑制技法である警告研究の統合，第10章は健康問題の改善に果たす脅威アピール（＝恐怖アピール）説得，第11章は環境問題の改善に果たす脅威アピール説得を，第12章はユーモアの説得機能，コラム2は短期留学生の態度変容過程を扱っている。

　第13章から第15章の共通テーマは「態度」である。第13章は環境配慮行動意図の規定因，第14章はエイズ感染予防意図およびHIV感染者・エイズ患者との共生行動意図の規定因，第15章は女子学生のキャリア選択の問題を究明している。

第7章 態度変容と判断の二重過程モデル

第1節 精緻化見込みモデル

(1) 精緻化見込みモデルの過程

　態度や社会的判断における情報処理過程を2つに分類する試みが多く見られる (Chaiken & Trope, 1999)。具体的には，簡便なヒューリスティック処理に対して詳細で精緻な処理，自動的処理に対して意識的統制の処理，感情の処理に対して認知的処理，自発的処理に対して熟慮的処理といった区分である。またそれらは態度，対人認知，ステレオタイプ，社会的認知といった多様な領域で二重過程モデルが提唱されている。

　Petty & Cacioppo (1986) が提唱した精緻化見込みモデル (elaboration likelihood model: ELM) は，態度変容の二重過程モデルの代表的なものである。このモデルは，精査可能性モデルとも訳されている (藤原, 1995)。ELM は態度変容や説得に至る2つのルートを仮定している。そこでは説得される受け手がメッセージについてどの程度よく考えるのか (elaboration：精緻化もしくは精査) に焦点があてられる。メッセージの内容を熟慮，理解して説得を受け入れる場合には中心的ルートによる説得と呼ばれ，それに対して，誰がそれを言っているのか，メッセージが長いのか短いのか，どれくらいの人々が賛成しているのかといった影響過程は，周辺的手がかりによる説得と呼ばれる。その理論のエッセンスは図7-1のようになる。

　具体的な例で説明すると，ある商品に対する好みや評価が，新しく作られた

第Ⅱ部　態度と態度変容

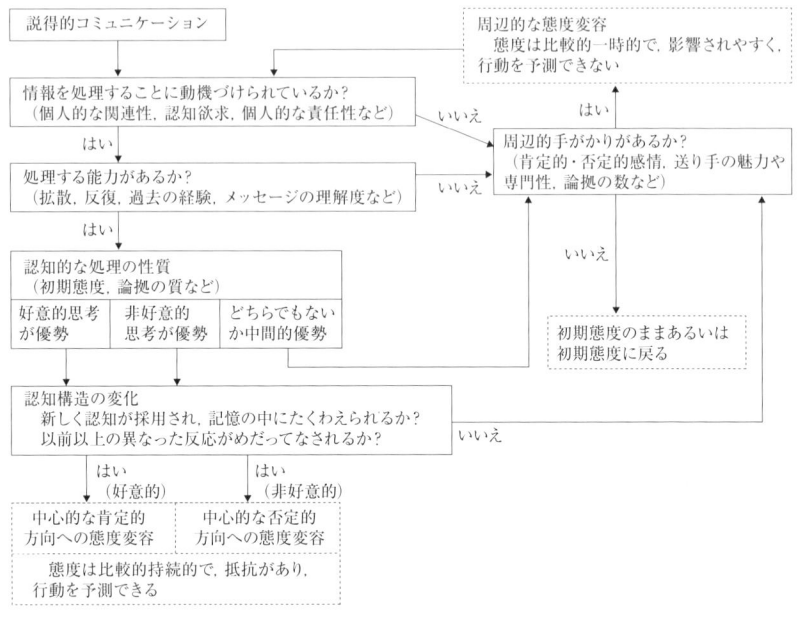

図7-1　態度変容に至る2つのルートの図式化（Petty & Cacioppo, 1986）

CMの影響で変わったという経験はないだろうか。CMが語る商品のメリットや性能に納得しての変化なのだろうか。CMに登場する，自分好みのタレントの影響によるのだろうか。前者のルートによる態度変容は，中心的ルート，後者による態度変容は周辺的ルートによる態度変容ということになる。彼らが意味する態度変容とは，態度対象に対する評価が変わることつまり商品に対する評価点の移動のことである。

（2）　精緻化見込みモデルの仮定

Petty & Cacioppo（1986）は，以下に示す7つの仮定によってELMを公式化している。

仮定1：人は正しい態度をもつように動機づけられている。これは人が潜在的にもつ動機づけについての仮定である。態度が正しいとか間違っているとかという知覚は主観的なものであり，その正しさは他者との比較によって判断さ

れる。

　仮定2：人は正しい態度をもとうとするが，その対象となる争点に関連した精緻化の量や質は個人的要因や状況的要因に伴って変化する。精緻化とは，対象となる争点に関連した情報について，注意深く考える程度のことをさす。説得的コミュニケーション（メッセージ）に含まれる争点と関連する論拠について，詳細に検討する程度を意味する。この精緻化の変動に影響を及ぼすのが，メッセージを処理する動機づけと能力である。メッセージを処理する動機づけが高く，かつメッセージを処理する能力が高いときには精緻化は高まるが，いずれか一方が低い場合には精緻化は低いままである。メッセージを処理する動機づけは，争点との個人的関連性，争点の予告，受け手の特性（認知欲求）などの要因によって影響を受ける。メッセージを処理する能力は，メッセージの理解のしやすさ，説得中の注意の拡散の程度，問題に対する受け手の予備知識などの要因によって影響を受ける。

　仮定3：態度変容に影響する変数は以下の3点である。①説得的論拠として作用することから：論拠とは，メッセージ内容の真の価値を主観的に決定するのに関連する情報を意味する。②周辺的手がかりとして作用することから：メッセージの源泉の専門性や魅力性，あるいは論拠の数といったもの。③問題や論拠の精緻化の量や方向に作用することから：精緻化を高めたり低めたりするメッセージ処理の動機づけや能力に影響する変数。

　仮定4：客観的状態でメッセージを処理することに動機づけられているということは，真実を求めようとすることを意味する。またメッセージを処理する能力があるということは，論拠を公平に考えるのに必要な知識や機会をもっていることを意味する。したがって客観的な状態において精緻化が高まれば，提示された論拠の質に従って態度変容が見られるのである。つまり説得力が強い論拠に対したときには，唱導に対してより賛成の立場をとり，説得力が弱い論拠に対したときには，より反対の立場をとると予想される。

　仮定5：比較的バイアスのかかった状態でメッセージを処理することに動機づけられているということは，特に好意的思考（あるいは非好意的思考）の発生

を促進したり，抑制したりする。またメッセージを処理する能力が高い場合には，片方の立場をより支持することを意味する。要するにトップダウン型の情報処理が行われるので，最初からもっている態度のスキーマ（枠組み）を維持する方向への態度変容がみられる。

仮定 6：精緻化の見込みが高いときには，メッセージの内容の処理が優勢となるので，中心的ルートに沿った態度変容が引き起こされる。一方，精緻化の見込みが低い場合には，周辺的手がかりが説得の重要な決定因になる。メッセージ内容の処理と周辺的手がかり作用間の交換（trade-off）が仮定されている。

仮定 7：争点に関連した論拠を処理した結果生じた態度変容（中心的ルート）は，周辺的手がかりの結果生じた態度変容よりも，持続性があり，行動の予測ができ，反対立場からの説得に対しても抵抗が強いであろう。

第 2 節　ヒューリスティック－システマティック・モデル

（1）　メッセージの妥当性に関する 2 つの並存処理様式

精緻化見込みモデルとよく似たモデルとして，Chaiken（1980）の提唱したヒューリスティック－システマティック・モデル（heuristic-systematic model：HSM）があげられる。システマティック処理による態度変容では，メッセージの内容処理の役割が強調され，ヒューリスティック処理による態度変容では，単純な決定ルール（たとえば「専門家の言うことにはいつも信頼がおける」）に焦点があてられている。その他，単純な決定ルールの例としては，コミュニケーターの好ましさ（「普通好きな人の言うことには同意する」），一致情報（「多くの合意があることはその判断が妥当である」），論拠の数やメッセージの長さ（「長さは力である」）等があげられる。要するに，情報処理における認知的努力の必要度がどの処理様式を採用するのかを決定する。ヒューリスティックとは，学習された知識構造を意味し，ヒューリスティックな処理は，利用可能性（潜在的な使用のために記憶内に貯蔵），接近可能性（記憶から活性化），適用可能性に基づいてなされる。

ELMとの比較で言えば，中心的ルートはシステマティック処理，周辺的ルートはヒューリスティック処理に対応している。ELMでは，中心的ルート処理傾向が強くなると周辺的手がかりの影響は減少するが，HSMでは2つのモードが同時に生起することが仮定されている。さらに2つの処理が独立して影響し，判断の面でも一貫した効果をもたらす場合がある。2つの処理モードが同時生起の様相を説明するものとして，HSMは加算仮説（additivity hypothesis）と減弱仮説（attenuation hypothesis）を提唱している。加算処理とは，文字どおり両処理が加算的な働きをすることであり，両処理が提供する情報に矛盾がなく，一致している場合には加算効果が見られる。それに対して減弱仮説とは，両処理が相反する情報を処理する場合にはその効果を弱めてしまい，システマティック処理が優勢になることを意味する。

（2） 複合-動機枠組み

HSMは，複合-動機枠組みを採用している。説得という限られた事態を越えて，社会的影響といった幅広い事態でもモデルが対応できるように2つの動機を加えモデルが拡張されている（Chaiken, Liberman, & Eagly, 1989）。正確志向動機（accuracy motivation）は，ELMの正しさを求める動機づけと一致するものだが，それ以外に，防衛志向動機（defense motivation），印象志向動機（impression motivation）の2つを加えている。防衛志向動機とは，特定の態度的な位置を形成・守りたいという欲求であり，自分の物質的な利益や自己定義的な信念や態度と一致する信念や態度を保ちたいという願望である。ここでは人種的・性的アイデンティティ，宗教的・政治的イデオロギーといった，自己概念の中核部分と密接に関係した価値，態度，信念と密接に関連している。そして印象志向動機（impression motivation）とは，社会的に受け入れられる態度を表出したいという欲求である。この種の欲求は，社会的な関係性が重要であるような事態，自分の態度を他者に伝えたり，弁護したりする必要があるときに活性化されることが仮定されている。こうした動機づけは，ヒューリスティック処理にもシステマティック処理にも独立に影響を与えることが仮定されている。

（3） 処理様式に影響を及ぼす要因：認知要因と動機づけ要因

　処理様式に及ぼす認知要因について説明する。モデルの背後には能力仮説（ability hypothesis）という仮定がある。つまりシステマティック処理は認知容量を必要とし，それを消費するが，それに対してヒューリスティック処理はほとんど認知容量を必要とはしない。したがって，システマティック処理は，ヒューリスティック処理に比べて，詳細な情報処理を減少させようとする状況的，個人差的要因の影響をより受けやすい。たとえば，時間の圧力があるとシステマティック処理の量に制限を加えるが，そのメッセージの話題について既存の知識があればそうした処理を促進する。

　次に処理様式に及ぼす動機づけ要因について説明する。動機づけ仮定は，「最小努力原理（least effort principle）」と「十分原理（sufficiency principle）」によって反映されている。このモデルは，人間が必要に応じてのみ，複雑かつ活発な情報の処理を行うという「最小努力原理」に基づいている。人間は情報を処理するにあたって，認知的に努力を必要とする様式は好まないということである。メッセージの妥当性を評価するための正確志向動機が機能するためには，システマティック処理もヒューリスティック処理も働く可能性があるが，相対的に努力のいらないヒューリスティック様式が採用される傾向にある。

　一般に最小努力原理は，認知者の動機づけ・関心を無視するので，HSMには「十分原理」が組み込まれている。効率の良い情報処理者は，動機づけ・関心の充足と処理努力の最小化との間に均衡をとる必要がある。そのために人は十分な程度の確信を得ることが求められる。望ましい判断確信度は「十分閾（sufficiency threshold）」と定義され，判断確信度の連続体のどこかの点に位置づけられる。現実の確信度のレベルが「十分閾」以下であれば不十分であると判断され，「十分閾」を超えると，十分だとみなされる。現実の確信度が「十分閾」以上になると情報を処理しようとする努力が止まる。現実の確信度が「十分閾」以下であれば，情報処理がなおも継続する。こうした確信度の連続体の一部を図示すると図7－2のようになる（Eagly & Chaiken, 1993）。パネルAにおいて，AC_1（actual confidence：現実の確信度）は十分閾（ST）よりも低く，

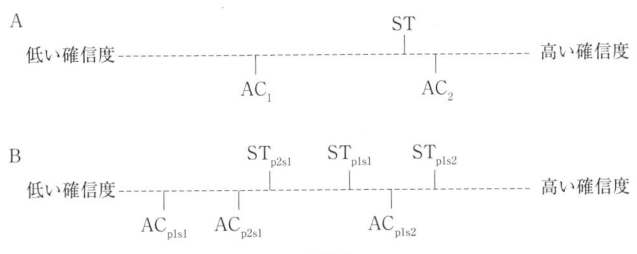

```
A
  低い確信度 ---------|--------|-----ST----|------- 高い確信度
                    AC₁            AC₂

B
                ST_{p2s1}  ST_{p1s1}  ST_{p1s2}
  低い確信度 -----|----|---|----|---|----|------ 高い確信度
              AC_{p1s1} AC_{p2s1}      AC_{p1s2}
```

図7-2 十分閾と現実の確信度 (Eagly & Chaiken, 1993)

不十分な確信度しか得られないが，AC_2は十分閾よりも大きく，十分な確信度があると認知されている。パネルBでは，ある状況における2人の人間のSTとACが示されている。これらはいずれもST以下であり，十分な確信度が得られていない。またSTのレベルも異なり個人差があり，また同一の人間でも状況により，STとACが異なることが示されている。

第3節　印象形成の連続体モデル

（1）　印象形成の連続体モデルの過程

印象形成の古典的研究では，複数の情報がどのように統合され全体印象が形成されるのかが検討されてきた。それに対してゲシュタルト心理学の立場では，全体印象布置の中で個別情報が解釈される過程が強調されてきた。前者は印象形成のボトムアップ過程に，後者はトップダウン過程に焦点があてられている。この両過程を統合的に扱うモデル化の試みがなされ，Fiske & Neuberg（1990），Fiske, Lin, & Neuberg（1999）は印象形成の連続体モデル（continuum model of impression formation : CMIF）を提唱している。そのモデルは，カテゴリーに基づく過程と特性に注目する（individuating），個人特性志向（attribute-oriented）過程という，2つの情報処理過程の存在を仮定している。CMIFの過程を図に示すと図7-3のようになる。

①**最初のカテゴリー化**（initial categorization）：認知者は，まず顕著な特徴に基づき個人を即座に分類する。こうした特徴は，皮膚の色や体型といった身体

第II部　態度と態度変容

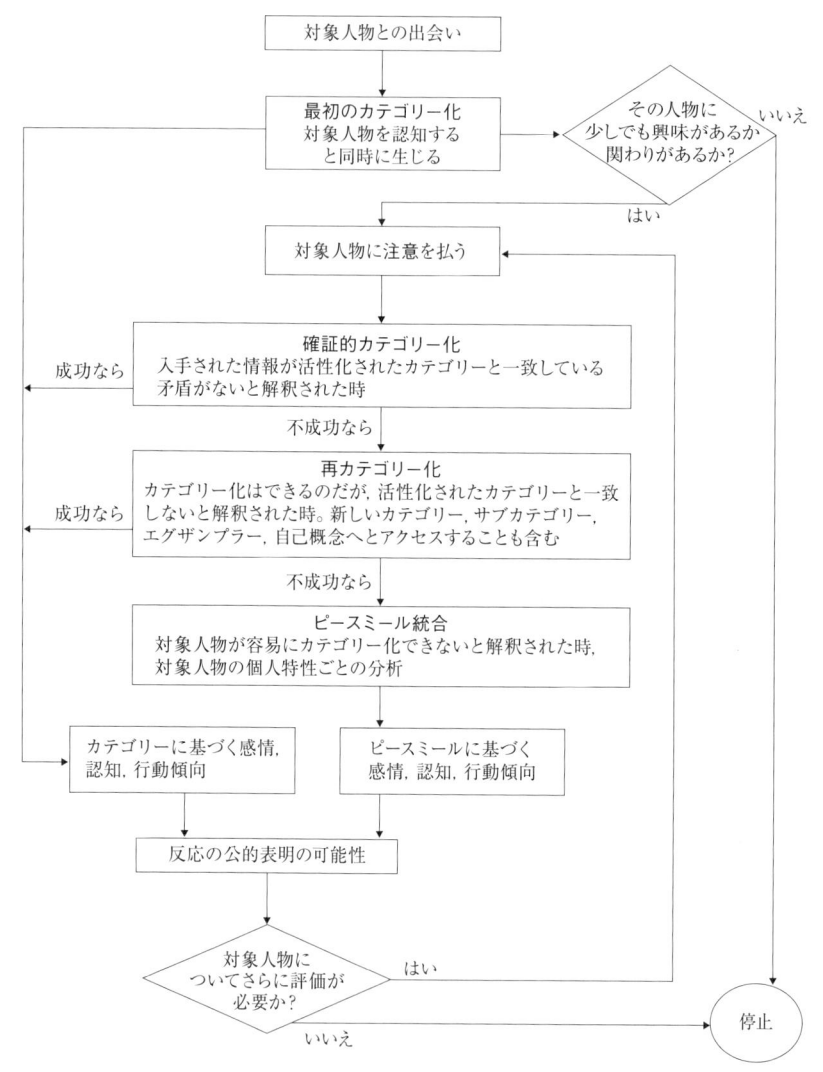

```
                    ┌──────────────────┐
                    │ 対象人物との出会い │
                    └──────────────────┘
                             │
                             ▼
                    ┌──────────────────┐      ╱╲
          ┌────────▶│ 最初のカテゴリー化 │────▶╱その人物に╲ いいえ
          │         │ 対象人物を認知する │    ╲少しでも興味があるか╱
          │         │ と同時に生じる     │    ╲関わりがあるか？╱
          │         └──────────────────┘      ╲╱
          │                  │                  │はい
          │                  ▼                  │
          │         ┌──────────────────┐        │
          │         │ 対象人物に注意を払う │◀──────┐
          │         └──────────────────┘        │
          │                  │                  │
          │                  ▼                  │
          │    ┌─────────────────────────────┐ │
   成功なら│    │ 確証的カテゴリー化              │ │
  ◀───────┤    │ 入手された情報が活性化されたカテゴリーと一致している │
          │    │ 矛盾がないと解釈された時         │ │
          │    └─────────────────────────────┘ │
          │            │不成功なら              │
          │            ▼                       │
          │    ┌─────────────────────────────┐ │
   成功なら│    │ 再カテゴリー化                  │ │
  ◀───────┤    │ カテゴリー化はできるのだが,活性化されたカテゴリーと一致 │
          │    │ しないと解釈された時。新しいカテゴリー,サブカテゴリー, │
          │    │ エグザンプラー,自己概念へとアクセスすることも含む │
          │    └─────────────────────────────┘ │
          │            │不成功なら              │
          │            ▼                       │
          │    ┌─────────────────────────────┐ │
          │    │ ピースミール統合                │ │
          │    │ 対象人物が容易にカテゴリー化できないと解釈された時, │
          │    │ 対象人物の個人特性ごとの分析    │ │
          │    └─────────────────────────────┘ │
          │         │              │           │
          │         ▼              ▼           │
          │  ┌──────────┐  ┌──────────┐       │
          │  │カテゴリーに基づく感情,│  │ピースミールに基づく│       │
          │  │認知,行動傾向│  │感情,認知,行動傾向│       │
          │  └──────────┘  └──────────┘       │
          │         └──────┬───────┘           │
          │                ▼                   │
          │       ┌────────────────┐           │
          │       │反応の公的表明の可能性│           │
          │       └────────────────┘           │
          │                │                   │
          │                ▼                   │
          │              ╱╲                    │
          │            ╱対象人物に╲ はい          │
          │            ╲ついてさらに評価が╱────────┤
          │            ╲必要か？╱               │
          │              ╲╱                    │
          │               │いいえ              ▼
          │               ▼                  ┌──┐
          └───────────────────────────────▶│停止│
                                             └──┘
```

図7-3　印象形成の連続体モデル（Fiske & Neuberg, 1990）

的特性,「田中さんは銀行員です」といった言語で伝達される,カテゴリー・ラベルで示される。

　②個人的関連性の程度（degree of personal relevance）：最小限の興味あるいは

個人的な関係性があるかどうか。個人的関連性には，所属する，理解する，統制する，自己高揚する，信頼するといったことに関連する動機を含んでいる。個人的関連性とは，動機づけ的な関連性を含んでいる。

③**対象人物の個人特性への注意を払う**（allocation attention to additional target attributes）：個人特性への注意は，人々がステレオタイプ的な過程を用いるのか，それとも個人特性への過程を用いるのかを媒介する。

④**確証的カテゴリー化**（confirmatory categorization）：追加情報が最初に決定したカテゴリー・ラベルと一致するなら，認知者の感情，認知，行動傾向は最初のカテゴリーに基づくものと似たものになる。最初のカテゴリーに合うように情報を同化するすこともしばしば生じる。

⑤**再カテゴリー化**（recategorization）：ここでは，サブカテゴリー（女性の管理職），エグザンプラー（この女性は私の妹スージを思い出す），自己概念（この人は私自身を思い出す）を含めた，新たなカテゴリーとの照合が行われる。

⑥**ピースミール統合**（piecemeal integration）：ピースミールとは細かいものをひとつひとつ処理することで，対象人物の個人特性をひとつずつ統合して全体印象を形成する。ここでは刺激人物の属性をひとつひとつ吟味するという，認知的負荷の高い処理を行う。

⑦**形成された印象**（impression formation）：結果として形成された印象には2種類ある。ひとつは主にカテゴリーというルートを経て形成された感情，認知，行動傾向，もうひとつはピースミールというルートを経て形成された感情，認知，行動傾向。

⑧**内的反応の公的表出**（public expression of internal response）：内的反応としての印象は，偏見，差別という形で必ずしも表出されるわけではないが，観察可能な形で行動として表されることもしばしばある。

⑨**対象人物についてさらに評価が必要か？**（Is further assessment of the target required?）：最初のカテゴリー化，確証的カテゴリー化，再カテゴリー化，ピースミール統合といった過程を経て，対象人物への反応が生じることが明らかになった。しかしこうした反応が不適切である場合には，注意の段階へと戻る。

（2） 印象形成の連続体モデルの前提

CMIF の前提は以下の5つである。

前提1：カテゴリーに基づく過程は，個人特性志向（attribute-oriented）の過程より優先する。つまり認知者は，個人特性による印象形成を行う前に，カテゴリーに基づく印象形成を試みる。

前提2：印象形成連続体上の進行は，認知者が対象人物の個人特性と自分のもっているカテゴリーとが適合していると解釈できる容易さに依存している。つまり知覚者が対象人物の個人特性と自分が現在もっているカテゴリーと適合していると容易に解釈できれば，カテゴリーに基づく印象過程が生じやすい。逆に両者が不適合であると認知すれば，個人特性に注目する連続体の方向に向かう。

前提3：個人特性情報への注意は，印象形成連続体の使用を媒介する。注意の高まりは，より思考を伴う，個人特性に注目する印象形成過程に従事するためには必要である。

前提4：動機づけは印象形成結果に影響する。相互依存構造が，生じる印象形成の目標を決定する。成果の依存性（所与の状況内における知覚された相互依存性構造）が重要である。ある人がある部署の長に任命されたとしたら，その部署の成員は，彼らの成果の多くを統制するその人物を正確に理解する目標を採用する可能性が高まる。成果の依存性は努力を必要とする印象形成を促進するのである。

前提5：印象形成に影響を及ぼす動機づけは，個人特性への注意と解釈によって媒介される。

第4節 感情混入モデル

（1） 感情混入モデルの過程

Fogas は，感情が社会的判断に及ぼす様々な影響を包括的に理解できる枠組みを提唱している。それは最初，複合過程モデル（multiprocess model : Fogas,

1992),後に,感情混入モデル (affect infusion model(AIM):Fogas, 1995) と呼ばれている。感情混入とは,感情を含んだ情報が判断に影響を及ぼす過程を意味している。図7-4に示したように,感情の影響が混入しやすい処理方略(ヒューリスティック処理,実質処理)と感情が混入しにくい処理方略(直接アクセス,動機充足)に分けている (Fogas, 1995)。直接アクセス方略では,過去の判断結果にアクセスして判断決定をするわけであるから,すでに判断が固まっている(結晶化されている)ので,瞬時の感情の影響を受けにくい。また動機充足処理方略は,その時の動機づけによって望ましい目標が決まっているため,その目標に向けて先入観がかかった判断がなされるので感情の影響は混入しにくい。それに対してヒューリスティック処理と実質処理は感情状態の混入がしやすい。ただし感情状態の影響の働きは,2つの方略で異なっている。ヒューリスティック処理方略では,感情を情報手がかりとして用いるという情報機能説に従った感情の影響が現れる。それに対して実質処理方略では,ネットワークモデルに基づく感情プライミング効果が生じやすいと考えられている。これら

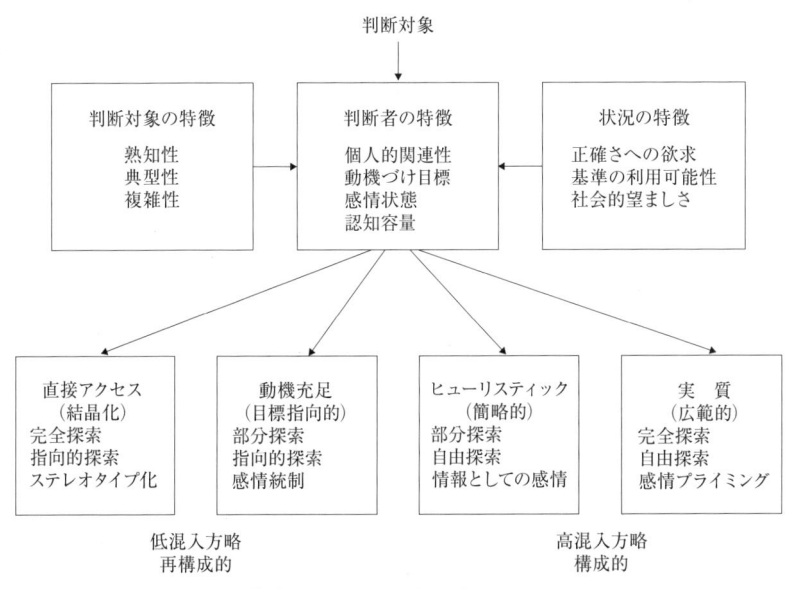

図7-4 複合的感情混入モデルの概略図 (Fogas, 1995)

4つの処理方略を簡単にまとめると以下のようになる。

　①**直接アクセス処理方略**：多くの日常生活で採用される，最も一般的で，効果的な方略である。既存の結晶化した判断や評価を単に検索する。判断対象を知っており，既存の結晶化した判断がある。判断者は判断対象と個人的なかかわりがない。

　②**動機充足処理方略**：特定の既存目標を達成するためになされる判断方略である。判断対象とは知り合いでなく，いかなる結晶化した判断も持ち合わせていない。判断者は判断を算定するにあたって，強い目的がすでにある。気分維持，気分修復のためによく用いられる方略である。

　③**ヒューリスティック処理方略**：判断対象は単純で非常に典型的，判断者は特定の動機づけをもたない，争点とは個人的な関与はない。限られた認知容量しか持ち合わせていなくて，肯定的な気分傾向で，正確であろうとする動機はもっていない。

　④**実質処理方略**：判断対象に関する情報を選択，学習，解釈する。判断を行う際に，この情報と既存の知識構造と関係づけようとする。判断対象は，典型的ではなく，見慣れない，複雑なものである。判断者は，適切な認知容量をもち，否定的な気分傾向で，正確さに動機づけられている。

　またAIMの過程をフローチャートで示すと図7-5のようになる。

　①**判断対象の熟知性**：判断対象が熟知した相手かどうか，その判断対象に対してすでに判断が下されているか。

　②**判断対象との個人的関連性**：その判断対象と個人的に関連があるかどうか，その対象が重要かどうか。個人的関連性がなくて，重要でなければ直接アクセス処理が行われる。

　③**特定の動機の存在**：特定の動機があるかどうか。ここでの動機づけとしては，自己高揚，内集団びいき，偏見，親和欲求等がある。また気分維持や気分修復のような，感情それ自身も特定の動機づけの原因となる。

　④**判断対象の典型性**：判断対象が非典型的なものなのか，珍しいものなのか，複雑なものなのか。もし「はい」であれば，実質処理の方向に向かう。それに

第7章　態度変容と判断の二重過程モデル

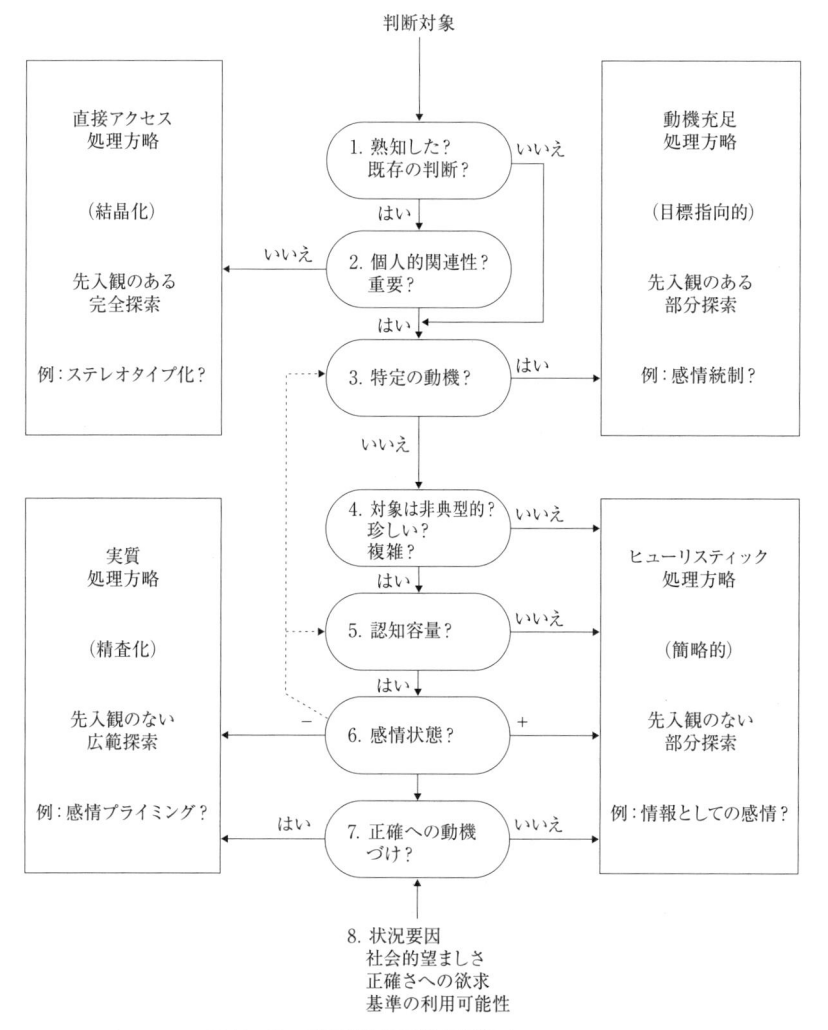

```
                        判断対象
                           ↓
┌─────────┐         ┌─────────┐         ┌─────────┐
│ 直接アクセス │         │ 1. 熟知した？│  いいえ  │ 動機充足  │
│ 処理方略  │         │   既存の判断？│─────→  │ 処理方略  │
│         │         └─────────┘         │         │
│ （結晶化） │            ↓はい            │ （目標指向的）│
│         │  いいえ  ┌─────────┐         │         │
│ 先入観のある│←─────│ 2. 個人的関連性？│        │ 先入観のある│
│ 完全探索  │         │   重要？    │         │ 部分探索  │
│         │         └─────────┘         │         │
│         │            ↓はい            │         │
│ 例：ステレオ│         ┌─────────┐  はい   │ 例：感情統制？│
│ タイプ化？ │         │ 3. 特定の動機？│─────→ │         │
└─────────┘         └─────────┘         └─────────┘
                         ↓いいえ
                      ┌─────────┐
                      │ 4. 対象は非典型的？│  いいえ
                      │   珍しい？    │─────→
                      │   複雑？    │
┌─────────┐         └─────────┘         ┌─────────┐
│ 実質    │            ↓はい            │ ヒューリスティック│
│ 処理方略  │         ┌─────────┐  いいえ  │ 処理方略  │
│         │         │ 5. 認知容量？ │─────→  │         │
│ （精査化） │         └─────────┘         │ （簡略的） │
│         │            ↓はい            │         │
│ 先入観のない│   −   ┌─────────┐   +    │ 先入観のない│
│ 広範探索  │←─────│ 6. 感情状態？ │─────→ │ 部分探索  │
│         │         └─────────┘         │         │
│ 例：感情  │   はい  ┌─────────┐  いいえ  │ 例：情報  │
│ プライミング？│←─────│ 7. 正確への動機│─────→ │ としての感情？│
│         │         │   づけ？    │         │         │
└─────────┘         └─────────┘         └─────────┘
                           ↑
                      ┌─────────┐
                      │ 8. 状況要因   │
                      │   社会的望ましさ │
                      │   正確さへの欲求 │
                      │   基準の利用可能性│
                      └─────────┘
```

図7-5　感情混入モデルの過程（Fogas, 1992）

対して，典型的で，単純な，珍しくない判断対象であれば，ヒューリスティックな情報処理が用いられる。

⑤**認知容量**：複雑な社会的判断を行うために認知処理容量が使用できるかどうか。

⑥**感情状態**：良い気分であるか，悪い気分であるかが，どのような処理方略を好むのかに影響する。良い気分の人は，安直で，速い，ヒューリスティックな情報処理を好み，それに対して，悪い気分の人は，慎重で，時間がかかる，分析的処理を採用する。

⑦**正確さへの動機づけ**：正確さへの動機づけとは，判断を行うにあたって可能な限り正確さを期することを意味する。この動機が高ければ実質処理方略を，低ければヒューリスティックな情報処理が採用される。

（2） 感情混入モデルの仮定

仮定1「複合過程の仮定」：社会的判断を行うときには，いくつかの処理方略の中から選択を行うことができる。

仮定2「処理方略は感情効果を媒介」：社会的判断に感情がどのように影響するのかは，どのような種類の処理方略が選択されるのかに主に依存する。

仮定3「処理方略対情報効果」：感情は判断が行われる時に二重の役割がある。第1は，感情はどのような処理方略が採用されるのかに影響を及ぼす。第2に，判断結果は，間接的（プライミング）あるいは直接的（情報としての感情）情報効果によって影響を受ける。

仮定4「努力最小の原理」：人間は怠惰で努力を最小化する情報の処理者である。

第5節　4つのモデルの比較と問題点

4つのモデルについて一覧表にまとめたものが表7-1である。結論は共通性が非常に高いということである。どうもアメリカ人は，自分の独創性を自己呈示するために，異なったモデル名をつけ，中身もこんなに違うのだと宣言したがっているように思えてならない。適用領域は若干異なるものの，いずれのモデルも名前は異なるが，2つの処理様式・方略を仮定しているという点に共通項がある。またそうした処理様式を規定している要因が認知と動機であると

表7-1　4つのモデルの比較表

モデル名	ELM	HSM	CMIF	AIM
提唱者	Petty & Cacioppo	Chaiken	Fiske & Neuberg	Fogas
年代	1981, 1986	1980, 1989	1990	1992, 1995
適用領域	態度変容	態度変容	印象形成	社会的判断
処理様式	中心的ルート	システマティック	個人特性	本質的
	周辺的ルート	ヒューリスティック	カテゴリー	ヒューリスティック
認知	認知努力	最小認知努力	最小認知努力	最小認知努力
動機づけ	正確志向	正確志向	相互依存性	正確志向
		防衛志向		
		印象志向		

いう点にも共通点がある。とりわけ認知要因に関しては，認知者は必要がないかぎり認知的負担が少ない認知的倹約家（cognitive miser）という基本前提に基づいており，最小認知努力という同一の原理に基づきモデルが構築されている。あえて違いを探すなら，HSM がヒューリスティック処理，CMIF がカテゴリー依存処理にプライオリティを置いているのに対して，ELM が中心的ルートに重点を置いている点である。もちろんこれは ELM が誕生した領域が説得的コミュニケーションということとは無縁ではない。説得自体では主に情報が提示されるわけであるから，言語的メッセージを処理するということを念頭に置いてモデル化されていると考えると納得ができる。

　動機づけ要因の内容はモデルによって微妙に異なる。最小認知努力ということを標榜しつつ，これとは一見矛盾するように感じられる，正確を志向する動機づけを仮定している点である。二重過程モデルであるから，おそらくモードが移行したときには，この動機づけが活性化するのであろう。HSM は説得事態のみならず社会的影響力といった幅広事態でもモデルが適用できるようにするためにバージョンアップを図っている。つまり防衛志向動機と印象志向動機を理論的に導入しているが，今のところその有用性を示す実証的データは乏しい。また防衛志向とは自己に焦点化した動機であるのに対して，印象志向動機は他者に焦点化した動機である。一見相反する動機が同時に活性化された場合にはどのようになるのだろうか？　また正確志向動機は，真実性や正義に根ざ

した，いわば客観性を目指した動機であるのに対して，防衛志向は自己利益に根ざした，印象志向は他者利益に根ざした動機だと解釈すると，こうした動機間に矛盾が発生した場合に，HSMはそれをどのように説明するのかが今のところ明らかではない。

　4つのモデルの中で相対的に異色なのはAIMである。Fogasはオーストラリアの大学を拠点に仕事をしているせいか，アメリカの社会心理学者の認知度は低いように思われる。もちろん歴史的に眺めるとアメリカの社会心理学者は，どうもイギリスやフランスの社会心理学者の文献に細心の注意を払ってこなかったように思われてならない。たとえば日本ではTajfelやArgyleやMoscoviciの業績は比較的よく紹介されているが，アメリカでは彼らの業績は等閑視される傾向にあるように思えてならない。ともあれAIMは，真正面から感情と認知の問題を扱っているという点で，他の3つのモデルとは一線を画する。どのように感情が認知過程に混入しているのかを明らかにしている点，並びに4つの情報処理タイプを提唱している点で，認知と感情を扱うより包括的なモデルのように思われる。

　年代的にはHSMが唱えられたのが1980年であるので，それが二重過程モデルにおける嚆矢であろうということになるが，モデルの完成度やそのモデルを支持する実証的データの豊富さという点を考慮すると，その後1年遅れて登場してきたELMに軍配が上がるような気がする。完成されたモデルとしてのELMは，1986年に出版された古典的な名著『コミュニケーションと説得』で詳細に述べられているが，そのモデルの萌芽は『態度と説得―古典的ならびに現代的アプローチ―』(1981) にすでにうかがわれる。ELMの中心的ルートに関してはモデルが頑健で実証的なデータも豊富であるが，Chaiken, Liberman, & Eagly (1989)，藤原 (1995) が批判しているように周辺的ルートの定義が拡散的で，実証的データがやや乏しいという弱点が存在する。

　最後にELMでは精緻化 (elaboration)，CMIFでは連続体 (continuum)，HSMでは確信度 (confidence) といった心理学的連続体を仮定している。これらはいわば高次の構成概念という形を取っているので，これをどのように測定するの

かが困難である。今までに登場した概念を例に説明すると，認知的不協和がそれにあたるものと思われる。認知要素間の矛盾的関係→認知的不協和→態度変化という流れで考えるならば，これらの概念はいずれも構成概念であるという点では共通するが，認知的不協和の概念は，認知要素間の矛盾関係と態度変化を媒介する，高次な構成概念という形を取っている。高次な構成概念である認知的不協和をどのように測定するのかが問題になったように，本章で述べたモデルが仮定している心理学的連続体をどのように実証的なレベルで測定するのかという問題点があるように思える。

なお，精緻化見込みモデルに関して，藤原 (1995) は，①メッセージ処理と周辺的手がかりの交換の問題（中心的ルートと周辺的ルートのいずれか一方のルートが優勢になり，態度変容を導くという仮定への疑問），②現実場面への適用上の問題（情報に付随する周辺的手がかりや態度対象への感情などの要因が存在し，情報の認知的処理のみによる態度変容はほとんど起こりえないという疑問），③日本での ELM 適用の問題（高コンテキスト・コミュニケーション社会の日本で説得メッセージがどれだけ重要な意味をもつのかという疑問），④態度変容測定の方法論上の問題（先行研究が個人内の態度の変動を測定できない実験後比較 (after-only) デザインを用いていることへの疑問) を指摘した。そして，態度変容過程における中心的ルートに関する研究（3つの研究）と態度変容過程における周辺的ルートに関する研究（4つの研究）を踏まえ，態度変容過程における中心的ルートと周辺的ルートに関する統合的研究（3つの研究）を行い，中心的ルートと周辺的ルートの相互関係が排他的というより，並列的であり，2つのルートが加算的効果を示す可能性を示唆した。

引用文献

Chaiken, S. (1980). Heuristic versus systematic information processing and the use of source versus message cues in persuasion. *Journal of Personality and Social psychology*, **39**, 752-766.

Chaiken, S., Liberman, A., & Eagly, A. H. (1989). Heuristic versus systematic information processing within and beyond the persuasion context. In J. S. Uleman & J.

A. Bargh (Eds.), *Unintended thought*. New York : Guilford Press. pp. 212-252.
Chaiken, S., & Trope, Y., (1999). *Dual-process theories in social psychology.* New York : Guilford Press.
Eagly, A. H., & Chaiken, S. (1993). *The psychology of attitudes.* Fort Worth, TX : Harcourt Brace Javanovich.
Fiske, S. T., & Neuberg, S. (1990). A continuum of impression formation, from category-based to individuation processes : Influences of information and motivation on attention and interpretation. In M. P. Zanna (Ed.), *Advances in experimental social psychology.* Vol.23. New York : Academic Press. pp. 1-74.
Fiske, S. T., Lin, M., & Neuberg, S. (1999). The continuum model : Ten years later. In S. Chaiken & Y. Trope (Eds.), *Dual-process theories in social psychology.* New York : Guilford Press.
Fogas, J. P. (1992). Affect in social judgments and decisions : A multi-process model. In M. P. Zanna (Ed.), *Advances in experimental social psychology*. Vol.25. New York : Academic Press. pp. 227-275.
Fogas, J. P. (1995). Mood and judgment : The affect infusion model (AIM). *Psychological Bulletin,* **117**, 39-66.
藤原武弘 (1995). 態度変容における精査可能性モデルの検証 北大路書房
Petty, R. E., & Cacioppo, J. T. (1981). *Attitudes and persuasion : Classic and contemporary approaches.* Dubuque, IA : William C. Brown.
Petty, R. E., & Cacioppo, J. T. (1986). *Communication and persuasion : Central and peripheral routes to attitude change.* New York : Springer.

第8章　説得への抵抗

第1節　説得への抵抗とその理論

(1) 説得への抵抗とは

　通常，説得研究はどうすればより効果的な説得が可能となるか，説得効果を高める要因は何かという問題に主眼がある。そのため，これまで説得効果を規定する要因や説得効果の生起メカニズムなどに関して数多くの研究が行われており，様々な説得の理論やモデルが提唱されてきている。たとえば，Hovland, Janis, & Kelley (1953) の古典的名著『コミュニケーションと説得』をはじめ，深田博己編著 (2002)『説得心理学ハンドブック─説得コミュニケーション研究の最前線─』などにその成果が詳しくまとめられている。それに対して，説得への抵抗そのものを扱った研究はそれほど多くはない。やはり説得研究の主要な関心事は，説得効果を高める要因や条件，あるいは説明理論である。本章では，最初に説得への抵抗とは何か，その概念や用語について考えてみる。また，説得への抵抗の問題を研究する意義について考え，主な理論やモデルについて触れる。

　現実の説得場面を観察すると，説得はいつも成功するとは限らない。説得が功を奏さず，説得されても相手がまったく動じなかったり，説得方向とは逆方向に態度を変えたりすることも少なくない。前者は，凍結効果または無変化を貫くという意味で静的な抵抗と呼ばれる。後者は，ブーメラン効果あるいは説得方向とは逆方向に変化するという意味で動的な抵抗ともいう (今城, 1986 a)。

このように，説得の働きかけに対して態度が変化しない現象や，説得方向と逆方向に態度変化が生じる現象は，説得への抵抗と呼ばれている。もちろん，説得技術が稚拙なために，説得が成功しなかったり抵抗が生じたりすることもあれば，相手が強固な態度や価値観を有しているため，説得の効果が見られなかったりすることもある。しかし，そうした以外にも，説得に対する何らかの対抗力や逆方向への変化へと方向づけられた心理過程が働くことも少なくない。

説得への抵抗の生ずる心理過程について，Knowles & Linn (2004) は4つをあげている。すなわち，①リアクタンス (reactance)，②不信・疑惑 (distrust)，③吟味 (scrutiny)，④慣性 (inertia) である。リアクタンスとは，Brehm (1966) のいう自由への脅威に対して生じる自由回復のための動機づけである。リアクタンスは，抵抗の感情的側面と動機づけの側面が強調されたものである。不信・疑惑とは，説得の背後にある動機は何なのか，真相はどうなのかという疑いをもち，説得に応じないことである。つまり，説得に対する感情的反応と認知的反応の両者が抵抗を生み出すという側面である。吟味とは，説得状況のあらゆる側面に対し注意を払い，精査しようとする心理的反応である。いわゆる，Petty & Cacioppo (1986) の精緻化見込みモデル (ELM) が強調する，説得における認知的反応や思考（反論など）の役割を重視したものである。つまり，吟味においては，説得への認知的反応が抵抗を引き起こす中心的役割を果たしている。抵抗の第4の側面は，慣性と呼ばれるものである。これは説得に対し積極的に抵抗するというよりむしろ，一定のバランスや状態を保ち続けようとする態度の性質に関係するものである。感情，認知，行動という態度の3成分は一貫しており，システムとしてバランスを保とうとする傾向が強く，容易には変化しない傾向がある。つまり，態度の一貫性や持続的性質に基づく抵抗の側面を強調したものが慣性である。慣性が強いと，態度変化は生じにくい。

以上の抵抗の4つの側面のうち，いわゆる説得への抵抗をもたらす心理過程に深くかかわるのは，①リアクタンス，②不信・疑惑，③吟味の3つであろう。言い換えれば，説得への抵抗を媒介する主要な心理過程として，自由回復への動機づけと，説得に対する感情的反応および認知的反応が中心的役割を果たし

ていると考えられる。本章でも，説得への抵抗をもたらす媒介過程として，リアクタンスや説得に対する認知的反応，感情的反応の側面を中心に論じる。説得への抵抗が生じる過程でこのような側面が見られることは明らかにされているが，それらの相互連関や相互作用については十分解明されていない。

なお，説得への抵抗を他者の説得から自己を守る能力という観点からとらえる立場もある。McGuire（1964）は，説得への抵抗を説得攻撃に抵抗する能力という観点からとらえ理論化している。McGuire の提唱する接種理論では，無防備な受け手に説得攻撃に対する抵抗力をいかにして高めるか，説得攻撃からいかにして自己を守るかという問題に焦点が当てられている。

(2) 説得への抵抗に関する研究の意義

McGuire（1964）の接種理論や Brehm（1966）の心理的リアクタンス理論に代表されるように，説得への抵抗に関する系統的な研究は1960年代から始まった。それまでは，説得への抵抗または説得の逆効果は，実験操作の不備や説得方法の稚拙さによって生じた「不運な失敗」あるいは二次的な問題と見なされがちであった。しかし近年では，説得への抵抗をそれ自体特有のプロセスとして積極的に捉え，そこに働く独特の心理過程や要因を究明しようとする研究がある程度進んできた。そして，説得への抵抗を説明する理論やモデルがいくつか生み出されている。説得への抵抗を扱った理論やモデルとして，社会的判断理論（Sherif & Hovland, 1961 など）や認知的均衡理論（Festinger, 1957 など），接種理論（McGuire, 1964），心理的リアクタンス理論（Brehm, 1966; Brehm & Brehm, 1981）などがあり，さらに，説得の受容と抵抗の両者の過程を統合的に説明しようとする精緻化見込みモデル（Petty & Cacioppo, 1986 など）などがある。このうち，説得への抵抗のみに焦点を当てているのは，接種理論と心理的リアクタンス理論であろう。

こうした研究や理論によって，①説得への抵抗の規定要因をはじめ，②説得への抵抗の媒介過程（心理過程）や説明理論，③抵抗力を高める方法などについて，ある程度研究知見が蓄積されてきている。そして，説得への抵抗にかか

わる独特の要因や心理過程が明らかになってきている。説得への抵抗に関する研究は，抵抗現象それ自体の理解にとどまらず，説得の受容と抵抗を含めた「説得の過程」全体の理解を深めるための不可欠の課題といえる（上野，1990b）。つまり，説得の受容と説得への抵抗の問題は表裏一体の関係にあり，両者を有機的に関連づけることによってはじめて説得過程の理解が深化すると考えられる。説得への抵抗を研究することによって，説得に関する新たな洞察や新しい影響方略，説得の新しい側面を見出すことも可能となろう（Knowles & Linn, 2004）。

さらに，説得者（送り手）の論理という観点からすれば，説得への抵抗の研究はいかにして受け手側の抵抗を軽減し，説得効果を高めるかという説得の受容の問題に関して有益な知見を提供する。他方，説得を受ける側の論理あるいは予防的視点に立てば，強引な勧誘や洗脳などの強い説得の働きかけからいかにして自分の身を守り，主体的，自律的に行動するかという欺瞞的説得への対処などに貴重な示唆を提供できよう。いずれにしても，説得への抵抗の研究は，説得や対人コミュニケーションの問題に有用な知見と示唆を与える。

(3) 説得への抵抗に関する理論

接種理論（McGuire, 1964）は，説得に対する抵抗力を高めたり，説得攻撃への積極的な防衛法を身につけたりすることに焦点を当てている。生物学的な免疫機能と予防接種の考え方をヒントに，いかにして説得攻撃への「免疫」を高めるかという側面に焦点を当て，自分の信念を防衛しようとする動機づけを強調するところに特色がある。同理論では，主として自明の理と呼ばれる話題を問題にしている。自明の理とは，たとえば「毎食後歯を磨くべきである」「X線は結核の早期発見に役立つ」といった疑問や反論の余地のないものとして広く受け入れられている信念をいう。通常，自明の理は「無菌状態」にあり，「免疫」がない。そのため，説得攻撃や反論を受けると，受け手は容易に態度や信念を変えてしまうことになりかねない。そこで，自明の理であっても，事前に一度反論を受け，自明の理のもろさや傷つきやすさを実感し，自分の信念

を強めるよう動機づけられて防衛する機会が与えられると，その後の説得攻撃によって容易に自分の信念を変えてしまうことはないであろう，と仮定されている。このように，接種理論は説得に対する抵抗力を高めるための方法や能力に焦点を当てたユニークな理論である。なお，接種理論の仮説や実験例については，小関（1977）が参考になる。

　心理的リアクタンス理論（Brehm, 1966; Brehm & Brehm, 1981）は，説得への抵抗をリアクタンスという自由回復をめざす動機づけの観点から説明するところに特徴がある。押しつけがましい説得は反発や抵抗を招くが，それは受け手にリアクタンスが喚起されたためと考える。同理論では態度や行動の自由が脅かされた時に喚起される自由の回復をめざす動機づけ状態，すなわちリアクタンスが説得への抵抗をもたらす主要な要因と仮定されている。つまり，同理論では自由と脅威が主要な変数である。ここで自由とは，ある態度や行動を自分がとりうるという信念であり，脅威とは，説得などによってその行動をとることが困難になったという認知をさす。自由が確信されているほど，自由が重要であるほど，また自由への脅威が大きいほど，喚起されるリアクタンスも大きい。リアクタンスが喚起されると，自由回復行動が志向され，禁止された行動が遂行される（脅かされた自由の行使）。送り手の説得意図が強く，ある立場をとるように圧力をかけられると，受け手の態度の自由は脅かされることになる。そして態度の自由は，唱導された立場をとらないことによって回復される。リアクタンスは自由回復行動を喚起する他に，様々な主観的反応を引き起こす。たとえば，自由を脅かされた行動の魅力の増大，自由を脅かした他者への敵意の増大，運命の自己支配感の増大などがある（今城，1999）。

　説得への抵抗と心理的リアクタンスについては，緻密な分析と検証を行った今城（2001, 2005）の他に，深田（1996, 1997, 1998など）や上野（1989）などに詳しい。特に今城（2001）は，心理的リアクタンスが説得への抵抗をもたらす条件を詳細に分析，吟味し，リアクタンス理論の適用可能性や課題について考察している。

　Greenwald（1968）が「認知反応モデル」を提唱して以来，近年は説得過程

における認知的反応や思考の役割を重視した認知論的アプローチが増えている。その中でも精緻化見込みモデル（Petty & Cacioppo, 1981, 1986）は，説得の受容と抵抗の両者の過程を統合的に説明しようとする一般理論であり，説得研究に新たな理論的枠組みを提供したものである。同モデルは説得への抵抗を扱った理論ではないが，抵抗の問題を理解するうえでも有用な理論である。精緻化見込みモデルでは，態度変化や説得への抵抗（否定的方向への態度変化）にいたる2つのルート，すなわち中心的ルートと周辺的ルートが仮定されている。先に述べたKnowles & Linn（2004）のいう吟味（scrutiny）は，精緻化見込みモデルでいう中心的ルートに基づく抵抗の側面を意味するものであろう。同モデルについては，第7章で詳述されているのでそちらを参照されたい。また，このモデルの有用性や課題については，藤原（1995）の実証的分析をはじめ，神山（2002）などの論考が有用である。

　以下，説得への抵抗の問題を説得の基本要因（入力変数）という観点から考察し，関連する研究をいくつか取り上げながら論じる。ちなみに，説得研究で扱われる主要な要因として，McGuire（1985）のあげた入力変数の一覧を表8−1に示した。なお，説得の規定因は，送り手，メッセージ，受け手，説得の文脈（context）の4つに分類されることも多い。

第2節　説得への抵抗に及ぼすメッセージ要因

（1）メッセージの圧力

　メッセージの圧力はメッセージ要因の中で最も基本的な要因である。心理的リアクタンス理論（Brehm, 1966; Brehm & Brehm, 1981）では，メッセージの圧力は受け手の態度や行動の自由を脅かす要因と見なされ，リアクタンスによる抵抗をもたらす重要な変数である。自由への脅威とは，「ある特定の仕方で行動するよう自分に圧力がかけられているという認知」（Brehm, 1966）を意味する。すなわち，脅威の源泉である送り手の影響意図に関する受け手の認知が自由への脅威となる。リアクタンス理論によれば，自由への脅威が大きいほど，

表8-1　説得研究における主要な要因（独立変数）(McGuire, 1985; 深田, 2006 より作成)

1. 送り手（源泉）変数
   (1) 信憑性：1) 専門性　2) 信頼性　3) 説得意図の予告　4) 予告による予期的態度変化
   (2) 魅力　：1) 好感　2) 類似性
   (3) 勢力　：1) 統制力　2) 応諾への関心など

2. メッセージ変数
   (1) 論拠とアピールのタイプ：
       1) 論拠のタイプ　2) アピールのタイプ
   (2) メッセージのスタイル：
       1) 話し方の明瞭さ　2) 話し方の力強さ　3) 話す速さ　4) ユーモアなど
   (3) メッセージ内容の順序：
       1) メッセージの基本的立場の提示位置　2) 望ましい論拠と望ましくない論拠の提示位置
       3) 初頭効果－親近効果など
   (4) メッセージの量：
       1) 反復効果　2) 異なる論拠数の効果　3) 情報過多
   (5) メッセージの極端さ：
       1) 選択的露出　2) 知覚的歪曲　3) ディスクレパンシー

3. チャネル変数
   受け手にメッセージが届く経路，すなわち，聴覚や視覚等の感覚器官，言語または非言語，情報の伝達媒体（テレビ，広告など）に関する変数
       1) 広告の効果　2) マスメディアによる政治キャンペーンが投票に及ぼす影響
       3) テレビ番組の暴力シーンが攻撃性に及ぼす影響など

4. 受け手変数
   (1) 人口統計学的変数：1) 年齢　2) 男女差など
   (2) パーソナリティ：1) 自尊心（特性自尊心，状態自尊心）など
   (3) 積極的関与

5. ターゲット変数
   (1) 態度変化の持続性：1) 態度変化の減少　2) 遅行効果，スリーパー効果
   (2) 説得への抵抗：1) 抵抗への動機づけ状態の誘導　2) 批判的能力の訓練　3) 影響に抗する行動のモデリング　4) コミットメント　5) 反態度的情報への事前接触など

喚起されるリアクタンスも大きいと予測される。したがって，メッセージの圧力（すなわち態度選択の自由への脅威）が大きいほど，知覚される自由への脅威も大きく，リアクタンスをより強く喚起する。

　メッセージの圧力，すなわち態度の自由への脅威は，受け手側に説得の意図を認知させるような様々な表現を用いて操作されている（Worchel & Brehm,

1970; Snyder & Wicklund, 1976)。たとえば，①態度選択の自由を否定するような表現（例：「このような考えを信じる以外に選択の余地はない」）や，②同意するよう圧力をかける表現（例：「あなたは私の考えに同意する以外ない」）など。

　メッセージの圧力の大きさが説得の受容と抵抗に及ぼす影響を調べた上野（1991）によると，圧力大のメッセージは知覚された脅威が大きく，反論や否定的感情反応を喚起し，メッセージ内容や送り手に対する評価を下げ，さらに唱導方向への意見変化を抑制した。他方，圧力小のメッセージでは知覚された脅威は小さく，その他の測度においても肯定的反応が見られた。そして，これらの結果をリアクタンス理論と精緻化見込みモデルをもとに考察するとともに，説得への抵抗や説得効果を多面的に測定することの重要性を指摘している。なお，自由への脅威がリアクタンスや説得への抵抗に及ぼす影響をはじめ，リアクタンスの前提条件，前提条件と脅威の交互作用，リアクタンス理論の問題点については，今城（2001）の詳細な分析が示唆に富む。

（2） メッセージの反復

　現実の説得場面では，説得は一度だけでなく繰り返し行われることも少なくない。しかし，従来の説得研究の大半は1回限りの説得効果に焦点を当ててきた。

　説得メッセージの反復効果を調べた研究（Cacioppo & Petty, 1979; Miller, 1976など）によると，メッセージの提示回数と態度変化には逆U字型の関係が見られることが示唆されている。Cacioppo & Petty（1979）は，メッセージが受け手の立場と一致している場合（順態度的メッセージ）も反対の場合（反態度的メッセージ）も，逆U字型の関係のあることを明らかにしており，その結果を精緻化見込みモデルから説明している。こうしたメッセージの反復効果について，上野（1991）は説得の受容と抵抗の両側面から多面的に検証している。その結果，圧力小のメッセージでは，従来の研究のように逆U字型の関係のあることを見出している。しかし，圧力大のメッセージでは反対にU字型の傾向が認められ，3回提示される時にメッセージ評価や意見評定が最も低くなるとい

う形で説得への抵抗が生じていた。つまり，メッセージの反復効果はメッセージの圧力の大小によって対照的な効果をもたらした。そして，反復提示による抵抗効果については，リアクタンスの喚起とそれに伴う否定的感情反応の生起によって説明している。

（3） ディスクレパンシー

心理的リアクタンス理論によれば，受け手とメッセージの唱導する立場との食い違いが大きいほど，リアクタンスはより強く喚起される（ディスクレパンシー仮説）。しかし，Worchel & Brehm（1970）の研究では，初期態度に反するメッセージを読んだ被験者は，脅威大と脅威小のいずれの条件でも説得方向へ意見を変えたのに対して，初期態度と一致するメッセージを読んだ被験者は，脅威小条件では説得方向へ，脅威大条件では逆方向へ意見が変化した。つまり，リアクタンスによるブーメラン効果は順態度的メッセージ条件の脅威大群でのみ見られ，仮説と反対の結果が得られている。Worchel & Brehm（1970）は，この結果を自由の事前行使（prior excercise of freedom）の効果という観点から解釈している。すなわち，反態度的メッセージを読んだ被験者は態度が事前に不一致であったことによって，自己の態度の自由をすでに行使していたために，説得による自由への脅威を感じず，説得に反対しようとは動機づけられなかったが，順態度的メッセージを読んだ被験者は立場が一致していたことによって，そのような自由の事前行使がなかったために，説得に抵抗し逆方向への意見変化が生じたのであろう，と。

この解釈の妥当性を検討するために，Snyder & Wicklund（1976）は，初期態度が説得方向と一致している被験者を対象に，自由の事前行使の効果を直接検討している。その結果，事前行使なしの条件の脅威大群でのみ，リアクタンスが強く喚起され，自由の事前行使のある条件では，たとえ説得による脅威が大きい場合でもリアクタンスは生じなかった。この結果から，Snyderらは，脅威を受ける前に態度の自由を行使する機会があれば，実際の脅威に直面した場合にはその事前行使が知覚された脅威を低減し，リアクタンスの喚起を防ぐ

作用があるとしている。Brehm & Brehm（1981）も代替説（妥協説）を示して，反対度的脅威はリアクタンス効果をもたらさないことを説明している。

しかし，当初の仮説を支持する研究（Smith, 1979 など）もいくつか報告されている。今城（1990, 2001）はこうした研究結果の矛盾や問題点を指摘し，ディスクレパンシー仮説を詳細に再検討している。そして，リアクタンス喚起の主観的反応や自由回復行動（非好意的思考の増大など）において，反対度的脅威がリアクタンス効果をもたらすことを実証し，ディスクレパンシー仮説を破棄する必要のないことを指摘している。なお，ディスクレパンシーと説得の問題については，榊（2002）の論考がユニークで興味深い。

第3節　説得への抵抗に及ぼす送り手および受け手の要因

（1）　送り手の信憑性と魅力，および受け手の年齢

一般に，送り手の信憑性（専門性，信頼性）を受け手が高く認知するほど，また送り手が受け手にとって魅力的に感じられるほど，メッセージの効果は高まるとされている（Hovland, Janis, & Kelley, 1953; 山口，1984 など）。しかし，Stiff（1986）のメタ分析によれば，信憑性と態度変化との間には一貫した結果が認められておらず，信憑性の効果は他の要因（信憑性に関する情報の提示タイミング，話題への自我関与など）と相互作用して現れることが多い（今井，2006）。また，これまで送り手の信憑性や魅力などのもたらす影響を説得への抵抗の観点から検討した研究は少ない。

送り手の信憑性の影響を説得への抵抗ならびに発達的観点から検討した上野（1988）によると，説得メッセージの圧力が大きい場合は，送り手の信憑性と受け手の年齢の交互作用が生じることを報告している。すなわち，中学2年生では信憑性の低い送り手よりも高い送り手の説得に対して，知覚された脅威が大きく，より否定的感情が生じ，メッセージ評価が低下するという説得への抵抗が生じたが，高校2年生では反対に信憑性の高い送り手よりも低い送り手に対してそうした抵抗効果が生じている。つまり，信憑性のもたらす効果は，受

け手の年齢水準や知的水準によって異なることが示唆されている。

また,送り手の魅力の影響を調べた発達的研究によると,送り手の特性としての内面的・人間的魅力が説得の受容と抵抗を規定する要因になり得るという。上野(1990a)は,小4,小6,中2の児童・生徒を対象に教師の内面的魅力(人間性やパーソナリティの魅力)とメッセージの圧力が態度や意見に及ぼす影響を発達的に検討している。そして,①教師の人間的魅力はリアクタンスの喚起や説得効果を左右する要因になり得る,②一貫して中2の魅力小・圧力大条件の場合に拒否的反応が顕著である,③全般に小4の段階では説得に対して肯定的な反応が生じ,中2では逆にリアクタンス効果が生じやすい,などを報告している。なお,子どもの反抗の問題を心理的リアクタンス理論の立場から発達的に検証した研究(深田,1984など)も行われている。

(2) 話題への個人的関連性

話題への個人的関連性(personal relevance)や関与(involvement)は,説得の受容と抵抗を規定する受け手の要因である。従来,この概念は「自我関与」(Sherif, Sherif, & Nebergall, 1965),あるいは「個人的関与」(Apsler & Sears, 1968)などと呼ばれてきた。これまで,話題への個人的関与が増すほど,説得への抵抗も増すことが報告されており,社会的判断理論(Sherif & Hovland, 1961など)によって説明されることが多かった。すなわち,自我関与が増すと,拒否域が増大し,受容域が減少する。その結果,多少でも反態度的メッセージは,対比効果によってその違いが強調され,説得への抵抗を生む,と。

精緻化見込みモデルでは,個人的関連性はメッセージを処理しようとする動機づけに影響を及ぼす重要な要因である。個人的関連性が増すと,メッセージの論拠を処理しようとする動機づけが高まり,中心的ルートによる入念な吟味や認知的処理が行われるのに対して,関連性が低いと,周辺的ルートによる変化が生じると同モデルでは予測される。

Petty & Cacioppo (1979)がこうした個人的関連性の影響を反態度的メッセージを用いて調べている。被験者には「卒業要件として,4年次に専攻分野の

試験を課すべきである」という主旨の強い論拠のメッセージか,同様の主旨で論拠が弱くて見かけ倒しのメッセージが提示された。そして,半数の者には,自分たちの所属する大学でこの試験が実施される可能性がある旨(個人的関連性高)の教示が,残り半数の者には別の大学で実施される旨(個人的関連性低)の教示が与えられた。その結果,意見に関してはメッセージの論拠の強弱と個人的関連性の高低の間に交互作用効果が見られた。個人的関連性が低い時は,メッセージの論拠の強弱による態度の違いはあまりみられないが,関連性が高い時は,メッセージの論拠が強いと説得方向への態度が増し,メッセージの議論が弱いと説得とは逆方向への態度が増した。思考に関しても,同様の効果が認められている。このように,話題への個人的関連性の効果は他の要因と交互作用して生じることがある。この他にも,Pettyらは個人的関連性の効果について周辺手がかり(送り手の専門性など)との関係を明らかにしている。

　説得への抵抗に及ぼす予告の効果を検討する中で,上野(1982)は話題への個人的関与の影響を調べている。その結果,話題への関与が高い場合は低い場合に比べて,説得の予告が心理的リアクタンスや反論を喚起することを示し,話題への個人的関与が強いほど,抵抗効果が現れやすいことを示唆している。

(3) 受け手の性差とパーソナリティ要因

　説得に対する感受性や影響の受けやすさ,すなわち被影響性(influenceability)の性差に関する約150の研究をメタ分析したEagly & Carli (1981)の研究によると,女性は男性よりも影響を受けやすいという結果が報告されている。そして,被影響性の性差は,社会化や性役割という観点から説明されることが多かった。しかし,そのような性差が実際にどのような心理的プロセスを経て生じるかはほとんど明らかにされていない。

　心理的リアクタンス理論と精緻化見込みモデルの考えをもとに上野(1994)がこの問題を検討している。その結果,説得に対する認知反応(好意的思考)と説得後の意見に関して受け手の性の主効果が見られ,女性は説得に受容的な反応を示したのに対して,男性は否定的な反応を示す傾向のあることを見出し

ている。また，認知反応（好意的思考と反論の両者）や送り手の評価に関して，圧力の大きさと受け手の性との交互作用効果も見られた。つまり，説得の圧力が小さい時には性差は認められないのに対し，圧力が大きい時は女性被験者では説得を受容する反応が，男性被験者では説得に対する否定的反応が生じていた。これらの結果は，説得による同意への圧力が大きいほど，被影響性の性差が明瞭になりやすいこと示している。言い換えると，受け手の性の効果は説得の圧力の強さと相互作用し，メッセージ接触中に生じる認知反応や送り手に対する評価などが，性差を生みだす心理的メカニズムとして主要な役割を果たしていることがうかがえる。

　説得への抵抗に関わるパーソナリティ要因については，いくつかの知見が得られている。Carver & Scheier（1981）は，自己意識特性が心理的リアクタンスに及ぼす影響を調べ，脅威の大きい説得に対して，私的自己意識の高い人は低い人よりもリアクタンス反応が強く生じること，一方，公的自己意識の高い人は低い人に比べてリアクタンス反応が生じにくいことを示唆している。また，Brockner & Elkind（1985）は自尊感情がリアクタンス効果を左右するパーソナリティ変数になることを示している。

　上野（1986）は，独自性欲求（周囲の他者とは違う自分の姿を追求しようとする欲求や傾向）とリアクタンス効果をメッセージの圧力と関連させて研究している。その結果，メッセージの圧力の効果を確認するとともに，感情的反応や送り手評価などで2つの要因の交互作用的傾向を見出している。圧力大条件の独自性高群において説得に対する否定的な反応が顕著となり，独自性の高低と意見変化量との間には有意な負の相関が認められた。つまり，独自性欲求の強い者ほど態度や行動の自由を脅かす説得に対して影響を受けにくいという傾向が認められており，受け手の独自性欲求が，説得への抵抗を左右するパーソナリティ要因になりうることがうかがえる。

　最近では，説得への抵抗の個人差を測定する質問紙尺度も作られている。たとえば，Briñol, Rucker, Tormala, & Petty（2004）は，「説得への抵抗尺度」や「支持－反論尺度」を考案している。前者は，被説得性（persuasibility）すな

わち説得のされやすさに対する認知の個人差を測定する尺度であり，後者は説得に抵抗するためにどのような方略を用いるかについての個人の信念の個人差を測定しようとするものである（Shakarchi & Haugtvedt, 2004 参照）。その他，リアクタンスをパーソナリティ特性ととらえ，臨床応用を目指したリアクタンス尺度を作成する研究も行われている（今城，2005）。

第4節　説得への抵抗に及ぼす状況要因

（1）　予告（事前警告）

説得に先立つ説得の意図や内容に関する事前情報は，予告（forewarning）あるいは事前警告と呼ばれている。予告は説得効果を規定する重要な状況要因または文脈変数のひとつであり，送り手（信憑性）の要因の一種とも言える。

現実の説得事態では，何の前触れもなく説得されることも多いが，事前に何らかの情報を有したうえで説得に接する場合もある。このような事前情報は，説得への抵抗を引き起こすことが多い。実際，接種理論が示唆するように，事前に説得の予告を受けたり，説得に対する予防接種が施されたりすると，自己の信念を防御しようとする動機づけが高まり，説得への抵抗が生じることになる。また，心理的リアクタンス理論によれば，送り手の説得意図を予告することによって，説得意図が受け手の側に認知され，態度の自由が脅かされると，リアクタンス喚起による説得への抵抗が生じる。また，精緻化見込みモデルでは，メッセージ内容に関する事前情報はメッセージを処理しようとする動機づけを高める変数である。メッセージ内容について考えようとする動機づけと能力が高い場合，説得の予告はメッセージに対する予期的反論を引き起こしたり，メッセージ処理にマイナス方向のバイアスを生じさせたりして，説得への抵抗をもたらすと予想される。

予告の効果を最初に直接検証した Freedman & Sears（1965）は，自分の立場と異なるメッセージを聞いてもらうと予告された被験者はそのような予告を受けない被験者よりも説得への抵抗が大きかったことを報告している。また，

予告から説得までの時間間隔が長いほど,唱導方向への意見変化が抑制されることを示唆している。

予告のタイプ(説得意図,話題と立場,話題のみの3タイプ)と予告から説得までの時間の要因が説得への抵抗に及ぼす影響を Hass & Grady (1975) が検討している。そして,予告のタイプによって説得への抵抗の生起メカニズムの異なること,すなわち,メッセージ内容の予告(話題と立場)は反論という認知的リハーサルを引き起すことで,一方,説得意図の予告は態度の自由を脅かすことで心理的リアクタンスを喚起し,それぞれ説得への抵抗をもたらすと解釈している。この解釈の妥当性について上野 (1981) が検討し,説得話題への自我関与が強い場合,メッセージ内容の予告はリアクタンス喚起に基づく反論によって,他方,説得意図の予告はリアクタンスの喚起によって,それぞれ説得への抵抗を引き起こすことを明らかにしている。さらに,前者の予告は「免疫機能」をもつのに対して,後者の予告による抵抗は一時的で持続性に欠けることを示している。

説得に及ぼす予告の評価的性質の効果に注目した研究もある。Papageorgis (1968) によれば,予告の効果は予告それ自体というよりもむしろそれが受け手に与える評価的な意味,すなわち予告に付与されたポジティブ,ネガティブな性質に規定される面が大きいという。この指摘をもとに,深田・周 (1993) は評価的性質の異なる予告が説得に及ぼす効果について,話題と立場の予告を中心に検討している。その結果,ネガティブな評価的性質をもつ予告は心理的リアクタンスや反論を喚起させ,説得への抵抗を引き起こすという傾向があるという。

予告の効果は恐怖アピール研究の中でも検討されている。深田 (1983) は,恐怖アピールには恐怖喚起意図という独自の予告タイプが存在すると考え,その効果を調べている。そして,恐怖喚起の意図が説得前に心理的リアクタンスや防衛的回避感情を生起させ,恐怖アピールによる説得への抵抗をもたらすと報告している。同様に Fukada (1986) は,恐怖アピールにおける説得意図と恐怖喚起意図の結合タイプの予告効果を検討し,意図の予告が予告後・説得前

の時点でリアクタンスを喚起して説得中に反論を引き起こし，その結果，唱導方向への態度変化を抑制することを報告している（第9章参照）。

　最近の研究（深田，2006; Wood & Quinn, 2003）から，①説得話題への関与が高い場合は低い場合に比べて，予告による説得への抵抗効果が大きい，②予告の提示と説得メッセージの提示中に生じた考えを箇条書きする場合はしない場合に比べて，予告による抵抗効果が大きい，③最近の研究ほど，予告による説得への抵抗効果が顕著である，④予告のタイプは説得への抵抗効果の大きさに影響しておらず，斉一な抵抗効果が生じる，⑤説得メッセージの有する説得力が大きい場合と中程度とでは，予告による抵抗効果に違いがみられない，⑥予告がもたらす抵抗効果は説得話題に関する受け手の思考や反論などの認知過程が中心的な役割を果たしている，などが明らかにされている。詳しくは，予告研究のレビュー（深田，2005, 2006; 上野，1983, 2002; Wood & Quinn, 2003など）を参照されたい。

（2）　事後警告

　警告（warning）は，事前警告（いわゆる予告）と事後警告（after warning）の2種類に分類することができる。Kiesler & Kiesler（1964）は，事前警告と事後警告が説得に及ぼす影響について最初に検討を行っている。深田も，警告には事前警告と事後警告の2種類があるという立場から，それらが説得への抵抗に及ぼす影響について研究している。そして，事後警告を望ましくない説得に対する防御法として位置づけ，説得メッセージの提示後に事後警告を発することによって，説得や勧誘に対する批判的な見方や「免疫力」を高める有用な方法になりうると考えている。なお，事後警告では受け手はすでに説得メッセージに接しているため，送り手の意図の情報のみが問題にされる。

　こうした事後警告の効果について，深田・有倉（1992）や深田（1999）が検証している。

　このうち，送り手の説得意図の事後警告を用いた深田（1999）では，事後警告が事後警告後−説得効果測定前の位相における遡及的反論を媒介にして，説

得への抵抗を生じさせる可能性のあることを示唆している。すなわち，事後警告後－説得効果測定前の位相において説得話題に関して考える時間が保証される場合，事後警告は説得への抵抗や説得抑制効果をもたらす可能性のあることを指摘している。事後警告の効果に関する研究知見は少なく，今後の研究の蓄積が必要である。なお，深田（2006）は説得に対する防御技法（抵抗技法）としての警告の問題に焦点を当て，事前警告や事後警告によって生じる説得への防御・抵抗とその心理過程などについて詳細な分析を行っており，貴重な研究と言える。

（3） 予告効果の持続性

説得の予告によって生じた抵抗効果ないしは説得抑制効果はどの程度持続したり，どのように変化したりするのか。説得意図の予告の持続効果について，Watts & Holt（1979）は話題への自我関与の変数を取り入れて検討している。その結果，自我関与変数の効果は明瞭ではなかったが，メッセージ提示直後には予告による抵抗効果が生じており，時間の経過とともに予告とメッセージの分離が生じ，1週間後にはスリーパー効果が見出された。説得意図の予告はネガティブな送り手（信憑性の低い情報源など）と同様，一時的に説得効果を割引く手がかり（discounting cue）として機能する，とWattsは考察している。

予告効果の持続性を，予告のタイプという観点から検討した研究もある。小川・上野（1980）は，予告効果の持続性は予告のタイプによって異なること，すなわち話題と立場の予告による当初の抵抗効果は時間の経過にかかわらず持続していたのに比べ，説得意図の予告による抵抗効果は一時的で持続性に欠け，スリーパー効果が生じることを明らかにしている。つまり，説得意図について事前に知らされた条件では，意見変化はメッセージ提示直後よりも1週間後の方が大きくなっており，このような予告のない条件では，逆に意見変化は減少する傾向を示したのである。予告効果の持続性は予告のタイプによって異なることや，説得意図の予告はネガティブな送り手と同様にスリーパー効果を引き起こす手がかりとして機能しうることをこの研究は示している。またこの研究

は，スリーパー効果の生起メカニズムを予告研究の立場から解明しようとしたものでもある。

第5節　説得への抵抗の低減

　一方的な説得や押しつけがましい説得は反発を招き，反対に相手（受け手）の立場や意見を尊重した説得は肯定的な反応を引き出しやすい。一方的に説得するよりも受け手側に何らかの意見や考えを表明する機会のある場合の方が，説得への抵抗や反発は少ないであろう。つまり，受け手側に意見表明の機会があるか否かは，説得への抵抗を緩和する条件になりうると考えられる。先述の通り，受け手の態度の自由が事前に保証されると，説得への抵抗やリアクタンスは緩和されることがある（Snyder & Wicklund, 1976）。

　説得が反復される状況で，受け手に意見表明（態度の自由の行使）の機会（最初のメッセージに対し被験者が自分の考えや感想を自由に書く機会）があるか否かによって，抵抗効果に違いが見られることを上野・小川（1983）が報告している。実験操作に従った分析では，明確な結果は認められなかったが，意見表明有り条件において自分の意見を明確に表明していると判断された者に絞って再分析を行ったところ（評定者間の一致度も検討），仮説を支持する結果を得ている。すなわち，説得メッセージの圧力が大きい場合，説得の途中で意見表明をする機会がない時には幾分ブーメラン効果が生じたのに対して，意見表明の機会がある時にはそのような抵抗は認められず，むしろ唱導方向への意見変化が生じた。感情的反応に関しても，意見変化に対応する形の結果が得られている。さらに，意見表明による抵抗の低減過程として，意見表明→知覚された脅威の低減→リアクタンス喚起の抑制・軽減→否定的感情や思考の抑制→抵抗の緩和または説得の受容，というプロセスの働くことや，意見表明が否定的な感情や思考を緩和する一種のカタルシス効果の働きを有することが示唆されている。明確な自己の意見表明は説得への抵抗を軽減する方法のひとつになりうることが，この研究からうかがえる。このような抵抗の低減効果に関する研究知見は乏し

く，さらなる研究が望まれる。

第6節　説得への抵抗研究の発展の方向性

　説得への抵抗にかかわる要因や条件，理論については，さらに検討すべき問題は少なくない。たとえば，説得への抵抗に関する理論やモデルについては，説明範囲や適用領域が限定されている，いわゆる範囲限定の理論が多く，抵抗の生起過程や抵抗効果を全体的に説明できる理論やモデルは乏しい。先にKnowles & Linn（2004）の指摘したリアクタンス，不信・疑惑，吟味，すなわち，リアクタンスや感情反応，そして認知反応が説得への抵抗をもたらす主要な媒介過程であることは，ある程度明らかにされている。今後は，これらの相互の関連性や相対的影響度などを明らかにし，説得への抵抗の生起過程を統合的に説明できる一般性の高いモデルを構築する試みが必要であろう。たとえば，リアクタンス理論や精緻化見込みモデル，ヒューリスティック-システマティックモデルの考えを援用した新しいモデルを考案するなど，説得への抵抗に関する理論モデルの統合や構築が望まれる。この問題に関連して，説得への抵抗過程を明らかにする際，抵抗現象をできるだけ多面的に測定し理解しようとするアプローチが欠かせない。説得に対する抵抗や拒否は多様な形で現れるため，外面的な意見レベルの反応からより内面的なレベルの反応（送り手やメッセージに対する感情反応，認知反応など）まで抵抗現象の多面的な様相を測定し，それらの相互連関を理解しようとする視点が重要と考えられる（上野，1984，1990b）。

　説得への抵抗の文化差を検討することも，今後の課題のひとつであろう。たとえば，説得によって喚起されたリアクタンスは意見レベルには反映されにくいという，リアクタンスの文化差のあることはすでに指摘されている（今城，1986b，2001；上野・小川，1983など）。今城（2001）も指摘しているように，リアクタンス理論の前提に関する文化差，とくに自由の主観的枠組みやとらえ方，また日本と欧米の対人関係様式，個人主義と集団主義など，説得への抵抗に影響する文化的要因の検討が必要と思われる。

また，説得への抵抗や拒否の仕方には日本人特有の様式も見られる。たとえば，婉曲的な表現（「考えておきます」「ご意見はよくわかりました」など）によって不賛成の意を伝えたり，表面的には賛意を表したかのように笑顔で対応し，内心では同意しないということも少なくない。こうした婉曲的表現や「柔らかな不同意」は，しばしば観察される抵抗・拒否の形態の一種であろう。このような日本的な「抵抗」様式や心理的メカニズムを明らかにすることも，意義ある課題と思われる。実際，このような問題は，「断り行動」あるいは「承諾抵抗方略」として研究されはじめている。たとえば，井邑・樋口・深田（2010）は日本人学生の抵抗方略の構造を研究し，他者からの要請を断る際に使用されやすい方略や男女差などを明らかにしている。今後の研究が期待されるところである。

　さらに，欺瞞に満ちた説得や悪質な勧誘（例：振り込め詐欺，悪質商法，カルト集団による勧誘など）から身を守り，安全を保持するための対処法や防御技法を開発することも，重要な課題と考えられる。すなわち，欺瞞的説得を受ける側に立った研究が必要である。たとえば，深田（2006）が行っている二段階説得（まず，偽りの説得を行い，相手との間に親密な関係を形成し，その後で本来の目的とする説得を行うこと）における警告の研究などは，そうした例であろう。

　また，Boush, Friestad, & Wright（2009）の消費者保護のための欺瞞的説得に関する研究は示唆に富んでいる。欺瞞的説得に対する自己防衛の問題をはじめ，だます側の心理や欺瞞防衛のためのスキル教育の可能性などにも言及した先駆的な研究であろう。日本でもこのような研究が必要である。

　こうした問題に関連して，悪質な勧誘や誘惑（例：メール被害，薬物など）に対処する能力を向上させるための児童・生徒向けの心理学的プログラムを開発する研究なども必要であろう。たとえば，相手や状況を考慮しつつ，自分の意見，気持ちを率直，冷静に表現できる能力，いわゆるアサーティブなコミュニケーション能力を向上させることで，悪質な勧誘や説得に対する批判力，抵抗力が高まるかもしれない。こうしたプログラムの研究と開発に説得研究の専門家が積極的にかかわることは，説得研究の発展につながるであろう。その際，

説得研究の専門家だけでなく，社会的スキル研究（相川，2009など）や教育現場の専門家と協働・連携することで，この領域の研究の発展と拡がりが一層期待できる。自分の意見や考えを率直かつ冷静に表現する能力や，物事を複眼的，批判的に考える能力を高めることは，子どもたちの社会的スキル，生きる力の向上にもつながる。日本の説得研究には，このような社会問題の解決を目指した実践的研究，問題解決志向的研究，言い換えれば，「説得」問題への臨床社会心理学的アプローチ（坂本・丹野・安藤，2007；田中・上野，2003）を今後，一層期待したい。そのような研究を進める中で，基礎研究と応用研究が相互に刺激し合い，新たな知見やモデルが得られ，説得への抵抗研究がさらに発展していくであろう。

引用文献

相川　充（2009）．新版　人づきあいの技術—ソーシャルスキルの心理学—　サイエンス社

Apsler, R., & Sears, D. O. (1968). Warning, personal involvement, and attitude change. *Journal of Personality and Social Psychology*, **9**, 162-166.

Boush, D. M., Friestad, M., & Wright, P. (2009). *Deception in the marketplace: The psychology of deceptive persuasion and consumer self-protection*. New York: Routledge/Taylor & Francis Group.（ブッシュ, D. M., フリースタッド, M., ライト, P. 安藤清志・今井芳昭（監訳）(2011). 市場における欺瞞的説得—消費者保護の心理学—　誠信書房）

Brehm, J. W. (1966). *A theory of psychological reactance.* New York: Academic Press.

Brehm, S. S., & Brehm, J. W. (1981). *Psychological reactance: A theory of freedom and control.* New York: Academic Press.

Briñol, P., Rucker, D. D., Tormala, Z. L., & Petty, R. E. (2004). Individual differences in resistance to persuasion: The role of beliefs and meta-beliefs. In E. S. Knowles. & J. A. Linn (Eds.), *Resistance and persuasion.* Mahwah, NJ: Lawrence Erlbaum. pp. 83-104.

Brockner, J., & Elkind, M. (1985). Self-esteem and reactance: Further evidence of attitudinal and motivational consequences. *Journal of Experimental Social Psychology*, **21**, 346-361.

Cacioppo, J. T., & Petty, R. E. (1979). Effects of message repetition and position on cognitive responses, recall, and persuasion. *Journal of Personality and Social Psychology*, **37**, 97-109.

Carver, C. S., & Scheier, M. F. (1981). Self-consciousness and reactance. *Journal of Research in Personality*, **15**, 16-29.

Eagly, A. H., & Carli, L. L. (1981). Sex of researchers and sex-typed communications as determinants of sex differences in influenceability: A meta-analysis of social influence studies. *Psychological Bulletin*, **90**, 1-20.

Festinger, L. (1957). *A theory of cognitive dissonance.* Stanford, CA: Stanford University Press. (フェスティンガー, L. 末永俊郎（監訳）(1965). 認知的不協和の理論―社会心理学序説― 誠信書房）

Freedman, J. L., & Sears, D. O. (1965). Warning, distraction, and resistance to influence. *Journal of Personality and Social Psychology*, **1**, 262-266.

深田博己（1983）. 恐怖喚起コミュニケーションにおける予告効果 心理学研究, **54**, 286-292.

深田博己（1984）. 心理的反発に関する発達的研究 島根大学教育学部紀要（教育科学）, **17**, 31-39.

Fukada, H. (1986). Psychological processes mediating persuasion-inhibiting effect of forewarning in fear-arousing communications. *Psychological Reports*, **58**, 87-90.

深田博己（1996）. 心理的リアクタンス理論（1） 広島大学教育学部紀要 第一部（心理学）, **45**, 35-44.

深田博己（1997）. 心理的リアクタンス理論（2） 広島大学教育学部紀要 第一部（心理学）, **46**, 17-26.

深田博己（1998）. 心理的リアクタンス理論（3） 広島大学教育学部紀要 第一部（心理学）, **47**, 19-28.

深田博己（1999）. 説得に及ぼす事後警告の効果とその生起機制 広島大学教育学部紀要 第一部（心理学）, **48**, 79-88.

深田博己（編著）（2002）. 説得心理学ハンドブック―説得コミュニケーション研究の最前線― 北大路書房

深田博己（2005）. 説得への抵抗における警告の役割 心理学評論, **48**, 61-80.

深田博己（2006）. 説得に対する防御技法としての警告技法の開発に関する研究 北大路書房

深田博己・周 玉慧（1993）. 説得に及ぼす予告の評価的性質の効果 実験社会心理学研究, **33**, 70-77.

深田博己・有倉巳幸（1992）. 説得に及ぼす事前警告と事後警告の効果 広島大学教育学部紀要 第一部（心理学）, **41**, 41-47.

藤原武弘（1995）．態度変容理論における精査可能性モデルの検証　北大路書房

Greenwald, A. G.（1968）. Cognitive learning, cognitive response to persuasion, and attitude change. In A. Greenwald, T. Brock, & T. Ostrom（Eds.）, *Psychological foundations of attitudes.* New York : Academic Press. pp. 148-170.

Hass, R. G., & Grady, K.（1975）. Temporal delay, type of forewarning, and resistance to influence. *Journal of Experimental Social Psychology*, **11**, 459-469.

Hovland, C. I., Janis, I.L., & Kelley, H. H.（1953）. *Communication and persuasion : Psychological studies of opinion change.* New Haven, CT : Yale University Press.（ホヴランド, C. I., ジャニス, I. L., ケリー, H. H.　辻　正三・今井省吾（訳）（1960）コミュニケーションと説得　誠信書房）

今井芳昭（2006）．依頼と説得の心理学―人は他者にどう影響を与えるか―　サイエンス社

今城周造（1986 a）．説得への抵抗　対人行動学研究会（編）　対人行動の心理学　誠信書房　pp. 176-183.

今城周造（1986 b）．リアクタンス喚起の測度の検討（1）岩手県立盛岡短期大学研究報告，**37**，65-71.

今城周造（1999）．リアクタンス　中島義明・安藤清志・子安増生・坂野雄二・繁桝算男・立花政夫・箱田裕司（編）　心理学辞典　有斐閣　p. 877.

今城周造（2001）．説得におけるリアクタンス効果の研究―自由侵害の社会心理学―　北大路書房

今城周造（2005）．説得への抵抗と心理的リアクタンス　心理学評論，**48**，44-56.

井邑智哉・樋口匡貴・深田博己（2010）．承諾抵抗方略に関する研究　説得交渉学研究，**2**，29-39.

Kiesler, C. A., & Kiesler, S. B.（1964）. Role of forewarning in persuasive communications. *Journal of Abnormal and Social Psychology*, **68**, 547-549.

Knowles, E. S., & Linn. J. A.（2004）. The importance of resistance to persuasion. In E. S. Knowles & J. A. Linn（Eds.）, *Resistance and persuasion.* Mahwah, NJ : Lawrence Erlbaum. pp. 3-9.

Knowles, E. S., & Linn. J. A.（Eds.）（2004）. *Resistance and persuasion.* Mahwah, NJ : Lawrence Erlbaum.

小関八重子（1977）．説得への抵抗　水原泰介（編）　講座社会心理学 1　個人の社会行動　東京大学出版会　pp. 229-271.

神山貴弥（2002）．情報処理と説得―精査可能性モデル―　深田博己（編著）　説得心理学ハンドブック―説得コミュニケーション研究の最前線―　北大路書房　pp. 418-455.

McGuire, W. J.（1964）. Inducing resistance to persuasion : Some contemporary approaches. In L. Berkowitz (Ed.), *Advances in experimental social psychology*. Vol.1. New York : Academic Press. pp. 191-229.

McGuire, W. J. (1985). Attitudes and attitude change. In G. Lindzey & E. Aronson (Eds.), *The handbook of social psychology*. Vol.2. *Special fields and applications*. 3rd ed. New York : Random House. pp. 233-346.

Miller, R. L. (1976). Mere exposure, psychological reactance and attitude change. *Public Opinion Quarterly*, **40**, 229-233.

小川一夫・上野徳美 (1980). 説得的コミュニケーションにおける予告効果の持続性　広島大学教育学部紀要　第一部（心理学），**29**, 107-113.

Papageorgis, D. (1968). Warning and persuasions. *Psychological Bulletin*, **70**, 271-282.

Petty, R. E., & Cacioppo, J. T. (1979). Issue-involvement can increase or decrease persuasion by enhancing message-relevant cognitive responses. *Journal of Personality and Social Psychology*, **37**, 1915-1926.

Petty, R. E., & Cacioppo, J. T. (1981). *Attitudes and persuasion : Classic and contemporary approaches*. Dubuque, IA : Wm. C. Brown.

Petty, R. E., & Cacioppo, J. T. (1986). *Communication and persuasion : Central and peripheral routes to attitude change*. New York : Springer-Verlag.

榊　博文 (2002). ディスクレパンシーと説得―認知の陰陽理論―　深田博己（編著）　説得心理学ハンドブック―説得コミュニケーション研究の最前線―　北大路書房　pp. 456-498.

坂本真士・丹野義彦・安藤清志（編）(2007). 臨床社会心理学　東京大学出版会

Shakarchi, R. J., & Haugtvedt, C. P. (2004). Differentiating individual differences in resistance to persuasion. In E. S. Knowles & J. A. Linn (Eds.), *Resistance and persuasion*. Mahwah, NJ : Lawrence Erlbaum. pp. 105-113.

Sherif, M., & Hovland, C. I. (1961). *Social judgment : Assimilation and contrast effects in communication and attitude change*. New Haven, CT : Yale University Press.（シェリフ, M., ホブランド, C. I.　柿崎祐一（監訳）(1977). 社会的判断の法則―コミュニケーションと態度変化―　ミネルヴァ書房）

Sherif, C. W., Sherif, M., & Nebergall, R. E. (1965). *Attitude and attitude change : The social judgment-involvement approach*. Philadelphia, PA : W. B. Saunders.

Smith, M. J. (1979). Extreme disagreement and the expression of attitudinal freedom. *Communication Monographs*, **46**, 112-118.

Snyder, M. L., & Wicklund, R. A. (1976). Prior exercise of freedom and reactance. *Journal of Experimental Social Psychology*, **12**, 120-130.

Stiff, J. B. (1986). Cognitive processing persuasive message cues : A meta-analytic review of the effects of supporting information on attitudes. *Communication Monographs*, **53**, 75-89.

田中共子・上野徳美（編）(2003). 臨床社会心理学―その実践的展開をめぐって― ナカニシヤ出版

上野徳美 (1981). 説得への抵抗に及ぼす予告の効果 心理学研究, **52**, 173-177.

上野徳美 (1982). 説得への抵抗に及ぼす予告と自我関与の効果 広島大学教育学部紀要第一部（心理学），**31**, 177-182.

上野徳美 (1983). 説得的コミュニケーションにおける予告の効果に関する研究 実験社会心理学研究, **22**, 157-166.

上野徳美 (1984). 説得の反復と自由の脅威が説得への抵抗に及ぼす効果 実験社会心理学研究, **23**, 147-152.

上野徳美 (1986). 自由への脅威と受け手の独自性がリアクタンス現象に及ぼす効果 心理学研究, **57**, 228-234.

上野徳美 (1988). 説得によるリアクタンス効果の発達社会心理学的研究 茨城大学教養部紀要, **20**, 21-32.

上野徳美 (1989). 説得への抵抗と心理的リアクタンス 大坊郁夫・安藤清志・池田謙一（編）社会心理学パースペクティブ1―個人から他者へ― 誠信書房 pp. 250-271.

上野徳美 (1990 a). 教育場面における説得への抵抗に関する発達的研究 教育心理学研究, **38**, 251-259.

上野徳美 (1990 b). 最近の説得への抵抗に関する研究 茨城大学教養部紀要, **22**, 9-28.

上野徳美 (1991). メッセージの反復と圧力が説得の受容と抵抗に及ぼす効果 実験社会心理学研究, **31**, 31-37.

上野徳美 (1994). 説得的コミュニケーションに対する被影響性の性差に関する研究 実験社会心理学研究, **34**, 195-201.

上野徳美 (2002). 予告情報と説得 深田博己（編著）説得心理学ハンドブック―説得コミュニケーション研究の最前線― 北大路書房 pp. 499-539.

上野徳美・小川一夫 (1983). 自由の脅威と意見表明が説得への抵抗に及ぼす効果―反復説得事態におけるリアクタンス効果について― 心理学研究, **54**, 300-306.

山口 勧 (1984). 最近の説得的コミュニケーション研究 水原泰介・辻村 明（編）コミュニケーションの社会心理学 東京大学出版会 pp. 29-42.

Watts, W. A., & Holt, L. E. (1979). Persistence of opinion change induced under conditions of forewarning and distraction. *Journal of Personality and Social Psychology*, **37**, 778-789.

Wood, W., & Quinn, J. M. (2003). Forewarned and forearmed?: Two meta-analytic syntheses of forewarning of influence appeals. *Psychological Bulletin*, **129**, 119-138.

Worchel, S., & Brehm, J. W. (1970). Effect of threats to attitudinal freedom as a function of agreement with the communicator. *Journal of Personality and Social Psychology*, **14**, 18-22.

第9章　恐怖アピールと警告の交差路

第1節　恐怖アピール研究と警告研究の接点

（1）　説得研究における恐怖アピール研究と警告研究の位置づけ
1）恐怖アピール研究の特色

　説得研究の具体的テーマは多種多様であり，多次元的に分類すべきであるが，便宜上，説得事態を構成する基本要因を利用した一次元的分類が多用される（McGuire, 1985; Petty & Wegener, 1998）。説得効果を規定する5つの基本要因として，①送り手（源泉）要因，②メッセージ要因，③チャンネル（メディア）要因，④受け手要因，⑤コンテキスト要因が存在する。McGuire（1985）によると，メッセージ要因に属する論拠とアピールのタイプの要因に関連する主要な研究テーマが，ポジティブ・アピールとネガティブ・アピールである。ポジティブ・アピールは説得を受容した場合に受け手に生じる望ましい結末を強調するのに対し，ネガティブ・アピールは説得を拒否した場合に受け手に生じる望ましくない結末を強調する。ネガティブ・アピール研究の大部分を占めるのが恐怖アピール（fear appeal）研究である。したがって，恐怖アピールは，受け手が説得を拒否した場合に，恐ろしい結末が生じることを強調する説得であると理解できる。

　恐怖アピールは，恐怖喚起コミュニケーション（fear-arousing communication）と呼ばれることも多く，認知的アプローチの立場を鮮明にするため敢えて脅威アピール（threat appeal）の用語を使用することもある。恐怖アピールは，

脅威の危険性を強調し、受け手に恐怖感情を喚起することによって、勧告された脅威への対処行動の受容を促進する説得である。

別の角度から見ると、説得は受け手の理性に訴えるタイプの理性的アピール (rational appeal) と受け手の感情・情緒に訴える情緒的アピール (emotional appeal) に二分して捉えることもできる。情緒的アピールは、恐れ、怒り、悲しみなど情緒の種類に対応する多くの下位タイプが想定できるが、実際には恐れの感情を利用する恐怖アピール研究以外の情緒アピール研究は皆無に近い。

2) 説得研究における警告研究の特色

事前警告 (forewarning) は、Petty & Wegener (1998) によると、コンテキスト要因に属する。事前警告は、説得者とは別の警告者から、説得メッセージの提示に先行して、説得の受け手に提示される簡潔な事前情報であり、説得メッセージとは独立した情報である。事前警告の代わりに、我が国では予告という用語が使用されることも多い。事前警告は、通常、説得の話題と立場（説得方向）に関する事前情報と、説得者の説得意図に関する事前情報を意味する。

「事前に警告することは事前に武装することだ」(Papageorgis, 1968) という格言が示すように、事前警告は、後で接触する説得に対して抵抗を生じさせる効果をもつと期待される。そのため、事前警告の説得抑制効果（説得への抵抗効果）は、社会的に望ましくない説得からの被害防止を求める社会的要請に一致する。したがって、事前警告は、社会的に望ましくない説得に対する抑制技法としての価値をもつ。

なお、近年、警告 (warning) には、事前警告だけでなく、説得メッセージの提示に後続提示される事後警告 (afterwarning) が存在し、説得に関する事後情報である事後警告も説得抑制効果をもつことが指摘されている（深田、2006）。

（2） 恐怖アピール研究と警告研究の接点

1) 恐怖アピール研究における警告の役割

恐怖アピール研究は、メッセージ要因のひとつである恐怖喚起要因に常に焦点を絞りつつ、恐怖喚起要因と説得事態を構成する全ての要因（恐怖喚起要因

以外のメッセージ要因を含む）との交互作用の存在を前提として，恐怖アピールの説得促進効果を規定する交互作用要因の特定とその効果の生起機制の解明，および説明理論の構築を目指す。

恐怖アピール研究においては，コンテキスト要因としての警告要因は，説得効果を規定する恐怖喚起要因との交互作用要因である。すなわち，警告の有無や警告情報の種類が，強恐怖アピールと弱恐怖アピールの効果をそれぞれどの程度抑制するのかが重要な研究課題となる。

2）警告研究における恐怖の役割

同様に，警告研究は，コンテキスト要因のひとつである警告要因に常に焦点を絞りつつ，警告要因と説得事態を構成する全ての要因（警告要因以外のコンテキスト要因を含む）との交互作用の存在を前提として，警告の説得抑制効果を規定する交互作用要因の特定とその効果の生起機制の解明，および説明理論の構築を目指す。

警告研究では，説得メッセージとして非情緒的アピールが使用され，深田（1983b）が指摘するまでは情緒的アピールが使用されることはなかった。非情緒的アピールの場合には，説得者の意図に関する情報は説得意図の情報に限定されるが，情緒的アピールの場合には，説得意図の情報に加えて情緒喚起意図の情報が存在する。恐怖アピールであれば，説得者の恐怖喚起意図の事前警告および事後警告という独自の警告情報の効果が検討課題となる。

3）恐怖アピールと警告の交差的研究

説得メッセージとして恐怖アピールを使用し，説得者の恐怖喚起意図の警告（事前警告／事後警告）を検討する研究は，恐怖アピール研究であると同時に警告研究でもあり，2つの研究領域の交差する研究テーマである。

第Ⅱ部　態度と態度変容

第2節　説得促進技法としての恐怖アピール

(1) 恐怖感情を重視する初期の恐怖アピール研究
1）恐怖アピール研究の原点と争点

　恐怖アピール研究の原点は，Janis & Feshbach (1953) である。彼らは，強・中・弱の3水準の恐怖アピールを用い，弱恐怖アピールが最も説得効果が大きいと報告した。その後の研究で，弱恐怖アピールの方が強恐怖アピールよりも説得効果が有意に大きいことを見出した研究は皆無であるにもかかわらず，Janis & Feshbach (1953) が報告した結果の影響力は大きく，社会心理学の概論書レベルでは長い間，弱恐怖アピールの説得効果の方が大きいと誤解され，紹介されてきた。こうした誤解を解くために，深田 (1988 a, 2002) は，強恐怖アピールの方が弱恐怖アピールよりも説得効果が大きいことを繰り返し指摘してきた。

　研究初期の恐怖アピール研究の最大の争点は，喚起される恐怖感情と説得効果の間にポジティブな関係が存在するのか，あるいはネガティブな関係が存在するのかという問題にあった。ネガティブな関係を支持する研究は皆無であり，わずかに Janis & Terwilliger (1962) が10%の有意水準でネガティブな関係の傾向を見出すにとどまった。しかも，Janis & Feshbach (1953) とほぼ同一の実験材料を用いて追試実験を行った Haefner (1965) がポジティブな関係を報告するに至って，Janis & Feshbach (1953) の結果の一般化への疑問が決定的となった。

　喚起された恐怖感情と説得効果の間にネガティブな関係を見出した Janis & Feshbach (1953) の結果とポジティブな関係を見出しつつあった後続研究の結果との矛盾を解決するために，2種類の説明モデルが提出された。2種類のモデルは，①説得効果における恐怖喚起要因と他要因との交互作用モデル（図9－1），②説得効果に対する恐怖喚起要因の非単調逆U字型モデル（図9－2），と総称することができよう。喚起された恐怖感情から恐怖アピールの説得効果

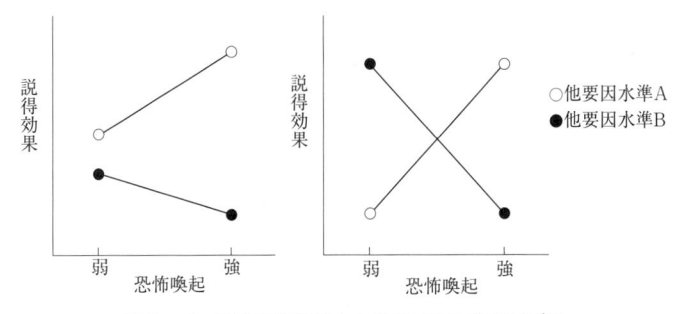

図9-1　恐怖喚起要因と他要因の交互作用モデル

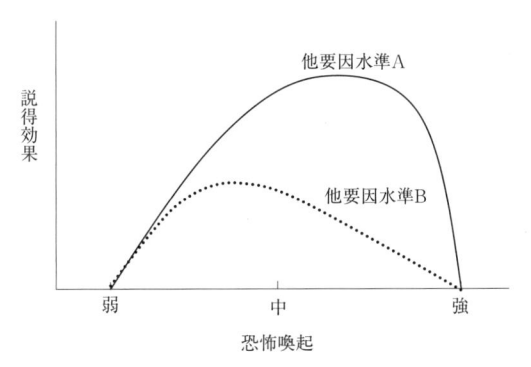

図9-2　恐怖喚起要因の非単調逆U字型モデル

を説明しようとするこれらのモデルは，恐怖感情の低減が勧告された対処行動の受容に直結することを前提とする恐怖動因理論の系譜であった。

2）説得効果における恐怖喚起要因と他要因との交互作用モデル

(a)**恐怖喚起要因との交互作用要因**：弱恐怖アピールの説得効果の方が大きいという知見に関して，Janis & Feshbach（1953）は，Hovland, Janis, & Kelley（1953）の緊張低減モデル（tension reduction model）の枠組みから防衛的回避仮説（defensive avoidance hypothesis）により解釈している。緊張低減モデルによると，受け手に喚起された恐怖感情がメッセージ中の対処勧告によって容易に低減する場合には，受け手は勧告された対処行動を受容するよう適応的対処行動を動機づけられるが，容易に低減しない場合には，残存恐怖が受け手に脅威の過小視などの防衛的回避行動を動機づける。この恐怖感情の低減に関わる要

因は，勧告される対処行動の効果性要因であり，説得効果に関して恐怖喚起要因と対処行動の効果性要因との交互作用が想定される。すなわち，勧告される対処行動の効果性が高い場合は恐怖感情の低減が容易なため，恐怖アピールの喚起する恐怖感情が強いほど説得効果は増加するが，対処行動の効果性が低い場合は逆に恐怖感情の低減が困難なため，恐怖感情が強いほど説得効果は減少すると予想され，後者の低効果性条件で防衛的回避仮説が成立すると考える。

恐怖喚起要因との交互作用要因としては，①対処行動の効果性のほかに，対処行動の社会的望ましさ，利用のしやすさ，自己効力感，コスト（逆転要因），苦痛さ（逆転要因）などの対処行動要因，②自尊感情，対処傾向，不安傾向（逆転要因）などの受け手のパーソナリティ要因，③脅威に対する受け手の関連性要因（例：喫煙の話題での受け手の喫煙度）が検討されてきた。防衛的回避仮説を拡張的に解釈すると，適応的なパーソナリティをもつ受け手あるいは脅威への関連性の低い受け手は，恐怖低減が容易であるため，恐怖喚起水準の上昇によって説得効果が増加するが，不適応的なパーソナリティをもつ受け手あるいは脅威への関連性の高い受け手は，恐怖低減が容易ではないため，恐怖喚起水準の上昇によって説得効果が逆に減少すると仮定される。

(b) **交互作用モデルの検証結果**：深田（2002）は，先行研究における恐怖喚起要因と他要因の交互作用を次のように分析した。①恐怖喚起要因と対処行動要因の交互作用を検討した32研究のうち，防衛的回避仮説を支持する方向の結果が得られたのは8研究にすぎず，防衛的回避仮説の支持率は25%にとどまる。②恐怖喚起要因と受け手のパーソナリティ要因の交互作用を検討した15研究のうち，7研究で交互作用が発見されているが，交互作用の方向に一貫性が見られないため，恐怖喚起要因と受け手のパーソナリティ要因との交互作用は，一次の交互作用として検討するのではなく，交互作用の方向を決定づける第3の要因を組み込んだ二次の交互作用として検討する方が現実的である。③恐怖喚起要因と脅威への受け手の関連性要因の交互作用を検討した11研究のうち，5研究で防衛的回避仮説を支持する方向での交互作用が認められることから，脅威への関連性要因は交互作用要因として最も有力視される。

交互作用要因として受け手の不安傾向を取り上げ、防衛的回避仮説とは逆方向の結果を得た深田 (1973) は、送り手や説得メッセージに対する評価が高くて、脅威が現実的で、脅威への対処が必要と受け手に認知される場合には、高不安傾向の受け手でも強恐怖アピールの方が弱恐怖アピールよりも説得効果が大きくなる可能性があると示唆した。これに関連して、第3の要因として送り手の信憑性要因を導入した深田 (1975) は、送り手の信憑性が低い条件に限って、勧告される対処行動の効果性が高ければ、強恐怖アピールの方が弱恐怖アピールよりも説得効果は大きいが、対処行動の効果性が低ければ、強恐怖アピールの説得効果が弱恐怖アピールの説得効果と同程度まで減少するという交互作用を見出した。同様に、送り手の信憑性要因を導入した深田 (1988 a, pp. 136-149) は、送り手の信憑性が低い条件に限って、勧告される対処行動の社会的望ましさが高ければ、強恐怖アピールの説得効果の方が大きいが、対処行動の社会的望ましさが低ければ、逆に弱恐怖アピールの説得効果の方がやや大きいという交互作用を見出した。

以上のように、強恐怖アピールよりも弱恐怖アピールの説得効果の方が大きいという防衛的回避仮説は、恐怖喚起要因と対処行動要因あるいは受け手の個人差要因との交互作用として検出される場合はそれほど多くない。むしろ、脅威の現実性や脅威への対処の必要性を低下させる第3の要因（例：送り手の低信憑性）が加わって初めて、二次の交互作用の一部として検出される可能性が高いため、弱恐怖アピールの説得効果の方が有効だという防衛的回避現象は、二重三重の条件が重なった特定条件下で出現が期待できる特殊な現象であるといえる。

3）説得効果に対する恐怖喚起要因の非単調逆U字型モデル

(a)**逆U字型関係モデル**：二次元的な曲線モデルである McGuire (1969) の逆U字型関係モデル (inverted U-shaped relationship model) によると、恐怖感情と説得効果の関係は、横軸に恐怖感情、縦軸に説得効果をとった場合、恐怖感情が増加するにつれて説得効果が増加するが、最適水準以上の恐怖感情の増加は逆に説得効果を減少し、逆U字型の曲線的関係となる。個々の恐怖アピー

ル研究で操作する強恐怖喚起と弱恐怖喚起の水準に対応する説得効果が，それぞれ逆U字型の曲線上のどの点であるかによって，右上がりの効果（ポジティブな関係）あるいは右下がりの効果（ネガティブな関係）が得られることになる，と逆U字型関係モデルは説明する。深田（1988a）によると，42例の恐怖アピール研究のうち9例が恐怖喚起要因を3水準以上で操作しているが，恐怖感情と説得効果の間に曲線的な関係を発見した研究は存在しない。

(b)**三次元モデル**：三次元的な曲線モデルであるJanis（1967）の三次元モデル（three dimensional model）によると，恐怖感情（Y軸）と説得効果（X軸）の間の逆U字型の曲線的関係は，恐怖喚起要因と交互作用する第三の要因（Z軸）の影響によって変化する。すなわち，交互作用要因（例：対処行動の効果性要因，送り手の信憑性要因）が曲線の高さと最適水準（曲線の頂点）の位置を決定するという。しかし，三次元モデルの妥当性を証明した先行研究は皆無である。

（2） 脅威や対処行動に関する認知を重視する恐怖アピール研究

1）恐怖制御過程と脅威制御過程の分化：並行反応モデル

恐怖アピールの説得効果を恐怖感情が媒介するという有力な証拠が得られなかったため，認知主義の立場からLeventhal（1970）は，恐怖感情の役割を排除した並行反応モデル（parallel response model）を提案した。並行反応モデルによると，恐怖アピールは，提示された脅威を制御するための反応と，喚起された恐怖感情を制御するための反応を並行的に生じさせる。前者が脅威に対する認知から生じる危険制御（danger control）であり，勧告された対処行動の受容（説得効果）に結びつく脅威対処過程である。他方，後者が脅威に対する恐怖感情から生じる恐怖制御（fear control）であり，対処行動の受容と無関係な，防衛的な恐怖感情対処過程である。並行反応モデルは，恐怖感情と説得効果の間に因果関係を認めないものの，たいていの場合両者の間には正の相関関係が存在するという曖昧さを残す事後解釈的理論である。

2）防護動機を仮定する理論・モデル

(a)**修正前の（旧）防護動機理論**：検証可能な認知理論である防護動機理論

(protection motivation theory) を Rogers (1975) が提出した。認知理論では，恐怖感情を喚起する脅威認知を，脅威の深刻さと脅威の生起確率の2成分から捉える。修正前のこの（旧）防護動機理論は，恐怖アピールが①脅威の深刻さ認知，②生起確率認知，③対処反応の効果性認知をそれぞれ高く引き起こすほど，防護動機が増加し，勧告された対処の行動意思（behavioral intention）が増加すると予測する。(旧) 防護動機理論は，3つの認知要因の主効果と相乗的結合効果（交互作用の一形態）を仮定している。3つの認知要因の主効果は先行研究によっておおむね支持されているが，相乗効果に関しては否定的な結果が得られている（木村，2002）。

(b)**修正後の防護動機理論**：恐怖アピール説得の説明理論・モデルとして最も頻繁に利用されているのは，Rogers (1983) の修正防護動機理論（revised theory of protection motivation）であり，現在はこの修正防護動機理論のことを防護動機理論と呼ぶので，本章でもそうしたい。防護動機理論では，7つの認知要因が2つの評価（脅威評価＝深刻さ認知＋生起確率認知－内的報酬認知－外的報酬認知；対処評価＝反応効果性認知＋自己効力認知－反応コスト認知）を構成し，その2つの評価が防護動機を媒介として，勧告された対処の行動意思を規定すると仮定する（第10章の図10－2参照）。ここで，内的報酬とは不適応な行動に伴う，自己発生的な利益（例：喫煙は気晴らしになる），外的報酬とは不適応な行動に伴う，他者発生的利益（例：喫煙を仲間からほめられる）である。防護動機理論に関する先行研究の分析的展望を試みた木村（2002）は，おおむね理論は支持される方向にあるが，検討課題も多いことを指摘している。防護動機理論に関する先行研究の検討結果は，木村（1996, 1997, 2002）が詳細に紹介している。

(c)**集合的防護動機モデル**：防護動機理論は，個人に向けられた脅威と，その個人の脅威に対する個人的対処を前提とする理論であり，個人的に対処可能な病気や健康，事故や安全などの説得話題の場合に適用される。しかし，多数の人々に脅威が迫っている環境問題や社会問題の中には，脅威に対する個人的対処が不可能な問題が多く，脅威に対して多くの人々が並行的に対処しなければ，脅威から逃れられない場合が多い。このような集合的脅威に対する集合的対処

を扱うために提出されたのが，深田・戸塚 (2001) の集合的防護動機モデル (collective protection motivation model) である (モデルの説明は戸塚, 2002 参照)。集合的防護動機モデルでは，8つの認知要因が4つの評価 (脅威評価＝深刻さ認知＋生起確率認知；対処評価＝効果性認知－コスト認知；個人評価＝実行能力認知＋責任認知；社会評価＝実行者割合認知＋規範認知) を構成し，それらの評価が集合的防護動機を媒介して，勧告された対処の行動意思を規定すると仮定する (第11章の図11-1参照)。集合的防護動機モデルの妥当性に関しては，ダイオキシン問題で2種類の対処行動を従属変数とし，2つずつの認知要因の合成変数である4つの評価を独立変数とした戸塚・深田 (2005) の実験的研究は，対処行動意思に及ぼす脅威評価と対処評価の効果を確認するにとどまった。しかし，4つの環境問題と7つの対処を取り上げた戸塚 (2002) の調査研究と，中国における4つの環境問題と6つの対処行動を取り上げた于・深田・戸塚 (2006 a) の調査研究から，各対処行動意思に対する集合的防護動機モデルの説明力 (決定係数：R^2) は，戸塚 (2002) の場合に43〜66％，于他 (2006 a) の場合に20〜42％であることが実証された。さらに，環境研究領域で使用されている広瀬 (1994) の「環境配慮的行動と規定因との要因連関モデル」と比較しても，集合的防護動機モデルの説明力は同等以上であることが高本・戸塚・塚脇・小島・樋口・深田 (2007) および于・深田・戸塚 (2006 b) によって証明された。

　また，エイズ問題のように社会問題的性質をもつ健康問題の場合，HIV感染予防行動意思に対する説明力は，防護動機理論よりも集合的防護動機モデルの方が大きいことが，各理論・モデルを組み込んだエイズ情報の影響過程に関する分析結果から示唆された (高本, 2006; 高本・深田, 2010)。

第3節　恐怖アピールの説得効果の査定

(1)　説得効果の査定次元

　恐怖アピールの説得効果は，効果の質，効果の持続性，効果の強靱性の3つの次元で量的に査定できる。効果の質は，①不十分な効果 (内面的な態度変容は

生じるが，顕在的な行動変容は生じない），②不安定な効果（内面的な態度変容は生じないが，顕在的な行動変容は生じる），③安定した十分な効果（態度変容と行動変容の両方が生じる）を意味する。また，効果の持続性は，①直後効果（説得直後の効果），②遅延効果（説得から一定時間経過後の効果），③持続効果（説得直後から遅延後にかけての効果の持続性と変化）として測定できる。最後に，効果の強靭性は，①後続逆説得に対する抵抗効果（後で遭遇する逆方向への説得に影響されない説得力），②先行逆説得に対する論駁効果（先に遭遇した逆方向への説得に打ち勝つ説得力）として査定可能である。

（2）説得効果の持続性
1）持続性を検討した先行研究の問題点
　効果の持続性に関しては，恐怖アピール研究のほとんどが説得の直後効果しか測定しておらず，遅延効果を併せて測定した研究は非常に少ない。持続効果の形態は，①強恐怖アピールの方が弱恐怖アピールよりも直後効果が大きく，その差が1週間後も持続する（Leventhal & Niles, 1964; Insko, Arkoff, & Insko, 1965），②強恐怖アピールの方が弱恐怖アピールよりも直後効果が大きく，その差が1週間後に消失する（Leventhal, Watts, & Pagano, 1967），③強恐怖アピールと弱恐怖アピールの直後効果には差がないが，1週間後に強恐怖アピールの方が弱恐怖アピールよりも効果が大きくなる（Fritzen & Mazer, 1975），④強恐怖アピールと弱恐怖アピールの効果の違いが直後から4週間後までまったく見られない（Evans, Rozelle, Lasater, Dembroski, & Allen, 1970），の4パターンであった。このように，説得の持続効果を測定した研究の大部分は，説得の1週間後までの持続効果しか測定していないうえに，結果に一貫性が見られない。

2）無関連恐怖アピールの持続性との比較
　深田（1983a）は，説得話題との恐怖の関連性（関連恐怖，無関連恐怖）と恐怖喚起（強恐怖，弱恐怖）を操作し，説得の直後，1週間後，4週間後に説得効果を繰り返し測定した。関連恐怖条件は恐怖アピール説得であり，無関連恐怖条件は，説得話題とは無関連な恐怖が喚起される状況下での説得（無関連恐怖ア

ピール説得)である。無関連恐怖の利用は，関連恐怖の機能を対比的に理解することを可能にする。

その結果，①強恐怖アピールの説得効果の方が弱恐怖アピールの説得効果よりも大きく，弱恐怖アピールに対する強恐怖アピールの優位性は4週間後も認められること，②強恐怖アピールの説得直後の効果は，4週間後も目立った減少を見せず，持続していることが解明された。これに対して，無関連恐怖喚起状況下での説得の場合には，説得直後の時点では，無関連強恐怖アピールの方が無関連弱恐怖アピールより説得効果は大きいが，無関連強恐怖アピールの説得効果は1週間後には急速に消失しており，一時的な効果にすぎないことが判明した。この一時的な説得促進効果は，無関連強恐怖がディストラクションを生じさせ，説得への反論の発生を抑制することによると解釈された。また，説得の1週間後にかけて，関連恐怖は受け手の注意を説得話題に向けさせる傾向があったが，無関連恐怖は受け手の注意を説得話題からそらすことが明らかとなった。

(3) 説得効果の強靭性
1) 逆説得を利用した強靭性の査定

普通，恐怖アピールの説得効果は，逆説得(counterpersuasion)が存在しないことを前提として，いわゆる無菌状態で査定された効果を意味する。もし恐怖アピールへの接触の後に逆説得に遭遇する可能性があるとすれば，恐怖アピールの説得効果は，後続逆説得からの影響を受けない，強力な効果であることが必要である。こうした効果は，後続逆説得に対する恐怖アピールの抵抗効果として査定できる。また，もし恐怖アピールへの接触の前に逆説得に遭遇する可能性があるとすれば，恐怖アピールの説得効果は，先行逆説得の影響を打ち消す，強力な効果であることが必要である。こうした効果は，先行逆説得に対する論駁効果として査定できる。現実社会では，賛否両論の成立する説得話題や，複数の異なる立場をもつ説得話題の方が一般的であることを考えると，逆説得というフィルターを通して恐怖アピールの説得効果を査定することこそ重要で

第9章　恐怖アピールと警告の交差路

実験条件	第1セッション 事前測定		1週間	第2セッション 逆説得操作	事後測定	1週間	第3セッション 恐怖アピール操作	事後測定
逆説得・強恐怖アピール条件	測定値 a_1		⇒	有り	測定値 c_1	⇒	強恐怖	測定値 e_1
逆説得・弱恐怖アピール条件	測定値 a_2		⇒	有り	測定値 c_2	⇒	弱恐怖	測定値 e_2
逆説得・無アピール条件	測定値 a_3		⇒	有り	測定値 c_3	⇒	無し	測定値 e_3
無逆説得・強恐怖アピール条件	測定値 b_1		⇒	無し	測定値 d_1	⇒	強恐怖	測定値 f_1
無逆説得・弱恐怖アピール条件	測定値 b_2		⇒	無し	測定値 d_2	⇒	弱恐怖	測定値 f_2
無逆説得・無アピール条件	測定値 b_3		⇒	無し	測定値 d_3	⇒	無し	測定値 f_3

図9-3　先行逆説得に対する恐怖アピールの論駁効果に関する実験手続き(深田・木村, 2009)
注：効果の算出式は次の通り。「逆説得効果：直後効果」＝{$(c_1+c_2+c_3) - (a_1+a_2+a_3)$}/3 − {$(d_1+d_2+d_3) - (b_1+b_2+b_3)$}/3，「逆説得効果：遅延効果」＝$(e_3-a_3) - (f_3-b_3)$，「強恐怖アピールの説得効果」＝$(f_1-b_1) - (f_3-b_3)$，「弱恐怖アピールの説得効果」＝$(f_2-b_2) - (f_3-b_3)$，「強恐怖アピールの論駁効果」＝{$(f_1-b_1) - (f_3-b_3)$} − {$(e_1-a_1) - (e_3-a_3)$}，「弱恐怖アピールの論駁効果」＝{$(f_2-b_2) - (f_3-b_3)$} − {$(e_2-a_2) - (e_3-a_3)$}。

ある。そして，逆説得に遭遇しないときには，強弱両恐怖アピール間に説得効果の差が見られない場合でも，逆説得に遭遇することによって，差が顕在化することが期待できる。他方，逆説得に遭遇しないときには，強弱両恐怖アピール間に説得効果の差が見られる場合でも，逆説得に遭遇することによって，見かけ上の差が消失することが期待できる。これが説得効果の強靭性の問題を意味する。

2）後続逆説得に対する抵抗効果

後続逆説得に対する恐怖アピールの抵抗効果を検討した研究は数例（Chu, 1966; Haefner, 1965; Janis & Feshbach, 1953; Stainback & Rogers, 1983）見られるが，深田（1988b）によると，いずれの研究も逆説得要因の操作に致命的な欠陥が存在し，有用な結果が得られていないし，先行逆説得に対する恐怖アピールの論駁効果を検討した研究は皆無である。

後続逆説得に対する恐怖アピールの抵抗効果を検討した深田（1988b）は，次のような結果を得た。当初の予想通り，逆説得への抵抗効果は，強恐怖アピ

ールの方が弱恐怖アピールよりも大きく，強恐怖アピールの説得効果の強靭性が実証された。こうした強恐怖アピールの説得効果の強靭性は，強恐怖アピールのもたらす脅威の危険性認知や恐怖感情の増加，逆説得の源泉の信憑性低減，逆説得に対する反論の増加と対応することが解明された。

3）先行逆説得に対する論駁効果

図9－3に示す実験手続きに基づき，先行逆説得に対する恐怖アピールの論駁効果を検討した深田・木村（2009）は，次のような結果を得た。すなわち，①強恐怖アピールは有意な説得効果を生じさせるだけでなく，先行逆説得を論駁する説得力をもつ。②弱恐怖アピールは有意な説得効果を生じさせるが，先行逆説得を論駁するだけの説得力をもたない。③先行逆説得が存在しない場合は，強恐怖アピールと弱恐怖アピールは同程度の説得効果を生じさせるが，先行逆説得が存在する場合は，強恐怖アピールの方が弱恐怖アピールよりも大きい説得効果を生じさせる。このように，強恐怖アピールの説得効果の強靭性が確認された。

第4節　説得抑制技法としての警告

（1）　事前警告のタイプの概念的拡張

説得に及ぼす事前警告の効果を検討した先行研究（28研究，34実験）の結果を整理した深田（2005, 2006）は，事前警告が説得抑制効果をもつことを確認した。事前警告には，その情報内容から「説得の話題と立場（topic and position：TP）」と「説得者の説得意図（persuasive intent：PI）」という2つの基本タイプの事前警告が存在する。Hass & Grady（1975）によると，TPタイプの事前警告は，事前警告後－説得前の位相（事前警告提示後から説得メッセージ提示前までの時間帯）で受け手に予期的反論を生じさせることによって，またPIタイプの事前警告は，事前警告直後に受け手に心理的リアクタンスを生じさせることによって，それぞれ説得への抵抗をもたらすと仮定される。

先行研究で使用された説得メッセージが全て非情緒的アピールであると指摘

した深田（1983b）は，説得メッセージとして情緒的アピールを使用する場合には，「説得者の情緒喚起意図（emotion-arousing intent：EI）」という新たなタイプの事前警告が利用できると考え，説得メッセージとして恐怖アピールを使用する際に，「説得者の恐怖喚起意図（fear-arousing intent：FI）」タイプの事前警告の使用を提案した。EIタイプあるいはFIタイプの事前警告は，PIタイプの事前警告の概念的拡張である。

（2） 事前警告のタイプによる説得抑制効果の違い

TPタイプ，PIタイプ，FIタイプの3種類の単一タイプの事前警告と，これらの単一タイプを組み合わせた4種類の結合タイプの事前警告とが恐怖アピール説得に及ぼす効果を検討した深田（1983b）は，①強恐怖アピールの方が弱恐怖アピールよりも説得効果が大きいこと，②FIタイプの事前警告が恐怖アピール説得を抑制する中心的役割を果たすこと，③特に，PI-FI結合タイプの事前警告が強恐怖アピールに対する顕著な説得抑制効果をもつことを実証した。また，事前警告後－説得前の位相における心理過程に関しては，①FIタイプの事前警告とPIタイプの事前警告は心理的リアクタンスを生じさせること，しかし，②PI-FI結合タイプの事前警告は心理的リアクタンスを加算的に生じさせないこと，③TPタイプの事前警告はPIタイプの事前警告による心理的リアクタンスの生起を抑制すること，④FIタイプの事前警告を情報成分にもつ単一タイプおよび結合タイプの事前警告と，PI単一タイプの事前警告は心理的リアクタンスを増加させること，⑤FIタイプの事前警告は防衛的回避感情を高めること，⑥特にTP-FI結合タイプの事前警告は防衛的回避感情を大きく増加させることを報告した。このように，TPタイプ，PIタイプ，FIタイプを1種類のみ使用する場合の単一タイプの事前警告に比べて，3種類のタイプを組み合わせて使用する結合タイプの事前警告は，複雑な心理過程を生じさせることを見出したが，予期的反論の生起に対する影響に関しては，有用な結果を得ることができなかった。

続いて，事前警告後－説得前の位相と説得中の位相における心理過程に注目

したFukada (1986) は，PI-FI結合タイプの事前警告を使用して，恐怖アピールに対する事前警告効果の生起機制を検討した。その結果，その事前警告は，事前警告後－説得前の位相で心理的リアクタンスを喚起し，この心理的リアクタンスが説得中の位相で反論を生じさせることによって，恐怖アピール説得への抵抗が導かれることを実証した（再分析結果は深田（2006, pp. 66-78）参照）。

第5節　警告の説得抑制効果

（1）　事前警告の説得抑制効果

　事前警告が説得抑制効果をもつことは，Benoit（1998），深田（2005, 2006），Wood & Quinn（2003）の展望論文からも明白である。事前警告の効果に関しては，深田（2005, 2006）の文献展望から以下のような知見が得られている。

　第1に，単一タイプの事前警告に関しては，TPタイプとPIタイプの事前警告は異なる心理過程を生じさせるが，最終的な説得に及ぼす抑制効果に大きな違いは見られない。また，結合タイプの事前警告に関しては，単一タイプの事前警告の効果が加算される傾向は必ずしも明瞭ではない。

　第2に，事前警告の説得抑制効果を媒介する心理過程に関しては，事前警告後－説得前の位相，説得中の位相，説得後の位相の3位相から捉えられているが，心理過程を位相間で比較検討した研究は，事前警告後－説得前の位相と説得中の位相を関連付けて検討したFukada（1986）と深田・周（1993）だけであり，実証的な知見が絶対的に不足している。

　第3に，事前警告の説得抑制効果の持続性に関しては，TPタイプの事前警告の説得抑制効果は持続するのに対し，PIタイプの事前警告の説得抑制効果は一時的ですぐに消失し，むしろスリーパー効果が出現する可能性が高い（小川・上野，1980; Watts & Holt, 1979）。

　第4に，事前警告に付与された評価的性質に関しては，ネガティブな性質を付与された事前警告のみが説得抑制効果をもち，ポジティブな性質およびニュートラルな性質を付与された事前警告は説得抑制効果をもたない（深田・周，

1993)。

（2） 事前警告と事後警告

説得メッセージに対する警告の提示位置によって，事前警告と事後警告が存在する。事後警告に関しては，事前警告と事後警告の両方を取り上げて検討した Kiesler & Kiesler (1964) が説得に対する事後警告の無効果を報告して以来，無視されてきた。説得メッセージに後続提示されるため，事後警告には，TPタイプは存在せず，説得者の意図に関する警告（PIタイプやFIタイプ）しか存在しない。

PIタイプの事後警告を使用した深田 (1999) は，事後警告が事後警告後－説得効果測定前の位相における遡及的反論を媒介にして説得抑制効果を生じさせる可能性があることを示唆した。

説得メッセージに対する警告の提示位置を考えると，事前警告と事後警告だけでなく，説得中の警告もありうる。この同時警告が説得に及ぼす効果を取り上げた研究は，現時点では皆無である。

（3） 単独警告と二重警告

過去の全ての警告研究は，1回限りの説得を利用して実施されてきた。しかし，現実には，カルトの説得のように，真の目的を隠して受け手に近づき，第1段階では偽りの目的で説得をし（例：ヨガの教室に参加しよう），説得された受け手に対して，第2段階で真の目的で説得をする（例：宗教団体へ入信しよう）ことがある。第1段階の説得を偽装説得，第2段階の説得を隠蔽説得と呼ぶ。

偽装説得に対する TP-PI 結合タイプの事前警告を用いた深田 (2004 a) は，偽装説得に対する単独事前警告の効果と，偽装説得に対する事前警告と隠蔽説得に対する事前警告をセットにした二重事前警告の効果とを比較検討した。その結果，二重事前警告は，単独事前警告に比べて，偽装説得抑制効果が大きいことを発見した。また，二重事前警告の偽装説得抑制効果は，否定的思考や反発反応の増加，肯定的思考や共感反応の減少，送り手評価やメッセージ評価の

低減といった多様な認知反応と感情反応を媒介して生起することが判明した。

次に、偽装説得に対するPIタイプの事後警告と隠蔽説得に対するTP-PI結合タイプの事前警告を用いた深田（2004b）は、偽装説得に対する単独事後警告の効果と、偽装説得に対する事後警告と隠蔽説得に対する事前警告をセットにした二重事後事前警告の効果とを比較検討した。その結果、偽装説得に対する単独事後警告は、偽装説得と隠蔽説得に対する二重事後事前警告と同程度の偽装説得抑制効果をもつことが示唆された。

第6節　恐怖アピール研究と警告研究の発展の方向性

（1）　恐怖アピール研究の課題と発展の方向性
1）恐怖アピール研究の6つの課題

恐怖アピール研究の課題には、恐怖アピール研究の枠内に収まる基本的課題（下記の課題①～④）と恐怖アピール研究の枠を越えた発展的課題（課題⑤と⑥）が存在する。

① 受け手にとって重要な他者（例：家族）を脅威のターゲットとすることによって、受け手自身を脅威のターゲットにする場合よりも、効果的な説得ができる条件を解明する（戸塚・深田・木村、2002）。

② 脅威の性質や対処の性質などの説得話題の特徴に基づき、説得話題の類型化を試み（たとえば、木村、1996, 1999）、個々の社会問題の解決に対して恐怖アピール研究を具体的に適用できるようにする。

③ 初期段階では調査的研究によって、一度に多数の要因を扱い、効率よく規定因を絞り込み（戸塚、2002；高本・深田、2010；于他、2006a）、次の段階では実験的研究によって規定因の効果を確認する多元的アプローチを活用する。

④ 環境問題など個人的対処に限界のある説得話題の場合に適用可能な理論・モデルを構築し、認知理論にとらわれないで、恐怖感情の役割を再評価する、検証可能な理論・モデルの構築が必要である。事後解釈的性格の強い理論・モデルとしては、深田（1987, 1988a）の認知－情緒統合モデル（integrated cog-

nition-emotion model) や Witte (1992) の拡張的並行過程モデル (expanded parallel process model) がある。
⑤ 悲しみ，嫌悪，怒りなどの基本的感情を利用するだけでなく，罪悪感，恥，嫉妬などの社会的感情（自己意識的感情）を利用する説得促進技法の開発が待たれる。恥喚起アピールの有効性が報告されている（塚脇・谷口・平川・樋口・深田，2009）。
⑥ ポジティブ・アピールとネガティブ・アピールの研究は，深田（1988 a）によると，1960〜1970年代に数件報告されるにとどまっている。恐怖アピールとポジティブ・アピールの説得効果を比較検討すること，両アピール併用の効果を解明することが必要であろう。

なお，恐怖アピールによる予防的健康行動の促進の問題に焦点を絞った木村（2005）の展望論文は，恐怖アピール研究の課題に関する有益な示唆を与えてくれる。

2）課題の展開例

集合的防護動機モデルの適合度が低い場合に，8つの認知要因の間の因果関係を仮定した塚脇・深田・樋口・蔵永・濱田（2010）は，精緻化された集合的防護動機モデルを提案した（図9-4）。9つの環境問題で9つの対処行動を扱った塚脇他（2010）によると，精緻化された集合的防護動機モデルの適合度は十分で，各対処行動意思に対するモデルの説明力は30〜53%と高く，8つの認知要因は次のような特徴を示した。

① 実行能力認知と実行者割合認知は，対処行動意思を直接的に強く規定すると共に，他の認知への影響を通して間接的にも規定する。
② 責任認知は，対処行動意思を直接的に規定する。
③ 効果性認知とコスト認知は，対処行動意思を直接的にある程度規定すると共に，他の認知への影響を通して間接的にも規定する。
④ 規範認知は，他の認知への影響を通して，対処行動意思を間接的に規定する。
⑤ 深刻さ認知と生起確率認知は，他の認知への部分的影響を通して，対処行

第Ⅱ部　態度と態度変容

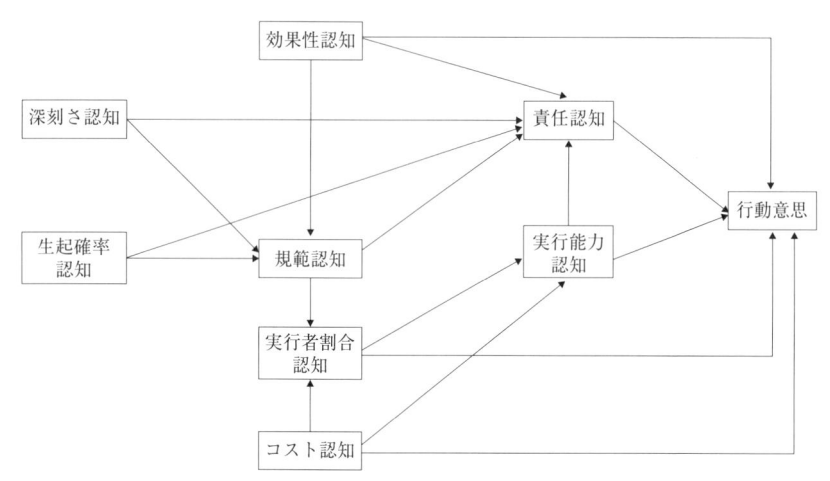

図9-4　認知要因間に因果関係を仮定する精緻化された集合的防護動機モデル(塚脇他, 2010)

動意思を間接的に弱く規定する。

加えて，塚脇他（2010）のデータを再分析した深田・樋口・塚脇・蔵永・濱田（2009a）は，被調査者によって報告された対処行動を最終変数とする場合，精緻化された集合的防護動機モデルの説明力が15〜35％に低下することを見出した。最終変数が行動実践よりも行動意思の場合に，モデルの説明力が高い現象は，集合的防護動機モデルに関しても報告されている（于・深田・戸塚，2006c）。

（2）警告研究の課題と発展の方向性

1）警告研究の6つの課題

警告研究の課題として，深田（2006）は以下の6点をあげ，図9-5のような警告研究の基本構造を提案している。

① 警告の説得抑制効果の生起機制を解明するためには，説得前，説得中，説得後の位相における心理過程を，認知反応（肯定的思考，否定的思考）と感情反応（共感反応，反発反応）の両面から測定する必要がある。

② 説得者の意図に関する警告概念の拡張に関しては，恐怖喚起意図の警告を

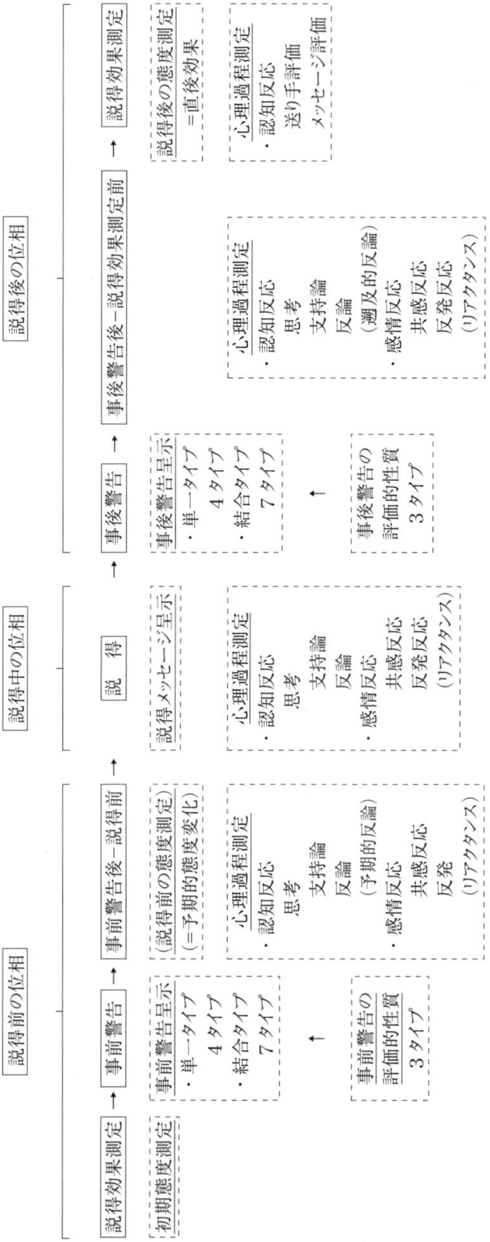

第9章 恐怖アピールと警告の交差路

図9-5 警告研究の基本構造：事前一事後測定計画の場合（深田，2006）

注：1) 単一タイプ：TPタイプ，TOタイプ，PIタイプ，EIタイプ。
結合タイプ：TP・PIタイプ，TP・EIタイプ，TO・PIタイプ，TO・EIタイプ，PI・EIタイプ，TP・PI・EIタイプ，TO・PI・EIタイプ。
2) 警告の評価的性質：ポジティブ，ニュートラル，ネガティブ。
3) 事後警告の場合，厳密にはPIタイプとEIタイプが実質的警告の意味をもつ。

実現したが，恐怖感情以外の感情喚起意図の警告が未検討のまま残されている。

③ 望ましくない説得・勧誘からの被害を防止するために，社会的要請に応える形で警告概念を思い切って拡張し，説得者の虚偽意図（deceptive intent：DI）の警告も検討する価値がある。

④ 事後警告効果の規定因について，さらなる検討が必要である。

⑤ 説得中の警告，すなわち同時警告の効果とその生起機制を検討することも課題のひとつとなる。

⑥ 警告が説得促進効果を生じさせる例外的な条件を解明しなければならない。

2）課題の展開例

上記の課題③に関連するが，深田・児玉・樋口・蔵永・辻口（2009 c）は，教育，説諭，広報などの社会的影響コミュニケーション研究に対して説得研究の枠組みと知見を適用することの有用性を主張し，それらのコミュニケーションを疑似説得と位置づけた。そして，悪質商法や詐欺のように欺瞞と虚偽の情報を使用する疑似説得を虚偽説得と呼んだ。悪質商法と詐欺に対する大学生の遭遇経験は 24.1% と 37.0% であり（深田・石井・児玉・樋口，2008），遭遇した大学生は商品の購入や金銭の支払いを判断する際に，警告を考慮し，警告が被害防止に役立ったと回答している（深田・石井，2009）。

詐欺の一種である架空請求ハガキを実験材料に用いた深田・石井・塚脇（2009 b）は，説得者の3種類の意図（PIタイプ，DIタイプ，EIタイプ）に関する事前警告が虚偽説得に及ぼす効果を検討した。そこでは，3つの単一タイプの事前警告条件と4つの結合タイプの事前警告条件，および無警告条件が設定され，DI単一タイプとPI-DI結合タイプの事前警告が説得抑制効果をもつことが解明された。同様に，説得者の3種類の意図に関する事後警告が虚偽説得に及ぼす効果を検討した深田・平川・塚脇（2010 a）は，事前警告の効果（深田他，2009 b）に比べると事後警告の効果が弱いものの，DIタイプの事後警告がメッセージ評価を低下させて，説得効果を抑制することを報告した。また，説得者のDIタイプの単独事前警告，単独事後警告，二重事前事後警告が虚偽説得に

及ぼす効果を検討した深田・平川・塚脇（2010 b）は，二重事前事後警告が説得抑制効果を加算させず，むしろ減算させることを，また，事後警告が，否定的思考を増加させることによって，説得効果を抑制することを見出した。以上のように，深田らの一連の研究から虚偽説得に対する最も有力な警告のタイプは，説得者の虚偽意図の警告であることが示唆される。

引用文献

Benoit, W. L. (1998). Forewarning and persuasion. In M. Allen & R. W. Preiss (Eds.), *Persuasion: Advances through meta-analysis*. Cresskill, NJ: Hampton Press. pp. 139-154.

Chu, G. C. (1966). Fear arousal, efficacy, and imminency. *Journal of Personality and Social Psychology*, **4**, 517-524.

Evans, R. L., Rozelle, R. M., Lasater, T. M., Dembroski, T. M., & Allen, B. P. (1970). Fear arousal, persuasion, and actual versus implied behavioral change: New perspective utilizing a real-life dental hygine program. *Journal of Personality and Social Psychology*, **16**, 220-227.

Fritzen, R. D., & Mazer, G. E. (1975). The effects of fear appeal and communication upon attitudes toward alcohol consumption. *Journal of Drug Education*, **5**, 171-181.

深田博己（1973）．恐怖喚起の程度，受け手の性および不安傾向が態度変容に及ぼす効果　実験社会心理学研究，**13**, 40-54.

深田博己（1975）．恐怖喚起と説得―防衛的回避仮説の再検討―　実験社会心理学研究，**15**, 12-24.

深田博己（1983 a）．無関連恐怖喚起状況下における説得促進効果　実験社会心理学研究，**23**, 83-90.

深田博己（1983 b）．恐怖喚起コミュニケーションにおける予告効果　心理学研究，**54**, 286-292.

Fukada, H. (1986). Psychological processes mediating persuasion-inhibiting effect of forewarning in fear-arousing communications. *Psychological Reports*, **58**, 87-90.

深田博己（1987）．恐怖喚起コミュニケーション研究における理論・モデル　島根大学教育学部紀要　教育科学，**21**, 71-79.

深田博己（1988 a）．説得と態度変容―恐怖喚起コミュニケーション研究―　北大路書房

深田博己（1988 b）．後続逆宣伝への抵抗に及ぼす恐怖喚起コミュニケーションの効果　実験社会心理学研究，**27**, 149-156.

深田博己 (1999). 説得に及ぼす事後警告の効果とその生起機制 広島大学教育学部紀要 第一部 (心理学), **48**, 79-88.

深田博己 (2002). 恐怖感情と説得 深田博己 (編著) 説得心理学ハンドブック―説得コミュニケーション研究の最前線― 北大路書房 pp. 278-328.

深田博己 (2004 a). 二段階説得における単独事前警告と二重事前警告の効果 広島大学大学院教育学研究科紀要 第三部 (教育人間科学関連領域), **53**, 193-202.

深田博己 (2004 b). 二段階説得における単独事後警告と二重事後事前警告の効果 広島大学心理学研究, **4**, 31-41.

深田博己 (2005). 説得への抵抗における警告の役割 心理学評論, **48**, 61-80.

深田博己 (2006). 説得に対する防御技法としての警告技法の開発に関する研究 北大路書房

深田博己・樋口匡貴・塚脇涼太・蔵永 瞳・濱田良祐 (2009 a). 様々な環境配慮行動に対する精緻化された集合的防護動機モデルの適用 (2) 広島大学心理学研究, **9**, 101-113.

深田博己・平川 真・塚脇涼太 (2010 a). 虚偽説得に及ぼす虚偽説得者の意図に関する事後警告の効果 広島大学心理学研究, **10**, 27-36.

深田博己・平川 真・塚脇涼太 (2010 b). 虚偽説得に及ぼす説得者の虚偽意図に関する事前警告と事後警告の効果 広島大学心理学研究, **10**, 37-46.

深田博己・石井里絵 (2009). 悪質商法と詐欺に対する大学生の警告接触経験 広島大学心理学研究, **9**, 61-70.

深田博己・石井里絵・児玉真樹子・樋口匡貴 (2008). 悪質商法と詐欺に対する大学生の遭遇経験 広島大学心理学研究, **8**, 197-208.

深田博己・石井里絵・塚脇涼太 (2009 b). 虚偽説得に及ぼす虚偽説得者の意図に関する事前警告の効果 広島大学心理学研究, **9**, 81-99.

深田博己・周 玉慧 (1993). 説得に及ぼす予告の評価的性質の効果 実験社会心理学研究, **33**, 70-77.

深田博己・木村堅一 (2009). 先行逆説得に対する恐怖アピールの論駁効果 説得交渉学研究, **1**, 1-18.

深田博己・児玉真樹子・樋口匡貴・蔵永 瞳・辻口朋美 (2009 c). チラシ広告による虚偽説得に及ぼす事前警告の効果 説得交渉学研究, **1**, 19-32.

深田博己・戸塚唯氏 (2001). 環境配慮的行動意図を改善する説得技法の開発 (未公刊資料)

Haefner, D. P. (1965). Arousing fear in dental health education. *Journal of Public Health Dentistry*, **25**, 140-146.

Hass, R. G., & Grady, K. (1975). Temporal delay, type of forewarning, and resistance to influence. *Journal of Experimental Social Psychology*, **11**, 459-469.

広瀬幸雄 (1994). 環境配慮的行動の規定因について 社会心理学研究, **10**, 44-55.

Hovland, C. I., Janis, I. L., & Kelley, H. H. (1953). *Communication and persuasion: Psychological studies of opinion change*. New Haven, CT: Yale University Press.

Insko, C. A., Arkoff, A., & Insko, V. M. (1965). Effects of high and low fear-arousing communications upon opinions toward smoking. *Journal of Experimental Social Psychology*, **1**, 256-266.

Janis, I. L. (1967). Effects of fear arousal on attitude change: Recent developments in theory and experimental research. In L. Berkowitz (Ed.), *Advances in experimental social psychology*. Vol.3. New York: Academic Press. pp. 166-224.

Janis, I. L., & Feshbach, S. (1953). Effects of fear-arousing communications. *Journal of Abnormal and Social Psychology*, **48**, 78-92.

Janis, I. L., & Terwilliger, R. F. (1962). An experimental study of psychological resistance to fear-arousing communications. *Journal of Abnormal and Social Psychology*, **65**, 403-410.

Kiesler, C. A., & Kiesler, S. B. (1964). Role of forewarning in persuasive communications. *Journal of Abnormal and Social Psychology*, **68**, 547-549.

木村堅一 (1996). 脅威アピールにおける防護動機理論研究の検討 (2) 広島大学教育学部紀要 第一部 (心理学), **45**, 55-64.

木村堅一 (1997). 脅威アピールにおける防護動機理論研究の検討 実験社会心理学研究, **37**, 85-96.

木村堅一 (1999). 説得に及ぼす脅威アピールの効果—防護動機理論からの検討— 実験社会心理学研究, **39**, 135-149.

木村堅一 (2002). 脅威認知・対処認知と説得：防護動機理論 深田博己 (編著) 説得心理学ハンドブック—説得コミュニケーション研究の最前線— 北大路書房 pp. 374-417.

木村堅一 (2005). 恐怖アピールと予防的健康行動の促進 心理学評論, **48**, 25-40.

Leventhal, H. (1970). Findings and theory in the study of fear communications. In L. Berkowitz (Ed.), *Advances in experimental social psychology*. Vol.5. New York: Academic Press. pp. 119-186.

Leventhal, H., & Niles, P. (1964). A field experiment on fear arousal with data on the validity of questionnaire measures. *Journal of Personality*, **32**, 459-479.

Leventhal, H., Watts, J. C., & Pagano, F. (1967). Effects of fear and instructions on how to cope with danger. *Journal of Personality and Social Psychology*, **6**, 313-321.

McGuire, W. J. (1969). The nature of attitudes and attitude change. In G. Lindzey & E. Aronson (Eds.), *The handbook of social psychology*. Vol.3. 2nd ed. Reading,

MA : Addison-Wesley. pp. 136-314.

McGuire, W. J. (1985). Attitudes and attitude change. In G. Lindzey & E. Aronson (Eds.), *The handbook of social psychology*. Vol.2. *Special fields and applications*. 3rd ed. New York : Random House. pp. 233-346.

小川一夫・上野徳美 (1980). 説得的コミュニケーションにおける予告効果の持続性　広島大学教育学部紀要　第一部, **29**, 107-113.

Papageorgis, D. (1968). Warning and persuasions. *Psychological Bulletin*, **70**, 271-282.

Petty, R. E., & Wegener, D. T. (1998). Attitude change : Multiple roles for persuasion variables. In D. T. Gilbert, S. T. Fiske, & G. Lindzey (Eds.), *The handbook of social psychology*. Vol.1. 4 th ed. Boston : McGraw-Hill. pp. 323-390.

Rogers, R. W. (1975). A protection motivation theory of fear appeals and attitude change. *Journal of Psychology*, **91**, 93-114.

Rogers, R. W. (1983). Cognitive and physiological processes in fear appeals and attitude change : A revised theory of protection motivation. In J. T. Cacioppo & R. E. Petty (Eds.), *Social psychophysiology : A sourcebook*. New York : Guilford Press. pp. 153-176.

Stainback, R. D., & Rogers, R. W. (1983). Identifying effective components of alcohol abuse prevention programs : Effects of fear appeals, message style, and source expertise. *International Journal of the Addictions*, **18**, 393-405.

高本雪子 (2006). HIV 対処行動意思に及ぼす AIDS 教育の影響過程―防護動機理論と集合的防護動機モデルに基づく分析―　広島大学大学院教育学研究科紀要　第三部（教育人間科学関連領域）, **55**, 267-276.

高本雪子・深田博己 (2010). エイズ説得に必要な情報の特定とその影響メカニズムの解明 (2)：HIV 対処行動意図に及ぼすエイズ情報の影響過程　説得交渉学研究, **2**, 57-72.

高本雪子・戸塚唯氏・塚脇涼太・小島奈々恵・樋口匡貴・深田博己 (2007). 大学生の環境配慮行動意図の規定因―3 つの説明モデルの比較―　広島大学大学院教育学研究科紀要　第三部（教育人間科学関連領域）, **56**, 309-318.

戸塚唯氏 (2002). 環境問題に対する集合的対処行動意図の規定因　広島大学大学院教育学研究科紀要　第三部（教育人間科学関連領域）, **51**, 229-238.

戸塚唯氏・深田博己 (2005). 脅威アピール説得における集合的防護動機モデルの検討　実験社会心理学研究, **44**, 54-61.

戸塚唯氏・深田博己・木村堅一 (2002). 受け手自身あるいは家族を脅威ターゲットとする脅威アピールの効果　実験社会心理学研究, **42**, 83-90.

塚脇涼太・深田博己・樋口匡貴・蔵永　瞳・濱田良祐 (2010). 様々な環境配慮行動に対

する精緻化された集合的防護動機モデルの適用　説得交渉学研究, **2**, 41-56.

塚脇涼太・谷口竜生・平川　真・樋口匡貴・深田博己 (2009). 恥喚起アピールの説得効果　広島大学心理学研究, **9**, 135-144.

Watts, W. A., & Holt, L. E. (1979). Persistence of opinion change induced under conditions of forewarning and distraction. *Journal of Personality and Social Psychology*, **37**, 778-789.

Witte, K. (1992). The role of threat and efficacy in AIDS prevention. *International Quarterly of Community Health Education*, **12**, 225-249.

Wood, W., & Quinn, J. M. (2003). Forewarned and forearmed? Two meta-analytic syntheses of forewarning of influence appeals. *Psychological Bulletin*, **129**, 119-138.

于　麗玲・深田博己・戸塚唯氏 (2006 a). 中国の大学生の環境配慮行動意図の規定因に関する研究―集合的防護動機モデルの立場から―　環境教育, **15**(2), 34-44.

于　麗玲・深田博己・戸塚唯氏 (2006 b). 中国人の環境配慮行動意図の説明モデルに関する比較研究　広島大学心理学研究, **6**, 27-41.

于　麗玲・深田博己・戸塚唯氏 (2006 c). 中国人大学生の環境配慮的態度・行動意図・行動実践―集合的防護動機モデル拡張の試み―　広島大学心理学研究, **6**, 43-48.

第10章　健康問題での脅威アピール説得

第1節　健康問題での脅威アピール研究の意義

（1）　健康問題における予防的保健行動の重要性

　我が国における健康増進，その中でも予防的保健行動（health protective behavior）を促進する重要性が年々高まっている。主な原因は，高齢化社会の進展と生活習慣病などの疾病構造の変化にある。疾病治療を優先した医療政策の弊害が露呈し，個人の健康づくりと疾病予防を積極的に推進する環境整備が急務とされている。日本政府は2000年3月から「健康日本21」という国民健康づくり運動を展開し，「健康増進法」を2002年8月に公布，2003年5月から施行した。そこでは，具体的な目標設定と達成度の評価，有害性に関する情報提供の推進，健康指標の標準的様式の設定，健康増進を支援する基盤整備などがうたわれている。そして，その国民健康づくり運動で最も重要とされた最終変数が，予防的保健行動である。

（2）　予防的保健行動を促進する脅威アピール説得

　予防的保健行動を促進するコミュニケーションは，受け手の危険性を強調することが多い。特定検診を勧める講演会，乳がん検診を促すチラシ，薬物撲滅の啓発ポスター，歯磨き粉のコマーシャル，タバコの害を警告する広告。人々の予防的保健行動の促進を目的としたコミュニケーションには，①危険に関する情報（発生率，死亡率，病状，被害など）と，②危険への対処に関する情報（入

手方法，実行方法，効果，費用など）が，明示的あるいは暗示的に含まれている。

　受け手に対し脅威の危険性を強調して効果的に説得を行おうとするタイプの説得的コミュニケーションは，「脅威アピール（threat appeal）」あるいは「恐怖アピール（fear appeal）」と呼ばれ，その説得効果とその生起過程が検討されてきた。なお本章では，その説得過程において「恐怖感情」を強調しすぎないように，より中立的な用語である「脅威アピール」を用いる。また「説得」とは，送り手が主に言語コミュニケーションを用いて，非強制的な文脈の中，納得させながら受け手の態度や行動を意図する方向に変化させようとする社会的影響行為あるいは社会的影響過程をさしている。「取引・交渉」，「討論」などは，「命令・指示」，「暗示」，「自己呈示」，「承諾獲得方略」も含んだ複数の異なる形態のコミュニケーションから成立しており，「説得」もその一翼を担うものである。

　ところで脅威アピールは，現実の健康増進でも多用され，かつ効果的な説得技法であると同時に，説得研究の中の主要な研究テーマである。たとえば Freimuth, Hammond, Edgar, & Monahan (1990) はエイズ予防に関する127のTV公共広告の内容分析を行い，約26％が脅威アピールを用いていたことを明らかにした。Devos-Comby & Salovey (2002) は，地域コミュニティで実施されるHIV／エイズ予防運動や専門的介入において，説得的コミュニケーション，特に脅威アピール研究の知見を重視し，脅威アピールの理論を代表的な健康行動理論として扱っている。そして実際に，脅威アピール研究は健康増進を目的とした説得話題を扱ってきた。たとえば，喫煙（e.g., Rogers & Deckner, 1975），飲酒（e.g., Self & Rogers, 1990），定期的な運動（e.g., Wurtele & Maddux, 1987），歯科衛生（e.g., Janis & Feshbach, 1953），がんの発見（e.g., McClendon & Prentice-Dunn, 2001），HIV感染予防（e.g., 木村, 1995, 1997a, 1999, 2000c, 2002b; Sherman, Nelson, & Steele, 2000）などである。加えて，脅威アピール研究は理論的なパースペクティブが豊富である。たとえば動因説（e.g., Janis, 1967），認知説（e.g., Rogers, 1975），情報処理説（e.g., Das, De Wit, & Stroebe, 2003）といった異なる理論的枠組みをもち，今後の発展が期待できる。

第2節　脅威アピールに関する諸理論

脅威アピールの説得効果を説明する理論的立場は，①動因説，②認知説，③並行反応説，④情報処理説に大きく分類でき，いずれも脅威アピールに対する受け手の心理的反応（恐怖感情，危険と対処に関わる認知的評価，メッセージの処理方略など）がその説得効果を規定すると予測する。動因説は，説得効果が最大となる恐怖喚起の適切なレベルや条件を想定し，認知説は，感情ではなく危険や対処に関わる認知的評価が説得効果を規定すると考える。並行反応説は動因説と認知説の両方のアイディアの統合を試み，情報処理説は，受け手の情報処理に関する能力や動機づけによって，メッセージ処理方略や生じるバイアスが異なると仮定する。

（1）　動因説

Janis & Feshbach（1953）は，歯科衛生（虫歯・歯槽膿漏）の話題を用い，恐怖水準が異なる3種類（強・中・弱）の脅威アピールの説得効果を比較・検討した。その結果，弱脅威アピールの説得効果が最大で，強脅威アピールの説得効果が最小であることを発見した。この Janis & Feshbach（1953）の先駆的研究以降，脅威アピール研究の最大の争点は「なぜ脅威アピールが失敗するのか」に集中し，「怖すぎて考えられない」（不注意説），「怖がらせる説得者に怒りを感じる」（攻撃仮説），「（怖いので無意識に）そもそも脅威はない（と感じる）」（防衛的回避仮説）などの多くの仮説が提唱された。この動因説には，Hovland, Janis, & Kelley（1953）の緊張低減モデル（tension reduction model），McGuire（1968, 1969）の逆U字型関係モデル（inverted U-shaped relationship model），Janis（1967）の3次元モデル（three dimensional model）がある。

（2）　認知説

1970年代に入ると，恐怖感情ではなく「認知」の重要性が説かれ，脅威ア

ピールの操作的定義の問題点が指摘されるようになった。つまり、脅威アピールの強・弱を「身体の損傷度」と「危険にさらされる可能性」の異なる2次元の強度で操作した研究もあれば、「危険にさらされる可能性」の情報の有無によって操作した研究や、「危険にさらされる可能性」をまったく考慮しない研究もあった。そのため、当時の矛盾した結果は、質的に異なるメッセージを用い、異なる認知を生じさせたからだと批判を受けることとなった。脅威アピールによって生じた認知的評価が説得効果を説明するという立場に立つ認知説に、Rogers（1975）の防護動機理論（protection motivation theory）、Rosenstock（1974）の健康信念モデル（health belief model）、Fishbein & Ajzen（1975）の合理的行為理論（theory of reasoned action）、Sutton（1982）の主観的期待効用理論（subjective expected utility theory）がある。なお、認知説に立つ諸モデルの分析的比較は、木村（1996a）を参照してほしい。

（3） 並行反応説

Leventhal（1970）の並行反応モデル（parallel response model）では、脅威アピールは受け手に恐怖制御（fear control）と危険制御（danger control）という2つの独立した過程を引き出すと仮定する。脅威アピールの説得効果は、恐怖制御とは無関係に危険制御のプロセスが決定する。しかし、恐怖制御と危険制御が生じる条件について詳しい記述はなく、その検証可能性が批判されてきた（e.g., Beck & Frankel, 1981; 深田, 1988; Rogers, 1975）。Witte（1992, 1998）は、並行反応モデルをもとに、動因説に立つ3次元モデル（Janis, 1967）と認知説に立つ防護動機理論（Rogers, 1983）の視点を統合し、拡張並行過程モデル（extended parallel process model）を提案している。動因説と認知説を統合する意欲的モデルではあるが、やはり恐怖制御と危険制御が生じる条件が曖昧であり、その検証可能性に疑問が残される。

（4） 情報処理説

1980年代以降、説得の二重過程モデル、たとえばヒューリスティック-シ

ステマティックモデル（Heuristic-Systematic Model : Chaiken, 1980, 1987; Eagly & Chaiken, 1993）や精緻化見込みモデル（elaboration likelihood model : Petty & Cacioppo, 1986）を脅威アピールに適用した研究がある。Jepson & Chaiken（1990）は，慢性的にがんに強い恐怖を抱いている人はそうでない人よりも，ガン診断に関する説得メッセージの論理的誤りをあまり指摘せず，関連思考数も少なかったが，説得されやすいことを見出した。Gleicher & Petty（1992）は，恐怖喚起とメッセージの処理方略が一対一の関係ではなく，恐怖低減を達成する目的に従って処理方略が選択される条件を明らかにした。さらに，無関連恐怖はシステマティック処理を抑制するが（Baron, Inman, Kao, & Logan, 1992），関連恐怖はシステマティック処理を促進する（Baron, Logan, Lilly, Inman, & Brennan, 1994）ことを示した。この流れを受け，Das et al.（2003）は，恐怖喚起情報の処理に関するステージモデル（stage model of the processing of fear arousing information）を提出している。脅威アピールの説得効果を，①システマティック処理とヒューリスティック処理，②バイアス生起の有無，③正確性志向動機による処理と防衛動機による処理，といった3次元から説明を試みたが，現時点では，その媒介過程の複雑さから検証困難であると言わざるを得ない。

（5） 認知説の立場に立つ防護動機理論の優位性

脅威アピールの実証的研究を行う場合，脅威アピールの操作的定義が明瞭であり，その情報成分に対応した認知的反応を明確に区別している「認知説」，特に Rogers（1983）の防護動機理論が優れていると結論づけられる。その証拠に理論検証を行った研究数も多く，検証可能性の点で優れた理論である。加えて，脅威アピールの研究領域だけでなく，健康行動や安全行動に関する意思決定などの他領域への応用も行われている。そのような意味で，Rogers と共同研究者たちによる防護動機理論を枠組みとした一連の研究は，現在の脅威アピール研究における中心的研究活動と位置づけることができる。

第10章 健康問題での脅威アピール説得

第3節 防護動機理論の概要と実証的研究

(1) 防護動機理論の概要
1) 初期の防護動機理論

Rogers (1975) は，脅威アピールの説得効果を受け手の3つの認知的反応から説明を試みる防護動機理論 (protection motivation theory) を提出した（図10-1）。脅威アピールを，①脅威の深刻さ (severity)，②その脅威の生起確率 (probability of occurrence)，③勧告された対処行動の効果性 (response efficacy) の3つの情報を含むものと定義し，その情報に対応して生じる受け手の認知的反応が，防護動機（脅威から自らを防護しようとする動機）を決定する。この3つの認知的反応は防護動機に対して相乗的結合 (multiplicative function) の法則に従って説得効果を決定する。これは，いずれかひとつでもゼロの値をとれば，その説得効果がゼロになるという推論から導かれた仮説である。また，恐怖感情は直接的に説得効果に影響しないものとして，防護動機理論ではほとんど無視された。

2) 修正された防護動機理論

その後，防護動機理論が提唱した3要因の相乗的結合法則を見出した研究は皆無であり，条件によっては生起確率の増大がブーメラン効果を導くことさえあった (e.g., Rogers & Mewborn, 1976)。そのため，Rogers (1983) は修正版の防護動機理論を提出した（図10-2）。その修正点は次の4点にまとめること

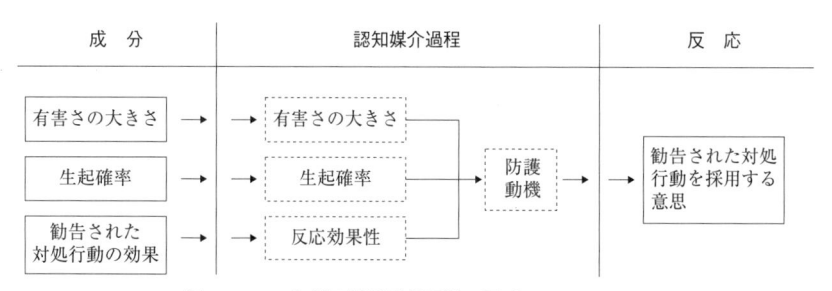

図10-1 初期の防護動機理論の図式 (Rogers, 1975)

情報源	認知媒介過程	対処様式

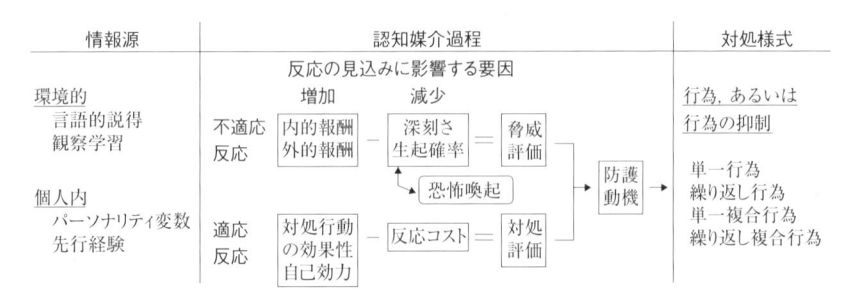

図10-2　修正された防護動機理論の図式　(Rogers, 1983)

ができる。①深刻さ，生起確率，反応効果性に加えて，自己効力（self-efficacy），内的報酬と外的報酬，反応コストの7つの認知が脅威アピールの説得効果を媒介する。②4つの認知的要因「(深刻さ＋生起確率)-(内的報酬＋外的報酬)」が脅威評価（threat appraisal）を，3つの認知的要因「(反応効果性＋自己効力)-(反応コスト)」が対処評価（coping appraisal）を加算的に構成（additive function）する。③脅威評価と対処評価の間にのみ相乗的結合法則が適用される。④対処評価が低水準にある場合，脅威評価の増大は説得効果に影響しないか，あるいはブーメラン効果を生じさせる。この修正理論によれば，説得効果を高める条件は次の通りである。①脅威が深刻である，②その個人に脅威が生起する可能性がある，③その個人が対処行動を実行できる，④その対処行動は効果的である，⑤不適応反応に関連する報酬（身体的快感や精神的満足感などの内的報酬，社会的賞賛などの外的報酬）より脅威（深刻さ・生起確率）の評価がまさる，⑥対処行動のコスト（不便さ，複雑さ，副作用など）より対処行動の実行を促進する要因（効果が高い，実行できる）の評価がまさる。

(2) 防護動機理論に関する実証的研究

1) 防護動機理論に関する実験的研究

脅威評価と対処評価の機能差：Rippetoe & Rogers (1987) は，危険だと認識している人がなぜ対処行動をとらない場合があるのかに注目し，脅威事態の解決に直接役立たない「思考回避（avoidance）」あるいは「運命諦観（fatalism)」などの不適応的対処（maladaptive coping）という概念を防護動機理論研究に導入した。そして，防護動機理論の脅威評価と対処評価の機能差を明らかにした。つまり，脅威評価は適応的対処と不適応的対処の両反応を促進する機能をもつが，対処評価は不適応的対処を抑制し，適応的対処を促進する機能をもつ。このように，勧告受容以外の反応を考慮することで，脅威評価と対処評価との機能差の理解が深まり，さらには脅威評価と対処評価との間の関連性が精緻化されていくと考えられる。

防護動機理論の体系的な検討：従来，3種類ないし4種類の特定の脅威アピール成分だけを取り上げて理論検討を行った研究がほとんどであった（e.g., Maddux & Rogers, 1983; Mulilis & Lippa, 1990; Rippetoe & Rogers, 1987）。つまり，防護動機理論の7つの認知的要因を同時にひとつの研究で検討することは事実上困難ではあった。そのため，木村（2000a）は2段階の検証プロセスを設定し，防護動機理論の体系的な検討を行った。第1段階として，防護動機理論が設定する7つの認知的要因の独立性と重要性を相関的研究によって識別し，脅威アピール成分の整理・統合を行っている。具体的には，9種類の話題と2水準の脅威への関連性の計18ブロックで，7つの認知的要因の因子分析を行った。また対処行動意思を基準変数，7つの認知的要因を説明変数とする重回帰分析を18ブロックで行った。その結果，防護動機理論の7つの認知的要因のうち「深刻さ」と「生起確率」は話題を超えて同じ因子にまとまることが多かった。また，重回帰分析の結果から「自己効力」「反応効果性」は予測力が高く，「反応コスト」は場合によって予測力が安定していなかった。そのため，因子分析と重回帰分析の結果から，「脅威の大きさ（深刻さと生起確率の合成変数）」「報酬（内的・外的報酬の合成変数）」「反応効果性」「自己効力」「反応コスト」の5要因に整理・統合している。また木村（2000a）は，第2段階として，先の5つの認知的要因と説得効果との因果関係を実験的に検討した。その結果，適応的対処（対処行動，情報収集）と不適応的対処（思考回避，希望的観測など）の2側面の両方に対して「脅威の大きさ」「反応効果性」は望ましい効果をもった。「報酬」は不適応的対処の側面にのみ，「自己効力」「反応コスト」は適

応的反応の側面のみに限定した説得効果をもった。さらに説得効果に対する「脅威の大きさ」と「反応コスト」の交互作用が初めて確認され、高コスト条件よりも低コスト条件において、脅威の大きさは説得効果をより促進した。

脅威アピール効果の強靭性の評価：脅威アピールの説得効果は、無菌状態の直後効果だけではなく、「説得効果の持続性」や「逆説得に対する効果」の視点からも評価されるべきである。木村（2000b）は、脅威アピールの遅延効果を検討するために、直後と1週間後の2度にわたり適応的対処および不適応的対処を測定した。その結果、両方の従属変数において、1週間後に脅威評価に属する生起確率要因と対処評価に属する反応コスト要因の交互作用パターンを見出した。つまり、高確率×高コストと低確率×低コストの2条件は、いずれも一様に説得効果が低下し、最終的には低確率×高コスト条件と同水準となったが、高確率×低コスト条件は時間経過に伴う減少を示しながらも、他の3条件より説得効果を持続させていた。

脅威アピールの逆説得に対する論駁効果を検討した深田・木村（2009）は、強脅威アピールが単独での説得効果と先行逆説得に対する論駁効果の両方をもつが、弱脅威アピールは単独での説得効果はもつものの、先行逆説得への論駁効果をもたないことを明らかにした。

2）**防護動機理論に関する相関的研究**

木村・深田・周（2001）は、緊張低減モデル（Hovland et al., 1953）、3次元モデル（Janis, 1967）、初期の防護動機理論（Rogers, 1975）、認知的脅威統制モデル（Beck & Frankel, 1981）を比較・検討するための相関的研究を行い、次の5つの結果を見出している。①恐怖感情は対処行動意思と正の関係がある、②反応効果性と恐怖感情の交互作用効果のパターンは一定ではない、③深刻さ、生起確率、反応効果性、自己効力はすべて対処行動意思と正の関係をもつ、④認知要因の交互作用パターンは一定ではない、⑤自己効力が最も対処行動意思を予測する。また、木村（1996b）は、修正された防護動機理論（Rogers, 1983）を用いて、3種類のエイズ予防行動意思の規定因を検討した結果、エイズ予防行動意思に対する自己効力、生起確率、反応効果性の促進効果と、内的報酬の

抑制効果を見出した。さらに，木村（1997a）は，過去のエイズ予防行動の遂行度が低い群より高い群の方が，エイズ予防行動意思に対する生起確率や内的報酬の効果が現れやすく，脅威の関連性によって防護動機理論の説明力が異なる可能性を示唆した。

3）防護動機理論に関する文献研究

防護動機理論に関する実験的研究を分析的に展望した木村（1997b, 2002a）は，脅威アピール成分が説得効果とその認知的媒介過程に及ぼす効果に関する4つの作業仮説を明示し，先行研究の結果を分析した結果，①脅威の深刻さ，生起確率，反応効果性，自己効力の認知の増大は一般に説得効果を促進する，②数は少ないが，効果性あるいは自己効力が低い場合に限り，深刻さあるいは生起確率の増大は説得効果をもたないか，あるいは説得効果を抑制することを見出した。なお，木村（1996a）は，防護動機理論の枠組みを用いた相関的研究を分析的に展望し，理論の妥当性を確認するとともに相関的研究の限界を指摘している。

Floyd, Prentice-Dunn, & Rogers（2000）は，防護動機理論に関わる要因を取り上げた実験的研究と相関的研究を含んだ65研究についてのメタ分析を行い，防護動機理論変数が行動意思あるいは行動に及ぼす影響の効果サイズ（d+）を算出した。その結果，防護動機理論変数がもつ効果サイズの総平均値は中程度（d+ = .52）で，いずれも防護動機理論変数と行動意思や行動は予想された方向で関連することを明らかにした。Milne, Sheeran, & Orbell（2000）も，報酬要因を除く防護動機理論変数を扱った27研究を対象にメタ分析を行っており，防護動機理論の予想を支持する結果を報告している。Floyd et al.（2000）とMilne et al.（2000）の両研究が，脅威評価より対処評価の方が行動意思や行動と強く関連することを報告している。

文献研究の多くは防護動機理論の仮説を支持してきた。具体的には，①脅威評価（深刻さ，生起確率）は説得効果（行動意思）とポジティブに関係する（Floyd et al., 2000; 木村, 1997b; Milne et al., 2000; Witte & Allen, 2000）。②対処評価（反応効果性，自己効力）は説得効果（行動意思）とポジティブに関係する（Floyd et al., 2000; 木村, 1997 b; Milne et al., 2000; Witte & Allen, 2000)。③反応コストは説得効果（行動意思）とネガティブに関係する（Floyd et al., 2000; Milne et al., 2000)。④報酬は説得効果（行動意思）とネガティブに関連する（Floyd et al., 2000)。

しかしながら，防護動機理論の仮説と反し，脅威評価と対処評価の加算的結合モデルの方が相乗的結合モデルよりも従来の研究成果に対する説明力が高いと指摘する研究もある（Witte & Allen, 2000)。以上の文献研究から，勧告受容に好ましい認知を形成することは説得効果を高めるが，Rogers（1983）の防護動機理論が想定した脅威評価と対処評価の間の相乗的結合法則は，ある特殊な条件に限られており，一般的でないことが示唆された。

第4節　脅威アピール研究の応用と拡張

予防的保健行動を促進するうえで脅威アピールの重要性は高いが，現実的な場面に目を向けると，脅威アピールの意図しない説得効果（副作用）が新しい問題として生じてくる。たとえばエイズ予防を話題に脅威アピール効果の検討を行った木村（1995）や木村・深田（1995）は，脅威アピールがPWH/A (person with HIV/AIDS) への偏見を助長する可能性を示唆している。高本・深田（2010）は，PWH/Aとの共生行動生起過程モデルを提唱し，エイズ予防教育と共生教育を両立する情報成分および心理的媒介過程を検討している。単に予防的保健行動のみに焦点を置く脅威アピール研究から，副作用をも考慮した社会的に望ましい効果を生み出す脅威アピール研究の必要性が高まっているといえる。

また，脅威アピールで用いられる話題，たとえば勧告する健康行動の種類 (e.g., 予防行動，発見行動，治療行動) によっては，危険の脅威を強調するよりも，対処の有効性を強調する方が効果的であるというメッセージ・フレーミング研究が存在する。

この節では，脅威アピール研究の応用と拡張の可能性を，①エイズ予防にお

ける応用可能性，②メッセージ・フレーミング効果を用いた拡張可能性につい
て展望する。

（1） エイズ予防教育における応用

　後天性免疫不全症候群（AIDS），つまりエイズはヒト免疫不全ウイルス
（HIV）による感染症である。平成21（2009）年の日本におけるHIV感染者の報
告数は1,021件であり，その感染経路は，同性間性的接触が694件（68.0%），
異性間性的接触が210件（20.6%）で，性感染によるものが88.5%を占めた。
日本国籍男性を中心にHIV感染の拡大がみられており，訴求性のある予防啓
発とそれを推進する積極的な対策が望まれている（厚生労働省エイズ動向委員会，
2010）。

　このような感染症を話題とする脅威アピール研究は，従来と異なる学術的・
社会的意義をもつ。エイズ教育には，①HIV感染予防行動の促進を目指す感染
予防教育と，②PWH/Aへの共感・理解の促進を目指す共生教育の両方が組み
込まれるべきである。感染予防行動の促進を目指してHIV感染の危険性を強
調することはPWH/Aへの偏見を助長する結果に繋がりかねず，逆に，共生行
動の促進を目指してPWH/Aとの日常的な接触の安全性を強調することは感染
予防行動の抑制を引き起こす心配がある。効果的なエイズ教育を実施するため
には，感染予防教育と共生教育の両方の側面を同時に考慮しなければならない。

1） 脅威アピールがエイズ患者・HIV感染者への態度に及ぼす効果

　Rogers（1983）の防護動機理論を枠組みとした多くのエイズ予防研究があり
（e.g., 木村，1995, 1996b, 1997a, 1999, 2000b, 2000c; 木村・深田，1995; 深田・木村，
2000），木村（1995）と木村・深田（1995）は，エイズ予防に関する「脅威アピ
ール」がPWH/Aに対する偏見に及ぼす影響を実験的に検討した。さらに防護
動機理論の認知的変数およびエイズに起因する恐怖感情とPWH/Aに対する偏
見の得点を多変量解析により分析した。実験の結果，コンドーム使用のコスト
を軽減するメッセージを読んだ参加者は，エイズ予防行動意思が大となった。
また，HIV感染の脅威を強めるメッセージを読んだ参加者は，PWH/Aに対す

る排除的態度が大となった。さらに，脅威の大きさは深刻さ変数と生起確率変数の合成変数であったため，PWH/Aに対する偏見を助長する可能性が，そのいずれにあるのかをパス解析を用いて分析を行った。その結果，脅威の大きさおよびコストのメッセージの効果は，受け手の深刻さ，生起確率，外的報酬の認知的要因に媒介され，PWH/A排除の得点に影響を及ぼしていた。高脅威メッセージに接した実験参加者は，深刻さを高く認知したために，PWH/A排除的態度が強まり，一方で自らのHIV感染の確率を高く認知したために，PWH/A排除的態度が軽減された可能性が示唆された。

2）現実のエイズ教育に関する実験的検討

エイズ予防教育やエイズキャンペーンに関する実践研究は，研究相互で理論的枠組みが共有されておらず，効果的な情報内容を特定できずにいる。木村（1999）は，実践で利用しやすい視聴覚媒体としてのビデオ教材を，防護動機理論（Rogers, 1983）の枠組みから内容分析した。その結果，ビデオ教材には「感染経路」の知識を伝達する情報が最も多く，次に「エイズの危険性」や「エイズの原因や症状」に関する情報（脅威情報）が多く含まれていた。しかし，「コンドームの使用」や「エイズ検査」に関する情報（対処情報）は多くはなかった。また，PWH/Aとの共生を訴える情報も多くなかった。そして，ビデオ教材を「脅威型」「予防型」「検査型」「共生型」の4タイプに分類した。木村（2000c）は，その4つのタイプの代表的なビデオ教材の効果を事前事後測定計画によって比較検討した結果，ビデオのタイプ別にかかわらず，用いたエイズ教材は，エイズ予防行動意思およびPWH/Aに対する態度に対して望ましい方向で効果があった。その中でも，特にエイズ予防行動意思の促進には「予防型」が最も効果的であり，それに比較して「脅威型」の効果は低かった。

現実のエイズ教育は，エイズ教材だけでなく，学校別や地域別で様々な形態で実施されている。木村・高本・児玉・深田（2008）は，実験的な方法を用い，現実のエイズイベントの効果検証を行った。大学生を対象に「エイズキャンペーン」（約2時間半）への参加が，参加者のエイズに関する意識改善にどのような効果を生じさせたか，防護動機理論を含んだ3つの理論モデルに沿って検討

した。その結果,参加者の事前―事後得点の変化量を算出し分析したところ,キャンペーン参加によって予防行動やPWH/Aとの共生行動を促進する方向での認知的評価や,実際の予防行動意思や共生行動意思の望ましい変化が確認された。なお,エイズに対する恐怖感情の増加が,PWH/Aに対する態度への肯定的な効果を示しており,恐怖感情の役割を今後検討する必要があるだろう。

(2) 脅威アピール研究を拡張するメッセージ・フレーミング効果
1) 健康問題とメッセージ・フレーミング効果

フレーミング効果 (framing effect) とは,実質的には同じ判断課題であるにもかかわらず,その問題の言語表現や判断者の課題に対する見立てによって意思決定や判断が異なる現象をさす。Tversky & Kahneman (1981) は,そのフレーミング現象を説明するためにプロスペクト理論 (prospect theory) を提出している。

このプロスペクト理論に基づくフレーミング効果を健康増進の文脈で検討してきたのが,A. J. Rothman と P. Salovey を中心とした研究者である (Apanovitch, McCarthy, & Salovey, 2003; Banks, Salovey, Greener, Rothman, Moyer, Beauvais, & Epel, 1995; Detweiler, Bedell, Salovey, Pronin, & Rothman, 1999; Rothman, Martino, Bedell, Detweiler, & Salovey, 1999; Rothman & Salovey, 1997; Schneider, Salovey, Apanovitch, Pizarro, McCarthy, Zullo, & Rothman, 2001)。

プロスペクト理論に従えば,損失領域の方が利得領域よりも勾配が急であることから,損失を強調するロスフレーム (loss frame) の方が,利益を強調するゲインフレーム (gain frame) よりも一般的に効果的であろうと予想され,それを支持する研究が存在する (e.g., Banks et al., 1995; Kalichman & Coley, 1995; Maheswaran & Meyers-Levy, 1990; Meyerowitz & Chaiken, 1987; Schneider et al., 2001; Smith & Petty, 1996)。反対に,ロスフレームよりもゲインフレームの優位性を示した研究もある (Detweiler et al., 1999; Linville, Fischer, & Fischhoff, 1993)。

一貫しない結果について,Rothman & Salovey (1997) は,勧告する健康行

動の種類が，病気予防や健康向上のための予防行動（preventive behavior）であるのか，病気の兆候を早期発見するための発見行動（detective behavior）であるのか，病気になった後の回復行動（recuperative behavior）であるのかが重要であると示唆した。プロスペクト理論に従えば，ゲインフレームではリスク回避型の選択肢が好まれ，ロスフレームではリスク志向型の選択肢が好まれる。予防行動はリスク回避型であるためゲインフレームが効果的であり（予防しない損失＜予防する利得），発見行動はリスク志向型のためロスフレームが効果的である（発見しない損失＞発見する利得）という。

木村（2002b）は，エイズ予防のコンドーム使用とHIV検査を話題として事前－事後測定計画を用い，健康行動の種類（予防行動，発見行動）とアピール要因（ゲインフレーム，ロスフレーム）を独立変数とした2要因被験者間計画の実験を行った。その結果，早期発見行動においてはアピール要因の主効果は認められなかったが，予防行動においてはゲインフレームが統制条件（説得文なし）よりも態度変容量が大きくなる傾向が認められた。これは，Rothman & Salovey（1997）の予想の方向に一致する結果であった。

Rothman & Salovey（1997）は過去の研究成果を3つの行動別に整理し，おおむねその考えが正しいと結論づけている。Rothman et al.（1999）は，架空のウイルスを用いたフィクションの話題と実際の歯科衛生の話題を用いて，健康行動の種類（予防，発見）とメッセージ・フレーミングが説得に及ぼす影響を検討し，先のRothman & Salovey（1997）の仮説を確認している。なお，個人のリスク評価によって効果的なフレーミングが変化することを示唆する研究もある（Apanovitch et al., 2003）。

２）メッセージ・フレーミング研究と脅威アピール研究との融合

木村（2005）は，脅威アピール研究を拡張するためにメッセージ・フレーミング効果に関するRothman & Salovey（1997）の考え方を防護動機理論にも適用する有効性について触れている。脅威アピールは，勧告を受容しない場合の健康被害の損失を強調すると同時に（脅威情報に該当），勧告を受容した場合の健康被害の損失回避も同時に扱ってきた（対処情報＝勧告情報に該当）。予防行

動の場合にゲインフレームが相対的に効果的であることは，脅威情報よりも対処情報の効果が高まるという可能性を示唆する。発見行動ではロスフレームが相対的に効果的であることは，対処情報よりも脅威情報の効果が高まる可能性を示唆する。将来の脅威アピール研究はメッセージ・フレーミング研究との類似点を強調し，領域を広げることで，脅威アピール研究を拡張していくことが有意義だと思われる。

第5節　健康問題における脅威アピール研究の発展課題

（1）　脅威アピール研究の理論的な課題
1）恐怖感情の役割の再検討

すでに認知説における恐怖感情の役割を再検討する時期に来ている。認知説に立つ防護動機理論の枠組みであっても，恐怖感情が説得効果に影響しなかった研究もあれば（e.g., Rogers & Mewborn, 1976; Beck & Lund, 1981; Rippetoe & Rogers, 1987），恐怖感情が説得効果に影響した研究もある（e.g., 木村, 2000 a, 2000 b）。防護動機理論をマイナーチェンジした図式（Floyd et al., 2000; Rogers & Prentice-Dunn, 1997）においても，恐怖感情は認知的要因だけでは説明できない部分を補うといったきわめて消極的な位置づけに終わっている。認知説と動因説の統合を試みる拡張並行反応モデル（Witte, 1992, 1998）や認知-情緒統合モデル（深田, 1988）の検証可能性が低いという批判もあるが，近年，認知と感情との相互作用に関する態度変容研究が進歩する中，防護動機理論も認知要因に加え，恐怖感情の機能を積極的に統合していく必要があるであろう。

2）脅威評価の規定因に関する検討

防護動機理論では，対処評価より脅威評価の方が説得効果と複雑な関係をもつことが多く，深刻さや生起確率を含んだ脅威評価を規定する要因について詳細な分析を行うことが重要である。たとえば，脅威評価の規定因としては，①恐怖感情の誤帰属（Schwarz, Servay, & Kumpf, 1985），②イメージの鮮明さ（Witte, 1998），③被害の視認性（Klohn & Rogers, 1991），④時間的間隔や切迫性（Kok,

1983），⑤「依存性」や「不可視性」という被害の特徴（Slovic, 1987），⑥楽観性バイアス（Weinstein, 1980, 1982）などが想定できる。今後，これらの具体的な要因が脅威評価さらには説得効果に及ぼす影響を検討することで，脅威評価のもつ複雑な説得効果を明らかにすることができるかもしれない。

3）説得の文脈と受け手要因を考慮した研究へ

Cho & Witte（2003）は，受け手の特徴や説得の文脈が異なればメッセージの解釈も異なるため，脅威アピール技法の開発には，対象者を限定して，その対象者にとって脅威評価や対処評価を高める具体的なメッセージを特定することが重要であると主張している。たとえば，Murray-Johnson, Witte, Liu, Hubbell, Sampson, & Morrison（2001）は，受け手がもつ個人主義あるいは集団主義の文化的価値によって，個人主義の場合は自己を脅かす脅威アピールの方が，集団主義の場合は自集団を脅かす脅威アピールの方が効果的である可能性を検討した。また，受け手自身の危険性を強調するのか，受け手にとって重要な他者の危険性を強調するのかによっても脅威アピールの効果が異なる（Powell, 1965；戸塚・深田・木村, 2002）。脅威に対する受け手の関連性や実験参加者の自発的参加の有無が，脅威アピールの効果を変化させる可能性もたびたび指摘されてきた（e.g., Berkowitz & Cottingham, 1960; Horowitz, 1969）。

（2）脅威アピール研究の実践的な課題

1）実験室実験から現実場面でのフィールド研究へ

木村他（2008）のようなフィールド研究の成果を蓄積することで，防護動機理論の生態学的妥当性とその利用価値を高めていく努力が必要であろう。たとえば健康教育の現実場面は実験室実験と異なり，①受け手が最後まで説得メッセージに注目しなかったり，②口頭やビデオなどの視聴覚のチャンネルが用いられたり，③双方向的やりとりが可能な対人説得事態であったり，④周囲からの逆説得に遭遇したりする事態であることが容易に想定される。理論変数以外の状況変数も測定しつつ，より具体的な実践場面を活用して，防護動機理論を拡張していく必要がある。

2）脅威アピールの副作用に配慮した研究へ

望ましい脅威アピールの条件としては，その副作用（想定外の効果）を抑える視点も重要である。Dillard, Plotnick, Godbold, Freimuth, & Edgar（1996）は，HIV予防行動を促進する目的の恐怖を使用した公共広告が，恐怖だけでなく驚き，悲しみ，当惑のような複数の感情を引き出すことを報告している。さらに，恐怖や驚きはメッセージの効果性の知覚を高めたが，反対に困惑はメッセージ受容を弱めた。この結果は，脅威アピールが別の感情も喚起し，予期しない結果を生み出すことに注意が必要であることを示唆している。Devos-Comby & Salovey（2002）は，エイズに関する脅威アピールがセックスへの嫌悪感を高める可能性を示唆している。このように，説得効果だけでなく副作用の側面にも関心を向け続けることが必要である。

3）脅威アピール単独使用の研究から他の説得技法を併用した研究へ

現実の健康増進を目的とした場合，脅威アピールを単独で活用するだけでは十分とはいえない。また，受け手の人口学的特性や心理社会的特性を考慮した場合，最適な解が果たして脅威アピールであるかを見極める必要もある。現在，変化ステージ（stage of change：DiClemente & Prochaska, 1985）や予防選択過程（precaution adoption process：Weinstein, 1988）といった対象者の状態を段階的に捉える健康行動理論の開発が進んでいる。どの段階の対象者において脅威アピールが有効な影響方略になりうるか検討していく必要がある。また，類似した概念であるリスク・コミュニケーションと脅威アピールは，文脈によって使い分ける必要がでてくるであろう。もし，説得効果よりも合意形成を第1の目的とするのであれば，脅威アピールを用いることは不適切かもしれない。

引用文献

Apanovitch, A. M., McCarthy, D., & Salovey, P.（2003）. Using message framing to motivate HIV testing among low-income, ethnic minority women. *Health Psychology*, **22**, 60-67.

Banks, S. M., Salovey, P., Greener, S., Rothman, A. J., Moyer, A., Beauvais, J., & Epel, E.（1995）. The effects of message framing on mammography utilization. *Health*

Psychology, **14**, 178-184.

Baron, R. S., Inman, M. B., Kao, C. F., & Logan, H. (1992). Emotion and superficial social processing. *Motivation and Emotion*, **16**, 323-345.

Baron, R., Logan, H., Lilly, J., Inman, M., & Brennan, M. (1994). Negative emotion and message processing. *Journal of Experimental Social Psychology*, **30**, 181-201.

Beck, K. H., & Frankel, A. (1981). A conceptualization of threat communications and protective health behavior. *Social Psychology Quarterly*, **44**, 204-217.

Beck, K. H. & Lund, A. K. (1981). The effects of health threat seriousness and personal efficacy upon intentions and behavior. *Journal of Applied Social Psychology*, **11**, 401-415.

Berkowitz, L., & Cottingham, D. R. (1960). The interest value and relevance of fear-arousing communications. *Journal of Abnormal and Social Psychology*, **60**, 37-43.

Chaiken, S. (1980). Heuristic versus systematic information processing and the use of source versus message cues in persuasion. *Journal of Personality and Social Psychology*, **39**, 752-766.

Chaiken, S. (1987). The heuristic model of persuasion. In M. P. Zanna, J. M. Olson, & C. P. Herman (Eds.), *Social influence: The Ontario symposium*. Vol. 5. Hill-sdale, NJ: Lawrence Erlbaum. pp. 3-39.

Cho, H., & Witte, K. (2003). A review of fear appeal effects. In J. Seiter & R. Gass (Eds.), *Perspectives on persuasion, social influence, and compliance gaining*. Boston, MA: Allyn & Bacon. pp. 223-237.

Das, E., De Wit, J., & Stroebe, W. (2003). Fear appeals motivate acceptance of action recommendations: Evidence for a positive bias in the processing of persuasive messages. *Personality and Social Psychology Bulletin*, **29**, 650-664.

Detweiler, J. B., Bedell, B. T., Salovey, P., Pronin, E., & Rothman, A. J. (1999). Message framing and sunscreen use: Gain-framed messages motivate beach-goers. *Health Psychology*, **18**, 189-196.

Devos-Comby, L., & Salovey, P. (2002). Applying persuasion strategies to alter HIV-relevant thoughts and behavior. *Review of General Psychology*, **6**, 287-304.

DiClemente, C. C., & Prochaska, J. O. (1985). Processes and stages of change: Coping and competence in smoking behavior change. In S. Shiffman & T. A. Willis (Eds.), *Coping and substance abuse*. San Diego, CA: Academic Press. pp. 319-334.

Dillard, J. P., Plotnick, C. A., Godbold, L. C., Freimuth, V. S., & Edgar, T. (1996). The multiple affective outcomes of AIDS PSAs: Fear appeals do more than scare people. *Communication Research*, **23**, 44-72.

Eagly, A. H., & Chaiken, S. (1993). *The Psychology of Attitudes*. New York : Harcourt Brace Jovanovich.

Fishbein, M., & Ajzen, I. (1975). *Belief, attitude, intention, and behavior : An introduction to theory and research*. Reading, MA : Addison-Wesley.

Floyd, D. L., Prentice-Dunn, S., & Rogers, R. W. (2000). A meta-analysis of research on protection motivation theory. *Journal of Applied Social Psychology*, **30**, 407-429.

Freimuth, V. S., Hammond, S. L., Edgar, T., & Monahan, J. L. (1990). Reaching those at risk : A content-analytic study of AIDS PSAs. *Communication Research*, **17**, 775-791.

深田博己 (1988). 説得と態度変容―恐怖喚起コミュニケーション研究― 北大路書房

深田博己・木村堅一 (2000). エイズ予防行動意思に及ぼす恐怖-脅威アピールの効果―ビデオ教材の効果分析― 日本社会心理学会第41回大会発表論文集, 492-493.

深田博己・木村堅一 (2009). 先行逆説得における恐怖アピールの論駁効果 説得交渉学研究, **1**, 1-18.

Gleicher, F., & Petty, R. E. (1992). Expectations of reassurance influence the nature of fear-stimulated attitude change. *Journal of Experimental Social Psychology*, **28**, 86-100.

Horowitz, I. A. (1969). Effects of volunteering, fear arousal, and number of communications on attitude change. *Journal of Personality and Social Psychology*, **11**, 34-37.

Hovland, C. I., Janis, I. L., & Kelley, H. H. (1953). *Communication and persuasion : Psychological studies of opinion change*. New Haven, Connecticut : Yale University Press.

Janis, I. L. (1967). Effects of fear arousal on attitude change : Recent developments in theory and experimental research. In L. Berkowitz (Ed.), *Advances in experimental social psychology*. Vol. 3. New York, New York : Academic Press. pp. 166-224.

Janis, I. L., & Feshbach, S. (1953). Effects of fear-arousing communications. *Journal of Abnormal and Social Psychology*, **48**, 78-92.

Jepson, C., & Chaiken, S. (1990). Chronic issue-specific fear inhibits systematic processing of persuasive communications. *Journal of Social Behavior and Personality*, **5**, 61-84.

Kalichman, S. C., & Coley, B. (1995). Context framing to enhance HIV-antibody-testing messages targeted to African American women. *Health Psychology*, **14**, 247-254.

木村堅一 (1995). エイズ予防行動意志に及ぼす脅威の大きさ, 対処行動の効果性及びコストの効果―脅威アピールにおける修正防護動機論の検討― 広島大学教育学部紀要第一部 (心理学), **44**, 59-66.

木村堅一 (1996 a). 脅威アピールにおける防護動機理論研究の検討(2)　広島大学教育学部紀要　第一部（心理学），**45**, 55-64.

木村堅一 (1996 b). 防護動機理論に基づくエイズ予防行動意図の規定因の検討　社会心理学研究，**12**, 86-96.

木村堅一 (1997 a). 防護動機理論に基づくエイズ予防行動意図の規定因の検討(2)―脅威に対する関連性の役割について―　広島大学教育学部紀要　第一部（心理学），**46**, 33-40.

木村堅一 (1997 b). 脅威アピールにおける防護動機理論研究の検討　実験社会心理学研究，**37**, 85-96.

木村堅一 (1999). エイズ予防教育に効果的な視聴覚教材の開発に関する基礎研究(1)―防護動機理論からの視聴覚教材の内容分析―　中国四国心理学会論文集，**32**, 114.

木村堅一 (2000 a). 説得に及ぼす脅威アピールの効果―防護動機理論研究からの検討―　実験社会心理学研究，**39**, 135-149.

木村堅一 (2000 b). 説得に及ぼす脅威アピールの効果(2)―脅威の大きさと反応コストの交互作用効果の検討―　広島大学教育学部紀要　第一部（心理学），**48**, 99-105.

木村堅一 (2000 c). エイズ予防教育に効果的な視聴覚教材の開発に関する基礎研究（2）―視聴覚教材の効果分析―　日本社会心理学会第41回大会発表論文集，494-495.

木村堅一 (2002 a). 脅威認知・対処認知と説得―防護動機理論―　深田博己（編）説得心理学ハンドブック―説得コミュニケーション研究の最前線―　北大路書房　pp. 374-417.

木村堅一 (2002 b). ポジティブ・アピールとネガティブ・アピールの説得効果―予防行動と早期診断を勧告する場合の比較―　日本心理学会第66回大会発表論文集，132.

木村堅一 (2005). 恐怖アピールと予防的保健行動の促進　心理学評論，**48**, 25-40.

木村堅一・深田博己 (1995) エイズ患者・HIV感染者に対する偏見に及ぼす恐怖-脅威アピールのネガティブな効果　広島大学教育学部紀要　第一部（心理学），**44**, 67-74.

木村堅一・深田博己・周　玉慧 (2001). 恐怖-脅威アピール・モデルの説明力の比較　名桜大学総合研究所紀要，**3**, 13-22.

木村堅一・高本雪子・児玉真樹子・深田博己 (2008)　エイズキャンペーンの説得効果に関するフィールド研究　日本説得交渉学会第1回大会発表論文集，4-6.

Klohn, L. S., & Rogers, R. W. (1991). Dimensions of the severity of a health threat : The persuasive effects of visibility, time of onset, and rate of onset on young women's intentions to prevent osteoporosis. *Health Psychology*, **10**, 323-329.

Kok, G. (1983). The further away, the less serious : Effect of temporal distance on perceived value and probability of a future event. *Psychological Reports*, **52**, 531-535.

厚生労働省エイズ動向委員会 (2010). 平成21（2009）年エイズ発生動向年報　厚生労働省ホームページ　2010年5月27日　＜http : //api-net.jfap.or.jp/status/2009/09nenpo/nenpo_menu.htm＞（2010年8月29日）

Leventhal, H. (1970). Findings and theory in the study of fear communications. In L. Berkowitz(Ed.), *Advances in Experimental Social Psychology.* Vol. 5. New York : Academic Press. pp. 119-186.

Linville, P. W., Fischer, G. W., & Fischhoff, B. (1993). AIDS risk perceptions and decision biases. In J. B. Pryor & G. D. Reeder (Eds.), *The social psychology of HIV infection.* Hillsdale, NJ : Erlbaum. pp. 5-38.

Maddux, J. E., & Rogers, R. W. (1983). Protection motivation and self-efficacy : A revised theory of fear appeals and attitude change. *Journal of Experimental Social Psychology,* **19**, 469-479.

Maheswaran, D., & Meyers-Levy, J. (1990). The influence of message framing and issue involvement. *Journal of Marketing Research,* **27**, 361-367.

McClendon, B. T., & Prentice-Dunn, S. (2001). Reducing skin cancer risk : An intervention based on protection motivation theory. *Journal of Health Psychology,* **6**, 321-328.

McGuire, W. J. (1968). Personality and attitude change : An information-processing theory. In A. G. Greenwald, T. C. Brock, & T. M. Ostrom (Eds.), *Psychological foundations of attitudes.* San Diego, CA : Academic Press. pp. 171-196.

McGuire, W. J. (1969). The nature of attitudes and attitude change. In G. Lindzey & E. Aronson (Eds.), *Handbook of social psychology.* Vol. 3. Reading, MA : Addison-Wesley. pp. 136-314.

Meyerowitz, B. E., & Chaiken, S. (1987). The effect of message framing on breast self-examination attitudes, intentions, and behavior. *Journal of Personality and Social Psychology,* **52**, 500-510.

Milne, S., Sheeran, P., & Orbell, S. (2000). Prediction and intervention in health-related behavior : A meta-analytic review of protection motivation theory. *Journal of Applied Social Psychology,* **30**, 106-143.

Mulilis, J-P., & Lippa, R. (1990). Behavioral change in earthquake preparedness due to negative threat appeals : A test of protection motivation theory. *Journal of Applied Social Psychology,* **20**, 619-638.

Murray-Johnson, L., Witte, K., Liu, W., Hubbell, A. P., Sampson, J., & Morrison, K. (2001). Addressing cultural orientations in fear appeals : Promoting AIDS-protective behaviors among Mexican immigrant and African American adolescents and American and Taiwanese college students. *Journal of Health Communication,* **6**, 335-358.

Petty, R. E., & Cacioppo, J. T. (1986). *Communication and persuasion : Central and pe-*

ripheral routes to attitude change. New York : Springer.
Powell, F. A. (1965). The effect of anxiety-arousing messages when related to personal, familial, and impersonal referents. *Speech Monographs*, **32**, 102-106.
Rippetoe, P. A., & Rogers, R. W. (1987). Effects of components of protection-motivation theory on adaptive and maladaptive coping with a health threat. *Journal of Personality and Social Psychology*, **52**, 596-604.
Rogers, R. W. (1975). A protection motivation theory of fear appeals and attitude change. *Journal of Psychology*, **91**, 93-114.
Rogers, R. W. (1983). Cognitive and physiological processes in fear appeals and attitude change : A revised theory of protection motivation. In J. T. Cacioppo & R. E. Petty (Eds.), *Social psychophysiology : A sourcebook*. New York : Guilford Press. pp. 153-176.
Rogers, R. W., & Deckner, C. W. (1975). Effects of fear appeals and physiological arousal upon emotion, attitudes, and cigarette smoking. *Journal of Personality and Social Psychology*, **32**, 222-230.
Rogers, R. W., & Mewborn, C. R. (1976). Fear appeals and attitude change : Effects of a threat's noxiousness, probability of occurrence, and the efficacy of the coping responses. *Journal of Personality and Social Psychology*, **34**, 54-61.
Rogers, R. W., & Prentice-Dunn, S. (1997). Protection motivation theory. In D. S. Gochman (Ed.), *Handbook of health behavior research I : Personal and Social Determinants*. Vol. 1. New York : Plenum Press. pp. 113-132.
Rosenstock, I. M. (1974). Historical origins of the Health Belief Model. *Health Education Monographs*, **2**, 328-335.
Rothman, A. J., Martino, S. C., Bedell, B. T., Detweiler, J. B., & Salovey, P. (1999). The systematic influence of gain- and loss-framed messages on interest in and use of different types of health behavior. *Personality and Social Psychology Bulletin*, **25**, 1355-1369.
Rothman, A. J., & Salovey, P. (1997). Shaping perceptions to motivate healthy behavior : The role of message framing. *Psychological Bulletin*, **121**, 3-19.
Schneider, T., Salovey, P., Apanovitch, A. M., Pizarro, J., McCarthy, D., Zullo, J., & Rothman, A. J. (2001). The effects of message framing and ethnic targeting on mammography use among low-income women. *Health Psychology*, **20**, 256-266.
Schwarz, N., Servay, W., & Kumpf, M. (1985). Attribution of arousal as a mediator of the effectiveness of fear-arousing communications. *Journal of Applied Social Psychology*, **15**, 178-188.

Self, C. A., & Rogers, R. W. (1990). Coping with threats to health: Effects of persuasive appeals on depressed, normal, and antisocial personalities. *Journal of Behavioral Medicine*, **13**, 343-357.

Sherman, D. A. K., Nelson, L. D., & Steele, C. M. (2000). Do messages about health risks threaten the self? Increasing the acceptance of threatening health messages via self-affirmation. *Personality and Social Psychology Bulletin*, **26**, 1046-1058.

Slovic, P. (1987). Perception of risk. *Science*, **236**, 280-285.

Smith, S. M., & Petty, R. E. (1996). Message framing and persuasion: A message processing analysis. *Personality and Social Psychology Bulletin*, **22**, 257-268.

Sutton, S. R. (1982). Fear-arousing communications: A critical examination of theory and research. In J. R. Eiser (Ed.), *Social Psychology and Behavioral Medicine*. Chichester, UK: Wiley. pp. 303-337.

高本雪子・深田博己 (2010). エイズ説得に必要な情報の特定とその影響メカニズムの解明 (1) ―HIV感染者・エイズ患者との共生行動意図に及ぼすエイズ情報の影響過程― 説得交渉学研究, **2**, 11-28.

戸塚唯氏・深田博己・木村堅一 (2002). 受け手自身あるいは家族を脅威ターゲットとする脅威アピールの効果 実験社会心理学研究, **42**, 83-90.

Tversky, A., & Kahneman, D. (1981). The framing of decisions and the psychology of choice. *Science*, **211**, 453-458.

Weinstein, N. D. (1980). Unrealistic optimism about future life events. *Journal of Personality and Social Psychology*, **39**, 806-820.

Weinstein, N. D. (1982). Unrealistic optimism about susceptibility to health problems. *Journal of Behavioral Medicine*, **5**, 441-460.

Weinstein, N. D. (1988). Precaution adoption process. *Health Psychology*, **7**, 355-386.

Witte, K. (1992). Putting the fear back into fear appeals: The extended parallel process model. *Communication Monographs*, **59**, 329-349.

Witte, K. (1998). Fear as motivator, fear as inhibitor: Using the extended parallel process model to explain fear appeal successes and failures. In P. A. Andersen & L. K. Guerrero (Eds.), *Handbook of communication and emotion*. New York: Academic Press. pp. 423-450.

Witte, K., & Allen, M. (2000). A meta-analysis of fear appeals: Implications for effective public health campaigns. *Health Education and Behavior*, **27**, 591-615.

Wurtele, S. K., & Maddux, J. E. (1987). Relative contributions of protection motivation theory components in predicting exercise intention and behavior. *Health Psychology*, **6**, 453-466.

第11章　環境問題での脅威アピール説得

第1節　環境問題の現状と脅威アピール説得

（1）　環境問題の現状

　近代以降，諸科学の進歩や産業活動の増大などによって，世界各地で深刻な環境問題が発生している。たとえば，家庭から排出される油や洗剤などによる水質汚染・水棲生物減少の問題，自動車の排気ガスなどによる大気汚染・地球温暖化の問題，適切に分別されていないゴミを燃やすことで生じるダイオキシンの問題などである。これらの環境破壊・環境汚染は，直接的，間接的に私たちの健康や経済活動に大きな被害を与えており，放置すればその被害はますます大きくなってしまう。環境破壊・環境汚染の問題（すなわち環境問題）に対しては，早急に対処を行い，その被害を予防・低減していかなければならない。

　環境問題への対処としては，政治的なレベルでの対処（環境破壊に対する罰則を定める，環境配慮的事業に対して補助金を出すなど），技術的レベルでの対処（ダイオキシンが出にくいゴミ焼却施設を考案するなど），一般大衆のレベルでの対処（燃費の悪い車からエコカーへ買い替えるなど）が存在するが，本章では一般大衆のレベルでの対処に注目し，その対処を促進する可能性のある脅威アピール説得について論じる。

（2）　脅威アピール説得

　何らかの脅威の存在を呈示して，対処行動の実行を説得する試みは，脅威ア

ピール説得（threat appeal persuasion）の分野で研究されてきた。脅威アピール説得とは，「送り手がある特定の説得話題について受け手を説得しようとするときに，脅威の危険性を強調して受け手を脅かすことによって，その脅威に対処するための特定の対処行動の勧告に対する受け手の受容を促進させようと意図された説得的コミュニケーション」（深田，1988）である。換言すると，脅威アピール説得とは，説得の送り手が受け手に何らかの脅威の存在を強調し，その脅威を予防・低減するための対処行動の実行を求める説得ということができる。なお，脅威アピール説得という用語は，恐怖アピール説得（fear appeal persuasion）という用語と同義であるが，恐怖アピール説得という用語が受け手の感情的側面により焦点を当てているのに対して，脅威アピール説得という用語は受け手の認知的側面により焦点を置いている。本章では，主に認知論的立場に立つ防護動機理論（protection motivation theory：Rogers, 1975, 1983）や集合的防護動機モデル（collective protection motivation model：深田・戸塚，2001）を論じるため，脅威アピール説得という用語を使用する。

脅威アピール説得（恐怖アピール説得）研究は，1950年代以降，様々な話題（健康問題や安全問題など）を用いて数多く行われてきており，基本的には，強脅威アピールの方が弱脅威アピールよりも説得効果が大きい（深田，1988）という知見が得られている。環境問題に関する対処行動の実行を人々に働きかける場合にも，脅威アピール研究の枠組みが基本的に利用可能である。

（3）様々なタイプの脅威アピール説得

環境問題の脅威アピール説得は，脅威ターゲットの種類（脅威が向いている対象）と対処行動の種類（受け手が一人で対処する単独的対処行動／多くの人が集合的・並行的に対処する集合的対処行動）から，少なくとも3つのタイプに分けることができる。

ひとつ目は，脅威ターゲットが受け手自身であり，単独的対処行動を勧告するタイプである。「あなたに危険が向いているから，それを避けるために（あなたが）ある対処行動を実行しなさい」というタイプである。これは伝統的な

脅威アピール説得研究で用いられてきたタイプである。

2つ目は，脅威ターゲットが受け手にとっての重要な他者などであり，単独的対処行動を勧告するタイプである。たとえば，「あなたの子どもに危険が向いているから，それを避けるために（あなたが）ある対処行動を実行しなさい」というようなタイプである。環境問題は多くの人々に被害をもたらす。そのため，環境問題の脅威アピール説得では脅威ターゲットとして，説得の受け手自身を描写する場合と，受け手にとっての重要な他者などを描写する場合が存在する。

3つ目は，受け手自身や重要な他者を含む大きな対象への脅威を描写し，集合的対処行動を勧告するタイプである。「あなた方へ危険が向いているから，それを避けるために（あなた方は個々に）ある行動を実行しなさい」というようなタイプである。環境問題のように脅威の規模が大きいものの場合，一個人だけが行動しても当の問題を改善することはできない。多くの人たちが集合的・並行的に行動してはじめて改善することができるものであり，環境問題においてはこのタイプの脅威アピール説得も用いることができる。

このように，環境問題に関しては少なくとも3タイプの脅威アピール説得が存在する。次の第2節から第4節にかけて，それぞれについて順に論じる。

第2節　受け手を脅威ターゲットにした単独的対処行動を勧告する説得

（1）　防護動機理論

脅威アピール説得研究は，主に受け手を脅威ターゲットにした単独的対処行動を勧告するタイプの説得を扱ってきた。そして防護動機理論（Rogers, 1975, 1983）は，その代表的理論である。この理論は，はじめ Rogers（1975）によって提唱され，その後 Rogers（1983）によって改定されている。すなわち初期のモデルでは，説得効果の規定因として，①深刻さ認知，②生起確率認知，③反応効果性認知だけをあげていたが，改定によって，④反応コスト認知，⑤自己

効力認知，⑥内的報酬認知，⑦外的報酬認知が加えられた（以後この章では，防護動機理論という用語は，改定後のモデルをさす）。防護動機理論はこれらの認知によって防護動機が生じ，その強さによって対処行動意図（説得メッセージで勧告された対処行動を実行する意図）の大きさが決定されると予測している。防護動機理論は脅威アピール説得の効果を予測するうえで，比較的精度の高いモデルということができ，この理論に基づいて多くの研究が行われている（たとえば，Greening, 1997; 木村，1995）。

（2） 環境問題に関する防護動機理論を用いた説得研究

上述のように，防護動機理論は説得の効果を予測するうえで，比較的精度の高いものであり，環境問題に関する単独的対処行動の説得に利用することができる。戸塚・早川・深田（2001）は，防護動機理論の枠組みを用いて環境ホルモン（ある種の食品に含有されていたり，ある種のプラスチック製食器から流出する擬似エストロゲン物質）の話題を用いた研究を行っている。この研究では，脅威度（高・低），対処行動の効果性（高・低）とコスト（高・低），受け手の性（男性・女性）を独立変数とし，食品を選択して購入する，食器を買い替えるといった対処行動を行う意図を従属変数とした分散分析を行った。その結果，脅威度，効果性，性の主効果が見出された。すなわち，描写される脅威が大きいほど，対処行動の効果性が高いほど，男性よりも女性の方が，対処行動を行いやすいことが明らかとなった。なお，この研究で独立変数として用いた脅威度とは，防護動機理論の深刻さ認知と生起確率認知を合成した変数である。さらに，補助的に行った重回帰分析では，深刻さ，生起確率，効果性，自己効力，内的報酬といった認知が対処行動に影響を与えていることが確認され，また R^2 の値も比較的大きかった（.35〜.42）。これらの結果から，防護動機理論は，環境問題に関する，受け手自身を脅威ターゲットとした単独的対処行動を勧告する説得の効果とメカニズムを説明することができる有用な理論と言うことができる。

第3節　受け手以外を脅威ターゲットにした単独的対処行動を勧告する説得

（1）　脅威ターゲットとは

　環境問題に関する説得場面では，「プラスチック製容器からは環境ホルモンが流出していて，あなたに害が及んでいます。そのような容器を使用しないようにしましょう」のような，受け手自身への脅威を強調する説得だけではなく，「プラスチック製容器からは環境ホルモンが流出していて，あなたの子どもに害が及んでいます。そのような容器を使用しないようにしましょう」のような，受け手にとっての重要な他者への脅威を強調する説得がしばしば用いられる。脅威アピール説得において脅威が向いていることを強調する対象人物を，脅威ターゲット（threat-target）という。

　現実の環境問題の説得では，受け手以外の脅威ターゲットがしばしば用いられるが，その理由は，環境問題が比較的広い範囲の対象に脅威を与えており（たとえば，ダイオキシンの脅威は，焼却場の周りの多くの人々に向いている），様々な脅威ターゲットを設定しうるためであろうと思われる（脅威の対象が受け手しかないような話題ならば，そもそも他の脅威ターゲットを使用することはできない）。このように環境問題の説得においては，脅威ターゲットの要因は対処行動の実行意図に大きな影響力をもっていると考えられる。しかしながら，脅威ターゲットを扱った説得研究は少なく，King & Reid（1989），Powel（1965），戸塚・深田・木村（2002）が存在するのみである。

（2）　環境問題に関する説得における脅威ターゲットの影響

　戸塚他（2002）は，環境問題の話題を用いて脅威ターゲットの影響力を検討している。この研究は，環境ホルモン（擬似エストロゲン物質）の話題を用いて脅威ターゲット（受け手・家族），脅威度（高・低），対処効率（高・低）を独立変数とした実験を行った。従属変数は食器買替え意図，食器買替え態度，食品

選択意図，食品選択態度であった。脅威ターゲットについては，従来の脅威アピール研究で用いられてきた「受け手」だけでなく，受け手にとって重要な他者である「家族」が用いられた。脅威度とは脅威事象の深刻さと生起確率を同時に操作した合成変数であり，対処効率とは勧告された対処行動の効果性とコストを同時に操作した合成変数である。実験の結果，食品選択意図において脅威ターゲットの主効果が見られ，受け手条件よりも家族条件の方で得点が高かった。また，4つの従属変数すべてで脅威度と対処効率の主効果が見出され，脅威度や対処効率が高いほど説得効果が大きいことが示された。この研究の結果から，環境問題のように脅威が多くの人に向いている問題に関する説得においては，脅威ターゲットの要因が一定の影響力をもつことが明らかとなった。今後，より効果的な環境問題の説得を考える際には，脅威ターゲットの影響力を考慮に入れる必要がある。ただし，この研究において脅威ターゲットの主効果が見出されたのは4つの従属変数のうちのひとつにすぎず，どのような場合に効果をもつのか十分なことは明らかになっていない。今後，さらに研究を蓄積していく必要がある研究領域である。

第4節　集合的対処行動を勧告する説得

（1）　脅威アピール説得における対処行動の種類

環境問題に対して個々人が行う具体的対処行動には，①一個人だけの実行で当該の脅威を低減できる対処行動と，②一個人だけの実行では当該の脅威を低減することはできないが，多くの人が集合的・並行的に実行することによって当該の脅威を低減できる対処行動が存在する。前者を単独的対処行動，後者を集合的対処行動といい，これらの対処行動を実行して脅威を低減する対処様式を単独的対処，集合的対処という。たとえば，大気汚染による被害に対して「マスクをつける」という行動は，一人だけの実行で自分への脅威を低減することができるため，単独的対処行動である。また，ゴミ焼却場から排出されるダイオキシンの脅威に対して「適切なゴミ分別を行う」という行動は，一個人

だけで行ってもその脅威を低減することはできないが，多くの人が並行的に行うことによって，当該の脅威を低減することができるので，集合的対処行動である。なお，単独的対処は比較的小さな影響力しかもたないため，ほとんどの場合，環境問題を根本的に解決することは不可能であり，対処行動を実行する本人に対する脅威を低減することだけが可能である（先の例では，マスクをつけた人だけが当該の脅威を低減できる）。一方，集合的対処は比較的大きな影響力をもつため，環境問題を根本的に解決させる可能性があり，多数の人々に対する脅威を低減させることが可能である（先の例では，大気汚染にさらされている地域住民すべての脅威を低減できる）。事態が切迫していて，個人に対する被害を早急に低減しなければならないような場合，比較的実行の容易な単独的対処が重要となるが，環境問題を根本的に解決するためには，集合的対処が必要となる。

ところで，集合的対処は，単独的対処にはない社会的ジレンマの構造を包含している。すなわち，集合的対処の成功には多くの人の参加が必要であるが，中には対処に参加せずに利益を得る者も存在するのである。たとえば，多くの人々が適切なゴミ分別を行うよう努力すれば，ゴミ焼却場からでるダイオキシンの量を少なくできるが，そのような努力をしなかった人も，ダイオキシン低減のもたらす利益を享受することができる。このような不公平の存在は，これから対処行動を実行しようとしている人を躊躇させ，今まで対処行動を実行していた人を対処行動の放棄に導くことがある。一般的に言って，社会的ジレンマを包含している集合的対処は，単独的対処よりも困難であるといえる。このように集合的対処は社会的ジレンマの構造を包含しており，そのため，集合的対処行動の実行意図の規定因は単独的対処行動のそれと異なることが予想される。すなわち，集合的対処行動の実行意図には，防護動機理論の7認知以外の要因が影響を与えている可能性が考えられる。なお，集合的対処行動を勧告するタイプの説得を扱っている研究としては，Frandsen (1963), Hass, Bargley, & Rogers (1975) などが存在するが，これらのほとんどは初期の脅威アピール説得研究であり，社会的ジレンマに関連した特徴について検討していない。

（２）集合的防護動機モデル

上述のように，集合的対処行動意図の規定因は十分明らかになっておらず，集合的対処行動意図の大きさを予測するモデルも存在しなかった。これを受けて，深田・戸塚（2001）は，「集合的防護動機モデル（collective protection motivation model）」を案出している。このモデルは，環境配慮的行動と規定因との要因連関モデル（広瀬，1994）と防護動機理論の要因を整理・統合したうえで，さらに独自の要因を取り入れて構成されたものである。

集合的防護動機モデルは，最終的に8つの規定因を採用している（モデルの説明は戸塚，2002を参照）。このモデルの概略を図11-1に示す。8つの規定因とその定義は以下の通りである。①深刻さ認知（当該の脅威に関する深刻さについての認知），②生起確率認知（当該の脅威が生起する確率についての認知），③効果性認知（勧告された対処行動の効果性についての認知），④コスト認知（対処行動の実行に伴うコストについての認知），⑤実行能力認知（受け手自身に対処行動を実行する能力があるかどうかについての認知），⑥責任認知（当該の脅威への対処行動を実行していく責任についての認知），⑦実行者割合認知（どの程度の割合の人が当該の対処行動を実行するかについての認知），⑧規範認知（対処行動をとることが準拠集団の規範や期待に沿っているかどうかについての認知）。またこのモデルは，①と②が結びついて脅威評価を，③と④が結びついて対処評価を，⑤と⑥が結びついて個人評価を，⑦と⑧が結びついて社会評価を形成すると説明しており，さらにこれらの評価が結合して集合的防護動機や集合的対処行動意図が決定される

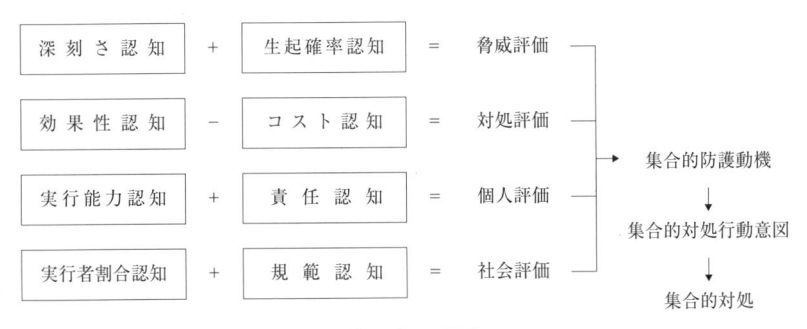

深刻さ認知	+	生起確率認知	=	脅威評価
効果性認知	−	コスト認知	=	対処評価
実行能力認知	+	責任認知	=	個人評価
実行者割合認知	+	規範認知	=	社会評価

→ 集合的防護動機
↓
集合的対処行動意図
↓
集合的対処

図11-1　集合的防護動機モデルの図式（深田・戸塚，2001より）

と予測している。ただ，これらの評価は，防護動機理論と同様に各認知の属性をあらわすカテゴリー名であり，実際の分析においては，各認知が対処行動意図に直接的に影響を与えるという図式を採用している。なお集合的防護動機モデルは，集合的対処行動意図に対してコスト認知がネガティブな影響を，その他の認知がポジティブな影響を与えることを予測しており，さらに防護動機理論と同様に脅威評価と対処評価を構成する要因間の交互作用を予測している。

（3） 環境問題の説得と集合的防護動機モデル

集合的防護動機モデルは戸塚（2002），戸塚・深田（2005）などで実証的に検討されている。まず，戸塚（2002）は4つの環境問題（ダイオキシン，水質汚染，地球温暖化，電力不足）に関して，集合的防護動機モデルの8要因が集合的対処行動意図に与える影響力を相関的に検討している。計7つの集合的対処行動意図に関する重回帰分析の結果，規範認知を除く7要因はいずれかひとつ以上の重回帰分析で有意な標準偏回帰係数を示した。またR^2の値も.43～.66と比較的大きく，環境問題の対処行動意図を予測する上で，集合的防護動機モデルがある程度有用であることが示唆された。

また戸塚・深田（2005）は，環境問題のひとつであるゴミ焼却場から排出されるダイオキシンの話題を用いて，集合的防護動機モデルを実験的に検討している。独立変数は脅威評価（高・低），対処評価（高・低），個人評価（高・低），社会評価（高・低）であり，従属変数として「ゴミ分別意図」「塩化ビニール製品不買意図」の2つの集合的対処行動意図を設けた。なお，脅威評価とは集合的防護動機モデルの深刻さと生起確率を合成した変数であり，対処評価とは効果性とコストを，個人評価とは実行能力認知と責任認知を，社会評価とは実行者割合認知と規範認知を合成した変数である。男女別に分散分析を行った結果，脅威評価の主効果は，女性のゴミ分別意図，男女の塩ビ不買意図において確認され，対処評価の主効果は，男性のゴミ分別意図，男女の塩ビ不買意図において確認された。また社会評価に関しても男性の塩ビ不買意図に関する分析において有意傾向が認められた。個人評価については実験操作が不十分であったた

第11章　環境問題での脅威アピール説得

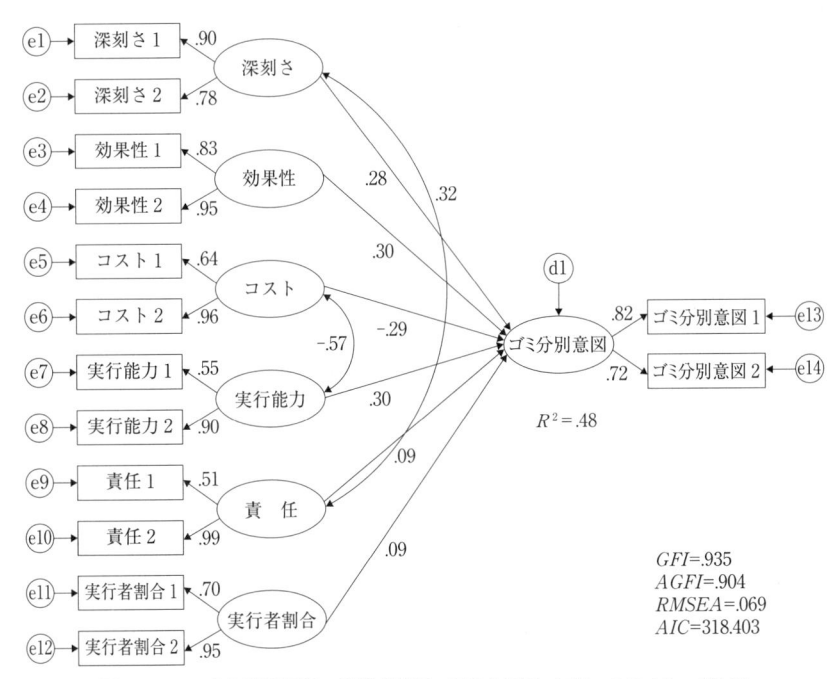

図11-2　ゴミ分別意図への媒介過程（標準化係数）（戸塚，2003 より一部改変）

[図：共分散構造分析モデル。観測変数として深刻さ1(.90)・深刻さ2(.78)→深刻さ、効果性1(.83)・効果性2(.95)→効果性、コスト1(.64)・コスト2(.96)→コスト、実行能力1(.55)・実行能力2(.90)→実行能力、責任1(.51)・責任2(.99)→責任、実行者割合1(.70)・実行者割合2(.95)→実行者割合。潜在変数からゴミ分別意図へのパス係数：深刻さ.28、効果性.30、コスト-.29、実行能力.30、責任.09、実行者割合.09。コストと実行能力の相関-.57、深刻さとゴミ分別意図の相関.32。ゴミ分別意図→ゴミ分別意図1(.82)・ゴミ分別意図2(.72)。$R^2=.48$。GFI=.935、AGFI=.904、RMSEA=.069、AIC=318.403]

め，分析は見送られた。この研究では社会評価や個人評価の影響力については部分的にしか確認されなかったが，戸塚（2003）はこの研究と一部重複したデータを使って追加的に共分散構造分析を行っている。その分析では，一部の規定因間に相関がみられたものの，ゴミ分別意図と塩ビ不買意図に対して深刻さ認知，効果性認知，コスト認知，実行能力認知，責任認知，実行者割合認知の影響力が確認された。ゴミ分別意図に関する分析の結果を図11-2に示す（紙面の都合で掲載できないが，塩ビ不買意図に関する分析もおおよそ同様の結果であった）。ただし規範認知の影響力についてはこちらの研究でも確認されず，規範認知が集合的対処行動意図を予測する力は小さい可能性が示唆された。これらの結果から，集合的防護動機モデルは環境問題をはじめとする集合的対処行動を勧告する説得の効果をある程度予測することができるモデルであると思われるが，規範認知の影響についてなどさらなる検証が必要であると考えられる。

第Ⅱ部　態度と態度変容

他に集合的防護動機モデルを扱った研究として，中国人を調査対象とした于・深田・戸塚（2006a, 2006b）が存在する（これらの研究については第13章を参照）。

第5節　今後の研究の課題

（1）　集合的対処行動に対する脅威ターゲットの影響

　環境問題の説得に関する理解をさらに深めるために，今後検討していく必要のある課題を述べておきたい。ひとつ目の課題は，集合的対処行動に対する脅威ターゲットの影響についての検討である。戸塚他（2002）では，「単独的対処行動」の実行を勧告する説得において脅威ターゲット（受け手，家族）の影響を検討した。一方で，「集合的対処行動」の実行を勧告する説得においても，様々な脅威ターゲットを用いることができるかもしれない。集合的対処は成功した場合，単独的対処よりも大きな影響力をもつ（すなわち多くの人への脅威を低減できる）ため，集合的対処行動を勧告する説得は，単独的対処行動を勧告する説得よりも多くの脅威ターゲットを設定しうる（たとえば，人類，国民，地域住民など）。今後，このような説得の効果や媒介過程についても検討していくことが重要である。

（2）　集合的防護動機モデルの再検討

　2つ目の課題は，集合的防護動機モデルの再検討である。戸塚（2002）や戸塚・深田（2005）は，集合的防護動機モデルを実証的に検討した。そして，その枠組みが環境問題の集合的対処行動の実行意図を予測するうえでおおむね有用であることが示唆されたが，同時に修正の必要性も示唆された。規範認知の影響力や，規範認知と責任認知の概念の重複性などについて再検討を行い，必要と判断されればモデルを修正していくべきである。

　環境問題は今後ますます深刻になっていくと予想され，この分野での脅威アピール説得の価値は大きくなっていくと思われる。今後も上記のような課題を解決しつつ，さらに効果の大きな説得手法を開発していく必要がある。

引用文献

Frandsen, K. D. (1963). Effects of threat appeals and media of transmission. *Speech Monographs*, **30**, 101-104.

深田博己 (1988). 説得と態度変容―恐怖喚起コミュニケーション研究― 北大路書房

深田博己・戸塚唯氏 (2001). 環境配慮的行動意図を改善する説得技法の開発 (未公刊)

Greening, L. (1997). Adolescents' cognitive appraisals of cigarette smoking : An application of the protection motivation theory. *Journal of Applied Social Psychology*, **27**, 1972-1985.

Hass, J. W., Bagley, G. S., & Rogers, R. W. (1975). Coping with the energy crisis : Effects of fear appeals upon attitudes toward energy consumption. *Journal of Applied Psychology*, **60**, 754-756.

広瀬幸雄 (1994). 環境配慮行動の規定因について 社会心理学研究, **10**, 44-55.

木村堅一 (1995). エイズ予防行動意志に及ぼす脅威の大きさ, 対処行動の効果性及びコストの効果―脅威アピールにおける修正防護動機理論の検討― 広島大学教育学部紀要 第一部 (心理学), **44**, 59-66.

King, K. W., & Reid, L. N. (1989). Fear arousing anti-drinking and driving PSAs : Do physical injury threats influence young adults? *Current Issues and Research in Advertising*, **12**, 155-175.

Powell, F. A. (1965). The effect of anxiety-arousing messages when related to personal, familial, and impersonal referents. *Speech Monographs*, **32**, 102-103.

Rogers, R. W. (1975). A protection motivation theory of fear appeals and attitude change. *Journal of Psychology*, **91**, 93-114.

Rogers, R. W. (1983). Cognitive and physiological processes in fear appeals and attitude change : A revised theory of protection motivation. In J. T. Cacioppo & R. E. Petty (Eds.), *Social Psychophysiology*. New York : Guilford Press. pp. 153-176.

戸塚唯氏 (2002). 環境問題に対する集合的対処行動意図の規定因 広島大学大学院教育学研究科紀要 第三部 (教育人間科学関連領域), **51**, 229-238.

戸塚唯氏 (2003). 環境問題への対処に及ぼす脅威アピール説得の効果とその生起機制 広島大学大学院教育学研究科博士論文 (未公刊)

戸塚唯氏・深田博己 (2005). 脅威アピール説得における集合的防護動機モデルの検討 実験社会心理学研究, **44**, 54-61.

戸塚唯氏・深田博己・木村堅一 (2002). 受け手自身あるいは家族を脅威ターゲットとする脅威アピールの効果 実験社会心理学研究, **42**, 83-90.

戸塚唯氏・早川昌範・深田博己 (2001). 環境ホルモン対処行動意図に影響を及ぼす要因の検討―防護動機理論の枠組みを用いて― 実験社会心理学研究, **41**, 26-36.

第Ⅱ部　態度と態度変容

　于　麗玲・深田博己・戸塚唯氏（2006 a）．中国の大学生の環境配慮行動意図の規定因に関する研究―集合的防護動機モデルの立場から―　環境教育, **5**(2), 34-44.
　于　麗玲・深田博己・戸塚唯氏（2006 b）．中国人大学生の環境配慮的態度・行動意図・行動実践―集合的防護動機モデル拡張の試み―　広島大学心理学研究, **6**, 43-48.

第12章 説得におけるユーモアの機能

第1節 ユーモアの社会的影響

(1) コミュニケーションにおけるユーモア

　本章では，ユーモア (humor) を「送り手からの刺激に対して，受け手がおもしろい，おかしいという知覚反応を示す過程」と定義する。そして，ユーモアを引き起こす送り手からの刺激をユーモア刺激，送り手からの刺激に対する受け手のおもしろい，おかしいという反応をユーモア反応として扱う。

　ユーモアは相手を楽しませることにより，コミュニケーションの潤滑油となり，人間関係の形成・進展に役立つ。しかし，それだけではなく，コミュニケーションの本来の目的の達成を促進することがある。たとえば，交渉場面における巧みなユーモアは，交渉の場の雰囲気を和ませ，交渉の成功する確率を高めるであろう。また，教育場面における教師のユーモアは児童・生徒の注意を引き，学習への意欲，あるいは学習効果を高めるかもしれない。さらに，講演会でのスピーチにおけるユーモアは聴衆の心をつかむ。このように，コミュニケーション場面でのユーモアの効果的な使用はその目的の達成を促進することがある。

　心理学の分野では，ユーモア刺激を独立変数とし，人間の様々な感情，態度，行動を従属変数とした研究が行われてきた。これらの研究では実際に実験参加者にユーモア刺激を提示し，ユーモア反応を示した実験参加者の感情，態度，行動にどのような変化が生じるのかを調べてきた。たとえば，ユーモアは精神

的健康を促進するのか（牧野, 2001, 2002 b），ユーモアは学習者の動機づけや態度を変えるのか（Bryant, Brown, Silberberg, & Elliott, 1981），ユーモアは説得効果を高めるのか（児玉・川森・高本・深田, 2004; 牧野, 1999 b, 1999 c, 2000; Markiewicz, 1974; 高下, 2004）などの問題が検討されてきた。

（2） 説得とユーモア

相手を納得させながら，相手の態度や行動を特定の方向に変化させようとする説得的コミュニケーションにおいても，ユーモアが用いられることがある。たとえば，ビジネスの交渉場面でのユーモアの使用，ディベートでのユーモアの使用は，コミュニケーションを円滑にし，こちらの要請を受け入れてもらえる可能性を高めるであろう。また，部下の不適切な行動を改善するために叱る場合，あるいは上司に進言する場合にも，ユーモアを使用することにより，相手との関係を快適なものに保ちながら目的を達成することができるであろう。

また，テレビやラジオのマス・コミュニケーションの広告（advertising）ではユーモアが頻繁にみられる。アメリカではテレビ広告の 24.4%（Weinberger & Spotts, 1989），ラジオ広告の 30.6%（Weinberger & Campbell, 1991）がユーモアを用いているという結果が報告されている。広告は，視聴者に対して，商品などの情報を提供し，商品に対する良いイメージをもってもらい，購買行動を高めようとしている。この意味では，広義の説得といえるだろう。広告では，ユーモアを用いることで視聴者の注意を引き，ユーモアにより楽しい雰囲気を作り出し，受け手に快感情を引き起こすことで効果を上げようとしている。以上のように，相手の態度や行動を変化させようという説得の場面においても，ユーモアが頻繁に用いられている。

第 2 節　説得におけるユーモアの機能に関する展望

ここでは，説得へのユーモアの効果に関する先行研究の結果を簡潔にまとめる。その後，先行研究における説得過程に及ぼすユーモアの効果を整理し，ユ

ーモアの説得効果の媒介過程を考察する。その際には，説得以外のユーモアの社会的影響に関する実験・調査研究，ユーモアの理論からの知見も参考にする。さらに，日本において，ユーモア刺激を用いた実験研究を紹介する。

（1） 説得に及ぼすユーモアの効果に関する展望

説得研究においてユーモアはメッセージ変数として扱われてきた (e.g., Festinger & Maccoby, 1964; Gruner, 1965, 1966, 1967 a)。説得に及ぼすユーモアの効果とは，ユーモア刺激が説得メッセージに挿入されることで，メッセージ全体の説得力が高まるかどうかをさし，その効果は促進効果，抑制効果，無効果に大別できる。

説得に及ぼすユーモアの効果を検討した先行研究においては，ユーモアは説得を促進すると仮定されてきた (e.g., Duncan, 1979; Markiewicz, 1974; Weinberger & Gulas, 1992)。主に初期の説得研究の結果をまとめた Markiewicz (1974) によると，説得に及ぼすユーモアの効果は，説得の促進効果を示すものは少なく，無効果という結果が多く，さらには，説得の抑制効果という結果もみられた。その後，Weinberger & Gulas (1992) は，主に 1970 年代以降にさかんとなった広告研究におけるユーモアの効果に関する研究結果をまとめ，広告におけるユーモアの効果を展望した。その結果，商品への態度を好意的にする，あるいは商品の購入意志を高めるという促進効果を示す結果は少なく，無効果という結果が多くみられ，一部で抑制効果もみられた。しかしながら，これらの2つのレビュー論文で取り上げられた実験・調査研究を改めて検討した牧野 (1999 a) は，過去の実験・調査研究に実験計画，実験手続き，分析方法の問題があったことを指摘し，問題のなかった実証的研究だけを取り上げて，説得に及ぼすユーモアの効果を検討した。その結果，11 研究 (19 測度) のうち，2 研究 (2 測度) で促進効果，1 研究で部分的促進効果 (1 測度で促進効果，2 測度で無効果)，8 研究 (14 測度) で無効果が示された。このように，多くの先行研究ではユーモアが説得効果を促進していなかったが，Markiewicz (1974) や Weinberger & Gulas (1992) の予想する「抑制効果」を示す研究はまったくみられなかっ

た。牧野（1999 a）は，説得に及ぼすユーモアの効果を主効果と交互作用効果の点から検討し，その説得過程について理論的考察を行い，続いて，牧野（2002 a, 2005）は，説得過程に及ぼすユーモアの効果を整理し，ユーモアの効果の生起メカニズムに関して，再検討の必要性を指摘している。

（2） 説得過程に及ぼすユーモアの効果に関する展望

多くの先行研究では，説得において，ユーモアが態度や行動に直接影響を与えるのではなく，説得過程に促進的に働くことによって，最終的に態度や行動を説得方向へと変化させると仮定されてきた（e.g., Chattopadhyay & Basu, 1990; O'Quin & Aronoff, 1981; Zhang & Zinkhan, 1991）。ここでは，説得過程の媒介要因に及ぼすユーモアの影響について整理していく。

1） 受け手の感情状態に及ぼすユーモアの効果

ユーモアの説得効果を検討する際には，ユーモア刺激を含む説得メッセージを受け手がどのように処理しているかが重要である（牧野，2002 a）。一般に，ユーモアは受け手に楽しい，うれしいなどの肯定的感情を喚起するため，この肯定的感情がヒューリスティックな処理過程を促進し，説得に対して好意的な態度変容をもたらすと予想されてきた。実際に，メッセージに含まれるユーモア刺激は受け手の肯定的感情を高めていた（牧野，1999 b, 1999 c, 2000, 2001, 2002 b; O'Quin & Aronoff, 1981; Scott, Klein, & Bryant, 1990）。しかしながら，ユーモア刺激が喚起する感情については，説得メッセージおよびユーモア刺激の各々と感情価（肯定的・否定的）との関連性の観点から考えなければならない。

説得コミュニケーションを受けたときに，受け手がどのような感情状態にあるかが説得効果を左右することがわかっている（深田，1983, 1991; 原，1995; 原・山本，1995; 北村・沼崎・工藤，1994; 田中，2004）。この感情状態には，肯定的感情状態（快適な状態，リラックスした状態など）と否定的感情状態（不快な状態，恐怖喚起状態など）がある。受け手の感情状態を独立変数とした研究においては，一般的に，肯定的感情がヒューリスティック処理を促進し（原・山本，1995; 北村他，1994），否定的感情が分析的処理を促進する（原，1995; 原・山本，1995; 北

村他，1994）ことが示されている。しかしながら，感情状態と説得効果との関連をみたほとんどの研究は，説得話題とは関係のない無関連感情を扱ってきた。この点に関して，田中（2004）は，メッセージ自体が受け手に引き起こす感情状態に注目し，感情と説得話題との関連性を操作して実験を行った。その結果，関連感情の場合には，肯定的感情状態の受け手は否定的感情の受け手よりも情報に対して分析的な処理を行っていた。他方，無関連感情の場合には，従来の結果と同様に，否定的感情状態にある受け手が肯定的感情状態の受け手よりも分析的処理を行っていた。

この観点から，受け手の感情状態に及ぼすユーモアの効果を検討していく。先行研究においては，ユーモア刺激は楽しい，陽気な，などの肯定的感情を喚起することが報告されている（たとえば，牧野，1999 b，2000，2001，2002 b；O'Quin & Aronoff，1981；Scott et al.，1990）。しかしながら，すでに述べた情報処理における感情の役割から考えると，ユーモアにより引き起こされる肯定的感情にも，説得メッセージと関連する関連感情と関連しない無関連感情を考慮する必要がある。ユーモア刺激が説得メッセージと関連のあるものであれば，喚起される肯定的感情は関連のある肯定的感情であるし，ユーモア刺激がメッセージとまったく関係のないものであれば，無関連の肯定的感情となる。前者の場合には，ユーモア刺激を含む説得メッセージは分析的な処理が行われる，つまり，精緻化が起こるであろう。逆に，後者の場合には，説得メッセージはヒューリスティックな処理が行われる，つまり，精緻化が起こらないと予想される。したがって，メッセージと関連のあるユーモア刺激が関連のある肯定的感情を喚起した場合には，メッセージが分析的な処理を受け，その結果，説得効果は促進されるだろう。

2）受け手の認知過程に及ぼすユーモアの効果

説得メッセージを受けた際，受け手はメッセージに対する賛成意見を思い浮かべたり，反論を思い浮かべたりする。このような認知過程に対してユーモア刺激はどのような影響を与えるのであろうか。肯定的感情を喚起するユーモア刺激は，説得場面において受け手の肯定的思考を増やすことが予想される。た

だし，これは，受け手の事前の態度が説得方向に賛成の場合（順態度的である場合）に限定されるであろう。他方，反態度的説得を受けた場合には，ユーモアのディストラクション効果（distraction effect）に導かれる反論の抑制が予想される。ユーモアのディストラクション効果とは，おもしろい，おかしいというユーモアを感じると説得話題に関する思考から注意がそれるという働きのことをいう。以上のことから考えると，ユーモアは説得過程において肯定的思考を増加させる，あるいは，反論を抑制するというディストラクション効果により説得への促進効果をもつと予想される。

　先行研究においては，肯定的思考数を増加させる（Belch & Belch, 1984; Furnham, Gunter, & Walsh, 1998），遅延後に肯定的思考を増加させる（Lammers, Leibowitz, Seymour, & Hennessey, 1983），影響はない（Zhang, 1996）という結果がみられた。Chattopadhyay & Basu（1990）では，初期態度が肯定的な場合にはユーモアあり群の方がユーモアなし群よりも肯定的思考数が多く，初期態度が否定的な場合にはユーモアなし群の方がユーモアあり群よりも肯定的思考数が多かった。つまり，最初から説得話題に対して好意的な態度をもっている人に対して，ユーモアは肯定的な考えを多く引き起こし，逆に非好意的な態度をもっている人に対して，肯定的な考えが起こるのを抑えていた。他方，否定的思考数には差はみられなかった。これらの結果は，順態度的説得におけるユーモアの肯定的思考の促進効果を支持している。しかし，反態度的説得においては肯定的思考へのディストラクションを示しており，否定的思考へのディストラクションは示していない。

　このように，ユーモアが受け手の認知反応に与える影響は一貫していない。先行研究においては，受け手の初期態度を測定していない研究も多いため，この点については明確な知見を述べることができない。しかしながら，少なくとも順態度的説得において，ユーモアは受け手の肯定的思考を増やし，説得を促進することが予想される。

3）メッセージ評価に及ぼすユーモアの効果

　ユーモア刺激がメッセージ評価を高めることにより説得を促進すると仮定す

る先行研究もある (Duncan, 1979; O'Quin & Aronoff, 1981)。メッセージ評価とは，受け手が説得メッセージに対して行う評価であり，メッセージにユーモア刺激が加えられることにより，メッセージ全体の評価が高まると考えられてきた。Belch & Belch (1984) と O'Quin & Aronoff (1981) においては，ユーモアはメッセージ評価を高めていた。また，Bryant et al. (1981) では，3つのうち2つの測度でメッセージ評価を高め，残りの測度では影響を与えていなかった。さらに，牧野 (1999 b) では遊戯的ユーモアが説得効果を促進していたにもかかわらず，メッセージ評価は高まっていなかった。しかし，牧野 (2000) では，攻撃的ユーモアは受け手の否定的気分を媒介して，メッセージ評価を低下させていた。これらの結果から，攻撃性を含まないユーモア刺激により，メッセージ評価が高まる可能性が示唆される。

4) 送り手評価に及ぼすユーモアの効果

「ユーモアのある人」は「おもしろい」，「楽しい」，「親しみやすい」などのイメージをもたれている (上野, 2003)。したがって，一般に，ユーモアのある人は他者に好まれる。説得コミュニケーションにおいて，ユーモア刺激が受け手におもしろい，おかしいという肯定的感情を喚起させた場合，受け手は送り手を魅力的に感じ，説得されやすくなるであろう。

ユーモアは送り手の評価や送り手の魅力を高めると仮定されてきた (Duncan, 1979; O'Quin & Aronoff, 1981)。O'Quin & Aronoff (1981) は，ユーモアが送り手の魅力を高め，この送り手の魅力を媒介して，説得を促進するという「送り手の魅力媒介仮説」を唱えた。送り手評価に関する先行研究の結果は，ユーモアが送り手の評価を高めるという促進効果 (Belch & Belch, 1984; 牧野, 1999 b) と評価を低めるという抑制効果 (Bryant et al., 1981) の両方の効果がみられた。また，説得場面ではないが，送り手評価に及ぼすユーモアの効果を調べた研究では，ユーモアは送り手の親しみやすさを高めていた (Gruner, 1967 b, 1970)。

次に，送り手の魅力に関しては，魅力を高めるという結果 (Lammers et al., 1983) と無効果という結果 (O'Quin & Aronoff, 1981; Wu, Crocker, & Rogers, 1989) がみられた。O'Quin & Aronoff (1981) においては，ユーモアが説得を

促進していたにもかかわらず，送り手の魅力は高まっていなかった。また，教育場面での送り手の魅力に及ぼすユーモアの効果を検討した研究では，ユーモアを用いる教師は，ユーモアを用いない教師と比べて，生徒から好かれていた（Bryant, Comisky, Crane, & Zillmann, 1980）。以上のように，送り手評価や送り手の魅力に及ぼすユーモアの効果にもばらつきがみられる。しかしながら，概してユーモアは送り手の親しみやすさなどの評価や魅力を高めることが示唆される。

（3） 説得に及ぼすユーモアのタイプと量の効果

先行研究の結果が一貫しない理由として，使用されるユーモア刺激が研究間で異なることを指摘した牧野（1999b）は，ユーモア生起のメカニズムからユーモア刺激のタイプを，攻撃的ユーモア刺激と遊戯的ユーモア刺激の2つに分類した。実験計画は，2（ユーモア刺激のタイプ：攻撃的・遊戯的）×2（ユーモアの量：少量2刺激・多量5刺激）の2要因実験参加者間計画であり，この他に，説得あり統制群（説得メッセージあり・ユーモア刺激なし）と説得なし統制群（説得メッセージなし・ユーモア刺激なし，態度測定のみ）の2条件を設定した。

実験参加者は，「記事に対する印象調査」という名目で記事（説得メッセージ）を読んだ後，態度調査に回答した。説得話題は，「大学における成績評価」であり，「日本の大学の成績評価は甘い，もっと厳しくすべきである」という方向に説得を行った。説得メッセージは2,000字程度の文章であり，その文章の中に皮肉やブラックユーモアなどの攻撃的ユーモア刺激，あるいは期待とのズレによる冗談やおもしろいたとえ話などの遊戯的ユーモア刺激を挿入した。従属変数は，受け手の態度1（日本の大学の成績評価は甘い），態度2（もっと成績評価を厳しくすべきである），受け手の気分（否定的気分・肯定的気分），メッセージ評価，送り手の評価（親しみやすさ・専門性）を7段階で測定した（方法の詳細は牧野，2010を参照のこと）。

2つの態度得点に関する説得あり統制群と説得なし統制群の間の比較からユーモア刺激を含まないメッセージ（説得あり統制群）は十分な説得力をもってい

ないことが分かった。次に、2つの態度得点に対して2要因の分散分析を行った結果、交互作用がみられた。メッセージ提示後の態度1の得点を図12-1に示した。下位検定の結果、ユーモア刺激が多い群において、遊戯的ユーモア群は攻撃的ユーモア群よりも態度得点が高く、遊戯的ユーモア群においては多量群の方が少量群よりも態度得点が高かった。また、遊戯的ユーモア多量群だけが説得なし統制群と比べ、態度得点が高く、十分な説得力をもっていないメッセージに遊戯的ユーモア刺激が多量に加わることによりメッセージ全体の説得力が上がることが判明した。

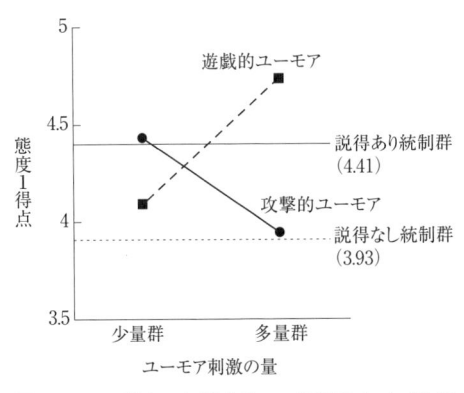

図12-1 態度1に関するユーモアのタイプと量の交互作用効果（牧野、1999bより構成）

注：図中の（ ）内の数値は各統制群における平均値を示す。

さらに、ユーモアの効果の生起メカニズムを検討するために、受け手の気分、メッセージ評価、送り手の評価を説明変数とし、態度を従属変数とするパス解析を行った（図12-2）。その結果、態度2に関して、説得メッセージを読んだときに、遊戯的ユーモアを感じたという人ほど、「楽しい」、「爽快な」などの肯定的気分を感じており、その気分が高い人ほどメッセージの送り手（文章を書いた人）に「親しみやすさ」を感じていて、この送り手の親しみやすさが態度の変化を促進していた。

この結果から、説得に及ぼすユーモアの効果はユーモア刺激のタイプと量により異なることが明らかとなった。メッセージに含まれるユーモア刺激が多い場合、遊戯的ユーモア刺激は攻撃的ユーモア刺激よりも説得効果をもち、遊戯的ユーモア刺激に関しては、少量よりも多量の方が効果をもつ。また、十分な説得力をもっていないメッセージに遊戯的ユーモア刺激を多量に加えることにより、説得効果が促進されることが明らかとなった。

第II部　態度と態度変容

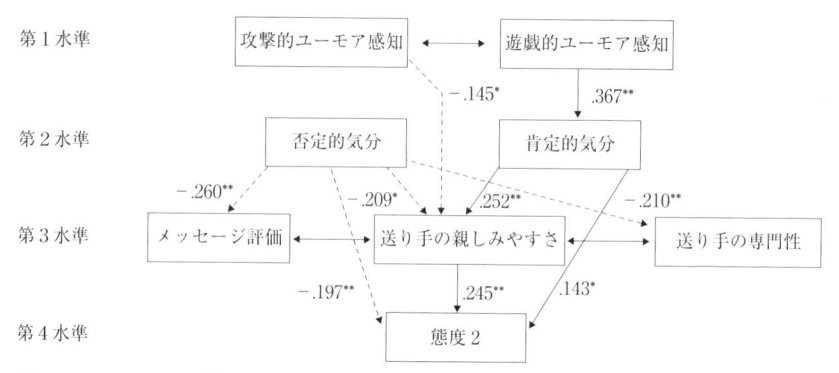

図12-2　ユーモア感知度，媒介変数，および態度のパスダイアグラム(牧野，1999bより構成)
注：1）相関係数・標準偏回帰係数が有意なパスのみを図示した。図中の数字は有意な標準偏回帰係数を，双方向矢印は正の相関関係，実線矢印は正のパス，破線矢印は負のパスを示す。
　　2）$**p<.01$, $*p<.05$.

第3節　説得に及ぼすユーモアの効果研究の発展の方向性

最後に，説得に及ぼすユーモアの効果に関する研究の方向性について，いくつかの将来の課題を述べておく。

（1）関連ユーモア刺激と無関連ユーモア刺激の説得効果

独立変数としてのユーモア刺激に関しては，説得メッセージとユーモア刺激との関連性の問題が早急に検討されるべきである。すでに述べたように，ユーモア刺激が説得メッセージと関連しているか否かにより喚起される肯定的感情は異なる。また，メッセージと関連のあるユーモア刺激と関連のないユーモア刺激では，それぞれの刺激とそれを含む説得メッセージに対する認知反応が異なるであろう。特に，無関連ユーモア刺激の説得効果に関しては，ディストラクション効果を含む検討が求められる。さらに，事前事後測定計画を行い，順態度的説得と反態度的説得におけるユーモアの効果を検討する必要もあるだろう。

（2） 攻撃的ユーモアの説得促進効果

　これまでの研究で，攻撃的ユーモアについては，態度レベルでは説得への影響がまったくみられていない。攻撃的ユーモアの影響は，媒介過程において，否定的な気分を喚起し，送り手の親しみやすさ評価を低減する程度であった（牧野，1999 b, 2000）。しかしながら，攻撃的な内容を含む説得を行う場合には，説得メッセージを直接的な表現で伝達するよりも，皮肉などの攻撃的ユーモアを用いて伝達する方が受け手に対して効果的であることが予想される。たとえば，皮肉などの攻撃的ユーモア刺激を用いてメッセージを伝えることにより受け手への攻撃性が和らいだり，受け手のリアクタンスや受け手からの反論を抑制することが十分考えられる。

引用文献

Belch, G. E., & Belch, M. A. (1984). An investigation of the effects of repetition on cognitive and affective reactions to humorous and serious television commercials. *Advances in Consumer Research*, **11**, 4-14.

Bryant, J., Brown, D., Silberberg, A. R., & Elliot, S. M. (1981). Effects of humorous illustration in college textbooks. *Human Communication Research*, **8**, 43-57.

Bryant, J., Comisky, P. W., Crane, J. S., & Zillmann, D. (1980). Relationship between college teachers' use of humor in the classroom and students' evaluation of their teachers. *Journal of Educational Psychology*, **72**, 511-519.

Chattopadhyay, A., & Basu, K. (1990). Prior brand evaluation as a moderator of the effects of humor in advertising. *Journal of Marketing Research*, **26**, 466-476.

Duncan, C. P. (1979). Humor in advertising : A behavioral perspective. *Journal of the Academy of Marketing Science*, **7**, 285-306.

Festinger, L., & Maccoby, N. (1964). On resistance to persuasive communications. *Journal of Abnormal and Social Psychology*, **68**, 359-366.

深田博己 (1983). 無関連恐怖喚起状況下における説得促進効果　実験社会心理学研究，**23**, 83-90.

深田博己 (1991). 無関連恐怖喚起状況下での説得に及ぼすコミュニケーターの信憑性の効果　実験社会心理学研究，**31**, 94-103.

Furnham, A., Gunter, B., & Walsh, D. (1998). Effects of programme context on memory of humorous television commercials. *Applied Cognitive Psychology*, **12**, 555-567.

Gruner, C. R.(1965). An experimental study of satire as persuasion. *Speech Monographs*, **32**, 149-154.

Gruner, C. R.(1966). A further experimental study of satire as persuasion. *Speech Monographs*, **33**, 184-185.

Gruner, C. R.(1967 a). Editorial satire as persuasion: An experiment. *Journalism Quarterly*, **44**, 727-730.

Gruner, C. R.(1967 b). Effect of humor on speaker ethos and audience information gain. *Journal of Communication*, **17**, 228-233.

Gruner, C. R.(1970). Effect of humor in dull and interesting informative speeches. *Central States Speech Journal*, **21**, 160-166.

原　奈津子（1995）．説得の情報処理における不快感情と関与の影響　心理学研究，**65**, 487-493.

原　奈津子・山本真理子（1995）．説得における肯定的感情および否定的感情の影響　筑波大学心理学研究，**17**, 143-151.

北村英哉・沼崎　誠・工藤恵理子（1994）．説得過程におけるムードの効果　感情心理学研究，**2**, 49-59.

児玉真樹子・川森大典・高本雪子・深田博己（2004）．説得に及ぼすユーモアの効果とその生起機制　広島大学心理学研究，**4**, 63-76.

Lammers, H. B., Leibowitz, L., Seymour, G. E., & Hennessey, J. E.(1983). Humor and cognitive responses to advertising stimuli: A trace consolidation approach. *Journal of Business Research*, **11**, 173-185.

牧野幸志（1999 a）．説得に及ぼすユーモアの効果とその生起メカニズムの検討　実験社会心理学研究，**39**, 86-102.

牧野幸志（1999 b）．説得に及ぼすユーモアの種類と量の効果　感情心理学研究，**6**, 1-16.

牧野幸志（1999 c）．説得に及ぼすユーモアの種類と量の効果(2)　広島大学教育学部紀要第一部（心理学），**48**, 107-120.

牧野幸志（2000）．説得に及ぼすユーモアの種類と量の効果(3)　高松大学紀要，**34**, 53-68.

牧野幸志（2001）．精神的健康に及ぼす遊戯的ユーモアの効果(1)―遊戯的ユーモアのストレス緩和効果―　日本社会心理学会第42回大会発表論文集，620-621.

牧野幸志（2002 a）．ユーモアと説得　深田博己（編著）　説得心理学ハンドブック―説得コミュニケーション研究の最前線―　北大路書房　pp. 236-277.

牧野幸志（2002 b）．精神的健康に及ぼす遊戯的ユーモアの効果(2)―不安喚起状況における遊戯的ユーモアの効果―　日本社会心理学会第43回大会発表論文集，428-429.

牧野幸志（2005）．説得とユーモア表現―ユーモアの効果とその生起メカニズム再考―　心理学評論，**48**, 100-109.

牧野幸志（2010）．説得に及ぼすユーモアの効果とその生起メカニズム　風間書房
Markiewicz, D. (1974). Effects of humor on persuasion. *Sociometry*, **37**, 407-422.
O'Quin, K., & Aronoff, J. (1981). Humor as a technique of social influence. *Social Psychology Quarterly*, **44**, 349-357.
Scott, C., Klein, D. M., & Bryant, J. (1990). Consumer response to humor in advertising : A Series of field studies using behavioral observation. *Journal of Consumer Research*, **16**, 498-501.
高下保幸（2004）．環境漫画による環境保全意識の投影法的測定と説得効果　吉田秀雄事業財団　平成15年度（第37次）助成研究集（要旨）　pp. 85-102.
田中知恵（2004）．関連感情がメッセージの精緻化に及ぼす影響―印刷媒体広告を用いた情報処理方略の検討―　社会心理学研究，**20**, 1-16.
上野行良（2003）．ユーモアの心理学―人間関係とパーソナリティ―　サイエンス社
Weinberger, M. G., & Campbell, L. (1991). The use and impact of humor in radio advertising. *Journal of Advertising Research*, **31**, 44-52.
Weinberger, M. G., & Gulas, C. S. (1992). The impact of humor in advertising : A review. *Journal of Advertising*, **21**, 35-59.
Weinberger, M. G., & Spotts, H. (1989). Humor in U.S. versus U.K. TV commercials : A comparison. *Journal of Advertising Research*, **11**, 11-17.
Wu, B. T. W., Crocker, K. E., & Rogers, M. (1989). Humor and comparatives in ads for high and low involvement products. *Journalism Quarterly*, **66**, 653-661.
Zhang, Y. (1996). The effect of humor in advertising : An individual-difference perspective. *Psychology and Marketing*, **13**, 531-545.
Zhang, Y., & Zinkhan, G. M. (1991). Humor in television advertising. *Advances in Consumer Research*, **18**, 813-818.

第13章　中国人の環境配慮行動意図の規定因

第1節　中国における環境問題

（1）環境問題と環境教育

環境問題（environmental problems）は，人間活動の拡大（資源とエネルギー利用の拡大）による「生態系の劣化」，「人間の生存条件の劣化」および経済活動の基盤である「生産条件の劣化」として捉えることができる（瀬戸・森川・小沢, 1998）。環境問題を解決する手段として，直接規制，経済的手段，環境教育・倫理，国際協調がある（中島, 1997）。政府や国際機関の採る直接機制や経済的手段がトップダウン型のアクションであるのに対し，道徳や倫理の面から人々の価値観や意識を変えることによって，環境問題の改善意識を育てる環境教育（environmental education）は，ボトムアップ型のアクションである。人間は，環境問題の被害者であると同時に加害者にもなりうる。環境教育によって，自然の大切さや人間と環境との調和の重要性を理解させ，環境改善の態度や行動を形成することが望ましい。

（2）中国における環境問題の現状と課題

1）中国の環境問題の現状

20世紀後半から，環境破壊，環境汚染，資源枯渇などの環境問題が地球全体で広がり，人類の生存および将来を脅かすまでになってきた。近年の中国は，経済発展が急速に進み，工場の新設や自然環境の開発が盛んである。それに伴

い，様々な環境破壊・環境汚染が生じ，深刻な社会問題になっている。たとえば，1995年の水資源調査では，中国全10万kmの河川の46.5%が汚染され，河川全体の10.6%の汚染度は深刻であることが示された（小島，2000）。また，中国では地表水の汚染度が5段階で示される（I類基準：汚染が認められない～V類基準：汚染がきわめて深刻）。1996年の中国の7大水系（長江，黄河など）におけるIV～V類基準の割合は38.9%であったが（李，1999），2002年の7大水系におけるIV～V類基準の割合は30%で，もともと定めたV類基準の指標をさらに上回る汚染（劣V類基準）の割合が40.9%にも達し，わずか5年間で中国の水質汚染は格段に深刻化していることが分かる（国家環境保護局，2002a）。

そして，地球温暖化問題に関係する温室効果ガス（CO_2等）の中国の排出量は，現在，アメリカに次いで世界第2位であるが，2025年にはアメリカを抜き，第1位になると予測されている（中国情報局，2005）。また，中国では，ここ半世紀で気温が約1度も上昇しており，気候変動が農業に及ぼす影響が危惧されている（中国情報局，2004）。実際，地球温暖化の影響で中国の北部に台風や暴風雨が頻発しており，大きな被害もでている（中国評論新聞網，2005）。

また大気汚染問題も深刻である。中国ではエネルギーの75%を石炭に頼っているため，煤煙が大量に排出されており，それが大気汚染を引き起こしている。近年，煤煙の排出量はますます増加しており（1997年では年間約1,873万トン），それに伴って呼吸器疾患が急増している（小島，1999）。中国では，大気中の総浮遊粒子状物質，二酸化硫黄，窒素酸化物の濃度から「環境空気質量標準」という3段階の環境基準が設定され，1級，2級，3級がそれぞれ田園地域，都市住居地域，都市工業地域への適用基準となる（李，1999）。2002年時点では，都市の大気汚染は全体的に好転しているものの，3分の2近くの都市における大気の質は，基準の2級に達しておらず，大気汚染は深刻な状況が続いている。大気汚染が大都市以外の地域でむしろ悪化しているという指摘もある（李，1999）。また工場などからの煤煙によって発生した酸性雨も，農地や森林に大きな被害を与えている。特に，南部地域の酸性雨汚染が依然深刻で，酸性雨規制区域内でも90%以上の都市で酸性雨がみられたという（国家環境保護

局，2002 b）。さらに最近では，中国の工場から大気中に排出された硫黄酸化物が風に運ばれ，日本に酸性雨被害をもたらしていること（越境酸性雨）も指摘されている（明日香・金・相川，1997）。

　全体的に見ると，中国では環境破壊・環境汚染がますます深刻になっており，中国だけでなく近隣諸国にもその被害が及んでいるため，中国の環境問題の改善は，中国にとって急務であるだけでなく，近隣諸国にとっても重要な課題である。中国の環境問題を改善するためには，政策的なアプローチも必要であろうが，市民一人一人に環境配慮行動の実行を訴えていくアプローチも必要である。

2）中国での環境教育の必要性

　環境問題への対処行動(coping behavior)は環境配慮行動(environment-conscious behavior)と呼ばれる。環境配慮行動は，エネルギーと資源の消費や環境への負荷が相対的に小さな消費行動をはじめとする，環境保全のための具体的な行動である（広瀬，1995）。環境問題を解決するためには，人々の環境配慮行動の実行を促進することがきわめて重要である。そこで，環境配慮行動の実行を促すために，環境配慮行動あるいは環境配慮行動意図(environment-conscious behavioral intention)の規定因を明らかにする必要がある。ちなみに，5種類の一般的環境配慮態度と環境配慮行動の関係を検討したMichael & Cordell（1997）は，環境への関心や認識を高めることによって，環境配慮行動の実行も増えると示唆した。

　人々に環境への関心を高め，環境の大切さを理解させ，環境に配慮する態度を育てることのできる環境教育は，人々の環境配慮行動を促進し，環境問題を解決するうえで大きな役割を果たす。中国において効果的な環境教育を実施するためには，中国人の環境意識の現状を把握することが必要である。その際，単に中国人の環境意識だけではなく，他国の人々の環境意識を測定することによって，両国の人々の環境意識を比較検討すれば，中国人の環境意識の特徴をより的確に把握できる。

（3） 環境意識の中日比較

　日本の住民と比べて，中国の住民はより積極的な環境対策への参加意欲を示し，行政に対する期待と身近な環境の改善についても積極的な意欲をもつ（李・川上・本多，1997, 1998）が，住民の自然環境への関心度は，中国と日本でともに高く，環境改善への努力の程度に両国間の差異はみられない（馬，2001），という矛盾する調査結果がある。また，中国の人々の約半数はやや高い環境意識をもつ（任，2002）が，中国の上海市およびその周辺地域の住民の環境意識はきわめて低い（蘇，2002），という矛盾する報告もある。さらに，中国人大学生は国内の環境問題に注目し，日本人大学生は地球規模の環境問題に注目すること，また，現状の異なる両国間比較に限界があることを指摘した研究（于・深田・戸塚，2005）がある。

　いずれにせよ，中国の環境問題に関する研究の蓄積は不十分であり，しかも必ずしも一貫した研究結果が見出されているわけでもない。中国人の環境意識の解明を図り，中国の環境問題の解決を目指すためには，使用する調査項目や理論的立場を明確に示しつつ，研究間で比較可能なデータを提供することが求められる。

第2節　環境配慮行動意図の説明モデル

（1）　集合的防護動機モデル

　防護動機理論（Rogers, 1983）と環境配慮的行動と規定因との要因連関モデル（広瀬，1994）とを参考にして，深田・戸塚（2001；戸塚，2002 にモデルの詳細な説明あり）は，集合的対処（当該の脅威を回避するために，一個人ではなく多数の人々が並行的に行う対処）の行動意図を予測する「集合的防護動機モデル（collective protection motivation model）」を提唱した（図13-1）。この理論は，集合的対処行動意図の規定因として8つの認知変数を仮定し，2つずつの認知変数が結合することによって4つの評価を生じさせ，それらの評価が結びつくことによって，集合的防護動機が発生し，集合的対処行動意図が決定されると仮定してい

第Ⅱ部　態度と態度変容

```
深刻さ認知  ＋  生起確率認知  ＝  脅威評価  ┐
効果性認知  －  コスト認知    ＝  対処評価  │→ 集合的防護動機
実行能力認知 ＋  責任認知     ＝  個人評価  │   ↓
実行者割合認知＋ 規範認知     ＝  社会評価  ┘  集合的対処行動意図
                                              ↓
                                          集合的対処行動
```

図13-1　集合的防護動機モデル（深田・戸塚, 2001）

る。

　4つの環境問題に関する合計7つの集合的対処行動を設定した戸塚（2002）は，規範認知以外の認知変数が少なくともひとつ以上の集合的対処行動意図に影響を与えていることを明らかにした。しかし，現時点での集合的防護動機モデルの検証はきわめて不十分である。

（2）　環境配慮的行動と規定因との要因連関モデル

　環境問題に対する一般的な態度から特定の環境配慮行動意図へのプロセスを仮定した広瀬（1994）は，「環境配慮的行動と規定因との要因連関モデル（the model regarding environment-conscious behaviors and those determinants）」（以下，要因連関モデルと略記。図13-2）を提唱している。このモデルは，3つの認知によって「環境にやさしくとの目標意図（特定の環境問題に対する一般的な態度）」が生じ，さらにその目標意図と3つの評価によって，「環境配慮的な行動意図（特定の環境問題に対する特定の具体的な対処行動意図）」が生じると予測する。

　住民を対象に，要因連関モデルをもとに資源リサイクル意思決定を検討した野波・杉浦・大沼・山川・広瀬（1997）は，対処有効性認知が目標意図と行動意図の両方に有意な影響力をもつことや，社会規範評価が行動意図や行動に影響力をもつことを明らかにした。また，ゴミ減量行動の話題を用い，子どもと親を別々に調査対象とした依藤・広瀬（2002）では，親の場合に，ゴミ減量の態度からゴミ減量行動への影響が見出されなかった。これは要因連関モデルが仮定している環境配慮的態度から環境配慮行動への影響が存在しないかもしれ

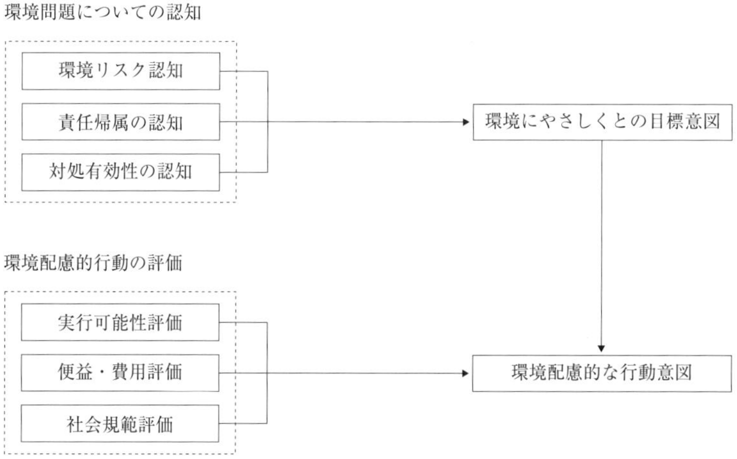

環境問題についての認知

```
┌─────────────────┐
│ 環境リスク認知    │──┐
├─────────────────┤  │
│ 責任帰属の認知    │──┼──→ 環境にやさしくとの目標意図
├─────────────────┤  │                │
│ 対処有効性の認知  │──┘                │
└─────────────────┘                   │
                                      ↓
環境配慮的行動の評価
┌─────────────────┐
│ 実行可能性評価    │──┐
├─────────────────┤  │
│ 便益・費用評価    │──┼──→ 環境配慮的な行動意図
├─────────────────┤  │
│ 社会規範評価      │──┘
└─────────────────┘
```

図13-2　環境配慮的行動と規定因との要因連関モデル（広瀬,1994）

ないことを示す。さらに，子どもの場合に，規範感からごみ減量への態度への有意な影響が見出され，モデルが仮定していない変数間の関係も示された。したがって，要因連関モデルの妥当性については，さらなる検討が必要である。

（3）行動に至る心理プロセスのモデル

　態度による行動の予測という観点から小池他（2003）は，知識，関心，動機，行動意図，行動の5段階を想定し，「行動に至る心理プロセスのモデル（the model of psychological processes leading to behavior）」（以下，心理プロセスモデルと略記。図13-3）を提唱した。

　中学生を対象に，三阪・小池（2004）は環境問題に関する体験学習会の成果を実証する研究を行ったが，心理プロセスの各段階に対する体験学習会の影響を段階別に明らかにするにとどまった。また，三阪・小池（2006）は，心理プロセスモデルに5つの要因（危機感，責任感，有効感，実行可能性評価，便益費用評価）を導入したうえで，知識から行動意図へのパスを仮定する拡張的修正モデルに基づき，心理プロセスモデルの説明力を検討している。しかし，心理プロセスモデルの妥当性を直接検討した研究は見当たらない。

第Ⅱ部　態度と態度変容

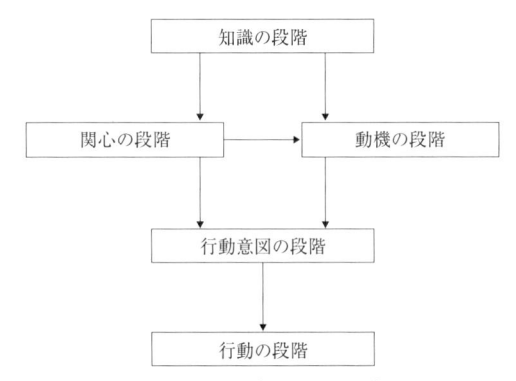

```
        ┌──────────┐
        │ 知識の段階 │
        └─────┬────┘
         ┌────┴────┐
         ↓         ↓
   ┌──────────┐  ┌──────────┐
   │ 関心の段階 │→│ 動機の段階 │
   └─────┬────┘  └─────┬────┘
         └────┬────────┘
              ↓
      ┌──────────────┐
      │ 行動意図の段階 │
      └───────┬──────┘
              ↓
      ┌──────────┐
      │ 行動の段階 │
      └──────────┘
```

図 13-3　行動に至る心理プロセスのモデル（小池他，2003）

第 3 節　中国人の環境配慮行動意図とその規定因

（1）　集合的防護動機モデルからのアプローチ

　中国人大学生を調査対象とした于・深田・戸塚（2006 a）は，水資源枯渇（節水），水質汚染（無リン洗剤の使用，洗剤の適量使用，油の拭き取り），大気汚染（燃料ガス化），電力不足（節電）の 4 つの環境問題（6 つの環境配慮行動）を取り上げて，集合的防護動機モデルの立場から環境配慮行動意図の規定因を探った。環境配慮行動別に，環境配慮行動意図を目的変数とし，8 つの認知変数を説明変数とする重回帰分析を行い，表 13-1 に示す結果を得ている。集合的防護動機モデルによる環境配慮行動意図の説明力（決定係数：R^2）は 20～42％であった。環境配慮行動意図に対する影響力（標準偏回帰係数：β）は，実行能力認知が最も大きく，効果性認知が次に大きかった。深刻さ認知とコスト認知の影響もある程度認められたが，生起確率認知の影響は見られなかった。

　そして，于他（2006 a）は，戸塚（2002）の研究でも共通に使用された環境問題と環境配慮行動を 3 セット抽出し，中日比較を試みている（表 13-2）。集合的防護動機モデルによる環境配慮行動意図の説明力は，節電行動では両国でほぼ一致しているものの，洗剤の適量使用行動と油の拭き取り行動では日本のほうが中国よりも 26％ も高いことが判明した。集合的防護動機モデルは，日本

第13章 中国人の環境配慮行動意図の規定因

表13-1 環境配慮行動意図と8つの認知の平均値(標準偏差),および分散分析と多重比較の結果(于他,2006a)

環境問題	水資源枯渇	水質汚染			大気汚染		電力不足
環境配慮行動	節 水	無リン洗剤の使用	洗剤の適量使用	油の拭き取り	ガス燃料化		節 電
実行意図	3.20^a	2.84^b	2.65^c	2.36^d	2.94^b		3.28^a
$F(5,281)=64.148$***	(0.75)	(0.86)	(0.92)	(0.95)	(0.88)		(0.71)
深刻さ認知	3.34^a	3.34^a			3.40^a		2.70^b
$F(3,281)=83.370$***	(0.72)	(0.68)			(0.73)		(0.91)
生起確率認知	3.37^a	3.47^a			3.47^a		2.99^b
$F(5,281)=43.701$***	(0.72)	(0.64)			(0.67)		(0.87)
効果性認知	2.84^b	2.89^b	2.56^c	2.53^c	2.73^b		3.11^a
$F(5,281)=31.318$***	(0.90)	(0.82)	(0.78)	(0.84)	(0.84)		(0.78)
コスト認知	1.41^b	1.62^a	1.40^b	1.75^a	1.70^a		1.36^b
$F(5,281)=18.133$***	(0.69)	(0.75)	(0.68)	(0.86)	(0.83)		(0.72)
実行能力認知	2.97^b	2.66^c	2.91^b	2.51^d	2.92^b		3.20^a
$F(5,281)=31.298$***	(0.83)	(0.91)	(0.83)	(0.94)	(0.91)		(0.88)
責任認知	3.45^a	3.40^a			3.38^a		3.25^b
$F(3,281)=8.955$***	(0.71)	(0.70)			(0.74)		(0.78)
実行者割合認知	1.95^c	2.00^c	1.99^c	1.73^d	2.59^a		2.33^b
$F(5,281)=64.378$***	(0.86)	(0.88)	(0.80)	(0.82)	(0.86)		(0.93)
規範認知	2.30^b	2.31^b			2.44^{ab}		2.53^a
$F(3,281)=5.553$***	(0.80)	(0.86)			(0.84)		(1.51)

注:1)表内の数値は平均値,( )内は標準偏差。
2)F値の欄:*** $p<.001$.
3)表内のアルファベット記号は,多重比較の結果を示す。同一の記号のある平均値間には有意差がなく,同一記号のない平均値間には有意差($p<.05$)がある。
4)水質汚染問題での3種類の環境配慮行動における,深刻さ認知,生起確率認知,責任認知,規範認知の数値は共通である。

に比べると中国では説明力が低下することが示唆される。なお,環境配慮行動意図に対する8つの認知変数の影響力は,中日間で非常によく類似しており,有意な標準偏回帰係数が得られた認知変数に関しては,両国で80%の一致が見られた。

また,于・深田・戸塚(2006b)の集合的防護動機モデルに関するデータの再分析から,集合的防護動機モデルの説明力は,目的変数が環境配慮行動意図の場合が最も高く,環境配慮行動への態度(好悪態度)の場合が最も低く,環境配慮行動の実践(行動報告)の場合が両者の中間であることが示され(于・深

表13-2 各環境配慮行動意図を目的変数とする重回帰分析の結果（ステップワイズ法）
（于他，2006 a）

環境問題	水資源枯渇	水質汚染			大気汚染		電力不足
環境配慮行動	節水	無リン洗剤の使用	洗剤の適量使用	油の拭き取り	ガス燃料化		節電
深刻さ認知		.22**		.10*	.16**		
生起確率認知							
効果性認知	.17**	.16**	.13*		.27**		.26**
コスト認知				-.20**			-.12*
実行能力認知	.45**	.40**	.38**	.49**	.35**		.30**
責任認知							.21**
実行者割合認知				.16**			
規範認知	.19**						
R^2	.33**	.34**	.20**	.40**	.42**		.39**

注： 1） 表内の数値は標準化偏回帰係数である。
　　 2） $**p<.01, *p<.05$.

田・戸塚，2006 c），さらに，環境配慮行動意図と8つの認知変数は，対象者集団（高校生，大学生，成人女性）による違いがあまり見られないが，4種類の環境問題・環境配慮行動による違いが大きいことが判明した（于・深田・戸塚，2006 d）。なお，環境問題・環境配慮行動による認知の違いは，深刻さ認知，生起確率認知，コスト認知，実行者割合認知で顕著であった。

（2） 3つのモデルからの比較アプローチ

中国人の高校生，大学生，成人女性の3集団を対象に，4セットの環境問題と環境配慮行動（①水資源枯渇と節水，②水質汚染と無リン洗剤の使用，③大気汚染とガス燃料化，④電力不足と節電）を取り上げた于他（2006 b）は，環境配慮行動意図に対する3つのモデル（集合的防護動機モデル，要因連関モデル，心理プロセスモデル）の説明力と，各モデルで仮定される説明変数の影響力を重回帰分析あるいはパス解析によって比較検討した。環境配慮行動意図に対する説明力は，心理プロセスモデルが1～14％にすぎないのに対し，集合的防護動機モデルと要因連関モデルがそれぞれ17～52％と14～53％と同程度に高かった。于他（2006 b）のデータを利用した于（2006）によると，モデルの説明力は，心理プ

ロセスモデルでは集団間の差異が認められなかったが，集合的防護動機モデルと要因連関モデルでは，成人女性が最も高く，大学生が最も低く，高校生がその中間であった。

（3） 研究の発展の方向性

中国人の環境配慮行動を改善し，中国の環境問題を解決するためには，次のような研究が待たれる。第1に，環境配慮行動意図を規定する認知変数は，環境問題・環境配慮行動の種類によって異なることが解明されたので（于他，2006a，2006b, 2006d），集合的防護動機モデルを援用しつつ，砂漠化など中国固有の環境問題に関する研究を特定の環境問題ごとに継続的に行う必要がある。第2に，環境問題ごとに，環境配慮行動の規定因として有力視される認知変数に対応する情報内容を盛り込んだ環境教育プログラムを開発し，その効果を検証する必要がある。

引用文献

明日香壽川・金　淞・相川　泰（1997）．中国　日本環境会議「アジア環境白書」編集委員会（編）　アジア環境白書1997/98　東洋経済新報社　pp. 214-239.

中国評論新聞網（2005）．温室効応：中国将从南涝北旱改为南旱北涝（温室効果：中国の気候が南部洪水北部旱魃から北部洪水南部旱魃へと変化）中国評論新聞網ホームページ　2005年8月13日　＜http://gb.chinareviewnews.com/crn-webapp/doc/docDetail.jsp?coluid=6&kindid=113&docid=100027025＞（2010年4月8日）

中国情報局（2004）．中国：地球温暖化による農業などへの影響を警戒　中国情報局ホームページ　2004年4月23日　＜http://news.searchina.ne.jp/disp.cgi?y=2004&d=0423&f=national_0423_005.shtml＞（2010年4月8日）

中国情報局（2005）．京都議定書発効：中国でも環境保護政策強化へ　中国情報局ホームページ　2005年2月16日　＜http://news.searchina.ne.jp/disp.cgi?y=2005&d=0216&f=business_0216_005.shtml＞（2010年4月8日）

深田博己・戸塚唯氏（2001）．環境配慮行動意図を改善する説得技法の開発（未公刊）

広瀬幸雄（1994）．環境配慮的行動の規定因について　社会心理学研究，**10**, 44-55.

広瀬幸雄（1995）．環境と消費の社会心理学―共有と私益のジレンマ―　名古屋大学出版会

小池俊雄・吉谷　崇・白川直樹・澤田忠信・宮代信夫・井上雅也・三阪和弘・町田　勝・藤田浩一郎・河野真巳・増田　満・鈴木孝衣・深田伊佐夫・相ノ谷修通（2003）．環境問題に対する心理プロセスと行動に関する基礎的考察　水工学論文集，**47**，361-366.

小島朋之（1999）．中国の環境問題と日本の協力　慶應義塾大学経済学部環境プロジェクト（編）　ゼミナール　地球環境論　慶應義塾大学出版会　pp. 299-300.

小島朋之（2000）．中国の環境問題と日本の協力　小島朋之（編）　中国の環境問題―研究と実践の日中関係―　慶應義塾大学出版会　pp. 15-22.

国家環境保護局（2002 a）．中国環境状況公報 2002　新華網ホームページ　2003 年 6 月 5 日　＜http : //news.xinhuanet.com/newscenter/2003-06-05/content-906126.html＞（2010 年 4 月 8 日）

国家環境保護局（2002 b）．中国環境状況公報 2002　中国通信社ホームページ　2003 年 6 月 5 日　＜http : //www.china-news.co.jp/society/2003/06/soc 03060604.html＞（2010 年 4 月 8 日）

李　偉国・川上洋司・本多義明（1997）．中国・杭州市における都市環境に関する住民の意識とその構造　環境情報科学論文集，**11**，225-230.

李　偉国・川上洋司・本多義明（1998）．中国杭州市と日本の政令指定都市における住民の環境意識とそれに関わる政策的対応の比較分析　環境情報科学論文集，**12**，71-76.

李　志東（1999）．中国の環境保護システム　東洋経済新報社　pp. 37-39.

馬　瑞萍（2001）．住民の環境意識に関する国際比較研究―中国内蒙古自治区住民と神戸市住民の事例―　神戸市外国語大学研究科論集，**4**，177-194.

Michael, A. T., & Cordell, H. K.（1997）. The effect of respondent characteristics on general environmental attitude-behavior correspondence. *Environment and Behavior*, **29**, 618-637.

三阪和弘・小池俊雄（2004）．中学生の環境意識変化に関する一考察―水俣体験学習会のケーススタディ―　環境教育，**14**，22-33.

三阪和弘・小池俊雄（2006）．水害対策行動と環境行動に至る心理プロセスと地域差の要因　土木学会論文集 B，**62**(1)，16-26.

中島克己（1997）．地球環境問題の現状と対応　中島克己・林　忠吉（編）　地球環境問題を考える―学際的アプローチ―　ミネルヴァ書房　pp. 20-24．

野波　寛・杉浦淳吉・大沼　進・山川　肇・広瀬幸雄（1997）．資源リサイクル行動の意思決定における多様なメディアの役割―パス解析モデルを用いた検討―　心理学研究，**68**，264-271.

任　莉穎（2002）．環境保護中的公衆参与　北京大学管理学院网ホームページ　2002 年 4 月 11 日　＜http : //gopher.pku.edu.cn/academic/xzglx/bdzzx/xueshult/renliying.htm＞

（2010年4月8日）

Rogers, R. W. (1983). Cognitive and physiological processes in fear appeals and attitude change : A revised theory of protection motivation. In J. T. Cacioppo & R. E. Petty (Eds.), *Social psychophysiology*. New York : Guilford Press. pp. 153-176.

瀬戸昌之・森川　靖・小沢徳太郎 (1998). 文化系のための環境論・入門　有斐閣

蘇　麗芬 (2002). 中国・上海地域における水環境と環境意識　大学院年報（立正大学大学院文学研究科），**20**, 129-141.

戸塚唯氏 (2002). 環境問題に対する集合的対処行動意図の規定因　広島大学大学院教育学研究科紀要　第三部（教育人間科学関連領域），**51**, 229-238.

于　麗玲 (2006). 環境配慮行動意図の予測モデルの説明力に関する集団間比較　広島大学大学院教育学研究科紀要　第三部（教育人間科学関連領域），**55**, 277-286.

于　麗玲・深田博己・戸塚唯氏 (2005). 中国人大学生と日本人大学生の環境意識の比較　広島大学心理学研究，**5**, 37-50.

于　麗玲・深田博己・戸塚唯氏 (2006 a). 中国の大学生の環境配慮行動意図の規定因に関する研究―集合的防護動機モデルの立場から―　環境教育，**15**(2), 34-44.

于　麗玲・深田博己・戸塚唯氏 (2006 b). 中国人の環境配慮行動意図の説明モデルに関する比較研究　広島大学心理学研究，**6**, 27-41.

于　麗玲・深田博己・戸塚唯氏 (2006 c). 中国人大学生の環境配慮的態度・行動意図・行動実践―集合的防護動機モデル拡張の試み―　広島大学心理学研究，**6**, 43-48.

于　麗玲・深田博己・戸塚唯氏 (2006 d). 中国人の環境配慮行動意図と諸認知に及ぼす集団要因と環境問題要因の影響　広島大学心理学研究，**6**, 49-55.

依藤佳世・広瀬幸雄 (2002). 子どものごみ減量行動を規定する要因について　環境教育，**12**, 26-36.

第14章　エイズ問題の改善に及ぼす情報の影響過程

第1節　エイズとエイズ教育

（1）エイズとHIV感染の現状

エイズとは後天性免疫不全症候群（acquired immunodeficiency syndrome：AIDS）であり、ヒト免疫不全ウイルス（human immunodeficiency virus：HIV）による感染症である。我が国におけるHIV感染者およびエイズ患者の年間報告件数は、1996年以降はほぼ一貫して増加傾向が続いた。2009年1年間の新規報告数は感染者・患者合わせて1,452件であり、HIV感染者については1,021件と2008年よりやや減少したが、エイズ患者については431件で2008年と並んで過去最高の数となった。その結果、2009年末のHIV感染者数は1万1,560名（男性9,542名、女性2,018名）、エイズ患者数は5,319名（男性4,704名、女性615名）と報告されている（厚生労働省エイズ動向委員会，2010）。特に日本におけるエイズ患者の増加は、他の先進国では抗ウイルス薬の登場後（1990年代半ば）一斉にエイズ発症が激減したのとは対照的であり、早期発見・早期治療が立ち遅れていることを示している（木原，2005；木原・木原，2001）。

（2）エイズ教育

アメリカにおける最初のエイズ報告例は男性同性愛者であり、日本でも日本人エイズ患者第1号として認定されたのは男性同性愛者であったことから、エイズは男性同性愛者に発生する奇病であるとの誤解や偏見が生じた。さらに、

第14章　エイズ問題の改善に及ぼす情報の影響過程

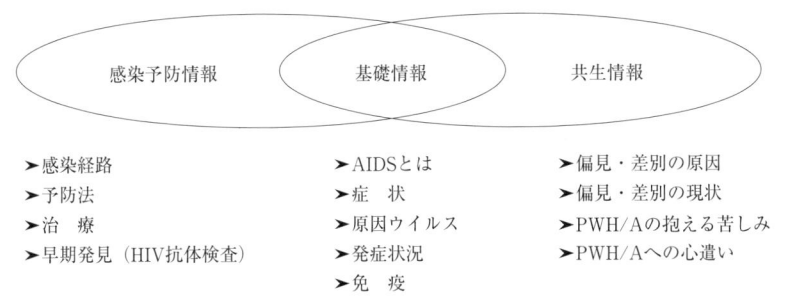

```
   ╭─────────────╮╭─────────────╮╭─────────────╮
   │  感染予防情報 ││   基礎情報   ││   共生情報   │
   ╰─────────────╯╰─────────────╯╰─────────────╯
```

➤ 感染経路　　　　　　　➤ AIDSとは　　　　　➤ 偏見・差別の原因
➤ 予防法　　　　　　　　➤ 症　状　　　　　　➤ 偏見・差別の現状
➤ 治　療　　　　　　　　➤ 原因ウイルス　　　➤ PWH/Aの抱える苦しみ
➤ 早期発見（HIV抗体検査）　➤ 発症状況　　　　　➤ PWH/Aへの心遣い
　　　　　　　　　　　　➤ 免　疫

図14-1　**エイズ情報の分類**（高本・深田，2008）

　日本では当初エイズ患者の多くが汚染された血液製剤によって感染した血友病患者であったことから，血友病というだけで差別を受けることもあった（宗像，1992）。その他にも，治療法がないことや性感染症であるという理由から，PWH/A（Person with HIV/AIDSの略称でHIV感染者・エイズ患者の総称）に対する偏見・差別といった反応が生じ，現在でも一部に根強い偏見や差別が残っている（桜井，2001）。このような偏見や差別は，身体的な症状や不安感に直面するPWH/Aを一層苦しめるだけでなく，HIV抗体検査を受ける行動の抑制や，HIV感染をパートナーに知らせることができないことにより予防行動の抑制を招くとも言われている（宗像，1992）。つまりHIV感染予防の観点からみても，PWH/Aへの偏見・差別の解消はエイズ教育の非常に重要な側面と考えられる。
　したがって，エイズ教育には，PWH/Aに対する誤解や偏見に基づく差別や人権侵害についての教育「共生教育」と，感染経路を明らかにし，その予防方法を理解させる教育「感染予防教育」の両方が組み込まれるべきである（村瀬，1994）。また，これからのエイズ教育に必要なこととして，高本・深田（2008）は，①影響過程の解明，②エイズ教育で提供されるエイズ情報の内容の統制，③対象者がこれまでに接してきたエイズ情報の影響の検討，④HIV感染予防行動とPWH/Aへの態度の両方の同時検討をあげている。そして，図14-1のようにエイズ情報の内容を分類している。

第2節　HIV感染者・エイズ患者との共生に関する研究の動向

　PWH/Aとの共生に関する研究は，①PWH/Aに対する態度の改善を目的とした何らかの教育的介入を実施し，その効果を測定した実験的研究と，②PWH/Aに対する態度の規定因を検討した調査的研究，の2つのタイプに大別される。これらのタイプ以外にも，PWH/Aに対する態度尺度を作成し，その妥当性や信頼性を検討した研究（Froman & Owen, 1997; Froman, Owen, & Daisy, 1992; O'Hea, Sytsma, Copeland, & Brantley, 2001）や，PWH/Aのための様々なサービスプログラムについて紹介した研究（Katoff & Dunne, 1988）なども存在するが，多くの研究が上記の2つのタイプに属する。

（1）　教育的介入の効果を測定するタイプの研究

　一口に「教育的介入」といっても，研究によってその介入方法は様々である。たとえば，エイズ講義の受講（Dennehy, Edwards, & Keller, 1995; Smith & Katner, 1995），教育的フィルムの視聴（Pryor, Reeder, & McManus, 1991），専門家による質疑応答（Smith & Katner, 1995），メッセージ提示（Stinnett, Cruce, & Choate, 2004），ロールプレイ活動への参加（Smith & Katner, 1995）といった学校教育の現場で実施された介入の他にも，有名人によるHIV陽性の公表（Penner & Fritzsche, 1993）やエイズメモリアルキルトへの参加（Knaus & Austin, 1999），エイズに関するディスカッションの後にエイズに関する知識を提供するビデオの視聴を行うといった複合的な活動（Gallop & Taerk, 1995）など，様々な種類の教育的介入の効果が検討されてきている。

　介入プログラムの効果を測定するための指標となる変数については，多くの研究がPWH/Aに対する態度や信念を用いているが，全般的な態度をひとつの指標として測定しているものから，態度を複数の因子に分けて，多次元的に測定しているものまで様々である。その他にも，対象者がPWH/Aに対する援助を申し出るかどうかやその時間数といった行動指標を用いた研究（Penner &

Fritzsche, 1993），PWH/Aと同じ職場で働くことに対する態度を測定した研究（Pryor et al., 1991），エイズに関する知識量を測定した研究（Dennehy et al., 1995; Gallop & Taerk, 1995; Smith & Katner, 1995）などもみられる。

このタイプの研究は実際的であり，現実の教育場面で，どのような介入が有効であるか検討することができる。しかし，介入プログラムで提供されたどのような情報が対象者のどのような認知や感情に作用して，最終的にPWH/Aに対する態度や行動を改善するのか，という心理的な影響過程については解明されていない。

（2） PWH/Aへの態度の規定因を検討するタイプの研究

これまでPWH/Aに対する態度の規定因として検討され，PWH/Aに対する態度への有意な影響力が確認された要因は，①PWH/Aとの事前接触(Greenland, Masser, & Prentice, 2001)，②HIV・エイズに関する知識（Carney, Werth, & Emanuelson, 1994; 木村・深田, 1995; Lew & Hsu, 2002; 竹澤・西田, 1995），③エイズに対する恐怖感情（広瀬・中畝・中村・高梨・石塚, 1994; 木村・深田, 1995），④リスク認知（評価）（広瀬他, 1994; 竹澤・西田, 1995），⑤HIV感染に対する深刻さ認知（木村・深田, 1995），⑥HIV感染に対する生起確率認知（木村・深田, 1995），⑦人種（Herek & Capitanio, 1993），⑧性別（Herek & Capitanio, 1993）の8変数である。これら8変数が具体的にどのような影響を示したかについては高本・深田（2008）に詳しい記述がある。

このタイプの研究では，PWH/Aに対する態度の規定因となる要因は明らかになっても，その規定因がどのような情報によって形成されるかについては未検討である。この点が解明されなければ，その知見を実際の教育場面に活かすことはできない。

（3） 共生行動生起モデルの作成と検証

PWH/Aとの共生行動意図に及ぼすエイズ情報の影響過程を解明しようと試みた高本・深田（2010a）は，PWH/Aとの共生行動を「PWH/Aが身体的に，

また心理的に幸せになることを願い，ある程度の自己犠牲を覚悟し，人から指示・命令されたからではなく，自ら進んで，PWH/Aに恩恵を与える行動と，PWH/Aに対して差別や偏見をもつことなく同じ社会の一員として受け入れる行動」と定義した。そして，共生行動と概念が類似している援助行動の領域で提出された援助行動の意思決定モデル（Taylor, Peplau, & Sears, 1994）を参考に，PWH/Aとの共生行動生起過程モデルを開発した。対象者がこれまでに接してきた3種類のエイズ情報が対象者の3種類のエイズ知識を形成し，エイズ知識によって影響を受けた6つの認知要因と2つの感情要因がPWH/Aとの共生行動意思を規定するという4段階モデルを「PWH/Aとの共生行動生起過程モデル」とした。6つの認知要因は，HIV感染の深刻さ認知と生起確率認知，共生行動の責任認知とコスト認知と報酬認知と実行能力認知であり，2つの感情要因は，PWH/Aへの共感感情とエイズへの恐怖感情であった。

検証過程で2つの感情要因の位置を前の段階に変更した修正モデルに関して，高本・深田（2010a）は図14-2の結果を得た。共生行動意図に対する修正モデルの説明力（R^2）は51％であり，共生行動意図に対して責任認知と実行能力認知と報酬認知が有意な正の影響を示し，それらの認知に対して共感感情が顕著な正の影響力を示していた。

第3節　HIV感染予防を中心としたHIV対処に関する研究の動向

HIV対処に関する研究も，PWH/Aとの共生に関する研究と同様に，①HIV対処行動の促進を目的とした何らかの教育的介入を実施し，その効果を測定した実験研究と，②HIV対処行動（あるいは対処行動意図）の規定因を検討した調査研究，の2つのタイプの研究に大別される。ただし第2節で述べたPWH/Aとの共生に関する研究とは異なり，規定因に関する研究が理論・モデルに基づく研究に発展しているという特徴がある。

第14章 エイズ問題の改善に及ぼす情報の影響過程

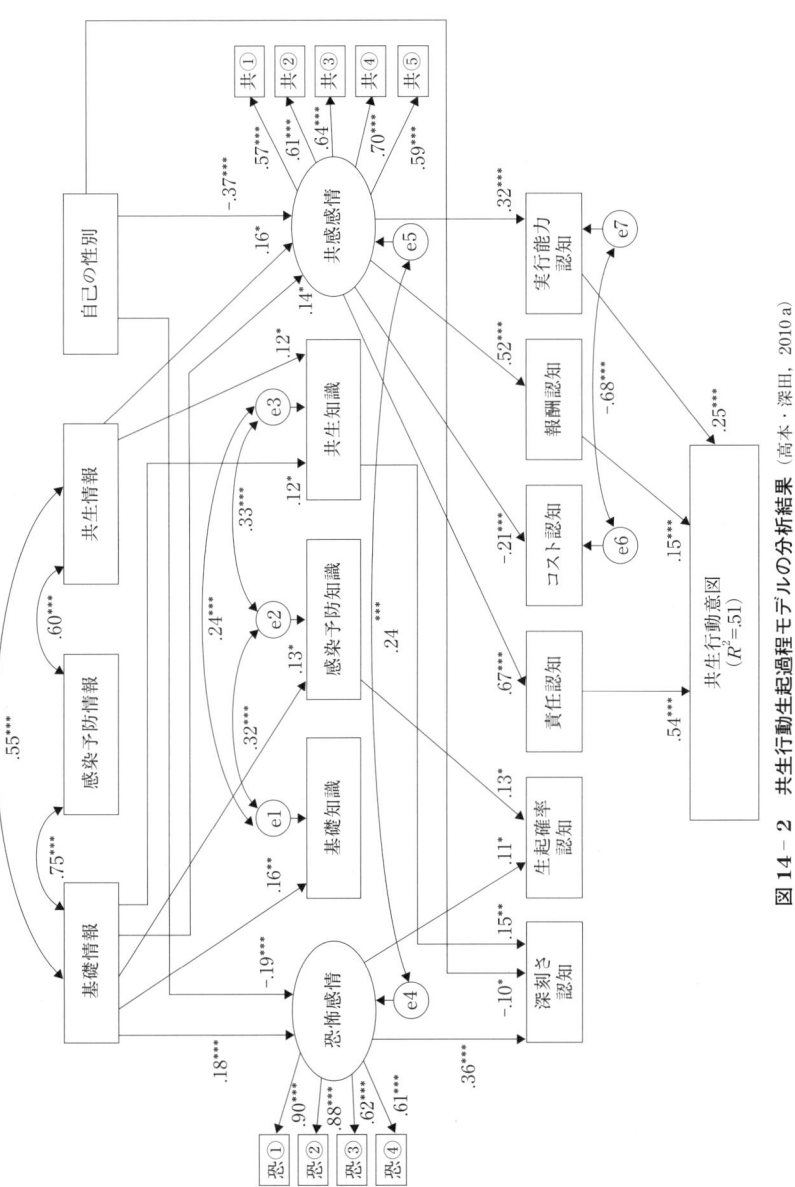

図14-2 共生行動生起過程モデルの分析結果 (高木・深田, 2010 a)

注：1) ***p<.001 **p<.01 *p<.05.
2) 主な適合度指標は GFI =.911 $AGFI$ =.885 $RMSEA$ =.049。

第Ⅱ部　態度と態度変容

（1）　教育的介入の効果を測定するタイプの研究

　HIV感染予防行動に関するこれまでの研究の多くは，HIV感染予防を目的とした何らかの教育的介入を実施し，その効果を測定してきた。Gallant & Maticka-Tyndale（2004）は，アフリカの若者を対象として実施されてきた介入プログラムの効果を検討した11研究をレビューしている。紹介された研究は，介入プログラムの効果の指標として，「HIV/AIDS知識」，「HIV感染予防に対する態度」，「実際の性行動」など様々な指標を用いていた。知識を測定した11研究中10研究が有意な知識向上を，態度を測定した7研究全てがHIV感染リスクの低減に望ましい作用をもつ態度の増加を，性行動を測定した3研究全てがコンドーム使用の増加や性的パートナー数の減少や性交渉開始年齢の遅延といった望ましい行動変容を報告した。

　また，Kirby（2000）は，アメリカの若者を対象として学校現場で実施された介入プログラムの効果を検討した40研究をレビューしている。紹介された研究は，介入プログラムの効果の指標として，性行動開始年齢，コンドーム使用率，性的パートナー数といった様々な「性行動」を用いていた。いずれの研究においても，性行動の助長といった介入プログラムの悪影響がみられることはなく，ほとんどのプログラムが若者の性行動に対して社会的に望ましい効果をもつことが示された。

　さらに1999年にアメリカのCDC（centers for control and prevention）によって，アメリカ内で行われた行動理論と疫学的研究デザインに基づいて実施された予防介入プログラムのうち，効果があった介入方法の概要が報告された。この報告から，木原・木原（2001）は，アメリカの感染予防教育で効果のあったプログラムには，①リスク性行動に焦点化，②コミュニケーションスキルと自己効力感の向上，③介入実施時間・小グループ，④リスクに対する感受性の向上，⑤意思決定，⑥仲間からの圧力への対処，⑦社会規範の強化，⑧十分な研修，の8つの共通した特徴があることを見出した。

　以上のように，HIV感染予防を目的とした介入研究に関する3つのレビューから，発展途上国と先進国の両方において，HIV感染予防を目的とした様々な

教育的介入プログラムが実施され，その効果が検討されてきたことがわかる。しかしここで紹介されている研究では，プログラムの内容や教授方法は様々であり，各研究で実施されたプログラムの効果がどの程度みられるか検討するに留まっている。介入プログラムの中で提供されたどのような種類の情報成分が，どのような認知や感情に作用して，態度や行動を改善させたのかといった心理的影響過程は，未解明のままである。

（2） HIV対処行動（行動意図）の規定因を検討するタイプの研究

恐怖アピール説得の研究領域で利用される防護動機理論（Rogers, 1983）は，7つの認知要因から説得効果を説明しようとする。すなわち，脅威の①生起確率認知と②深刻さ認知，不適応行動に伴う③内的報酬認知と④外的報酬認知の4つの認知が脅威評価を構成し，対処行動の⑤効果性認知，⑥自己効力認知，⑦コスト認知の3つの認知が対処評価を構成し，これら2つの評価が防護動機に結びつき，対処行動意図（説得効果）を決定すると仮定している（第10章の図10-2参照）。この防護動機理論で仮定される7つの認知変数と対処行動意図あるいは対処行動との関係性を分析した9つの研究をまとめた木村（1996）は，変数間でその明瞭性に若干の差はあるものの，認知変数と対処行動の間に，この理論が予測する方向の関係性があることを確認した。

脅威に対する対処行動について，一個人だけの実行で当該の脅威を低減できる単独的対処行動と，多くの人が集合的・並行的に実行することによって初めて低減できる集合的対処行動の2つを区別した深田・戸塚（2001; 戸塚, 2002参照）は，単独的対処行動を扱った防護動機理論と対比させつつ，集合的対処行動を予測するための集合的防護動機モデル（第11章の図11-1参照）を提案した。このモデルで取り上げられている規定因は，①深刻さ認知，②生起確率認知，③効果性認知，④コスト認知，⑤実行能力認知，⑥責任認知，⑦実行者割合認知，⑧規範認知である。このモデルの妥当性は，環境問題に関する戸塚（2002）や于・深田・戸塚（2006）などの調査研究によって裏付けられているが，健康・安全問題における適用可能性は未知数である。

第Ⅱ部　態度と態度変容

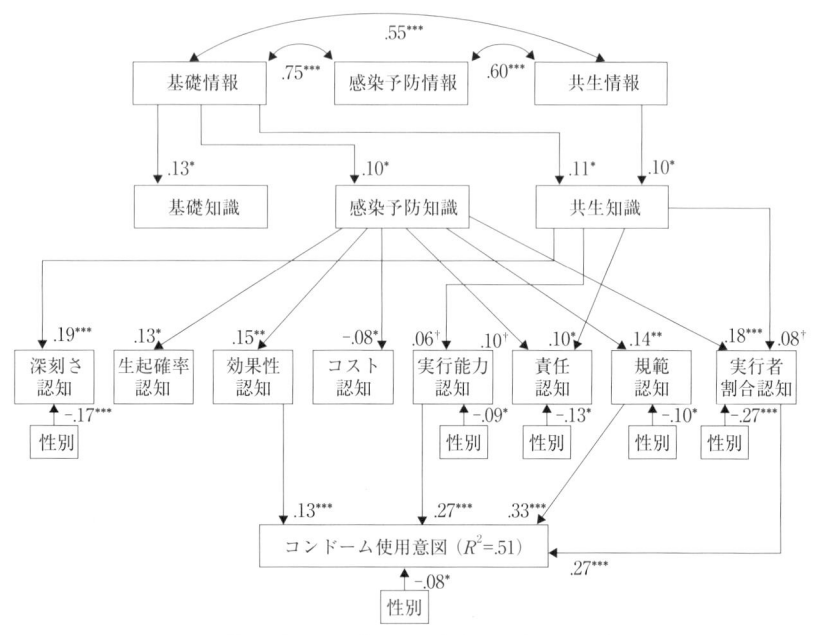

図 14-3　コンドーム使用に関する分析結果：集合的防護動機モデル（高本・深田，2010 b）
注：1）***p<.001　**p<.01　*p<.05　†p<.10．
　　2）主な適合度指標は，GFI = .900　AGFI = .841　RMSEA = .081．

　以上のように，防護動機理論と集合的防護動機モデルの両方にとって，これらの理論・モデルで HIV 対処行動意図を規定すると仮定された認知要因は，どのようなエイズ教育を受けることによって変化するのか，その具体的過程が解明されなければならない。

（3）　防護動機理論と集合的防護動機モデルの検証

　HIV 対処行動意図に及ぼすエイズ情報の影響過程を解明しようと試みた，高本・深田（2010 b）は，3 種類のエイズ情報が 3 種類のエイズ知識を形成し，エイズ知識によって影響を受けた防護動機理論の仮定する 7 つの認知要因あるいは集合的防護動機モデルの仮定する 8 つの認知要因が HIV 対処行動意図を規定する，という 4 段階モデルを設定した。そして，HIV 対処行動意図として，

①コンドーム使用意図，②不特定性関係抑制意図，③HIV抗体検査受検意図の3種類を用いた。

その結果，防護動機理論を組み込んだ影響過程モデルの行動意図ごとの説明力（R^2）は，①38％，②46％，③21％であったが，集合的防護動機モデルを組み込んだ影響過程モデルの説明力は，①51％，②66％，③48％と高く，集合的防護動機モデルのほうがHIV対処行動意図をより的確に予測・説明することが解明された。たとえば，集合的防護動機モデルを組み込んだ影響過程モデルでは，コンドーム使用意図に対して効果性認知，実行能力認知，規範認知，実行者割合認知の4種類の認知要因が有意な正の影響を示していた（図14-3）。

第4節　関連研究と今後の課題

（1）関連研究

第2節で取り上げたPWH/Aとの共生行動生起過程モデルの説明力（R^2）は，最終変数をPWH/Aとの共生態度にする場合でも50％と高く，最終変数をPWH/Aとの共生行動意図にする場合と同等であると，深田・高本（2009）は報告している。なお，エイズに対する恐怖感情がPWH/Aに対するイメージ，共生的態度，評価的態度を否定的にし，PWH/Aとの接触への抵抗を強めるという報告もある（高本・深田，2004）。

第3節で取り上げたHIV対処行動に関する影響過程モデルに関しては，エイズ知識を削除した3段階モデルの場合の説明力は，集合的防護動機モデルでは42～53％とかなり高いが，防護動機理論では9～25％と低くなることが報告されている（高本，2006）。また，HIV感染への不適応的対処に対しては，防護動機理論あるいは集合的防護動機モデルを組み込んだ影響過程モデルはほとんど説明力をもたないことが分かっている（高本・深田，2006）。

（2）今後の課題

PWH/Aとの共生の促進とHIVへの対処の促進を同時に考慮したエイズ教育

あるいはエイズ情報提示が望ましい。そのためには，少なくとも，PWH/Aとの共生を促進するが，HIVへの対処を抑制しない情報の特定，およびHIVへの対処を促進するが，PWH/Aとの共生を抑制しない情報の特定を目指す研究の実施が待たれる。

不十分ではあるが，この課題に関連して，第2節の(2)で指摘したPWH/Aへの態度の規定因を考慮した高本・深田 (2008) は，3種類の情報から3種類の知識へ，次に知識から3種類の認知と感情（深刻さ認知，生起確率認知，恐怖感情）へ，さらにこれらの認知と感情からPWH/Aへの2種類の態度（態度と偏見）および3種類のHIV対処行動意図（コンドーム使用意図，不特定性関係抑制意図，HIV抗体検査受検意図）へ，というエイズ情報の影響過程モデルを検討している。

引用文献

Carney, J., Werth, J. L., & Emanuelson, G. (1994). The relationship between attitudes toward persons who are gay and persons with AIDS, and HIV and AIDS knowledge. *Journal of Counseling and Development*, **72**, 646-650.

Dennehy, E. B., Edwards, C. A., & Keller, R. L. (1995). AIDS education intervention utilizing a person with AIDS : Examination and clarification. *AIDS Education and Prevention*, **7**, 124-133.

Froman, R. D., Owen, S. V., & Daisy, C. (1992). Development of a measure of attitudes toward persons with AIDS. *Journal of Nursing Scholarship*, **24**, 149-152.

Froman, R. D., & Owen, S. V. (1997). Further validation of the AIDS attitude scale. *Research in Nursing and Health*, **20**, 161-167.

深田博己・高本雪子 (2009)．エイズ説得に必要な情報の特定とその影響メカニズムの解明 (3) ―HIV感染者・エイズ患者への態度に及ぼすエイズ情報の影響過程― 広島大学心理学研究，**9**，53-59.

深田博己・戸塚唯氏 (2001)．環境配慮的行動意思を改善する説得技法の開発（未公刊）

Gallant, M., & Maticka-Tyndale, E. (2004). School-based HIV programs for African youth. *Social Science and Medicine*, **58**, 1337-1351.

Gallop, R., & Taerk, G. (1995). The Toronto intervention study. In L. Bennett & D. Miller (Eds.), *Health workers and AIDS : Research, intervention and current issues in burnout and response.* Amsterdam, Netherlands : Harwood Academic Publishers.

pp. 229-246.

Greenland, K., Masser, B., & Prentice, T. (2001). "They're scared of it": Intergroup determinants of attitudes toward children with HIV. *Journal of Applied Social Psychology*, **31**, 2127-2148.

Herek, G. M., & Capitanio, J. P. (1993). Public reactions to AIDS in the United States: A second decade of stigma. *American Journal of Public Health*, **83**, 574-577.

広瀬弘忠・中畝菜穂子・中村仁美・高梨靖恵・石塚智一（1994）．日本の医師と看護婦のHIV感染者・AIDS患者に対する態度の構造　社会心理学研究, **10**, 208-216.

木原雅子（2005）．HIV感染症の疫学―現状と課題―　BIO clinica, **20** (8), 28-32.

木原雅子・木原正博（2001）．HIV流行予防のストラテジー　綜合臨牀, **50**, 2789-2793.

木村堅一（1996）．脅威アピールにおける防護動機理論研究の検討（2）　広島大学教育学部紀要　第一部（心理学）, **45**, 55-64.

木村堅一・深田博己（1995）．AIDS患者・HIV感染者に対する偏見に及ぼす恐怖―脅威アピールのネガティブな効果―　広島大学教育学部紀要　第一部（心理学）, **44**, 67-74.

Kirby, D. (2000). School-based interventions to prevent unprotected sex and HIV among adolescents. In J. L. Peterson & R. J. DiClemente (Eds.), *Handbook of HIV prevention.* New York: Plenum. pp. 83-101.

Knaus, C. S., & Austin, E. W. (1999). The AIDS Memorial Quilt as preventative education: A developmental analysis of the Quilt. *AIDS Education and Prevention*, **11**, 525-540.

厚生労働省エイズ動向委員会（2010）．HIV感染者及びAIDS患者の国籍別，性別，感染経路別報告数の累計　エイズ予防情報ネット　2010年2月12日　＜http://api-net.jfap.or.jp/＞（2010年8月5日）

Lew, C. Y., & Hsu, M. L. (2002). Pattern of responses to HIV transmission questions: Rethinking HIV knowledge and its relevance to AIDS prejudice. *AIDS Care*, **14**, 549-557.

宗像恒次（1992）．エイズがわかる本　法研

村瀬幸浩（1994）．教育実践への指標・エイズ　ぱすてる書房

O'Hea, E. L., Sytsma, S. E., Copeland, A., & Brantley, P. J. (2001). The attitudes toward women with HIV/AIDS scale (ATWAS): Development and validation. *AIDS Education and Prevention*, **13**, 120-130.

Penner, L. A., & Fritzsche, B. A. (1993). Magic Johnson and reactions to people with AIDS: A natural experiment. *Journal of Applied Social Psychology*, **23**, 1035-1050.

Pryor, J. B., Reeder, G. D., & McManus, J. A. (1991). Fear and loathing in the workplace : Reactions to AIDS-infected co-workers. *Personality and Social Psychology*, **17**, 133-139.

Rogers, R. W.(1983). Cognitive and physiological processes in fear appeals and attitude change : A revised theory of protection motivation. In J. T. Cacioppo & R. E. Petty(Eds.), *Social psychophysiology : A source book*. New York : Guilford Press. pp. 153-176.

桜井賢樹(2001).国民への予防啓発活動 綜合臨牀,**10**, 2794-2798.

Smith, M. U., & Katner, H. P.(1995). Quasi-experimental evaluation of three AIDS prevention activities for maintaining knowledge, improving attitudes, and changing risk behaviors of high school seniors. *AIDS Education and Prevention*, **7**, 391-402.

Stinnett, T. A., Cruce, M. K., & Choate, K. T.(2004). Influences on teacher education student attitudes toward youth who are HIV+. *Psychology in the Schools*, **41**, 211-219.

高本雪子(2006).HIV対処行動意思に及ぼすAIDS教育の影響過程—防護動機理論と集合的防護動機モデルに基づく分析— 広島大学大学院教育学研究科紀要 第三部(教育人間科学関連領域),**55**, 267-276.

高本雪子・深田博己(2004).HIV感染者・AIDS患者に対する態度に及ぼすエイズ教育の影響 広島大学大学院教育学研究科紀要 第三部(教育人間科学関連領域),**53**, 267-276.

高本雪子・深田博己(2006).HIV感染への不適応的対処に及ぼすAIDS教育の効果—防護動機理論と集合的防護動機モデルに基づく分析— 広島大学心理学研究,**6**, 57-69.

高本雪子・深田博己(2008).HIV対処行動意思とHIV感染者・AIDS患者への態度に及ぼすAIDS情報の効果 対人社会心理学研究,**8**, 23-34.

高本雪子・深田博己(2010a).エイズ説得に必要な情報の特定とその影響メカニズムの解明(1): HIV感染者・エイズ患者との共生行動意図に及ぼすエイズ情報の影響過程 説得交渉学研究,**2**, 11-27.

高本雪子・深田博己(2010b).エイズ説得に必要な情報の特定とその影響メカニズムの解明(2): HIV対処行動意図に及ぼすエイズ情報の影響過程 説得交渉学研究,**2**, 57-72.

竹澤正哲・西田公昭(1995).エイズは誰にとっての問題なのか? 日本社会心理学会第36回大会発表論文集,188-189.

Taylor, S. E., Peplau, L. A., & Sears, D. O.(1994). *Social Psychology*. 8 th ed. Englewood Cliffs, NJ : Prentice Hall.

戸塚唯氏(2002).環境問題に対する集合的対処行動意図の規定因 広島大学大学院教育学研究科紀要 第三部(教育人間科学関連領域),**51**, 229-238.

于　麗玲・深田博己・戸塚唯氏 (2006). 中国人の環境配慮行動意図の説明モデルに関する比較研究　広島大学心理学研究, **6**, 27-41.

第15章　女子学生のキャリア選択

第1節　日本における女性のキャリア行動の特徴

　2010年4月1日における2009年度大学卒業者の就職率（就職希望者に対する就職者の割合）は，男子が92.0%であるのに対し，女子は91.5%であり（文部科学省，2010），男女でほとんど差異はない。しかし，現実に働き始めるとどうなるのだろうか。15歳以上の人口に占める労働力人口（就業者＋完全失業者）の割合つまり労働力率は，2009年において，男性で72.0%であるのに対して女性は41.9%である。また，年齢階級別の労働力率は図15-1に示すように，20代後半と40代後半を頂点とし（労働力率はそれぞれ77.2%と75.3%），30代後半を底（同65.5%）とするM字型曲線を描いている（厚生労働省，2010）。M字型の底は，1985年の50.6%（30代前半）に比べると，約15ポイント上昇しており，働き続ける女性が増えていることを示しているが，日本の男性や他の先進国の女性に比べると，依然として，仕事を中断する女性が多いことがうかがえる。そのほか，男女のキャリア行動には，勤続年数や業種，パートタイムや派遣といった雇用形態などの面で，様々な差異が見られている。

　女子学生が結婚出産にかかわらず仕事を継続したいと考えているか，中断したいと考えているかといった態度を，1961年から1997年に実施された各種調査をもとに検討した神田・清原（2002）は，こうした態度が時代の影響を受けながらも，しだいに仕事への関与が高くなる方向に変化してきたことを報告している。そして，2005年に行われた調査（森永，2006）では，女子大学の学生

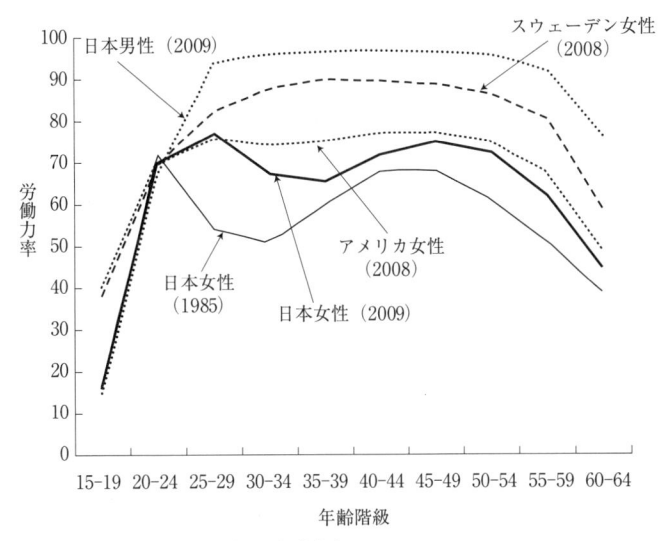

図 15 - 1　年齢階級別労働力率 (厚生労働省，2010 をもとに作成)

の7割以上が，一時的に家庭にとどまる期間もあるができるだけ長く働きたいと考えていることが示されている。しかし，結婚や出産の際にも退職せず働き続けたいとしたのは，その中の約3分の1であり，さらに，調査対象者の2割強が，出産や育児で退職した後は家庭にとどまりたいと回答していた。こうした女子学生の態度は，上述したような女性のキャリア行動と結びついたもののようだ。

　このような女性のキャリア行動やキャリア意識を理解するための心理学的研究は，大きく2つに分けることができる。まず，高校生や大学生を対象に，キャリア選択過程に関わる要因を探ったり，その関係を検討したりするもの。そして，働いている女性を対象にし，キャリア行動を促進あるいは阻害する要因を検討したり，仕事と家庭のバランスについて考察したりするものなどである。本章では女子学生に焦点をあて，そのキャリア選択過程に関わる面について論じよう。

第2節　アメリカにおけるキャリア選択研究の発展

　一般に，キャリア選択に影響を与える要因は，環境的要因と個人的要因に大別することができる（森永，1995a）。環境的要因には，経済的・法的背景（景気，労働力の需要供給のバランス，女性の就労に関する法的擁護や規制など），社会背景（働く女性に対する社会の認識，性別役割規範など），さらに，家庭背景（親の養育態度，家庭の経済的状況など）が含まれる。個人的要因には能力やスキル，興味，動機づけ，価値，欲求などの心理学的変数をあげることができる。こうした多くの要因が複雑に絡まって個人のキャリア選択が行われるが，心理学の分野では，キャリア・カウンセリングの盛んなアメリカにおいて，個人的要因を中心にした理論（Holland, 1959; Super, 1957など）が様々に構築されてきた。

　しかし，HollandやSuperなどの古典的な職業選択理論はアメリカの中流階級の白人男性を対象としたものであり，女性のキャリア行動に適用できないという批判が多くなされてきた（Brooks, 1990; Fitzgerald & Crites, 1980など）。これは，こうした理論が提唱された時代には，男性は生涯何らかの職業をもち昇進することを動機づけられていたのに対し，女性は家庭のために仕事を辞めることを期待されていたためと考えられている。女性を対象とした当時の研究は，女性の主要な役割は家庭にあるという前提で行われていた。また，Hollandの職業興味の類型では，慣習型や現実型よりも社会型や芸術型に分類される女性が多く，尺度そのものが女性に対して差別的であるという指摘（Brown, 1990など）や，職業や職務における男女による偏りが存在する現状を維持するものだという指摘（Farmer, 2006）がなされている。さらに，Cook, Heppner, & O'Brien（2002）は，こうした理論に基づいたカウンセリングが，①仕事と家庭の役割を分離していること，②個人主義と自律に高い価値をおくこと，③生活の中で仕事の占める重要性が高いこと，④キャリア発達が進歩的，直線的，合理的な性質をもっていること，⑤労働市場において機会が開かれていること，という仮定を含んでおり，男性的な西欧社会の世界観を反映していると論じて

いる。

　女性のキャリア行動に焦点を当てた研究は 1970 年代以降盛んに行われるようになった。特に，アメリカでは，人種や性別などによる雇用差別を禁じた公民権法第 7 編（1964 年）および教育場面における性差別を禁じた教育法第 9 編（1972 年）の制定以降，女性を対象としたキャリア・カウンセリングが推し進められ，女性のキャリア選択を説明する理論（Astin, 1984; Betz & Fitzgerald, 1987; Eccles, 1987; Gottfredson, 1981; Hackett & Betz, 1981 など）が作られ発展していった（Farmer, 2006）。

　本章では，こうしたキャリア選択理論の中で，現代においても実証的研究やカウンセリング場面で重要な理論的背景になっているものを簡単に紹介しよう。なお，英語圏で行われたキャリア研究の展望については，Betz（2008）や Swanson & Gore（2000）などを参照されたい。

（1）　Hackett & Betz の自己効力感理論

　Bandura（1977）の社会的学習理論をもとにした社会・認知的キャリア理論（social cognitive career theory）は，興味形成，学業やキャリア面での選択，達成レベルの 3 段階に分かれており，それぞれの段階で，自己効力感，結果期待，目標の 3 つの変数が重要な役割を担っている（Lent, 2005; Lent, Brown, & Hackett, 1994 など）。この理論の中でもっともよく検討されている変数は自己効力感であり，1980 年代初頭からアメリカで盛んに研究され，すでにひとつの研究領域として確立したと考えられている（廣瀬，1998; 富永，2008）。自己効力感（self-efficacy）は，もともと Hackett & Betz（1981）によって，キャリア選択における性差を説明するために用いられた概念であるが，後の Lent らの理論の中では，社会・文化的環境，キャリア行動の見本となるモデルの存在，課題を行う経験などといった面での差異が興味形成に影響を与えるという過程を通して，性別や人種のキャリア行動の差異が説明されている。たとえば，子どもたちは様々な経験を通して，それぞれの活動についての自己効力感や結果期待を形成し，これが個人の興味を形作るようになるが，その際，性別役割に関す

る社会化の過程により男女は異なる経験をし，男性にふさわしいとされる活動と女性にふさわしいとされる活動についての自己効力感と結果期待をもつようになる。こうして，その文化で男女それぞれにふさわしいとされる課題に興味をもつようになると考えられている。

（2） Gottfredson の境界化と妥協のモデル

　Gottfredson（1981, 2005 など）は，人種や性別によるキャリア選択の差異を説明するため，境界化（circumscription）と妥協（compromise）の2つのプロセスを考えた。それによると，個人のキャリア選択は自己概念と対立するような職業を選択肢から除外していくことから始まる。この境界化は4つの段階に分けられ，まず第1段階（3〜5歳）では，大きくなったら仕事をすることを認識するようになり，うさぎや王女になるという選択肢が排除される。第2段階（6〜8歳）で，子どもたちは主に制服やトラックなど目につきやすいものに関する職業を認識し始めると同時に，性別によってその職業が異なることも認識し始め，異性の職業を選択肢から除外する。第3段階（9〜13歳）の子どもたちは，様々な職業がそれぞれの役割と社会的地位をもっていることや，その職業に必要な学歴や競争の度合いを認識できるようになる。その中で，自分の家族やコミュニティが受容してくれる職業の境界の下限，さらには努力しても就くことが難しいような境界の上限を認識するようになり，職業地図を描く。その地図の中に，子どもたち自身が受容可能な領域（社会的空間）が含まれている。この第3段階までは境界線を引いて選択肢を除外していく過程であったが，第4段階（14歳〜）で，青年たちは積極的にキャリアを探索する段階に入る。この時期は自分の興味や能力，目標を模索する時でもある。自分の社会的空間の中で，理想の職業と現実に可能な職業への意欲が高まる。しかし，現実のキャリア選択の場面では，希望する職業をあきらめ，就ける可能性の高い職業を選ぶという妥協がしばしば生じる。それは，自己概念の中心を残すように，興味ある分野，社会的評価，性別の順番で行われる。そして，それらのすべてを妥協しても仕事が見つからない場合のみ，社会的空間の外にある職業に注意が

向けられる。しかし，その際にも性別は自己概念の中心にあるため，妥協が行われにくいと考えられている。

（3） Eccles の達成に関する選択モデル

Eccles（1987, 2005 など）は，大学での専攻やキャリアの選択が，ある課題をどのくらいうまくできると思うかという効力感つまり成功期待，将来の目標とアイデンティティと欲求，文化に存在する役割規範，その活動に関わるコストによって影響を受けると考えている。この過程の中で重要なのが，個人が選択可能なものとして認知している課題の選択肢のそれぞれにおく重要性，つまり主観的価値（subjective task value）である。課題のもつ主観的な価値は，その課題を（うまく）行うことを個人がどの程度重要だと思っているかという達成価値，その課題を行うことで得られる（と思う）歓びである内的で興味上の価値，その課題が自分の将来にどのくらい関与しているかという有用性の価値，そして，その活動のために必要なコストの認知の4つからなっている。このうち，達成価値と内的・興味価値は，個人のアイデンティティと関わっている。男女は性役割に関する社会化や学習環境によって異なるアイデンティティを形成しており，したがって同じ課題に対しても異なる価値を見出すと考えられる。たとえば，女性が家庭の役割に価値をおくため仕事を犠牲にするのに対し，男性は地位の獲得や経済的な成功に価値をおくようになる。また，家庭を重視する女性が家庭外で働くことをコストと見なすのに対して，男性の場合には働くことと家庭を支えることが両立するためコストとは見なされない。ところで，Eccles らは，科学分野の専攻や職業に女性が少ないことを，女性の効力感が低いためではなく，たとえば，女性が他者と結びついた仕事に価値をおくという主観的価値が原因であると考えている。

（4） キャリア行動の文化的多様性

以上，アメリカにおいて展開されてきた，女性を考慮したキャリア選択理論の代表的なものを簡単に紹介したが，これらを用いて日本の女性の就労行動を

理解しようとする際に考慮せねばならないのは，就労に関わる社会制度に加えて，その背景にある社会規範や働く女性に対する態度などの文化的な差異である。近年，アメリカのキャリア理論は，階級や民族性などの文化的多様性が考慮されるようになってきた（Betz, 2006; Worthington, Flores, & Navarro, 2005）。たとえば，2006年に出版された *Handbook of career counseling for women*（2nd ed.）には，アフリカ系アメリカ人，アジア系，ラテン系，レズビアン，移民，科学技術工学数学分野の章がそれぞれもうけられている。これは，女性をひとつの集団として理解するのではなく，女性の中にある多様性を考慮した理論的展開が行われていることを意味する。

このハンドブックで，アジア系アメリカ人へのキャリア・カウンセリングの注意点について触れてある章（Ali, Lewis, & Sandil, 2006）では，考慮しなければならない文化的な背景の違いとして，家族やコミュニティが重要とされていること，それゆえ，個人の達成よりも家族が重視され，既婚女性が働くのは家計の補助的な役割のためであるとされることがあげられている。さらに，アジア系アメリカ人が教育や職業における達成を重視している点も文化的特徴とされている。これらはあくまでアメリカに移住したアジア系の女性を対象に考えられたものであるが，現代の日本の状況にもあてはまるところはあるだろう。21世紀になっても「男は仕事，女は家庭」の役割分担に賛成する人が4割を超え（内閣府，2009），さらに，女子学生のみを対象とした調査ではあるが，「結婚相手しだいの人生」に同感する女性が多い（森永，2006）ことは，家族を重視する日本社会の中で，若い女性が将来の夫や子どもを中心にした生活を思い描いている可能性を示唆する。

また，主として卒業後に就職活動が活発になるアメリカに対して，日本では卒業さえ確定していない大学3年生の段階で就職活動が開始される。また，日本の大学においてインターンシップなどのキャリア教育が本格的に始まったのはつい最近である。こうした状況から，日本ではほぼ手探りの状態で自分の将来に関わる決定をする大学生が多いことが推測できよう。

第3節　日本の女子学生のキャリア選択に関する実証的研究

　本節では，日本で行われた女子学生を対象にしたキャリア研究を紹介しよう。これらの研究のほとんどが，キャリア選択に関連する心理学的変数間の関係を検討したものであるが，研究者の立場や訳語によって，類似した内容を測定していながら，異なる名前で検討されているものもある。本章では質問項目に注目した展望を試みた。

（1）職業への興味や働くことについての準備状態
　職業興味は，キャリア関係の心理学研究において常に中心的テーマのひとつであり（宗方，2000），特にHolland（1959）の提唱した職業選択理論以降，盛んに研究されている。日本でもHollandの理論に基づいた職業興味検査（VPI）を用いた検討（藤岡，1987；森下，1983など）とともに，女子学生を対象にした職業興味尺度が作成され検討されている（宗方，2000，2005；若林・後藤・宗方，1989など）。こうした尺度は，職業をいくつかの分野に分け，そうした職業にどの程度興味があるか，あるいは，職業に関連した資格や能力の習得に関心があるかを尋ねるものである。女子学生を対象にした職業興味の研究から，教育や福祉など大学での専攻が特定の資格免許や職業と密接に結びつく場合，職業興味はその専攻と対応する職業領域に関連していることなどが示されている（宗方，2000，2005）。
　どのような領域の職業に興味をもつかを扱う職業興味に対して，社会人になることや就職活動に対する態度を検討するものが日本のキャリア心理学の分野では盛んである。これは，日本での「就職」が，一部の専門的な職業を除くと，企業や組織に入ることを意味しており，事務職や総合職などのコースが設けられている場合もあるものの，どのような職務を行うかは入社後に割り当てられることが多いためとも考えられる。
　職業未決定状態や職業選択不安などのように，大学から実社会への移行に伴

う不安を検討した研究では，男子学生に比べ女子学生の方が不安を感じていることが示されている（松田・永作・新井，2008；下山，1986など）。男女学生を対象にアイデンティティとの関連について検討した下山（1986）は，女子の方が就職について安直な考えをもっているが，それが自我の統合力と結びつく可能性を示唆する結果を得ており，人生の中でのキャリアについての考え方が男女で異なることがうかがえる。しかし，こうした態度も学年とともに変化し，社会に出て働くことについての態度を職業レディネス（若林・後藤・鹿内，1983）と捉え，女子学生を対象に縦断的に検討した研究では，大学においてインターンシップや就職ガイダンスが活発になる3年生の間に，顕著にレディネスが高まることが報告されている（宗方・北折・大山，2006）。

（2） 就職活動への取り組み

具体的なキャリア選択行動である就職活動への取り組みについてはどうだろうか。大学生の就職活動の開始時期，つまりキャリア探索の段階では，情報収集と自己分析が重要とされている。男女学生を対象にした検討では，男女とも興味をもっている職業について積極的に情報を収集したいと考えているが，将来長く働き続けようとする女子学生は男子学生よりもその意欲が強いことが示唆されている（安達，1998）。そして，自己分析と情報収集に，社会人から話を聴くといった他者からの学びの側面を考慮したところ，女子が自分自身の理解を優先するのに対し，男子は情報収集を中心とした探索を行う者が多いことが示唆されている（安達，2010）。

就職活動に関わる様々な課題を自分がどのくらいうまくこなせると思っているかという認知は，キャリア選択に関する自己効力感として，Taylor & Betz（1983）のCDMSE（Career Decision-Making Self-Efficacy Scale）をもとに，日本でもよく検討されている（古市，1995；浦上，1995aなど）。この効力感がキャリアに関連する他の変数とどのように関連するのかを検討した研究は多く，女子学生の場合，キャリア選択に関する効力感が高いほど情報収集やキャリア決定に対する自信が高く（浦上，1995b），男女ともに自己分析や情報収集といった

探索行動が多くなったり（安達，2001），それらの開始時期が早くなったり（冨安，1997）する傾向などが報告されている。しかし，男女を比較した研究は少なく，比較した場合でも性差はあまりはっきりと見られていない（安達，2001；冨安，1997）。

その一方で，小久保（2002）は，男性の占める割合が多い職業，女性の占める割合が多い職業，どちらとも言えない中立的職業の3つのタイプについて，訓練によってその仕事を十分に成し遂げる自信つまり特定の職業についての効力感と一般的な自己効力感を尋ねたところ，一般的な自己効力感に性差はないのにもかかわらず，男性が多い職業では，女子学生の自信は男子学生よりも有意に低いことが示されている。しかし，女性が多い職業や中立的な職業では男女の効力感の違いはそれほど見られていない。

（3） 働くことに求めるもの

働くことに何を求めるのかという問いは，やりがいや収入などの仕事のもつ様々な側面にどの程度の価値をおいているのかという問いに置き換えることができるだろう。大学生にこうした価値観を尋ねた研究では，男女ともに，自分を活かせてやりがいのある仕事，さらに，他者とのつながりを感じられる仕事をしたいと思っている傾向がうかがえる（安達，1998；古市，2007；菰田，2006など）。

また，男女を比較した場合，自分の能力を試したい，困難な仕事を成し遂げたいという挑戦的な面では男女の意欲はそれほど変わらない（安達，1998；古市，2007；菰田，2006；高良・金城・廣瀬，2003）か，女子が高い傾向がある（森永，1994）。高い地位につきたいという上昇志向の面では男女の意欲はそれほど変わらない（安達，1998；古市，2007；森永，1994）か，男子が高い傾向がある（菰田，2006）。人との出会いやコミュニケーションなどに関わる仕事を重視する傾向については，男女でそれほど変わらない（安達，1998；古市，2007）か，女子で高い傾向がある（菰田，2006）。また，待遇面での男女平等は，女子の方が重視する傾向がある（森永，1994；高良他，2003）が，残業の有無や収入など

の点では男女でほぼ同じ程度になる（古市，2007；菰田，2006）。

さらに，こうした価値観は結婚や出産で退職したいと思っているかどうかとも関連しており，働き続けたいと思っている女子学生は結婚で退職したいと思っている女子学生よりも，上昇志向が高く，また，知的な刺激を求める傾向が見られている（森永，1995b）。

第4節　女子学生を対象としたキャリア教育への示唆

本章では，アメリカでの女性を対象としたキャリア選択理論と，日本における女子学生を対象としたキャリア研究を概観した。これまで見てきたように，日本の大学生の場合，就職活動に必要とされる自己分析や情報収集のどちらに力点を置くかについては性差が見られる傾向があるものの，そうした課題をうまくこなせる自信に関しては性差がそれほどないようである。これは，自己分析や情報収集をはじめ，企業セミナーに参加する，OBに連絡をとるなど，就職活動の際に行わねばならない課題の多くが，その内容や量はさておき，学生の性別によってそれほど異ならないことと関連しているのかもしれない。その一方で，もともと興味をもっている職業が男女で異なり，さらに，職業によっては女性の自己効力感は男性よりも低くなる傾向がある。さらに，働くことに何を求めているのかという価値観については，男女ともやりがいや他者とのつながりを求めてはいるが，その程度には性差が見られる傾向がある。こうした興味や効力感さらには価値観といった個人の態度は，男女ともに，性別役割に対する態度に関連することが示唆されており（森永，1994；諸井，2004），性別役割に関する社会化による影響が推測できる。そして，これらが，キャリア選択の方向に影響し，それが第1節で紹介したようなキャリア行動の性差を生むひとつの要因になっている可能性がある。

ところで，実際のキャリア選択において，キャリア心理学分野で扱われている個人的要因はどの程度重要なのであろうか。「就職氷河期」と言われ続けて久しい中にあっては，こうした個人の特性といったものとはほとんど無関係に

就職先が決まっていくように思えることも多いだろう。いわば偶然の出来事あるいは運のよしあしによるもののようにも見えるため，何をどのようにすればよいのかを明確に把握するのが難しく，それゆえ，学生たちは就職活動を含め将来に不安を感じるようになるのかもしれない。

　しかし，キャリア選択過程においては，偶然に遭遇する機会を増やすような取り組みや偶然の出来事を自分の中に取り込むことが重要であるとも考えられている（下村・菰田，2007）。だからこそ，在学中のキャリア教育が必要であり，キャリア心理学の重要性もそこにあると考えられる。大学でのキャリア教育プログラムや介入実践によりキャリアに対する意識が高まることがすでに報告されている（川瀬・辻・竹野・田中，2006；中嶋・山本，2007）が，特に女子学生を支援するならば，先に紹介したキャリア理論や実証研究で示されているような性差を考慮したプログラムも必要であろう。たとえば，自己理解を深めるために，本章で紹介したような大学生を対象にしたキャリア研究の知見や，女性を考慮したキャリア選択理論に基づく選択過程に関する理論的な知識の提供，さらに，長期的な展望をもつために，働く女性を対象にキャリア・ストレスやワーク・ライフ・バランスについて検討した研究（金井，2000；小泉，1997など）から得た知見を伝えることなどが考えられる。

　また，先に紹介したキャリア選択理論では，個人の最終的なキャリア選択を左右する要因のひとつに，職業に関する情報量の限界があげられている（Eccles, 2005; Gottfredson, 2005）。選択肢として可能な職業のすべてに関する情報をもれなく入手することは，現実的に不可能であり，そのため学生たちは身近な信頼できる人たちからの情報に頼る傾向があるという。日本でも，大学生のキャリア行動に対する親の影響が検討されており（鹿内，2007, 2010など），女子学生はモデルとしても（北原・佐々木・岡部，2005），相談相手としても（佐山，2009），母親の影響を受けやすいことがうかがえる。さらに，Eccles（2005）は，理工系の職業に女性が少ない理由として，こうした職業の情報が正確に伝わっておらず，他者との関わりに乏しいという誤った印象を与えており，それが他者とのつながりを重視する女性を遠ざけてしまっていると述べている。キャリ

ア選択の支援において，職業や職務内容についての情報提供は男女ともに重要だが，女性のもっている人間関係重視の態度を考えるならば，それに即したような情報提供も必要とされよう。

さらに，「子どもが小さいうちは，母親がそばにいたほうがよい」とする社会規範は，女性の働く環境を悪化させ，女子学生の「子どもが小さいうちは，そばにいたい」という態度（森永・土肥，2006）とあいまって，出産を機に退職する女性が多い。しかしながら，新規卒業者を優先する企業の採用方針の中で，一度，職場を離れた女性が経験を活かした仕事を見つけることはなかなか難しいのが現状である。企業のあり方や育児支援のあり方も，これからの女性のキャリア行動と切り離せないものになるだろう。

注
（1） 経済状況の変化とともに職業や職種，就労形態の多様化が進んでいるため，本章ではそれらを含めた概念として「キャリア」を用いる。
（2） Hollandのような従来の理論や尺度も，実際のカウンセリング場面あるいは実証的研究の際に，家庭や性役割の社会化などのようなジェンダーの視点を考慮することで，女性にも適用可能とされている（Spokane & Cruza-Guet, 2005）。
（3） 適性検査としての職業興味検査は市販されている。そのほか，WEB上で様々な適性検査を行うことが可能である。たとえば，独立行政法人労働研究・研修機構＜http://www.jil.go.jp/＞の職業情報・就職支援ツール。

引用文献
安達智子（1998）．大学生の就業動機測定の試み 実験社会心理学研究，**38**, 172-182.
安達智子（2001）．進路選択に対する効力感と就業動機，職業未決定の関連について―女子短大生を対象とした検討― 心理学研究，**72**, 10-18.
安達智子（2010）．キャリア探索尺度の再検討 心理学研究，**81**, 132-139.
Ali, S. R., Lewis, S. Z., & Sandil, R.（2006）. Career counseling for Asian women. In W. B. Walsh & M. J. Heppner (Eds.), *Handbook of career counseling for women*. 2 nd ed. Mahwah, NJ: Lawrence Erlbaum. pp. 241-270.
Astin, H. S.（1984）. The meaning of work in women's lives: A sociopsychological model of career choice and work behavior. *Counseling Psychologist*, **12**, 117-126.
Bandura, A.（1977）. Self-efficacy: Toward a unifying theory of behavioral change. *Psy-

chological Review, **84**, 191-215.

Betz, N. (2006). Basic issues and concepts in the career development and counseling for women. In W. B. Walsh & M. J. Heppner (Eds.), *Handbook of career counseling for women*. 2 nd ed. Mahwah, NJ : Lawrence Erlbaum. pp. 45-74.

Betz, N. E. (2008). Advances in vocational theories. In S. T. Brown, & R. W. Lent (Eds.), *Handbook of counseling psychology*. 4 th ed. Hoboken, NJ : Wiley. pp. 357-374.

Betz, N., & Fitzgerald, L. (1987). *The career psychology of women*. New York : Academic Press.

Brooks, L. (1990). Recent developments in theory building. In D. Brown, L. Brooks, & Associates (Eds.), *Career choice and development : Applying contemporary theories to practice*. 2 nd ed. San Francisco, CA : Jossey-Bass. pp. 364-394.

Brown, D. (1990). Summary, comparison, and critique of the major theories. In D. Brown, L. Brooks, & Associates, *Career choice and development : Applying contemporary theories to practice*. 2 nd ed. San Francisco, CA : Jossey-Base. pp. 338-363.

Cook, E. P., Heppner, M. J., & O'Brien, K. M. (2002). Career development of women of color and white women : Assumptions, conceptualization, and interventions from an ecological perspective. *Career Development Quarterly*, **50**, 291-305.

Eccles, J. S. (1987). Gender roles and women's achievement-related decisions. *Psychology of Women Quarterly*, **11**, 135-172.

Eccles, J. S. (2005). Subjective task values and the Eccles et al. model of achievement-related choices. In A. J Elliot & C. S. Dweck(Eds.), *Handbook of competence and motivation*. New York : Guilford. pp. 105-121.

Farmer, H. S. (2006). History of career counseling for women. In W.B. Walsh & M.J. Heppner (Eds.) *Handbook of career counseling for women*. 2 nd ed. Mahwah, NJ : Lawrence Erlbaum. pp. 1-44.

Fitzgerald, L. F., & Crites, J. O. (1980). Toward a career psychology of women : What do we know? What do we need to know? *Journal of Counseling Psychology*, **27**, 44-62.

藤岡秀樹 (1987). 大学生の職業興味と認知様式　岩手大学教育学部附属教育工学センター教育工学研究, **9**, 53-62.

古市裕一 (1995). 青年の職業忌避的傾向とその関連要因についての検討　進路指導研究, **16**, 16-22.

古市裕一 (2007). 青年の職業志向傾向と就業動機および自己効力感　岡山大学教育学部研究集録, **136**, 145-151.

Gottfredson, L. S.(1981). Circumscription and compromise : A developmental theory of occupational aspirations ［Monograph］. *Journal of Counseling Psychology*, **29**, 254-291.

Gottfredson, L. S.(2005). Applying Gottfredson's theory of circumscription and compromise in career guidance and counseling. In S. D. Brown & R. W. Lent(Eds.), *Career development and counseling : Putting theory and research to work*. Hoboken, NJ : Wiley. pp. 71-100.

Hackett, G., & Betz, N. E.(1981). A self-efficacy approach to the career development of women. *Journal of Vocational Behavior*, **18**, 326-339.

廣瀬英子(1998). 進路に関する自己効力研究の発展と課題 教育心理学研究, **46**, 343-355.

Holland, J. L.(1959). A theory of vocational choice. *Journal of Counseling Psychology*, **6**, 35-44.

金井篤子（2000）. キャリア・ストレスに関する研究─組織内キャリア開発の視点からのメンタルヘルスへの接近─ 風間書房

神田道子・清原みさ子（2002）. キャリアパターン意識の構造 神田道子・女子教育問題研究会編 女子学生の職業意識 勁草書房 pp. 65-115.

川瀬隆千・辻利則・竹野茂・田中宏明（2006）. 本学キャリア教育プログラムが学生の自己効力感に及ぼす効果 宮崎公立大学人文学部紀要, **13**, 57-74.

北原佳代・佐々木美樹・岡部惠子（2005）. 職業選択に対する学生の考え方と親への相談状況との関係─新入生を対象にして─ つくば国際短期大学紀要, **33**, 121-139.

小泉智恵（1997）. 仕事と家庭の多重役割が心理的側面に及ぼす影響─展望─ 母子研究, **18**, 42-59.

小久保みどり（2002）. 大学生の職業選択のジェンダー差 立命館経営学, **41**, 69-87.

菰田孝行（2006）. 大学生における職業価値観と職業選択行動との関連 青年心理学研究, **18**, 1-17.

厚生労働省（2010）. 平成 21 年版働く女性の実情 厚生労働省ホームページ 2010 年 4 月 9 日 ＜http://www.mhlw.go.jp/＞

Lent, R. W.(2005). A social cognitive view of career development and counseling. In S. D. Brown & R. W. Lent (Eds.), *Career development and counseling : Putting theory and research to work*. Hoboken, NJ : Wiley. pp. 101-127.

Lent, R. W., Brown, S. D., & Hackett, G.(1994). Toward a unifying social cognitive theory of career and academic interest, choice, and performance［Monograph］. *Journal of Vocational Behavior*, **45**, 79-122.

松田侑子・永作 稔・新井邦二郎（2008）. 職業選択不安尺度の作成 筑波大学心理学研究, **36**, 67-74.

文部科学省（2010）．平成 21 年度大学等卒業者の就職状況調査（4 月 1 日現在）について　文部科学省ホームページ　2010 年 5 月 22 日　＜http://www.mext.go.jp/＞
森永康子（1994）．男女大学生の仕事に関する価値観　社会心理学研究，**9**, 97-104.
森永康子（1995 a）．女性の就労行動に関する一考察　心理学評論，**38**, 424-440.
森永康子（1995 b）．女子大学生の仕事に関する価値観と就労パターン　安田女子大学紀要，**23**, 99-104.
森永康子（2006）．女子学生のキャリア意識　伊藤裕子（編）　ジェンダー・アイデンティティ―揺らぐ女性像―　至文堂（現代のエスプリ別冊）　pp. 99-108.
森永康子・土肥伊都子（2006）．女子大学生のキャリア意識とジェンダー・パーソナリティ　日本社会心理学会第 47 回大会発表論文集，pp. 310-311.
森下高治（1983）．職業行動の心理学　ナカニシヤ出版
諸井克英（2004）．青年における就労動機におよぼす性役割の影響　総合文化研究所紀要，**21**, 59-77.
宗方比佐子（2000）．職業興味の構造に関する理論モデルの検討　桜花学園大学研究紀要，**2**, 77-88.
宗方比佐子（2005）．女子学生に対するキャリア開発支援の試み(1)―クラスター分析による職業意識の分類―　金城学院大学論集人文科学編，**1**, 166-177.
宗方比佐子・北折充隆・大山小夜（2006）．4 年間の大学生活は，学生の意識と行動に何をもたらすのか 3―縦断調査による新設学部学生の 4 年間変遷に関する総合研究―　金城学院大学人文・社会科学研究所紀要，**10**, 13-37.
内閣府（2009）．男女共同参画社会に関する世論調査（平成 21 年 10 月調査）　内閣府ホームページ　2009 年 12 月 7 日　＜http://www8.cao.go.jp/survey/＞
中嶋　渥・山本眞利子（2007）．「就職後の自分」を用いたロールレタリングが大学生の進路不決断と自尊感情に及す影響　久留米大学心理学研究，**6**, 75-80.
佐山公一（2009）．大学生の職業選択に及ぼす親の影響の強さ　商学討究，**60**, 45-69.
鹿内啓子（2007）．大学生の職業選択に対する職業意識と親の影響との関連性　北星学園大学文学部北星論集，**44**(2), 1-12.
鹿内啓子（2010）．大学生における親の就職への態度および親との関係と職業意識との関連　北星学園大学文学部北星論集，**47**(2), 1-11.
下村英雄・菰田孝行（2007）．キャリア心理学における偶発理論―運が人生に与える影響をどのように考えるか―　心理学評論，**50**, 384-401.
下山晴彦（1986）．大学生の職業未決定の研究　教育心理学研究，**34**, 20-30.
Spokane, A. R., & Cruza-Guet, M. C. (2005). Holland's theory of vocational personalities in work environments. In S. D. Brown & R. W. Lent (Eds.), *Career development and counseling : Putting theory and research to work*. Hoboken, NJ : Wiley. pp.

24-41.

Super, D. E. (1957). *Psychology of careers : An introduction to vocational development*. New York : Harper.（スーパー，D. E. 日本職業指導学会（訳）(1960). 職業生活の心理学　誠信書房）

Swanson, J. L., & Gore, P. A. Jr. (2000). Advances in vocational psychology : Theories and research. In S. T. Brown & R. W. Lent (Eds.), *Handbook of counseling psychology*. 3 rd ed. Hoboken, NJ : Wiley. pp. 233-269.

高良美樹・金城　亮・廣瀬　等 (2003). 沖縄県の大学生における就業意識についての基礎的研究　琉球大学法文学部紀要人間科学, **11**, 331-357.

Taylor, K. M., & Betz, N. E. (1983). Applications of self-efficacy theory to the understanding and treatment of career indecision. *Journal of Vocational Behavior*, **22**, 63-81.

富永美佐子 (2008). 進路選択自己効力に関する研究の現状と課題　キャリア教育研究, **25**, 97-111.

冨安浩樹 (1997). 大学生における進路決定自己効力と進路決定行動との関連　発達心理学研究, **8**, 15-25.

浦上昌則 (1995 a). 学生の進路選択に関する自己効力に関する研究　名古屋大学教育学部紀要（教育心理学科）, **42**, 115-126.

浦上昌則 (1995 b). 女子短期大学生の進路選択に対する自己効力と職業不決断—Taylor & Betz (1983) の追試的検討—　進路指導研究, **16**, 40-45.

若林　満・後藤宗理・宗方比佐子 (1989). 女子学生の職業興味と職業選択　名古屋大学教育学部紀要（教育心理学科）, **31**, 1-30.

若林　満・後藤宗理・鹿内啓子 (1983). 職業レディネスと職業選択の構造—保育系, 看護系, 人文系女子短大生における自己概念と職業意識との関連—　名古屋大学教育学部紀要（教育心理学科）, **30**, 63-98.

Worthington, R. L., Flores, L. Y., & Navarro, R. L. (2005). Career development in context : Research with people of color. In S. D. Brown & R. W. Lent (Eds.), *Career development and counseling : Putting theory and research to work*. Hoboken, NJ : Wiley. pp. 225-252.

＊付記　本章執筆にあたり神戸女学院大学人間科学部教育研究助成金を受けた。

COLUMN 2 母国とホスト国に対する留学生の態度変容

　留学生の受け入れと派遣を国策とする我が国にとって，留学生受け入れ政策と派遣政策はともに重要である。しかし，母国およびホスト国に対する留学生の態度を，「留学前（出国前）－留学中－留学後（帰国後）」の各時期を踏まえ，時系列的に測定し，解明した先行研究は存在しない。関連研究として，留学前から留学後までにわたる日本人短期留学生の適応を小島・深田（2009）が縦断的研究法により検討しているのみである。また，母国あるいは／およびホスト国に対する留学生の態度を測定した研究は，いずれも留学プロセスの一部に関して期間限定的に実施されているし，測定する態度の側面（認知的態度，感情的態度，行動的態度）も明確に意識されていない。

　そこで，小島・深田（2010）は，イギリスに短期留学する日本人学生を対象に，留学前から留学後までの留学プロセスに沿って縦断的調査を実施し，母国およびホスト国に対する留学生の態度を時系列的に測定した。測定時期は留学前，留学中の初期，留学中の末期，留学後の4時点であった。

　また，国に対する態度は行動的態度である行動意思の側面について，「肯定的－中立的－否定的」であるかどうかが判定できるように5段階（5-3-1点）で測定した。①留学前の態度は，母国への残留行動意思とホスト国への留学行動意思，②留学中（初期と末期）の態度は，母国への帰国行動意思とホスト国への残留行動意思，③留学後の態度は，母国への残留行動意思とホスト国への再留学行動意思，として測定した。

　その結果，母国とホスト国への態度は表1に示すように，母国日本に対する態度は，留学前の否定的態度から留学により中立的態度へと変化し，その留学中の中立的態度が留学後も維持されていることが判明した。これに対して，ホスト国イギリスに対する態度は，中立からやや肯定的であり，留学による変化が見られず，一貫していることが分かった。

　次に，小島・深田（2010）は，4つの測定時期ごとに，日本とイギリスに対す

表 1　日本とイギリスに対する態度の平均値と標準偏差，および分散分析と多重比較の結果 (小島・深田，2010 を一部改変)

	留学前	留学初期	留学末期	留学後	F 値	多重比較
日本に対する態度	2.10 (1.10)	3.19 (1.39)	3.25 (1.38)	3.10 (1.22)	12.21***	1 < 2,3,4
イギリスに対する態度	3.96 (1.01)	3.54 (1.24)	3.65 (1.33)	3.77 (1.13)	1.43	

注：1）表内の数値は平均値，（ ）内は標準偏差。
　　2）***$p < .001$.

表 2　各時期の態度類型の比率（人数）(小島・深田，2010 を一部改変)

	留学前	留学初期	留学末期	留学後
両国肯定型	4.2 (2)	22.9(11)	16.7 (8)	12.5 (6)
日本肯定・イギリス否定型	4.2 (2)	16.7 (8)	20.8(10)	10.4 (5)
日本否定・イギリス肯定型	52.1(25)	31.2(15)	33.3(16)	25.0(12)
両国否定型	4.2 (2)	0.0 (0)	0.0 (0)	0.0 (0)
その他	35.4(17)	29.2(14)	29.2(14)	52.1(25)

る態度が，それぞれ肯定的であるか否定的であるかによって，2つの国に対する態度を，①両国肯定型，②日本肯定・イギリス否定型，③日本否定・イギリス肯定型，④両国否定型，⑤その他，の5類型に分類し，表2に示した。最も多く見られるのが日本否定・イギリス肯定型であり，留学前の時点では50％を超えていたが，留学によって約20％も減少し，さらに留学後も微減を示し，留学前の半数にまで減少した。これに対して，両国肯定型と日本肯定・イギリス否定型は，留学前の時点では約4％と非常に少なかったが，留学中に20％前後まで増加し，留学後は約10％へとやや減少した。両国否定型は，留学前のみ約4％いたが，留学によって消失した。

こうした態度類型の個人内変遷を分析すると，4時期を通して態度類型に変化がなかった留学生は，48名中わずか5名にすぎなかった。このうち4名は日本否定・イギリス肯定型，1名は日本肯定・イギリス否定型であった。留学は大多数（約90％）の留学生の母国およびホスト国への態度に大きな影響を与えることが解明された。

このほかに，自由記述回答を利用した小島・深田（2010）は，態度の規定因や，態度類型の個人内変容の規定因に関しても分析を行い，母国・母国民およびホスト国・ホスト国民に対する肯定的感情と生活に対する満足感が重要な役割を担っていることを明らかにした。

引用文献

小島奈々恵・深田博己（2009）．日本人短期留学生の適応過程に関する縦断的研究―留学前の母国適応，留学中のホスト国適応，留学後の母国再適応―　留学生教育, **14**, 39-47.

小島奈々恵・深田博己（2010）．日本人短期留学生の母国とホスト国に対する態度変容とその影響要因　留学生教育, **15**, 65-76.

第 Ⅲ 部

対人的影響過程

第Ⅲ部「対人的影響過程」では，対人レベルの社会心理学の中核を成す「対人行動」とその「影響」に関連するテーマを取り上げている。人間関係の基本単位は二者関係である。二者間で交わされる行動が対人行動であり，その対人行動を社会的影響の視点から「対人的影響過程」として捉えている。この「対人行動」ないし「対人的影響過程」は，コミュニケーション的性質の顕在化した「対人コミュニケーション」と，コミュニケーション的性質が顕在化しない「対人相互作用」に大別できる。

　第16章から第21章の共通テーマは「対人コミュニケーション」である。この中でも，第16章はユーモア表出，第17章は取り入り方略，第18章はサポート獲得方略，コラム3は承諾抵抗方略といった「言語的な影響方略」に関連しており，第19章は対人感情と視線，第20章は視線の機能，第21章は非言語的行動，といった「非言語的な影響方略」に関連している。

　第22章と第23章の共通テーマは広義の「対人相互作用」である。第22章はソーシャル・サポート，第23章は報酬分配を扱っている。

第16章　ユーモアの表出過程

第1節　対人行動としてのユーモア表出

（1）ユーモア研究の概要と新たな方向性

　ユーモア（humor）とは，非常に多様な意味をもつ概念であり，研究者間で定義についての統一見解は未だみられないが，広義には，「他者から面白いと判断され，楽しいという感情や笑い，微笑みを生み出すような全てのコミュニケーション」（Robinson, 1978）や「送り手が受け手を楽しませる目的で作り出した刺激を受け手に伝達し，当事者がその刺激を面白い，可笑しいと知覚する一連の過程」（牧野，1999a）など，面白さをもたらすコミュニケーション，あるいは過程をさして用いられている。他方，狭義には，面白さや可笑しさ，楽しさといった感情（伊藤，2007；野村・丸野，2008）や，それを喚起させる刺激やその特性（Colman, 2001; Gruner, 1976）をさして用いられている。本章では，駄洒落や皮肉などの面白さや可笑しさを喚起させる特性をもつ刺激をさす概念としてユーモアを用いる。また，ユーモアによって喚起する面白さや可笑しさなどの感情は，ユーモア感情と呼び，2つの概念を区別する。

　従来のユーモアに関する研究は，ユーモア感情の生起メカニズム（e.g., 伊藤，2007；野村・丸野，2008）や不安や抑うつの低減効果（e.g., Danzer, Dale, & Klions, 1990; Moran, 1996; Szabo, 2003），説得の促進効果（e.g., 牧野，1999a, 1999b, 2000）など，ユーモアの受け手に焦点を当てたものがほとんどであった。しかし，人間の対人行動の解明をひとつの主要な研究課題としている社会心理学に

301

おいては，ユーモアの送り手と受け手の双方の立場から研究をしていくことが必要である（塚脇, 2010）。このような立場から，近年では，ユーモアの送り手に焦点を当てる新たな方向性の研究がみられる。

本章では，塚脇・深田・樋口（2011）に従い，「ユーモアの送り手が，受け手や自分自身にユーモア感情を喚起させることを意図して，ユーモアを使用する言動」をユーモア表出（humor expression）と呼ぶ。すなわち，ユーモア表出を対人行動のひとつとして位置づける。そして，なぜ人はユーモア表出を行うのか，さらに，ユーモア表出は表出者自身に対してどのような影響があるかという，ユーモア表出における2つの中心的な問いに対して，これまでに得られた研究知見を紹介していく。その前段階として，以下ではユーモア表出を類型論的な視点から把握しておくことにする。

（2） ユーモア表出の類型

ユーモア表出の類型に関する先駆けとなった研究は，上野（1993）と宮戸・上野（1996）である。これらの研究は，個人がどのようなユーモアを知覚し，使用するかといった態度を，ユーモアに対する態度と定義し，その類型化を因子分析によって試みたものである。しかし，ここで類型化の対象となった概念は，あくまで，ユーモアに対する態度に関するものであり，明確にユーモア表出に焦点を当てて類型化を行ったものではなかった。つまり，因子分析で用いられた項目には，自己によるユーモアの使用と，他者によって使用されたユーモアの知覚とが混在していた。これを区別した牧野（1997）は，上野（1993）と宮戸・上野（1996）が用いた項目を，ユーモア表出に関する形に修正して因子分析を行い，ユーモア表出は，「攻撃的ユーモア表出」，「遊戯的ユーモア表出」，「支援的ユーモア表出」という3つに類型化されることを示した。

国外においては，Martin, Puhlik-Doris, Larsen, Gray, & Weir（2003）が，個人のユーモアスタイル（humor style）を類型論的に捉えるための調査を行っている。この研究は，ユーモアスタイルの定義について明言してはいないものの，その内容はユーモア表出の定義とほぼ同一であると考えられる。Martin et al. (2003) は，過去の理論家による記述 (Allport, 1961; Freud, 1928; Maslow, 1954; Ziv, 1984) と臨床事例 (Kubie, 1971; Strean, 1994) から，ユーモアスタイルに関する項目を作成し，因子分析を行った。その結果，個人のユーモアスタイルは，周囲を笑わせるためにジョークを使用する「親和的ユーモア表出 (affiliative humor)」，ストレスフルな状況で自己を支援するためにユーモアを使用する「自己支援的ユーモア表出 (self-enhancing humor)」，他者を攻撃や非難するためにからかいを使用する「攻撃的ユーモア表出 (aggressive humor)」，周囲を笑わせるために過剰な自虐を使用する「自己破滅的ユーモア表出 (self-defeating humor)」の4つに類型化されることを示した。

　上記の諸研究は，個人の日常生活におけるユーモア表出の類型化を試みた先駆的な研究である。しかし，これらの研究に共通する問題として，ユーモア表出で使用するユーモアの形態に，それを表出する際の動機が混入したままの項目を用いてユーモア表出を類型化しているという点があげられる。これにより，駄洒落や皮肉といったユーモアの形態による類型に加えて，他者や自己を支援することを動機とするユーモア表出の類型が見出されるなど，類型化の基準が不明瞭になっている。ユーモア表出の動機の類型とは，ユーモア表出という対人行動そのものの類型というよりは，その背景要因の類型と捉えるほうが妥当であろう。このような議論から，近年，塚脇・樋口・深田 (2009 a) は，先行研究で用いられた項目から動機的要素を除外し，因子分析によってユーモア表出の類型化を再度検討している。そして，ユーモア表出は，使用されるユーモアの形態から，皮肉やからかいといった攻撃的な形態のユーモアを使用する「攻撃的ユーモア表出」と，自己の失敗談や未熟さの笑い話といった自虐的な形態のユーモアを使用する「自虐的ユーモア表出」と，駄洒落や言葉遊びといった遊戯的な形態のユーモアを使用する「遊戯的ユーモア表出」の3つに類型化されることを明らかにしている（表16-1）。

表16-1 ユーモア表出の項目に対する因子分析結果 (塚脇他, 2009aより作成)

項目	F1	F2	F3
攻撃的ユーモア表出			
きついことを言って笑いにする	**.71**	.00	−.06
人を軽く皮肉ったりする	**.69**	−.04	−.08
人をからかうようなユーモアを言う	**.65**	−.05	.01
自虐的ユーモア表出			
自分の欠点を笑いのタネにして話す	.05	**.78**	.01
人と比べて劣っているところがあっても,笑いのタネにして話す	.06	**.67**	−.01
自分の未熟さを笑い話として人に話す	−.10	**.62**	.11
遊戯的ユーモア表出			
単純でわかりやすいユーモアを言う	−.14	.13	**.70**
わかりやすいだじゃれを言う	.14	−.06	**.64**
人と単純な言葉遊びをする	.15	−.11	**.61**

注：各因子に負荷量の高い上位3項目のみ示した。

第2節　ユーモア表出の動機

(1) 古典的な理論的考察

なぜ人はユーモア表出を行うのであろうか。この問いに対して、心理学では「動機」という伝統的な概念を用いた研究が行われている。ユーモア表出の動機に関する研究は理論的な論考が中心であり、実証的研究は乏しい。表16-2に、これまでの理論的論考を整理して示した。

ユーモア表出の動機に関する最も古い理論は、優越感情理論（superiority theory）と呼ばれ（Keith-Spiegel, 1972）、Hobbes（1651 水田訳 1992）以来、ユーモアに関する理論の主流になっていた（上野, 1992）。この理論では、他者を犠牲にして優越感や自尊心を得ることがユーモア表出の動機であると主張する（La Fave, Haddad, & Maesen, 1996; 上野, 1992）。しかし、上野（1992）が指摘するように、単なる言葉遊びや音楽で表現される滑稽味など、他者の劣等性を示す要素が見出されないユーモアもあることから、この理論は皮肉やからかいなどの攻撃的な形態のユーモアにのみ適用される可能性がある。

Freud（1928, 1960）による精神分析理論（psychoanalytic theory）では、ユー

表16-2　ユーモア表出の動機に関する論考 (塚脇, 2010)

研究者	主張する動機
Hobbes (1651)	・優越感や自尊心を得る
Freud (1928)	・抑圧された攻撃性を解放する ・苦痛や苦悩へ対処する
Kane et al. (1977)	・他者の価値観，意図，態度などを探る ・以前に行った行為の責任から逃れる ・困惑するような出来事の後で自己の面子を保つ ・個人，集団，組織，国家の偽善と見せかけを暴く ・危険を冒さずに権力者を取り入る
Rosenfeld et al. (1983)	・他者から好印象を得る
Ziv (1984)	・他者からの攻撃を抑制する ・共感，評価，愛情を得る ・自己を勇気づけ，恐怖と向き合う
上野 (1992)	・他者や自己が楽しむ ・他者や自己を攻撃する ・他者や自己の気持ちを支える

モアを機知 (wit)，滑稽 (comic)，諧謔 (humor) の3つに分類し，それぞれの表出動機を指摘している。機知は滑稽の一部であるとされるが，両者の差異は，機知が人為的に作り出されるユーモアであるのに対し，滑稽は自然発生的なユーモアであること，機知では主に言葉がユーモアとなるのに対し，滑稽では動作や状況がユーモアになることがあげられる。これらのユーモアの表出動機としては，抑圧された無意味性や攻撃性を解放することがあげられている。諧謔は，自己の不運や不幸をユーモアとするものであり，苦痛や苦悩を覚えるような現実を遠ざけ対処することが表出動機としてあげられている。先の優越感情理論の考察から，ユーモア表出の動機は，ユーモアの形態によって異なる可能性がある。この点においてFreud (1928, 1960) による理論は，すでにユーモアの分類を前提として論考を進めている点が秀逸である。しかし，その分類基準が主観的であり実証的な知見に基づく妥当性が保障されていないという問題がある。

(2) 近年の理論的考察

先に述べたユーモア表出の動機に関連する初期の理論では，表出者個人内における目的達成を期待するような，内発的な動機のみが指摘されており，ユーモアのもつ社会的側面が無視されていた（Martin, 2007）。1970年代以降では，社会的影響の手段として，個人間における目標達成を期待するような道具的な動機が指摘されるようになった。

自分の弱点や欠点を笑い話にするような自虐的（self-disparaging）な形態のユーモアに対して，Ziv（1984）は，他者より先に自分を攻撃することで，他者からの攻撃を未然に抑制するという表出動機，誰もがもつ弱点を笑い話にすることによって，自分に対する同一視を生じさせ，共感，評価，愛情を得ようとするような印象操作的な表出動機，弱点を他者に見せて笑うことができるという事実によって自分を勇気づけ，恐怖と向き合うという表出動機が存在すると指摘している。ユーモア表出によって他者から好印象を得ようとするような印象操作的な動機の存在は，Rosenfeld, Giacalone, & Tedeschi（1983）によっても指摘されている。

従来のユーモアに関する研究を概観した上野（1992）は，ユーモアの形態を考慮したうえで，ユーモア表出の動機を3つ指摘している。第1が，他者や自己が楽しむ動機であり，主に駄洒落などの言葉遊び，ありふれた日常のエピソードなどの遊戯的なユーモアが使用される。第2が，他者や自己を攻撃する動機であり，主に皮肉，からかい，ブラックユーモア，自虐などの攻撃的なユーモアが使用される。第3が，自己や他者の気持ちを支える動機であり，主に自己客観視，自己洞察を含み，問題を軽視するようなユーモアが使用される。Freud（1928, 1960）と同様に，上野（1992）はユーモアの分類を視野に入れたうえで表出動機を指摘しているが，やはりその分類基準の妥当性は保障されていない。

また，人は何らかの対人的な目的を達成できると予期しなければ，ユーモア表出を行わないとする立場に立つ Kane, Suls, & Tedeschi（1977）は，ユーモア表出が有する機能をいくつか指摘しているが，このユーモア表出の機能は動

機として捉え直すことができる。すなわち，社会的探索（social probing）として，他者の価値観，意図，態度などを探ること，責任乖離（decommitment）として，前に行った行為の責任から逃れること，面子保護（face-saving）として，困惑するような出来事の後で自己の面子を保つこと，暴露戦術（unmasking tactic）として，個人，集団，組織，国家の偽善と見せかけをあばくこと，迎合戦術（ingratiation tactic）として危険を犯さずに権力者に取り入ること，などがユーモア表出の動機としてあげられている。

（3） 実証的研究

以上のような理論的論考を受け，近年，塚脇・越・樋口・深田（2009 b）は，ユーモア表出の動機の全体像を実証的に解明している。さらに，塚脇他（2009 b）は，ユーモア表出の動機には使用するユーモアの形態によって異同が存在することを Freud（1928, 1960）や上野（1992）による論考が示唆していたことから，この点も検討対象としている。

塚脇他（2009 b）は，塚脇他（2009 a）で明らかにされた3類型のユーモア表出の動機を，半構造化面接によって幅広く収集することから始め，因子分析によってその全体像を検討した。その結果，ユーモア表出の動機には，他者の価値観や人間性を探り，その者との関係性を構築するための「関係構築動機」，他者に対する自己の不満を伝達や発散するための「不満伝達動機」，他者に対して自己の存在を強調し，アピールするための「印象操作動機」，困難な状況において他者を支援するための「他者支援動機」，自己を支援するための「自己支援動機」の5つが存在することを解明した（表16-3）。

さらに，3類型のユーモア表出で5つの動機の強さに違いがあるのかを分散分析によって検討したところ（図16-1），不満伝達動機は攻撃的ユーモア表出を，他者支援動機は遊戯的ユーモア表出と自虐的ユーモア表出を，自己支援動機は自虐的ユーモア表出を特徴づけるものであることが示された。以上のように，ユーモア表出の動機によって3類型のユーモア表出が特徴づけられることも明らかとされている。

表16-3 ユーモア表出の動機に対する因子分析結果 (塚脇他, 2009aより作成)

項目	F1	F2	F3	F4	F5
関係構築動機					
相手と気が合うかをさぐるため	**.92**	.01	−.18	−.04	−.04
相手を知るため	**.81**	.03	.03	−.18	.14
相手がどんな人かをさぐるため	**.80**	.11	−.02	−.14	.06
不満伝達動機					
相手への苛立ちに気づかせるため	.01	**.92**	.00	.09	−.10
相手を注意するため	−.01	**.87**	.09	.01	−.10
自分の不満を伝えるため	−.03	**.80**	.01	−.04	.08
他者支援動機					
落ち込んだ相手を楽にさせるため	−.04	−.01	**.93**	−.06	−.02
相手を勇気づけるため	−.06	.07	**.87**	.01	−.03
相手の不満を下げるため	.00	.02	**.81**	.06	−.01
印象操作動機					
自分の存在感を強調するため	−.01	.01	−.12	**.95**	.04
自分をアピールするため	−.04	−.03	.13	**.89**	−.08
会話を自分のペースにするため	.06	.11	−.01	**.63**	.07
自己支援動機					
自分の気持ちを落ち着かせるため	−.10	−.04	−.13	.09	**.85**
自分を励ますため	−.06	−.03	.02	−.01	**.84**
問題を見つめ前向きになるため	.05	.10	.25	−.08	**.53**

注:各因子に負荷量の高い上位3項目のみを示した。

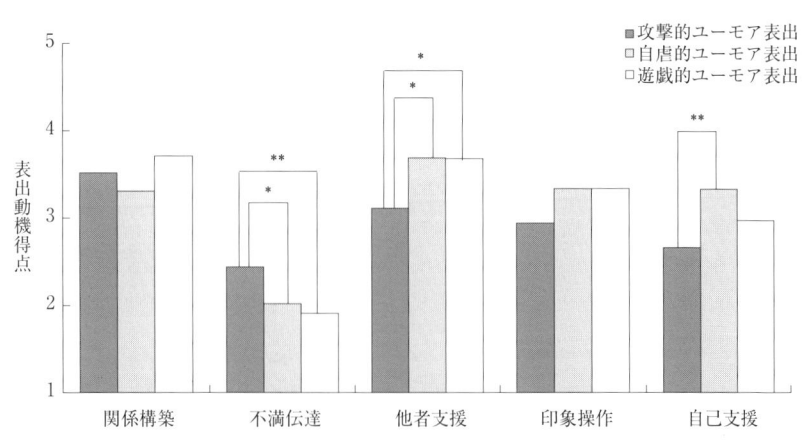

図16-1　3類型のユーモア表出における5つの表出動機得点の分散分析結果 (塚脇他, 2009b)
注: $**p<.01$, $*p<.05$.

第3節　ユーモア表出と表出者自身の精神的健康

（1）　先行研究の概観

　ユーモア表出が表出者自身に及ぼす影響についての研究は，近年台頭しているポジティブ心理学の流れの中で，表出者自身の精神的健康への影響に主眼を置いた検討を行っている。

　国内では，上野（1993）と宮戸・上野（1996）が作成したユーモアに対する態度尺度を用いた研究報告がある。最初の研究として，宮戸・上野（1996）は，3つに類型化されたユーモア志向が抑うつに及ぼす影響を重回帰分析によって検討し，支援的ユーモア志向のみが，個人のネガティブな事象への耐性を高めて抑うつを低減することを明らかにした。この研究以降，ユーモアに対する態度と精神的健康との関係が検討されており（朝野・物部・中山・松波・鎌田，2003; 古谷・多田・石原，2001; 久野・向山，2008），これらの結果を総合的にみると，支援的ユーモア志向は精神的健康にとって有益であるが，攻撃的ユーモア志向は有害であることが示唆されている。

　他方，国外では，Martin et al.（2003）が作成したユーモアスタイル質問紙（humor styles questionnaire）を用いた研究報告がある。Martin et al.（2003）は，ユーモアスタイル質問紙と精神的健康の指標との関係を検討し，親和的ユーモア表出と自己支援的ユーモア表出は，不安や抑うつと負の相関を，自尊心や幸福感と正の相関を示したことから，精神的健康に有益なものである可能性を指摘した。反対に，自己破壊的ユーモア表出と攻撃的ユーモア表出は，敵意と正の相関を示し，さらに，自己破滅的ユーモア表出は，不安や抑うつと正の相関を，自尊心や幸福感と負の相関を示したことから，精神的健康に有害なものである可能性を指摘した。その後のユーモアスタイル質問紙を用いた後続の研究は，Martin et al.（2003）の結果をおおむね支持している（e.g., Chen & Martin, 2007; Kazarian & Martin, 2004, 2006）。

第III部　対人的影響過程

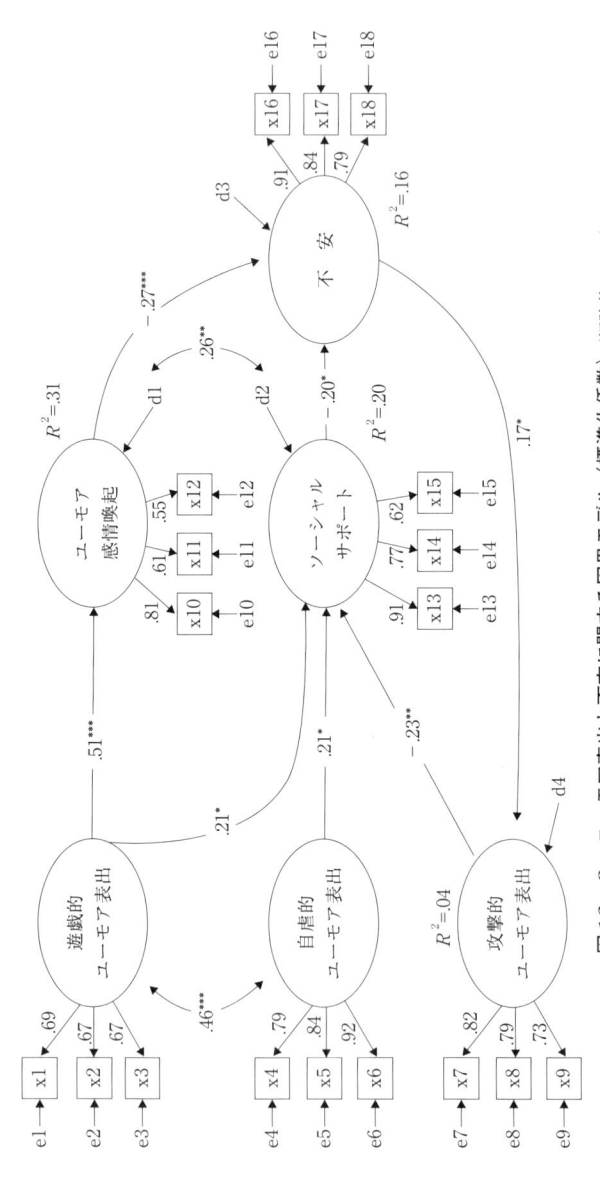

図16-2　ユーモア表出と不安に関する因果モデル（標準化係数）（塚脇他，2011）

注：***$p<.001$, **$p<.01$, *$p<.05$. 潜在変数から顕在変数へのパスは全て1％水準以下で有意。

(2) 影響過程に焦点化した研究

以上のような先行研究によって，ユーモア表出が精神的健康に及ぼす影響が明らかにされてきている。しかし，なぜユーモア表出が精神的健康に影響を及ぼすのか，その影響過程を検討した研究は宮戸・上野（1996）のみであった。塚脇他（2011）は，ユーモア表出と精神的健康に関する，より実践的な知見を得ていくためには，次の段階で影響過程を検討していく必要があると指摘し，ユーモア表出が，精神的健康に及ぼす影響過程を，塚脇他（2009 a）で作成された3類型のユーモア表出尺度を用いて検討を行った。ユーモア表出と精神的健康との間を媒介する変数として，表出者自身に対するユーモア感情喚起とソーシャルサポートという2変数を設定した。共分散構造分析の結果（図16－2），遊戯的ユーモア表出と自虐的ユーモア表出は，周囲からのソーシャルサポートを誘発することを通して不安を低減することが示された。さらに，遊戯的ユーモア表出は，表出者自身に対してユーモア感情を喚起させることでも不安を低減することが示された。一方，攻撃的ユーモア表出は，ソーシャルサポートを阻害することを通して不安を高めることが示された。以上の結果から，3類型のユーモア表出は，それぞれが異なる過程を通して，表出者の不安に影響を及ぼす可能性が示された。

(3) 今後の方向性

従来のユーモアに対する態度尺度とユーモアスタイル質問紙を用いた研究では，ユーモア表出で使用されるユーモアの形態と，ユーモア表出の動機とを混合したまま精神的健康との関係を検討してきた。今後の研究では，この点を明確に区別して研究を進めていくべきである。その際に，ユーモア表出で使用されるユーモアの形態と，ユーモア表出の動機とで，精神的健康に及ぼす影響力はどちらが強いのかを検討していくことは重要な研究課題である。また，ユーモア表出で使用されるユーモアの形態と，ユーモア表出の動機は，相互に関連し合いながら，表出者自身の精神的健康に影響を及ぼしている可能性がある。いくつかの研究で攻撃的ユーモア表出は表出者自身の精神的健康にネガティブ

な影響を与えることが示されている。しかし，塚脇他（2009b）によって，攻撃的ユーモア表出であっても，他者や自己を支援するために行われることもあることが示されている。支援的な動機に基づくユーモア表出は，精神的健康に有益であることが示唆されていることから（e.g., 宮戸・上野，1996），攻撃的ユーモア表出であっても，一概に精神的健康に有害というものではなく，その動機によっては有益な効果をもつかもしれない。今後の研究では，このような発展的な課題に挑戦する必要があるだろう。

引用文献

Allport, G. W. (1961). *Pattern and growth in personality*. New York : Holt, Rinehart & Winston.

朝野　聡・物部博文・中山勝廣・松波慎介・鎌田英爾（2003）．ユーモアに対する態度と精神的健康の関連性　工学院大学共通課程研究論叢，**40**, 67-76.

Chen, G., & Martin, R. A. (2007). A comparison of humor styles, coping humor, and mental health between Chinese and Canadian university students. *Humor : International Journal of Humor Research*, **20**, 215-234.

Colman, A. M. (2001). *A dictionary of psychology*. Oxford : Oxford University Press.

Danzer, A., Dale, J. A., & Klions, H. L. (1990). Effect of exposure to humorous stimuli on induced depression. *Psychological Reports*, **66**, 1027-1036.

Freud, S. (1928). Humour. *International Journal of Psychoanalysis*, **9**, 1-6.

Freud, S. (1960). *The standard edition of the complete psychological works of Sigmund Freud*. Vol. 8. (Trs. & Ed. by J. Stachey) London : Hogarth Press. (Der Witz und seine Beziechung zum Unbewussten. (1905). Wien : Deuticke.)

古谷真樹・多田志麻子・石原金由（2001）．性格特性とユーモア志向がストレス反応に及ぼす影響　児童臨床研究年報，**14**, 32-35.

Gruner, C. R. (1976). Wit and humor in mass communication. In A. J. Chapman & H. C. Foot (Eds.), *Humor and laughter : Theory, research, and applications*. London : Wiley. pp. 287-311.

久野　梓・向山泰代（2008）．青年期のユーモアに対する態度と対人不安および対人ストレスとの関連について　京都ノートルダム女子大学心理学部紀要，**7**, 19-37.

Hobbes, T. (1651). *Leviathan*. London : Andrew Crooke.（ホッブス, T.　水田　洋（訳）（1992）．リヴァイアサン　岩波書店）

伊藤大幸（2007）．ユーモア経験に至る認知的・情動的過程に関する検討―不適合理論に

おける2つのモデルの統合へ向けて— 認知科学, **14**, 118-132.
Kane, T. R., Suls, J., & Tedeschi, J. T. (1977). Humor as a tool of social interaction. In A. J. Chapman & H. C. Foot (Eds.), *It's a funny thing, humour*. Oxford : Pergamon Press. pp. 13-16.
Kazarian, S. S., & Martin, R. A. (2004). Humor styles, personality, and well-being among Lebanese university students. *European Journal of Personality*, **18**, 209-219.
Kazarian, S. S., & Martin, R. A. (2006). Humor styles, culture-related personality, well-being, and family adjustment among Armenians in Lebanon. *Humor : International Journal of Humor Research,* **19**, 405-423.
Keith-Spiegel, P. (1972). Early conceptions of humor : Varieties and issues. In J. H. Goldstein & P. E. McGhee (Eds.), *The psychology of humor : Theoretical perspectives and empirical issues*. New York : Academic Press. pp. 3-39.
Kubie, L. S. (1971). The destructive potential of humor in psychotherapy. *American Journal of Psychiatry*, **127**, 861-866.
La Fave, L., Haddad, J., & Maesen, W. A. (1996). Superiority, enhanced self-esteem, and perceived incongruity humor theory. In T. Chapman & H. Foot (Eds.), *Humour and laughter : Theory, research and applications*. London : Wiley. pp. 63-91.
牧野幸志 (1997). ユーモア行動の構造に関する研究 広島大学教育学部紀要 第一部 (心理学), **46**, 41-48.
牧野幸志 (1999 a). 説得に及ぼすユーモアの種類と量の効果 感情心理学研究, **6**, 1-16.
牧野幸志 (1999 b). 説得に及ぼすユーモアの種類と量の効果 (2) 広島大学教育学部紀要 第一部 (心理学), **48**, 107-114.
牧野幸志 (2000). 説得に及ぼすユーモアの種類と量の効果 (3) 高松大学紀要, **34**, 53-68.
Martin, R. A. (2007). *The psychology of humor : An integrative approach*. New York : Elsevier Academic Press.
Martin, R. A., Puhlik-Doris, P., Larsen, G., Gray. J., & Weir. K (2003). Individual differences in uses of humor and their relation to psychological well-being : Development of the humor styles questionnaire. *Journal of Research in Personality*, **37**, 48-75.
Maslow, A. H. (1954). *Motivation and personality*. New York : Harper & Row.
宮戸美樹・上野行良 (1996). ユーモアの支援的効果の検討—支援的ユーモア志向尺度の構成— 心理学研究, **67**, 270-277.
Moran, C. C. (1996). Short-term mood change, perceived funniness, and the effect of humor stimuli. *Behavioral Medicine*, **22**, 32-38.

野村亮太・丸野俊一 (2008). 演芸状況でのユーモア生成プロセスのモデル化―構造方程式モデリングによる検討― 認知科学, **15**, 188-201.

Robinson, V. M. (1978). Humor in nursing. In C. E. Carlson & B. Blackwell (Eds.), *Behavioral concepts and nursing intervention*. 2 nd ed. London : Lippincott. pp. 191-210.

Rosenfeld, P., Giacalone, R. A., & Tedeschi, J. T. (1983). Humor and impression management. *Journal of Social Psychology*, **121**, 59-63.

Strean, H. S. (1994). *The use of humor in psychotherapy*. Northvale, NJ : Jason Aronson.

Szabo, A. (2003). The acute effects of humor and exercise on mood and anxiety. *Journal of Leisure Research*, **35**, 152-162.

塚脇涼太 (2010). ユーモアの表出過程に関する社会心理学的研究 広島大学大学院教育学研究科博士論文 (未公刊).

塚脇涼太・深田博己・樋口匡貴 (2011). ユーモア表出が表出者自身の不安および抑うつに及ぼす影響過程 実験社会心理学研究, **51**, 印刷中.

塚脇涼太・樋口匡貴・深田博己 (2009 a). ユーモア表出と自己受容,攻撃性,愛他性との関係 心理学研究, **80**, 339-344.

塚脇涼太・越良子・樋口匡貴・深田博己 (2009 b). なぜ人はユーモアを感じさせる言動をとるのか?―ユーモア表出動機の検討― 心理学研究, **80**, 397-404.

上野行良 (1992). ユーモア現象に関する諸研究とユーモアの分類化について 社会心理学研究, **7**, 112-120.

上野行良 (1993). ユーモアに対する態度と攻撃性及び愛他性との関係 心理学研究, **64**, 247-254.

Ziv, A. (1984). *Personality and sense of humor*. New York : Springer.

第17章　上司に対する部下の取り入り行動

第1節　取り入り研究の動向

（1）　上方への影響方略研究から見た取り入り行動

　価値意識の多様化や，IT化，国際化などの社会の変化に伴い，組織はその時々で素早い変革を求められるようになってきた。それに伴い，組織を変革していくうえでメンバーがとる組織内行動に研究の関心が高まっている。

　これまで，組織内行動に関する研究は，主にリーダーシップの観点から研究されており，その研究成果は膨大なものである。レビューは他に譲るが（e.g., 坂田・淵上，2008），それらの研究は，どのようなリーダーシップが組織全体の生産性や士気を高めるのか，また，組織内成員のキャリアや満足度を高めるリーダーシップとはどのようなものなのかといった課題が検討され，それらは，上方向からの影響過程という観点から整理されてきた。

　しかし，実際の組織内行動は，必ずしも上方向からの影響過程だけとは言えない。同僚間での相互作用や，部下の上司に対する影響過程としての行動も含まれる。特に，後者に関して言えば，部下の行動が上司に影響を与え，組織全体にその影響が及ぶことを含意している。このように考えると，上司と部下のそれぞれの行動が組織全体に影響を与えるという相互影響過程として，組織内行動を捉えることになろう。

　この部下が上司に影響を与えるという視点からの研究は，上方への影響方略（upward influence strategies）と位置づけられ，1980年代から盛んに行われるよ

うになった（淵上，2002）。淵上（2002）は，上方への影響方略の研究を，①部下の影響方略の内容，②部下の影響方略選択の規定因，③影響方略が及ぼす効果，④自己リーダーシップ理論に分けて研究を展望している。特に①については，方略内容を分類した研究が多数見られるが，取り入り行動（ingratiatory behavior）は，それらの研究すべてにカテゴリのひとつとして含まれている。

このように取り入りが上方への影響方略に必ず含まれるのには，他の影響方略にはない特徴があるからだと言える。それは，他の方略の場合はいずれも，管理職や上司にとって部下の目標が明らかであるのに対して，取り入りだけはその目標が明らかにされない点である。たとえば，合理性（rationality）という方略では，自身の行ってきた成果とその理由を述べ，それゆえ（私は）昇進するに値すると説明する。また，結託性（coalitions）ならば，部下が数人集まって，職場環境の改善を訴える。しかし，取り入りは，こうした昇進や職場環境の改善といった目標が明らかにされない。この点は，他者との相互作用において，取り入りが不当な行動であるといわれるひとつの理由でもあろう。

また，②に関しては，これまで，上方への影響方略のひとつとして，取り入り行動がどのような行動なのかを明らかにするうえで，方略選択に及ぼす様々な要因が検討されてきた。それらは，方略の種類（e.g., Deluga, 1988; 淵上，1992; Schriesheim & Hinkin, 1990; Yukl & Falbe, 1990）や目標（e.g., Ansari & Kapoor, 1987; Rao, Schmidt, & Murray, 1995; Schmidt & Kipnis, 1984），個人的特徴（e.g., Deluga, 1991; Schilit, 1986），リーダーとの関係（e.g., Ansari & Kapoor, 1987; Deluga, 1988），職場環境などの状況（e.g., Ferris & Judge, 1991; Rao et al., 1995）といった要因に分類できよう。

さらに，③に関しては，部下の方略使用が上司に及ぼす影響という視点から研究がなされ，使用された場合の上司のストレス（Deluga, 1991; Kipnis & Schmidt, 1988）や部下に対する上司の評価（e.g., Deluga & Perry, 1994; Rao et al., 1995）や部下の取り入りに対する上司の行動（Wayne & Kacmar, 1991）が検討されている。

なお，④に関しては，上司との相互作用の中で，部下が力量を身につけ，

徐々に自力で課題遂行できるようになり，最終的には，上司からの指導や支援なしに自身に働きかけながら課題解決できるようになるという考えであり（淵上，2002），部下のキャリア発達やリーダー育成を見据えたアプローチとして，今後の研究が待たれる。

(2) 取り入りに関する研究の歴史

取り入りは，1960年代に行われた E. E. Jones の研究グループによる一連の実験的な検討から始まる (e.g., Jones, 1965; Jones, Gergen, & Jones, 1963; Jones, Stires, Shaver, & Harris, 1968)。彼らの研究は，実験操作の下，初対面の関係の中で見られる行動を扱っていた。

Jones & Pittman (1982) は，それまでの研究を踏まえて，取り入りを自己呈示 (self-presentation) の一方略として整理した。この研究において，有能さ (competence) を印象づける方略を自己宣伝（self-promotion）とし，好ましさ (likability) を印象づける方略である取り入りと区別した。

1980年代以降になると，上述したように，主に調査的手法によって影響方略の一下位方略として，規定因や方略使用の効果の検討が行われた(e.g., Deluga & Perry, 1994; Yukl & Falbe, 1990)。1980年代以降の研究のほとんどは，それまでの実験的な研究とは異なり，実在する上司へ行使する影響方略のひとつとして，他の影響方略（たとえば，合理性や主張性など）との比較検討を行ったものである。これらの研究においては，取り入りの定義はもちろん，取り入りで使用される他者高揚（other-enhancement）など下位方略の特徴も詳細に検討されていない。もっとも，取り入りだけを対象にした研究もいくつか存在するが，それでも，下位方略の規定因や効果を検討したものではない (e.g., Gordon, 1996; Kumar & Beyerlein, 1991; Strutton & Pelton, 1998)。

(3) 取り入りの定義

Jones (Jones, 1964; Jones & Wortman, 1973) は，対人魅力に関する先行研究を踏まえて，取り入りを「自分の資質の魅力に関して，特定の他者に影響を与

えようと不当に意図された方略的行動」と定義した。この定義には，取り入りが方略的行動であること，また，その方略は不当なものであることが含まれているが，何が不当なのかが曖昧である。取り入りの不当性を特徴づけているのは，相手を満足させようという利他的な目的が表向きの目的であり，自分が利益を得たいという利己的な目的に真意が潜んでいる点であろう。そして，取り入りの利己的な目的は，相手から好意を得てから利益を得るという時系列的構造を成している。以上のことを考慮し，有倉（2008）は，取り入りを「自らの利益を高めるために，特定の他者から好意を得ることを意図した真意と異なる利他的行動」と定義した。

（4） Jones の取り入りモデル

上述したJonesは，取り入りの生起モデルを提唱した（Jones, 1964; Jones & Wortman, 1973）。この生起モデルは，誘因（incentives），主観的成功確率（subjective probability of success），そして正当性の認知（cognition of legitimacy）といった3つの要因から構成される。

誘因は，取り入る人にとっての目標であり，それらは，稀少品のようなモノでもあるが，主として，昇進や昇給などの価値，あるいは自身の存在価値を感じることでもある。取り入る人にとって，誘因，つまり，その目標価値が高いほど，取り入りは用いられる。

主観的成功確率は，取り入りが成功する可能性を取り入る人があらかじめ見積もることである。取り入りは，意図された真意と異なる行動であるため，上司などの取り入りの対象人物に取り入っていることが明らかになったり，悟られたりすると，社会的な不利益が生じてしまう。したがって，取り入ろうとする人は，たとえ取り入りの誘因が高くても，そうした行動を起こす前に，成功確率を評価するであろう。

しかし，Jones & Wortman（1973）によると，取り入りの誘因が高まるほど，主観的成功確率は低くなり，取り入る者にジレンマを生じさせるという（ingratiator's dilemma）。上述したように，誘因が高いほど，その誘因に該当する相手

に取り入ろうとする動機は高くなる。たとえば，仕事を誰に割り当てるのかについての裁量権をもたない上司より，もっている上司の方が取り入る価値はあろう。そうなれば，後者に対して取り入ろうとする動機づけは高まると考えられる。しかし，その上司からすれば，自分が裁量権をもっている場合，その裁量権をもっていることに気づいているため，部下が自分に取り入ってくることは，容易に予想できよう。加えて，取り入りが望ましくない行動であることは上司にも明白であろう。こうしたことを考えると，部下は，上司に取り入ることが困難になると考えられる。つまり，取り入りの誘因が高いほど，周囲だけでなく取り入られる相手にとっても取り入りが行われやすい状況であることが明白になるために，取り入る側にとっては，苦境に立たされることになるわけである。

　この取り入りのジレンマを解決する認知的試みが，正当性の認知である。正当性の認知は，取り入りが対人関係における不当な試みであるため，取り入りが正当な試みであると取り入る人が納得することである。Jonesらの考えによると，取り入りは，基本的には最初の2つの要因によって生起するはずなのであるが，取り入りがもつ不当な性質のため，自らのとる行動の正当性を高めないと生起しない（Jones & Wortman, 1973）。その点で，彼らは，この正当性認知の要因が，取り入りが生起するか否かの閾値として機能すると示唆している。しかし，正当性の認知の閾値としての機能を検討した研究はまだ存在しない。

　先行研究において，この取り入りモデルは，規定因として仮定された誘因などを，地位などの要因を実験的に操作することでその検討を行ってきた（e.g., Jones, Gergen, Gumpert, & Thibaut, 1965; Jones, Gergen, & Jones, 1963）。しかし，取り入ろうとする者が，取り入りを生起させるまでの一連の認知過程は，これらの先行研究が行ってきた方法では，必ずしも明瞭にならない。これらの先行研究で行われてきたのは，Jonesのモデルで取り上げられた誘因や主観的成功確率，正当性の認知を高める要因が実験的に操作され，その結果，取り入りと解釈されるような行動の変容が見られたかを検討するものであった。それは，取り入りの生起過程を間接的に検討していることにはなるが，実験的に操作さ

れた地位などの要因がどのように認知され，それらの要因が誘因や主観的成功確率，正当性の認知をどのように変動させ，その結果，取り入りの使用可能性がどのように変化するのかといった生起過程を直接検討しているものではない。こうした誘因などの媒介過程まで含めて検討していかないと，Jones のモデルの検証にはならないが，そうした検討を行った研究は皆無である。

（5） 取り入りにおける4つの下位方略

Jones & Wortman（1973）は，取り入りで使用される方略として，他者高揚，意見同調（opinion conformity），自己呈示（self-presentation：Jones & Pittman（1982）では自己特徴づけ（self-characterization）と表現），親切な行為（doing favor）をあげた。

このうち，自己特徴づけは，好意を得ることはできるかもしれないが，上司の自尊心を直接的に満足させるような利他的行動ではない。これに対して，自らの評価を貶めて相対的に他者を高揚させる自己卑下（self-humiliation）は，有倉（2008）の定義を採用するならば，取り入りの下位方略に含めるのは妥当である。

以上あげた4つの方略は，いずれも取り入りの対象人物（target person：TP）の満足感を高めるが，行動の自発性という点で異なっている。他者高揚や親切な行為のように取り入る人が進んでTPに働きかけていく自発的方略と，意見同調や自己卑下のようにTPの言動に反応あるいは応答する反応的方略に分けられる。このため，自発性の違いから下位方略選択の規定因および，TPに及ぼす影響は異なると考えられる。しかし，先行研究は，取り入り行動に及ぼす影響の点から検討されてきたにすぎない。その意味でも，下位方略ごとに，影響を検討することで，組織内での上司に対する取り入りがもつ行動の特徴をより明確にしていくことができると思われる。

（6） 先行研究における取り入り研究の問題点と検討課題

すでに述べたように，取り入りは，上方への影響方略の中で唯一，影響を与

えようとする者の目標が明示されない方略であり，他の影響方略と比べると，比較的研究数の多い方略である。

しかし，行動の自発性の違いという点から考えたならば，取り入りで使用される他者高揚や意見同調などの行動がすべて同じ要因によって生じるとは考えにくいにもかかわらず，取り入りの下位方略を考慮する観点に立って検討された先行研究は皆無である。また，Jones が提唱した取り入りモデルについては，誘因，主観的成功確率，正当性の認知（媒介変数）を高めると考えられる要因の影響は検討されているが，そうした要因からの影響を受けて，これらの媒介変数が実際どのように変化し，方略の選択・使用に至るのかを検討した研究はない。加えて，Jones は，このうちの正当性の認知について，取り入り行動が生起する際の閾値としての機能を示唆しているが，このことを実証した研究はまだ存在しない。

そこで，以下の節では，第 2 節で取り入りの生起過程のうち規定因の特定に焦点化した研究を，第 3 節では取り入りの生起過程そのものを直接検討した研究を概説する。これらの研究は，有倉（1998, 2007）を再構成し，さらに新たな研究を追加してまとめられた有倉（2008）で報告されたものであり，取り入り行動の自発性に着目し，取り入りを自発的方略と反応的方略という一次下位方略の視点から分析し，さらに 4 つの二次下位方略についても分析したものである。以下では，一次下位方略に関する研究だけを紹介するが，こうした観点から取り入り行動を検討した研究はなかったことから，これらの研究知見は，組織内で用いられる取り入り行動の意味を理解するうえで有意義であろう。

第 2 節　上司に対する部下の取り入り行動の規定因

（1）部下の目標要因と上司のリーダーシップ要因の影響

Jones の理論で示唆された誘因および主観的成功確率の高さを規定する要因は，上方への影響方略でもそれに相当する要因が検討されている（e.g., Rao et al., 1995; Schmidt & Kipnis, 1984）。誘因に関係する要因としては目標が，主観

的成功確率に関係する要因としてはTPである上司のリーダーシップが考えられる。

目標については，Yukl, Guinan, & Sottolano（1995）が仕事割当（assign work），行動の変容（change behavior），支援獲得（get assistance），支持獲得（get support）と個人的利益獲得（get personal benefit）の5つをあげているが，他の研究でもおおむね，これに相当する目標を取り上げている（e.g., Erez, Rim, & Keider, 1986; Kipnis, Schmidt, & Wilkinson, 1980）。Schmidt & Kipnis（1984）やRao et al.（1995）は，組織的（organizational）目標と個人的（personal）目標の2つに分け，それぞれに含まれる下位目標のもとでどのような影響方略が採用されるのかを検討した。また，Ansari & Kapoor（1987）は場面想定法を用いて，影響方略に及ぼす目標の効果を検討している。

上司のリーダーシップスタイルについては，Ansari & Kapoor（1987）が，課題支援的な（nurturant-task）リーダーや参加的な（participative）リーダーより権威的な（authoritarian）リーダーに対して取り入りが多く用いられたことを明らかにした。また，看護婦（師）を対象とした淵上（1992）も，民主型のリーダーより権威型リーダーに対して，取り入りが多く用いられたことを明らかにしている。

Deluga（1988, 1990）は，交流型リーダーよりも変革型リーダーに対して，取り入りを含むソフトな方略を多く用いていることを明らかにした。交流型リーダーとは，たとえば，部下個人の成功失敗に対して，報酬や懲罰を与える行動をとる上司であり，変革型リーダーとは，たとえば，組織全体を見据えて，部下の潜在的な能力を十分に引き出すことを目的とした行動をとる上司である。

以上の知見を踏まえて，有倉（2008）は，研究1-1で，上記の目標要因や上司のリーダーシップ要因と，取り入り行動の下位方略との間に見られる関係についての検討を行った。

有倉（2008）は，昇進などの個人的目標と，上司をやる気にさせ組織の活性化を図るといった組織的目標のうち，前者を取り上げた。上述したように，Rao et al.（1995）では，個人的目標のみ取り入りと関連していたことから，取り入

りは，自発的方略，反応的方略ともに，個人的目標の下で用いられることが予想される（仮説1）。

ところで，上司のリーダーシップの要因に関する先行研究では，権威的なリーダーシップをとる上司の下で取り入りが用いられる場合（Ansari & Kapoor, 1987; 淵上，1992）と，自由裁量権をもっている人（上司）が集団維持的な価値を志向している場合に用いられる場合（Jones, et al., 1965）とがあるという矛盾した結果が報告されている。しかし，リーダーシップの2つの機能（課題遂行機能と集団維持機能）が独立しているという知見（三隅，1978）を踏まえるならば，両機能はいずれも取り入りと関連していると考えてもよいだろう。その際，課題遂行機能は，部下への指示や命令といった上司の行動に見られることから，課題遂行型の上司に対しては意見同調などの反応的方略が多用されるだろう（仮説2-1）。一方，集団維持機能は，部下への信頼や受容といった上司の行動に見られることから，集団維持型の上司に対しては他者高揚といった自発的方略が多用されるだろう（仮説2-2）。

調査は，企業就業者を対象とした。分析では，個人的目標とリーダーシップの両機能を説明変数に，取り入り方略を目的変数に投入した顕在変数モデルによる共分散構造分析を行い，その結果を表17-1に示した。

分析結果より，仮説1は支持されたが，仮説2-1と2-2は支持されなかった。仮説1については，Rao et al.（1995）の知見と同様であったが，下位方略でその説明力に違いがあることを明らかにした点は，新たな知見と言えよう。また，仮説2-1と2-2については，理論上の問題と方法論上の問題があげられよ

表17-1 個人的目標と上司のリーダーシップが取り入りの下位方略に及ぼす影響に関する共分散構造分析

	他者高揚	親切な行為	意見同調	自己卑下	自発的方略	反応的方略
個人的目標	.38***	.40***	.19***		.44***	.16*
課題達成機能	.14***					
集団維持機能			-.23***			-.16*
決定係数(R^2)	.17***	.16***	.10***		.21***	.05*

注：$GFI = .92$, $AGFI = .72$ ***$p<.001$, *$p<.05$. 上段のセルは，標準化係数である。

う。前者については，規定因が直接，取り入り行動を促進すると考えるより，主観的成功確率を媒介変数として取り入れてモデルを構築した方が取り入りの生起過程を明らかにできるという問題である。また，後者については，変数間の共変量が大きく，回答者がこれらの変数を弁別していないという問題があった。この点に関しては，直属の上司を想起させたことによる抑圧が働き，実際以上に誤差分散が高くなり，説明力が大きくならなかったと考えられた。

（2） 部下の傾性要因の影響

一方，誘因と主観的成功確率に関係する部下の傾性要因として，それぞれ賞賛欲求とセルフモニタリングが考えられる。先行研究では，これらの要因は，取り入りを規定することが明らかになっている（e.g., Kumar & Beyerlein, 1991）が，上述したように下位方略ごとに検討されたものでない。したがって，部下の傾性要因によって下位方略の使用頻度が異なることを検討することは，意義があると言えよう。そこで，有倉（2008）は，研究1-2で，部下の傾性要因が取り入りの下位方略に及ぼす影響について検討を行った。

賞賛欲求は，近年，互いに相関しているが独立している2つの欲求に分けられることが指摘されている。対人行動は，基本的に賞賛獲得と拒否回避を目標としてもち，それらの目標のどちらを重視するかによってその行動は異なると考えられる（太田・小島・菅原，2003）。したがって，相手から賞賛されたいならば，積極的，自発的に自分をアピールし，拒否されたくないならば，目立つ行動を避けたり，他者に同調したりする（太田・小島，1999）。これらの知見を踏まえると，賞賛獲得欲求が高いならば，自発的方略を使用し（仮説3-1），一方，拒否回避欲求が高いならば，反応的方略を使用するだろう（仮説3-2）。

セルフモニタリングは，他者に対する自己表出を統制することができるかどうかを測定するものであり，Snyder（1974）が提唱し，尺度を作成した。Lennox & Wolfe（1984）による改訂尺度は，「表出行動に対する感受性」と「自己呈示変容能力」の2因子から構成されている。状況に応じて適切に取り入るためには，相手の感情状態や行動を敏感に知覚する能力と相手の状態に応じて適切に

振る舞える能力が必要である。前者の因子は，取り入りの下位方略全てに必要な能力であろう（仮説4-1）。一方，後者の因子は，取り入りを行う際の表出スキルに関わることであるから，応答的で，かつその仕方に規範的なパターンを用いる反応的方略より，自発的方略の使用に影響を及ぼす要因であろう（仮説4-2）。

調査は，企業就業者を対象とした。分析では，賞賛獲得欲求，拒否回避欲求，表出行動に対する感受性，および自己呈示変容能力の傾性要因を説明変数，自発的方略と反応的方略を目的変数とする顕在変数モデルによる共分散構造分析を行い，その結果を表17-2に示した。

分析結果からは，仮説3-1と仮説3-2が支持され，仮説4-1は一部の方略のみで支持され，仮説4-2は支持されなかったことから，特定の方略だけに影響を及ぼす要因の存在を示唆する結果となった。しかし，傾性要因全体の説明力を示す分散説明率が20%を超えないこともあり，傾性要因だけで取り入りを説明することは適切でないことが言える。

以上の2つの研究からは，いずれも，規定因がどのような認知を経て，取り入り行動の使用頻度を促進するのかという問題が提起されよう。つまり，ここで取り上げられた規定因はいずれも，取り入りに関連するある認知的な要因を高め（低め），その結果，取り入りの使用頻度を高めるといった認知過程の存在を考えた方が妥当なのではないだろうか。その意味で，取り入りモデル（Jones & Wortman, 1973）で提案されている主観的成功確率のような媒介要因を設定

表17-2　部下の傾性要因が取り入りの下位方略に及ぼす影響に関する共分散構造分析

	他者高揚	親切な行為	意見同調	自己卑下	自発的方略	反応的方略
賞賛獲得欲求	.31***				.21**	
拒否回避欲求			.21**	.20**		.25***
自己呈示変容能力						
表出行動に対する感受性				.26***		.23**
決定係数（R^2）	.10***		.09**	.12***	.08*	.15***

注：$GFI = .92$, $AGFI = .72$　***$p<.001$, **$p<.01$, *$p<.05$．上段のセルは，標準化係数である。

第3節　上司に対する部下の取り入り行動の生起過程

　第2節では，Jonesのモデルにおける誘因と主観的成功確率を規定する要因の同定を試みたが，仮説の一部が支持されるにとどまり，取り入り生起過程の十分な説明ができていない。その理由としては，直属の上司との相互作用について尋ねる調査研究であったため，回答に抑圧が働いていた可能性も考えられよう。

　そこで，有倉（2008）は，研究2で，架空場面を用いた実験的手法を取り入れ，部下の目標と上司のリーダーシップの要因の影響が，誘因や主観的成功確率，そして正当性の認知を媒介して方略使用に至る影響過程を検討した。

　実験参加者は社会人（退職者も含む）を対象とした。実験材料として，個人的目標（目標あり・目標なし）×上司のリーダーシップ（課題遂行重視型，以下P型；集団維持重視型，以下M型）の4種類のシナリオが作成され，実験参加者にはいずれか1種類のシナリオを含む冊子が配付された。冊子の構成内容は，シナリオ提示に続き，自発的方略の使用可能性とその使用に対する主観的成功確率および正当性の認知の測定項目，反応的方略の使用可能性とその使用に対する主観的成功確率および正当性の認知の測定項目，誘因（昇進への価値）と目標と上司のリーダーシップ（P型，M型）に関する操作チェック項目の順であった（取り入り尺度は表17-3）。

　実験操作が十分でなかったので，以下の分析では，目標および上司のリーダーシップの操作チェック項目に関する実験参加者の反応（認知変数）を操作変数に代えて使用した。

　分析ではまず，Jonesが指摘するように，正当性の認知が閾値としての機能をもつかを検討するために，誘因，主観的成功確率，正当性の認知，および誘因と正当性の認知の交互作用項，主観的成功確率と正当性の認知の交互作用項を説明変数に，取り入り方略を目的変数に投入した重回帰分析（ステップワイ

表17-3　取り入り行動尺度 (有倉, 2008)

自発的方略
他者高揚
課長の指導や助言が自分の役に立たなくても，役に立ったと課長に言う。
課長のことを高く評価していなくても，課長をほめる。
課長の才能を認めていることをわざわざ伝えるため，課長が得意としている分野でアドバイスを求める。
親切な行為
課長が援助を欲しがっているとき，本心が嫌でも敢えて課長を助ける。
たとえ自分がする必要のないことでも，敢えて課長の仕事に力を貸す。
たとえ関心がなくても，関心があるふりをして課長の個人的な話を聞いてあげる。
反応的方略
意見同調
課長の考えに，本心では賛成していなくても，その考えに賛成する。
課長が関心を示すことには，たとえ興味がなくても，自分も関心をもっているふりをする。
実際には面白くなくても，課長のジョークに笑う。
自己卑下
課長をたてるために，課長より控えめに振る舞う。
課長よりも自分のほうが優れていると思えるところは敢えて控えめに示す。
人から評価されても，課長の前では謙遜する。

ズ法）を行った。その結果，いずれの方略も交互作用項の偏回帰係数が有意でなかった。このことは，Jonesが指摘した閾値の機能を否定することを意味している。

　次に，個人的目標と上司のリーダーシップが取り入りの下位方略の使用頻度に及ぼす影響を検討するために，第1ステップとして目標と上司のリーダーシップを，第2ステップとしてJonesの指摘した3つの媒介変数（誘因，主観的成功確率，正当性の認知）を，そして，第3ステップとして，取り入り方略を投入するモデルを設定した。

　共分散構造分析の結果，自発的方略では，個人的目標は誘因を介して，また，集団維持機能は，主観的成功確率を介してそれぞれ方略使用を促進していたのに対して（図17-1），反応的方略では，個人的目標から方略使用に至るパスはみられず，リーダーシップの両機能が主観的成功確率を介して方略使用を促進していただけであること（図17-2）が解明された。

第Ⅲ部　対人的影響過程

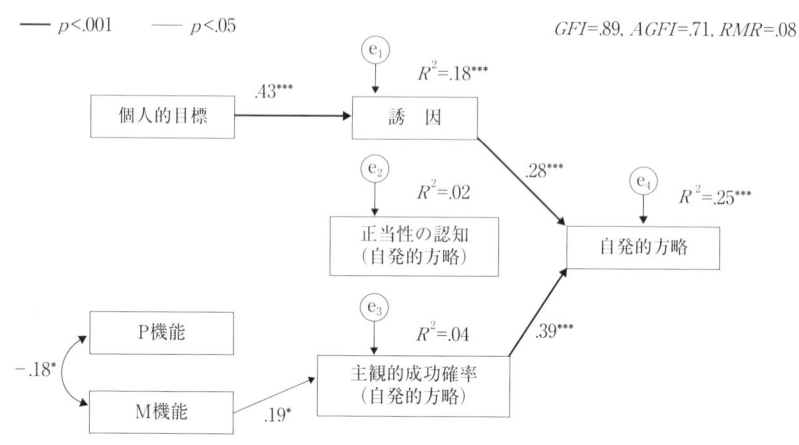

——— $p<.001$　——— $p<.05$　　　　　　　　　　　　　$GFI=.89, AGFI=.71, RMR=.08$

図17-1　上司への取り入り行動生起過程モデル（自発的方略）
注：目標およびP機能，M機能から正当性の認知へのパスを仮定。
$***p<.001, **p<.01, *p<.05.$

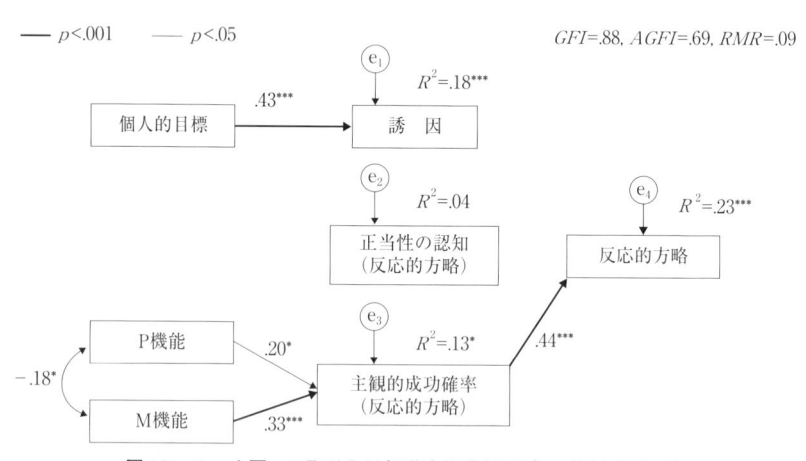

——— $p<.001$　——— $p<.05$　　　　　　　　　　　　　$GFI=.88, AGFI=.69, RMR=.09$

図17-2　上司への取り入り行動生起過程モデル（反応的方略）
注：目標およびP機能，M機能から正当性の認知へのパスを仮定。
$***p<.001, **p<.01, *p<.05.$

第4節　取り入り研究における今後の課題

（1）　本章における研究知見

　第2節で紹介した有倉の研究はいずれも，下位方略ごとに異なる結果が得られ，仮説の一部を支持した。個人的目標の高さは，自発的方略の使用を促進したが，反応的方略には作用しなかった。また，賞賛獲得欲求は自発的方略の使用を，拒否回避欲求は反応的方略の使用をそれぞれ促進することが示された。

　第3節の有倉の研究では，個人的目標と上司のリーダーシップが取り入り方略の使用に及ぼす影響を，実験的手法を用い，誘因などの媒介変数を組み入れて検討した。その結果，正当性の認知は，Jonesが指摘するような閾値として機能しないことが明らかになった。また，共分散構造分析を用いて，生起過程を検討したところ，正当性の認知は自発的方略および反応的方略の使用を十分に予測しなかった。なお，本章では紹介しなかったが，他者高揚や意見同調では，抑制的に機能していることが示唆されている（c.f., 有倉, 2008）。

　以上の結果を総括すると，自発的方略は，個人的目標によって規定され，個人的目標の価値が誘因を，また，上司の集団維持機能が主観的成功確率をそれぞれ高め，方略使用を促進することが示唆されよう。また，反応的方略は，個人的目標によって規定されず，上司の課題遂行機能および集団維持機能の両方が主観的成功確率を高め，方略使用を促進することが示唆されよう。

（2）　今後の研究課題

　これらの研究によって，自発的方略と反応的方略で取り入り使用の生起過程が異なる可能性が示唆された。しかし，それぞれの方略の生起過程を個別に検討しただけであり，方略間の増減関係を踏まえた検討にはなっていない。たとえば，自発的方略の使用頻度が低いとき，反応的方略はどのように使用されるのかは，これらの研究では明らかにされていない。現実には，上司に対して，いずれかひとつの方略を使っているだけではなく，複数の方略を使用すること

で影響を与えたり，相手の反応を見て，方略を変えたりしているであろう。その点で言えば，上司と部下の相互影響過程を視野に入れた研究が求められる。

　加えて，正当性の認知については，閾値としての機能は否定されたが，どのような規定因によって正当性が高まり，取り入りを抑制するのかまでは検討することができなかった。正当性の認知については，上述した研究以外，ほとんど研究がされていない。実際に取り入ろうとする際に，自らの行為の正当性をどう考えるのかが方略使用に与える研究について，さらなる研究が求められよう。

　取り入り行動については，50年以上も前から社会心理学の分野で研究されてきたにもかかわらず，その研究数は決して多くない。本章で示した研究は，規定因に着目したものにすぎず，方略使用の効果については言及していない。取り入りを行うことで，取り入った本人や取り入られた上司，およびその関係性や集団に及ぼす効果については，研究は非常に少ない（e.g., Higgins, Judge, & Ferris, 2003）。今後は，そうした点にも目を向けて研究していく必要があろう。

引用文献

Ansari, M. A., & Kapoor, A. (1987). Organizational context and upward influence tactics. *Organizational Behavior and Human Decision Processes*, **40**, 39-49.

Deluga, R. J. (1988). Relationship of transformational and transactional leadership with employee influencing strategies. *Group and Organization Studies*, **13**, 456-467.

Deluga, R. J. (1990). The effects of transformational, transactional and laissez-faire leadership characteristics on subordinate. *Basic and Applied Social Psychology*, **11**, 191-203.

Deluga, R. J. (1991). The relationship of subordinate influence behavior, healthcare manager, interpersonal stress and performance. *Journal of Applied Social Psychology*, **21**, 78-88.

Deluga, R. J., & Perry, J. T. (1994). The role of subordinate performance and ingratiation in leader-member exchanges. *Group & Organization Management*, **19**, 67-86.

Erez, M., Rim, Y., & Keider, I. (1986). The two sides of the tactics of influence: Agent vs. target. *Journal of Occupational Psychology*, **59**, 25-39.

Ferris, G. R., & Judge, T. A. (1991). Personnel/human resources management: A political perspective. *Journal of Management*, **17**, 447-488.

淵上克義 (1992). 部下の影響戦略・部下とリーダーの関係性に及ぼすリーダー行動の効果　心理学研究, **63**, 107-113.

淵上克義 (2002). リーダーシップの社会心理学　ナカニシヤ出版

Gordon, R. A. (1996). Impact of ingratiation on judgment and evaluations: A meta-analytic investigation. *Journal of Personality and Social Psychology*, **71**, 54-70.

Higgins, C. A., Judge, T. A., & Ferris, G. R. (2003). Influence tactics and work outcomes: A meta-analysis. *Journal of Organizational Behavior*, **24**, 89-106.

Jones, E. E. (1964). *Ingratiation*. New York: Appleton-Century.

Jones, E. E. (1965). Conformity as a tactic of ingratiation. *Science*, **149**, 144-150.

Jones, E. E., Gergen, K. J., Gumpert, P., & Thibaut, J. W. (1965). Some conditions affecting the use of ingratiation to influence performance evaluation. *Journal of Personality and Social Psychology*, **1**, 613-625.

Jones, E. E., Gergen, K. J., & Jones, R. G. (1963). Tactics of ingratiation among leaders and subordinates in a status hierarchy. *Psychological Monographs*, **77** (Whole No. 566).

Jones, E. E., & Pittman, T. S. (1982). Toward a central theory of strategic self-presentation. In J. Suls (Ed.), *Psychological perspectives on the self*. Hillsdale, NJ: LawrenceErlbaum Associates. pp. 231-262.

Jones, E. E., Stires, L. K., Shaver, K. G., & Harris, V. A. (1968). Evaluation of ingratiator by target personas and bystanders. *Journal of Personality*, **36**, 349-385.

Jones, E. E., & Wortman, C. B. (1973). *Ingratiation: An attributional approach*. Moristown, NJ: General Learning Press.

Kipnis, D., & Schmidt, S. M. (1988). Upward-influence styles: Relationship with performance evaluations, salary, and stress. *Administrative Science Quarterly*, **33**, 528-542.

Kipnis, D., Schmidt, S. M., & Wilkinson, I. (1980). Intraorganizational influence tactics: Explorations in getting one's way. *Journal of Applied Psychology*, **65**, 440-452.

Kumar, K., & Beyerlein, M. (1991). Construction and validation of instrument for measuring ingratiatory behaviors in organizational settings. *Journal of Applied Psychology*, **76**, 619-627.

Lennox, R. D., & Wolfe, R. N. (1984). Revision of the self-monitoring scale. *Journal *of Personality and Social Psychology*, **46**, 1349-1364.

三隅二不二（1978）．リーダーシップ行動の科学　有斐閣

太田恵子・小島弥生（1999）．他者への同調と賞賛獲得・拒否回避傾向　日本社会心理学会第40回大会発表論文集，338-339.

太田恵子・小島弥生・菅原健介（2003）．賞賛獲得欲求と拒否回避欲求尺度作成の試み　性格心理学研究，**11**，86-98.

Rao, A., Schmidt, S. M., & Murray, L. H. (1995). Upward impression management : Goals, influence strategies, and consequences. *Human Relations*, **48**, 147-167.

坂田桐子・淵上克義（2008）．社会心理学におけるリーダーシップ研究のパースペクティブⅠ　ナカニシヤ出版

Schilit, W. K. (1986). An examination of individual differences as moderators of upward influence activity in strategic decisions. *Human Relations*, **39**, 781-794.

Schmidt, S. M., & Kipnis, D. (1984). Managers' pursuit of individual and organizational goals. *Human Relations*, **37**, 781-794.

Schriesheim, C. A., & Hinkin, T. R. (1990). Influence tactics used by subordinates : A theoretical and empirical analysis and refinement of the Kipnis, Schmidt, and Wilkinson subscales. *Journal of Occupational Psychology*, **61**, 335-340.

Snyder, M. (1974). The self-monitoring of expressive behavior. *Journal of Personality and Social Psychology*, **30**, 526-537.

Strutton, D., & Pelton, L. E. (1998). Effects of ingratiation on lateral relationship quality within sales team settings. *Journal of Business Research*, **43**, 1-12.

Wayne, S. J., & Kacmar, K. M. (1991). The effects of impression management on the performance appraisal process. *Organizational Behavior and Human Decision Processes*, **48**, 70-88.

Yukl, G., & Falbe, C. (1990). Influence tactics and objectives in upward, downward, and lateral influence attempts. *Journal of Applied Psychology*, **75**, 132-140.

Yukl, G., Guinan, P. J., & Sottolano, D. (1995). Influence tactics used for different objectives with subordinates, peers, and superiors. *Group & Organization Management*, **20**, 272-296.

有倉巳幸（1998）．上司への取り入り行動に関する研究　実験社会心理学研究，**38**，80-92.

有倉巳幸（2007）．上司への取り入り行動を規定する傾性要因の研究　産業・組織心理学研究，**21**，41-47.

有倉巳幸（2008）．上司に対する部下の取り入り行動の生起過程に関する研究　広島大学大学院教育学研究科博士論文（未公刊）．

第18章　中国系留学生のサポート獲得方略

第1節　中国系留学生のサポート獲得方略研究の意義と展望

(1) 外国人留学生の異文化適応とソーシャル・サポート

　日本で1983年に打ち出された「21世紀初頭における10万人の留学生受け入れ政策」の結果，1978年に5,849人にすぎなかった外国人留学生は，2003年に10万9,508人に達し，初めて目標の10万人を超えた（文部科学省高等教育局学生支援課，2004）。外国人留学生にとって，日本への留学は異文化環境への移行であり，日本での留学生活への適応は異文化適応を意味する。異文化環境における外国人留学生の不適応を改善する機能をもつことから注目を集めてきたのがソーシャル・サポートである（周・深田，2002; 田中，1998）。ソーシャル・サポート（social support）とは，個人を取り巻く対人関係のネットワークに内在する支援機能である。

　外国人留学生を出身国・地域別にみると，中国大陸出身および台湾出身の留学生（以下，中国系留学生と略称）は2007年5月1日現在で留学生全体の64.1%を占める（文部科学省高等教育局学生支援課，2008）。この中国系留学生に関する心理学的問題の中核は，彼らの日本への適応であり，主にソーシャル・サポートとの関連で適応問題は研究されてきた（周・深田，2002）。

(2) 中国系留学生に対するソーシャル・サポート研究の展望

　中国系留学生に対するサポートの特徴に関しては，①知覚されたサポート量

と実行されたサポート量よりも必要とするサポート量の方が多い（周，1994），②勉学・研究領域でのサポートが最も多く必要とされる（周，1994），③教官や日本人学生・チューターが勉学領域での最も重要なサポート源である（周，1992），④勉学・研究領域でのサポートが不足している（周，1992），⑤指導教官や日本人学生からのサポートが不足している（周，1992），といった指摘がある。

また，中国系留学生の適応に対するサポートの影響に関しては，①適応度が必要とするサポートと負の相関関係，実行されたサポートと正の相関関係をもつ（Jou & Fukada, 1995 a），②適応度が教官から受け取るサポートと正の相関関係，教官から受け取るサポートの不足と負の相関関係，日本人大学院生から必要とするサポートと負の相関関係を示す（Jou & Fukada, 1995 b），といった報告がある。

さらに，困難な問題に直面したとき，受け取ったサポートが問題解決にある程度役に立ったと中国系留学生自身が認知している（周，1995 a, 1995 b）こと，中国系留学生の最も重要な留学目的は勉学・研究である（岡・深田・周，1996）こと，中国系留学生の最も困っていることが勉学に関する問題である（周，1993 c）ことも明らかになっている。

以上の諸研究から，中国系留学生にとっては，勉学・研究領域での適応が重要であること，当該領域でのソーシャル・サポートが必要であること，サポート源として教官が最も重要で，次に日本人大学院生が重要であると指摘できる。

（3） サポート獲得方略研究の出現

中国系留学生の不適応状態を改善するためには，一方で，サポートの供与者（サポート源）は供与するサポートの量を積極的に増加する必要がある。しかし他方で，中国系留学生は，周囲からのサポートの供与を受動的に待つだけでなく，周囲からサポートを引き出すように積極的に働きかけることも必要である。すなわち，サポートを獲得するための手段としてのサポート獲得方略（support-gaining strategy）の適切な使用が求められる。サポートの入手不足の理由のひ

とつに，個人がサポートを求めて他者にアピールするときに用いる方法，つまりサポート獲得方策の不足や不適切さの問題があると推測した周（2000a）は，台湾の大学生を対象とし，33方策のサポート獲得方策リスト（強烈的表現方略，哀願方略，婉曲表現方略，他者利用方略，報酬提供方略，理性的訴え方略，脅し方略の7方略）を作成した。台湾の大学生を対象とした周（1998）は，上記のサポート獲得方策リストを用いて，サポート源の親密度と社会的地位によって大学生が方略を使い分けていると報告した。同様に，台湾の大学生を対象とした周（2000b）は，異性のサポート源の種類（親友，普通の友人，恋人，片思いの人）によって方略の使用度が異なることを報告した。

サポート獲得方略についての先行研究はきわめて少ないため，サポート獲得方略を包括する広範な承諾獲得方略の研究領域を参考にする必要がある。依頼・要請時に要請者のもつ影響目標の内容から，今井（2005）は，依頼・要請を5種類に分類している。その第1番目にあがっているのが「受け手にあることを支援してほしい」という目標であり，これよりサポート獲得方略を承諾獲得方略の中で最も重要な方略と位置づけることができる。

第2節　承諾獲得方略研究からサポート獲得方略研究へ

（1）　承諾獲得方略研究の概観

1）承諾獲得方策と承諾獲得方略

承諾獲得方略（compliance-gaining strategy）は，影響手段（今井，1996），要請方略（植田，1991）とも呼ばれている。これは広義には，他者を自分の望むように行動させるための方略一般をさすが，Marwell & Schmitt（1967）の研究に始まる，他者からの承諾を得るために用いられる一連のコミュニケーション方策（言語と非言語を含むが，言語を中心とする方策）をさすことが多い。しかし，方策という用語と方略という用語は必ずしも一貫して使い分けられておらず，研究者によってそれらの用語は不統一に用いられている。一般的には，方策（tactic）は，シングル・メッセージの単位（Wheeless, Barraclough, & Stewart,

1983）で，その計画全体を実行するために使われる個々の手段や手続き（今井, 1996）であり，方略（strategy）は，方策のクラスターあるいは方策の連続（Levine & Wheeless, 1990），複数のメッセージ方策の組み合わせ（Miller, Boster, Roloff, & Seibold, 1977），方策より幅広い構成概念（Wheeless et al., 1983），ある目標を達成するために必要な手順を含んだ計画（今井, 1996）である。

本章では，個々の要請メッセージを方策と，また方策因子である方策群を方略と呼び，区別する。

　2）承諾獲得方略研究の分類

承諾獲得方略についての研究は，①承諾獲得方策・方略のリストの作成およびその信頼性と妥当性の検証に関する研究（Marwell & Schmitt, 1967; Wiseman & Schenck-Hamlin, 1981），②方策・方略の使用度に関する研究（Cody, Green, Marston, O'Hair, Baaske, & Schneider, 1986; Miller et al., 1977），③方策・方略の効果性に関する研究（Johnson, 1992; Williams & Untermeyer, 1988）の3つに大きく分類できる。なお，②の方策・方略の使用度という用語は，方策・方略の使用経験（使用頻度）と使用可能性（使用意図）を包括する用語である。承諾獲得研究の中で最も関心を集めてきた領域は，上記の②承諾獲得方策・方略の使用度の研究であり，多数の研究が承諾獲得方策・方略の使用を促進あるいは抑制する要因を明らかにしようと試みてきた。

（2）　サポート獲得方略の使用に及ぼすサポート源の影響

　1）承諾獲得方略使用の規定因としての被要請者要因

承諾獲得方策・方略使用の規定因の中の被要請者に関する要因として，親密度や社会的地位の要因が検討されてきた。たとえば，親密さの高い被要請者に対しては，罰（Baxter, 1984），交換（Cody, McLaughlin, & Schneider, 1981），報酬（deTurck, 1985），事前贈与（Sillars, 1980）などの方策・方略が相対的に多用されるが，親密さの低い被要請者に対しては，操作（Cody et al., 1981），脅威（Sillars, 1980）などの方策・方略が相対的に多用されることが見出された。また，高地位の被要請者に対しては，方策リストの平均使用度が低く（Dillard & Burgoon, 1985），丁寧な方略が相対的に多用されるが（Baxter, 1984），低地位の被要請者に対しては，罰方略が相対的に多用される（植田，1991）ことが見出された。さらに，Cowan, Drinkard, & MacGavin（1984）は，母親に対して多様な方策が使用され，友達に対して強い方略が，父親に対して弱い方略が多く使用されることを報告した。これらの諸研究から，サポート獲得方略の使用の規定因を検討する際には，被要請者の要因を考慮する必要があると示唆される。

2）サポート獲得方略の使用可能性に及ぼすサポート源の影響

サポート獲得状況では，被要請者が要請されるのはサポートを供与することであるので，サポート獲得状況における被要請者のそのような特性を表すために，被要請者をサポート源と呼ぶ。中国系留学生を調査対象とした湯・深田・周（2002）は，勉学・研究領域で2種類のサポート源（指導教官と日本人学生）に対して中国系留学生が使用するサポート獲得方略を，周（2000 a）のサポート獲得方策リストの短縮版（7方略×3項目）を用いて測定した。図18－1に示したように，使用可能性が最も顕著な方略は，理性的訴え方略であり，次が大きく減少して婉曲表現であること，脅し方略と強烈表現方略の使用可能性が最も低いことが実証された。また，サポート源が日本人学生の場合よりも指導教官の場合に，中国系留学生の理性的訴え方略の使用可能性は大きく，報酬提

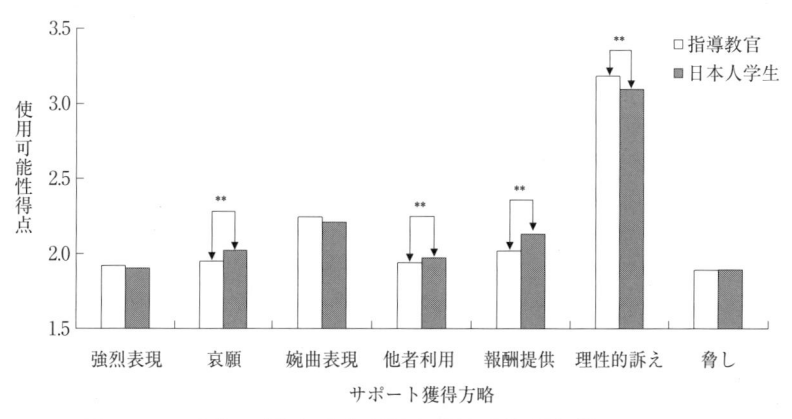

図18－1　サポート源別の各方略使用可能性（開平変換値）（湯他，2002）
注：$^{**}p<.01$.

供方略,哀願方略,他者利用方略の使用可能性は小さかった。

(3) サポート獲得方略の使用に及ぼす方略の性質の影響

1) 多目標理論からみた承諾獲得方略使用の目標

承諾獲得方略の使用に関する先行研究には,要請目標が方略使用に及ぼす影響に言及した研究が散見される。たとえば,Clark & Delia (1979) は,承諾獲得方略の選択・使用が課題達成目標,関係維持目標,印象管理目標という3種類のコミュニケーション目標に基づくと示唆している。最初の2つの目標を取り上げた Clark (1979) は,課題達成目標の高い者の方が脅しや命令のような圧力をかける方略をよりよく使用すること,また,関係維持目標の高い者の方が非難を伝える方略やネガティブなメッセージを伝える方略をあまり使用しないことを明らかにした。

ところで,目標の発生順序に注目した Dillard, Segrin, & Harden (1989) は,承諾を獲得したいという第1次目標(効果性目標)と,この第1次目標から発生する5つの第2次目標(自己価値基準目標,印象管理目標,対人関係維持目標,個人資源目標,覚醒制御目標)を提案している。第2次目標は適切性目標と解釈することができる。

また,同様の発想の今井 (1996) によると,ある影響手段がどの程度効果的に相手に影響を及ぼすことができるかという影響手段の効果性が第1次目標として位置づけられる。そして,ある影響手段がどの程度相手の感情を損なわないものであるかという影響手段の適切性が第2次目標として加えられる。第2次目標は,さらに,①自分の価値基準(自分の価値観に照らしてふさわしい影響手段かどうか),②相手への配慮(相手に悪印象を与えない,社会的にふさわしい影響手段かどうか),③対人関係の維持(相手との人間関係を損なわない影響手段かどうか),④不安の喚起(相手の居心地の悪さや不安感を高めない影響手段かどうか),という4つの下位目標に分類される。

2) 多目標理論からみた承諾獲得方略の性質

Cody et al. (1986) によると,承諾獲得方略は,①行為者の目標を達成する

のに効果的である，②その状況での制約に適合する，という２つの基準に基づいて選択される。また，深田（1998）によると，承諾獲得方略の選択の際には，①その方略の使用がどの程度承諾獲得に効果的であるかという方略の効果性の要因と，②その方略の使用がいかに被要請者の感情を傷つけずにすむかという方略の適切性の要因が最も重要である。日本人大学生を対象者とし，方略の有効性と適切性という方略の２つの性質要因が承諾獲得方略の使用に及ぼす影響を検討した深田・戸塚・湯（2002）は，部分的で必ずしも十分な影響ではなかったが，方略の性質要因が方略の使用可能性に影響を与えることを見出した。

　方略の性質は，多目標理論の立場から Dillard et al.（1989）が主張した第１次目標（効果性目標）と第２次目標（適切性目標）と密接な対応関係があると考えられる。要請者は自己のもつ目標が達成できる承諾獲得方略を常に使用するはずである。すなわち，ある要請者が方略のどのような性質に注目して，方略を選択・使用するかは，その要請者がどのような目標をもっているかに依存する。換言するならば，方略のどの性質を重視するかは，目標と緊密に関連する。

3）サポート獲得方略の使用可能性に及ぼす方略の性質の影響

　承諾獲得場面をサポート獲得場面に置き換えた場合，Dillard et al.（1989）の第１次目標と５つの第２次目標に対応するサポート獲得方略の性質に関して，表18-1のような６つの性質を仮定することができる。中国系留学生を調査対象とした湯・深田・周（2004）は，勉学・研究領域でサポート源である指導教官に対して中国系留学生が使用するサポート獲得方略（周，2000a のサポート獲得方策リストの短縮版），サポート獲得目標（Dillard et al., 1989 の目標尺度の短縮版：６目標×３項目，表18-2），サポート獲得目標の性質（６性質各１項目）を用いて測定した。サポート獲得場面で中国系留学生は，効果性目標と印象管理目標を最も強くもち，対人関係維持目標と自己価値基準目標を次に強くもつことが判明した。そして，表18-3に示したように，方略のもつ６つの性質は，７つの方略の使用可能性を33～57％も説明することが明らかになり，方略の性質が方略使用のきわめて有力な規定因であることが実証された。特に，第１次目標の達成に関連する効果性性質が強く認知されると，７つの方略全ての使

表18-1 各要請目標と方略の各性質の定義 (湯他, 2004)

	各要請目標	各要請目標の定義	方略の各性質	方略の各性質の定義
第1次目標	効果性目標 (influence)	自分の要請を被要請者に遂行してほしいという願望をさす。	効果性性質	効果をもつ可能性
第2次目標	自己価値基準目標 (identity)	個人の道徳基準,生活の原則および個人的な好みから発生する。	自己価値基準性質	自己の価値観に一致する可能性
	印象管理目標 (interaction)	人によい印象を与えたい願望を表す。それによって,要請者はコミュニケーションのスムーズな進行を図り,被要請者の面子を害することを避けようと努力をする。	印象管理性質	周囲の人たちに悪い印象を与えない可能性
	対人関係維持目標 (relational resouce)	被要請者との人間関係を維持したい願望を意味する。	対人関係維持性質	相手の気分を害しない可能性
	個人資源目標 (personal resouce)	要請者が自分がもつ物質面と健康面の資源を維持したい願望を表す。	個人資源性質	自分が損をしない可能性,安全が脅かされない可能性
	覚醒制御目標 (arousal management)	自分が対人的影響行動に出ることによって,あるいはその行動を予想することによって引き起こされる不安を軽減したいという願望を意味する。	覚醒制御性質	自分に不安をもたらさない可能性

用可能性が促進されることが解明された。さらに,第2次目標の達成に関連する5つの性質に関しては,それぞれの性質が特定の一部の方略の使用可能性をかなり強く規定していることが実証された。湯他 (2004) の結果は,中国系留学生が効果性性質を中核に据えつつ,2〜4つの性質を考慮することによって,サポート獲得方略を選択・使用することを示唆している。

第3節 サポート獲得方略研究の発展の方向性

サポート獲得方略研究の発展の方向性としては,次の3点が考えられる。第1に,中国系留学生のサポート獲得方略の研究を充実させる方向があり,勉学・研究領域以外の適応領域(情緒領域や対人関係領域など)でのサポート獲得方略使用,また,指導教官や日本人大学院生以外のサポート源(留学生仲間や学外

第18章 中国系留学生のサポート獲得方略

表18-2 Dillard et al.（1989）の目標尺度短縮版，要請目標得点に関する α 係数，各要請目標の平均値（標準偏差）（湯他，2004）

各要請目標	項　目
効果性目標 （$\alpha = .73$） 3.08（.60）	1．私のしてもらいたいことをしてくれるように指導教官を説得することは，私にとって非常に重要だ。 2．私は，この説得の試みを通じてほしいものを手にすることに強い関心がある。 3．この説得の結果は，私にとって個人的に重要だ。
自己価値基準目標 （$\alpha = .45$） 2.62（.51）	4．この場面において，私は自分の道徳規準に違反しないかと心配だ。 5．この場面において，私は自分の道徳規準の維持について関心がある。 6．私は，自分自身および自分の価値観に忠実であることに関心がある。
印象管理目標 （$\alpha = .46$） 2.99（.51）	7．この場面において，私は，社会的に不適切と思われることを言わないように注意する。 8．私は，この場面において何が適切で，何が不適切かを非常に意識する。 9．私は，指導教官を説得するときに，ばかと思われたくない。
対人関係維持目標 （$\alpha = .42$） 2.70（.61）	10．私は，望んでいたものを得るために指導教官との人間関係を損なうような危険を冒したくない。 11．私は，望んでいたものを得ることの方が指導教官との人間関係の維持よりも重用だ。 12．私は，指導教官をひどく怒らせたかどうかをあまり気にしない。
個人資源目標 （$\alpha = .48$） 2.12（.48）	13．もし，私が指導教官を悩ましつづければ，指導教官は私をひどい目に合わせるかもしれない。 14．もし，私が強く説得しようとしすぎたら，指導教官は私につけ込むかもしれない。 15．もし，私が強く説得を押し進めたら，身の安全が心配だ。
覚醒制御目標 （$\alpha = .51$） 2.06（.65）	16．この場面は，私を緊張させるような場面ではない。 17．私を神経質で不快にする，この場面の何かが私を不安にさせる。 18．私は不快になったり緊張したりすることを恐れる。

表18-3 各方略の使用可能性を目的変数とし，方略の6つの性質を説明変数とした重回帰分析の結果：β 係数（湯他，2004）

説明変数	強烈表現	哀　願	婉曲表現	他者利用	報酬提供	理性的訴え	脅　し
効果性性質	.35**	.37**	.42**	.39**	.41**	.19*	.34**
自己価値基準性質	.22*	.23*	.17*	.19*	.11	.24**	.01
印象管理性質	.03	.05	.20	.14	.00	.22*	.17
対人関係維持性質	.02	.04	-.00	.03	.05	.03	.24*
個人資源性質	-.12	-.13	.06	-.23**	-.15	.13	-.06
覚醒制御性質	.28**	.16	.14	.17*	.25**	.01	.06
R^2	.36**	.33**	.57**	.37**	.36**	.44**	.39**

注：**$p<.01$，*$p<.05$．

の知人など)に対するサポート獲得方略使用の規定因を解明することが必要であろう。第2に,1回限りのサポート獲得方略の使用を取り上げる研究がほとんどであるが,断られた場合の2回目のサポート獲得方略使用の問題に焦点化した研究も興味深い。第3に,サポート拒否方略を併せて研究することによって,サポート獲得とサポート拒否をめぐる全体像が解明されるであろう。

引用文献

Baxter, L. A. (1984). An investigation of compliance-gaining as politeness. *Human Communication Research*, **10**, 427-456.

Clark, R. A. (1979). The impact of self interest and desire for liking on the selection of communicative strategies. *Communication Monographs*, **46**, 257-273.

Clark, R. A., & Delia, J. G. (1979). Topoi and rhetorical competence. *Quarterly Journal of Speech*, **65**, 187-206.

Cody, M. J., Green, J. O., Marstron, P. J., O'Hair, H. D., Baaske, K. T., & Schneider, M. J. (1986). Situation perception and message strategy selection. In M. L. McLaughlin (Ed.), *Communication yearbook 9*. Beverly Hills, CA: Sage. pp. 390-420.

Cody, M. J., McLaughlin, M. L., & Schneider, M. J. (1981). The impact of relational consequences and intimacy on the selection of interpersonal persuasion tactics: A reanalysis. *Communication Quarterly*, **29**, 91-106.

Cowan, G., Drinkard, J., & MacGavin, L. (1984). The effects of target, age, and gender on used of power strategies. *Journal of Personality and Social Psychology*, **47**, 1391-1398.

Dillard, J. P., & Burgoon, M. (1985). Situational influences on the selection of compliance-gaining messages: Two tests of the predictive utility of the Cody-McLaughlin typology. *Communication Monographs*, **52**, 289-304.

Dillard, J. P., Segrin, C., & Harden, J. M. (1989). Primary and secondary goals in the production of interpersonal influence messages. *Communication Mongraphs*, **56**, 19-38.

深田博己 (1998). インターパーソナル・コミュニケーション―対人コミュニケーションの心理学― 北大路書房 pp. 186-189.

深田博己・戸塚唯氏・湯永 隆 (2002). 承諾獲得方略の使用に及ぼす方略の有効性と適切性の影響 広島大学大学院教育学研究科紀要 第三部(教育人間科学関連領域), **51**, 143-150.

今井芳昭 (1996). 影響力を解剖する―依頼と説得の心理学― 福村出版 pp. 125-141.

今井芳昭 (2005). 依頼・要請時に用いられる影響手段の種類と規定因 心理学評論, **48**, 114-133.

Johnson, G. M. (1992). Subordinate perception of superior's communication competence and task attraction related to superior's use of compliance gaining tactics. *Western Journal of Communication*, **56**, 54-67.

周 玉慧 (1992). 在日中国系留学生に対するソーシャル・サポートの送り手の分析 広島大学教育学部紀要 第一部 (心理学), **41**, 61-70.

周 玉慧 (1993). 在日中国系留学生と日本人学生におけるソーシャル・サポートの比較 広島大学教育学部紀要 第一部 (心理学), **42**, 63-69.

周 玉慧 (1994). 在日中国系留学生に対するソーシャル・サポートの次元―必要とするサポート, 知覚されたサポート, 実行されたサポートの間の関係― 社会心理学研究, **9**, 105-113.

周 玉慧 (1995 a). 受け取ったサポートと適応に関する因果モデルの検討―在日中国系留学生を対象として― 心理学研究, **66**, 33-40.

周 玉慧 (1995 b). ソーシャル・サポートの効果に関する拡張マッチング仮説による検討―在日中国系留学生を対象として― 社会心理学研究, **10**, 196-207.

周 玉慧 (1998). ソーシャル・サポート獲得方略の使用に及ぼす親密度と地位要因の影響 日本心理学会第62回大会発表論文集, 77.

周 玉慧 (2000 a). ソーシャル・サポート獲得方策リストの作成 心理学研究, **71**, 234-240.

周 玉慧 (2000 b). 異性関係でのサポート獲得方略の使用 日本社会心理学会第41回大会発表論文集, 82-83.

Jou, Y. H., & Fukada, H. (1995 a). Effects of social support on adjustment for Chinese students in Japan. *Journal of Social Psychology*, **135**, 39-47.

Jou, Y. H., & Fukada, H. (1995 b). Effect of social support from various sources on adjustment of Chinese students in Japan. *Journal of Social Psychology*, **135**, 305-311.

周 玉慧・深田博己 (2002). 在日中国系留学生に対するソーシャル・サポートに関する研究 社会心理学研究, **17**, 150-184.

Levine, T. R., & Wheeless, L. R. (1990). Cross-situational consistency and use/nonuse tendencies in compliance-gaining tactic selection. *The Southern Communication Research*, **7**, 74-84.

Marwell, G., & Schmitt, D. R. (1967). Dimensions of compliance-gaining behavior: An empirical analysis. *Sociometry*, **30**, 350-364.

Miller, G., Boster, F., Roloff, M., & Seibold, D.（1977）. Compliance-gaining message strategies : A typology and some findings concerning effects of situational differences. *Communication Monographs*, **44**, 37-51.

文部科学省高等教育局学生支援課（2004）. 我が国の留学生制度の概要：受入れ及び派遣（平成 16 年度版） 文部科学省ホームページ 2004 年 5 月 ＜http://www.jasso.go.jp/statistics/intl_student/data 09.htm＞（2010 年 4 月 8 日）

文部科学省高等教育局学生支援課（2008）. 我が国の留学生制度の概要：受入れ及び派遣（平成 20 年度版） 文部科学省ホームページ 2008 年 7 月 29 日 ＜http://www.jasso.go.jp/statistics/intl_student/data 09.htm＞（2010 年 4 月 8 日）

岡　益巳・深田博己・周　玉慧（1996）. 中国人私費留学生の留学目的および適応　岡山大学経済学会雑誌，**27**, 669-693.

Sillars, A. L.（1980）. The stranger and the spouse as target persons for compliance-gaining strategies : A subjective expected utility model. *Human Communication Research*, **6**, 265-279.

湯　永隆・深田博己・周　玉慧（2002）. 在日中国系留学生のサポート獲得方略の使用に関する研究　留学生教育，**7**, 1-26.

湯　永隆・深田博己・周　玉慧（2004）. 在日中国系留学生のサポート獲得方略の使用可能性に及ぼす方略の性質の効果　留学生教育，**9**, 57-67.

田中共子（1998）. 在日留学生の異文化適応―ソーシャル・サポート・ネットワーク研究の視点から―　教育心理学年報，**37**, 143-152.

deTurck, M. A.（1985）. A transactional analysis of compliance-gaining behavior. *Human Communication Research*, **12**, 54-78.

植田　智（1991）. 対人交渉過程に関する社会心理学的研究（Ⅲ）―他者への要請方略に及ぼす要請内容のコスト及び被要請者の社会的地位の効果―　広島大学教育学部紀要第一部（心理学），**40**, 119-124.

Wheeless, L. R., Barraclough, R., & Stewart, R.（1983）. Compliance-gaining and power in persuasion. In R. N. Bostrom (Ed.), *Communication Yearbook 7*. Beverly Hills, CA : Sage. pp. 105-145.

Williams, M. L., & Untermeyer, N. K.（1988）. Compliance-gaining strategies and communicator role : An analysis of strategy choices and persuasive efficacy. *Communication Research Reports*, **5**, 10-18.

Wiseman, R. L., & Schenck-Hamlin, W.（1981）. A multidimensional scaling validation of an inductively derived set of compliance-gaining strategies. *Communication Monographs*, **48**, 251-270.

第19章　対人感情と視線

第1節　対人感情と視線の研究動向

（1）　視線の「接近－回避モデル」に関する研究の動向

　対面して会話している二者間における対人感情と視線との関係は，実験室場面で比較的多く検討されてきた（たとえば，Exline & Winters, 1965）。その結果，好意・非好意感情と視線とが密接に関連していることが示唆されているが，探索的研究が多く理論的な意味づけや解釈はあまりなされていない。視線を説明しようとする理論的枠組みのひとつに親和葛藤理論（affiliative conflict theory：以下 AC 理論と略記）がある（Argyle, 1994; Argyle & Cook, 1976; Argyle & Dean, 1965）。AC 理論によると，対面する二者（AとB）の一方（AまたはB）の直視量を増やす方向の力を接近力と表現し，減らす方向の力を回避力と表現すると，この相対立する力の均衡が一方（AまたはB）の最適な直視量および二者間の最適な相互視量を決定する。直視量や相互視量が均衡した量を超えると人は不安・気恥かしさを感じ，下回ると物足りなさや不満を感じ，いずれの場合も直視量や相互視量を元のレベルへ戻そうとする。ここで接近力とは，親和欲求とフィードバック欲求に基づき，回避力とは，見られること，内的感情を相手に知られることなどに対する恐れによる拒否・回避欲求に基づく。AC 理論中のこの部分は視線の「接近－回避モデル」（approach-avoidance model：以下，欲求モデルと略称する）と呼ばれている（Argyle & Graham, 1977）。欲求モデルでは，親密な関係を求める欲求（親和欲求）と視線量に正の相関が，親密な関係を避

ける欲求（回避欲求）と視線量との間に負の関係がみられると予測する（図19 - 1）。

　個人の欲求傾向を利用した研究として，Exline（1963）は親和欲求の高い女性が低い女性より多く視線を向け合うことを，Exline, Gray, & Schuette（1965）は愛情を求める者ほど面接中の直視量（回数）が多くなることを，Exline & Messick（1967）は依存欲求の高い者が面接者に対する直視量の多いことを示した。また，Efran（1968），Efran & Broughton（1966），Fugita（1974）は，相手からの承認を期待する欲求（承認欲求）がある時に，視線量が増加することを示した。これらの6研究はいずれも欲求モデルを支持している。

　しかし，同様に個人の欲求傾向を利用した福原（1977）は，実験参加者と面接者との相互視量に差があるかを検討したが，親和欲求が高い者が低い者より視線量が多いという結果は得られなかった。また，実験参加者の親和欲求を利用したKendon & Cook（1969）は，実験参加者同士の会話中の視線量を測定した。その結果，親和欲求の高さと聴取中の直視回数に負の相関（ - .48, $p<.05$）が，他者と共に居ようとする欲求の高さと相互視平均時間に正の相関（.51, $p<.05$）がみられ，モデルを支持しない結果と支持する結果が混在することを見出した。さらに，Gray（1971）の研究では，愛情を求める者が必ずしも相手に視線を多く向けてはいないことが報告されている。これらの3研究は欲求モデルを支持していない。

　次に，親和欲求を直接操作（利用）して視線に及ぼす影響をみた研究もいくつかある。教示によって欲求操作をしたPellegrini, Hicks, & Gordon（1970）は，承認を求める欲求（親和欲求）は視線量を増加させ，承認を回避する欲求（回避欲求）は視線量を減少させるという仮説を検討し，視線量は，親和欲求群，統制群，回避欲求群の順に大きいことを証明した。また，困難な課題について援助を止めたり，援助することで依存欲求を実験的に操作したNevill（1974）は，課題後の面接場面で，依存欲求の高い者の方が面接者への直視量が多くなることを示した。さらに，男性実験参加者が女性実験協力者に取り入るよう教示する群（親和欲求増加群）とそうした教示をしない統制群の直視量を比較した

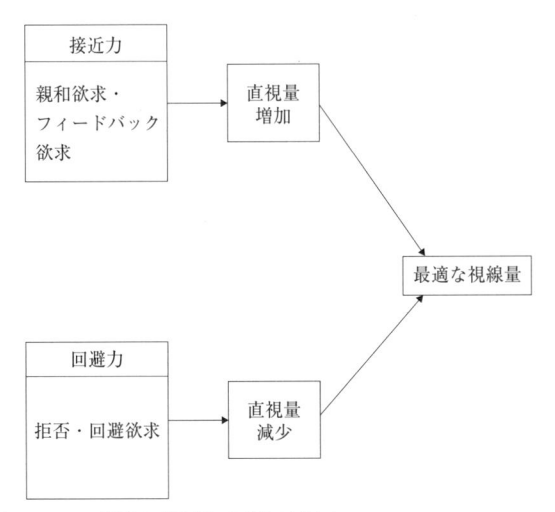

図 19-1　視線の「接近-回避モデル」(Argyle & Dean, 1965 より作成)

Lefebvre (1975) も，親和欲求増加群の方が統制群より直視量が多くなることを見出した。これらの3研究は欲求モデルを支持している。

なお，回避欲求が視線量を減少させるという仮説を検討した Hobson, Strongman, Bull, & Craig (1973) は，否定的な教示による不安操作で回避欲求を高められた実験参加者（不安群）と，肯定的教示を受けた肯定群あるいはニュートラルな教示を受けた統制群との間で，相手（実験協力者）に対する視線量に差を見出せず，モデルを支持しなかった。

以上のように，欲求モデルの検証に利用できる13の先行研究のうち，9研究はモデルを支持し，4研究はモデルを支持していない。しかし，モデルを支持しない研究も，モデルの予測と逆方向の結果を得ているわけではないことから，おおむね欲求モデルは支持されていると解釈できるであろう。この欲求モデルは，対人感情と視線の関係をも説明できるという示唆 (Argyle & Cook, 1976) があるので，対人感情という観点から発展的に再検討できる。

(2) 欲求モデルから感情モデルへ

Argyle & Dean (1965) は，あらゆる対人相互作用にはある程度の親密感情

(intimacy) の表出がみられるという。さらに，Argyle & Cook (1976) は，欲求モデルは対人感情と視線の関連性をも説明するモデルでもあると述べている。

ところで，一時的な心理過程である欲求に対して，対人感情は，特定の他者について個人がもっている比較的持続的で安定した感情傾向である（深田，1987）。したがって，接近力と回避力を規定する先行条件として，欲求に代わり対人感情を導入すると，Argyle のモデルをより包括的に表現することができ，明確な予測や説明ができるようになり，利用価値も高まると考えられる。

さて，この対人感情と欲求との関係は，接近したいとかしたくないという対人欲求を決定する基盤が対人感情であるという関係になる。ある対人感情をもつ時には，それに随伴する欲求が生じると考えられる。事実，好意感情に親和・接近欲求が随伴し，非好意感情に拒否・回避欲求が随伴することが報告されている（齊藤，1990）。このように，欲求の生起には，相手に対する対人感情が大きな影響を及ぼす。ある一定の感情傾向には，それに随伴する欲求があり，その感情傾向をもつ場合には，それに随伴する欲求が生じる。この欲求は，接近力，回避力を内包している。そして，この2つの力に応じた視線行動がとられると考えられる。たとえば，好意的感情を抱く相手を目の前にした時は，好きという感情と同時に，好意感情に随伴している親和欲求など（接近力）が生じる。そして，この接近力に基づいた行動が生起する。つまり，相手に視線を多く向けるとか，相手に接近していくという親和的行動が生じる。一方，嫌悪を抱いている相手には，嫌いという感情と同時に，嫌悪感情に随伴している拒否的欲求など（回避力）が生じる。そして，この回避力に基づいた行動が生起する。つまり，相手から視線を外すとか，相手から離れるという回避的行動が生じるのである。

第2節　視線の対人感情包括的「接近-回避モデル」

（1）　視線の対人感情包括的「接近-回避モデル」の提案と検証方法

前節で述べたような過程を，飯塚（2005）は一括した形で表現し，視線の対

第19章　対人感情と視線

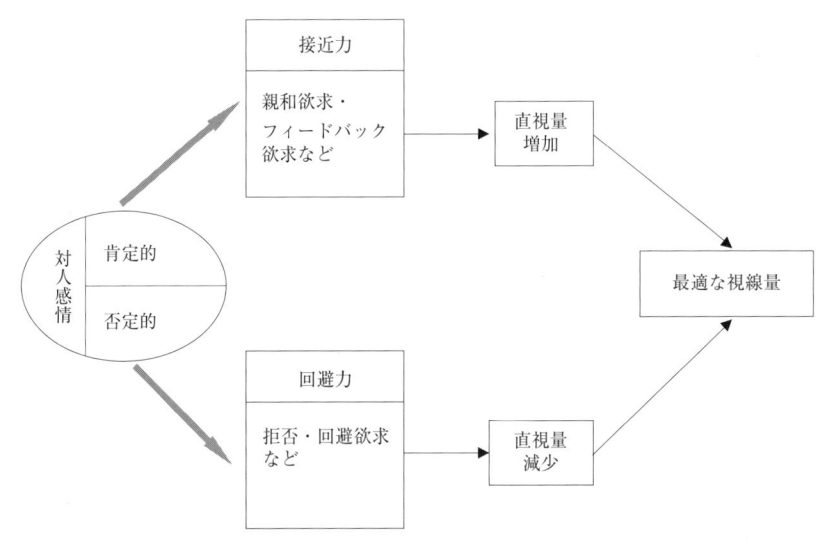

図 19-2　視線の対人感情包括的「接近-回避モデル」(飯塚, 2005)

人感情包括的「接近-回避モデル」(以下，感情モデルと略称する) と命名した。図 19-2 は，対面する一方の側の直視量に関するモデルである。これによって，二者の一方の側の対人感情と視線に関する予測が明確にできると考えられる。感情モデルでは，対人距離などの非言語的行動が一定ならば，二者関係で好意感情を抱いている他者に対しては親和欲求が生じ，接近力が相対的に強くなるとともに，回避力が相対的に弱くなるので視線量が多くなると考えられる。これに対し，非好意感情を抱いている他者に対しては拒否・回避欲求が生じ，回避力が相対的に強くなる反面，接近力は相対的に弱くなるので視線量が少なくなると予想される。このように，このモデルから肯定的および否定的な対人感情と視線の間の規則的関連性が示唆される。

感情モデルの妥当性を検証するにあたって，飯塚 (2005) は，モデルの検証に利用可能な先行研究 (エンコーディング研究) を，①感情モデルの上半分 (接近) の直接的検証に役立つ研究 (2水準以上の肯定的感情要因を使用した研究で，1水準は中立的感情を含む)，②感情モデルの下半分 (回避) の直接的検証に役立つ研究 (2水準以上の否定的感情要因を使用した研究で，1水準は中立的感情を含

む），③感情モデルの全体の直接的検証に役立つ研究（肯定的感情，中立的感情，否定的感情の1要因3水準を使用した研究）の3タイプに分類し，次項のような検証結果を得た。

（2） 先行研究による感情モデルの検証
1）感情モデルの接近面に関する先行研究

感情モデルの上半分（接近力）の直接的検証に役立つ先行研究，すなわち，2水準以上の肯定的感情要因（1水準は中立的感情を含む）を取り上げた先行研究は14例存在する。そして，飯塚（2005）によると，14研究のうち9研究は，弱い肯定的感情より強い肯定的感情の場合に視線量が多くなり，感情モデルを支持したが，5研究は感情モデルを支持しなかった。

感情モデルを支持する研究として，たとえばCoutts & Schneider（1975）は，女子学生の友人同士と未知同士のそれぞれの会話中に，友人同士が未知同士より直視量と相互視量が多いことを見出した。また，Rubin（1970）は，強恋愛度の恋人同士（男女とも恋愛感情尺度で平均点以上を得た者）の方が弱恋愛度の恋人同士（平均点以下を得た者）より，待ち時間中に相互視量（強恋愛度44.0％，弱恋愛度34.7％）が多いことを見出した。Goldstein et al.（1976）も，Rubinの追試的研究で，会話中に相互視総量（％）が未知の男女（25％）より恋愛感情の強い男女（52％）の方が多いことを見出した。

しかし，感情モデルを支持しない研究として，たとえば，Pennington & Rutter（1981）と和田（1989）は，友人同士の方が未知同士より接近力が強いので視線量が多くなると仮定したが，仮定した結果を得ることに失敗した。

2）感情モデルの回避面に関する先行研究

感情モデルの下半分（回避力）の直接的検証に役立つ先行研究，すなわち，2水準以上の否定的感情要因（1水準は中立的感情を含む）を取り上げた先行研究はわずか2例存在するにすぎない。この2研究のうち1研究がモデルを支持し，1研究がモデルを支持しなかった。すなわち，会話中の2人の実験協力者の共有空間に実験参加者を侵入させ，そのときの実験参加者視線を観察したEfran

& Cheyne（1974）は，視線行動が二者の間を歩く侵入強群（強い否定的感情）で最も少なく，二者の側を歩く侵入弱群（弱い否定的感情）で中間，実験協力者とカメラの間を歩く統制群（中立的感情）で最も多くなることを見出した。しかし，セラピスト役の実験参加者にクライアントの否定的な自己記述文と非クライアントの肯定的な自己記述文を読ませることで対人感情を操作したVrugt（1990）では，セラピストはクライアント群より非クライアント群に対して否定的感情をもったが，相手に対する直視量には群間で差がみられなかった。

3）感情モデルの両面を同時に検討した先行研究

感情モデルの全体（接近力と回避力）の直接的検証に役立つ先行研究，すなわち，肯定，中立，否定の感情を同時に取り上げた先行研究は3例存在する。その3研究のうちの2研究がモデルを支持し，1研究がモデルを支持しなかった。すなわち，Exline & Winters（1965）は，面接者から否定的評価，中立的評価，あるいは肯定的評価を受けた実験参加者の視線量の変化量が，それぞれ，3.3%の増加，変化なし，8.8%の減少となることを実証し，モデルを支持した。また，Breed（1972）も，実験参加者の肯定的態度，中立的態度，否定的態度に対して，実験参加者の相互視量は，肯定的態度＝中立的態度＞否定的態度となることを見出し，モデルをおおむね支持した。しかし，Mehrabian（1968）は，肯定的感情と否定的感情の両方が中立的感情よりも視線量を減少させる結果を得ており，モデルを支持しなかった。

4）感情モデルの検証結果のまとめ

以上のように，感情モデルを支持する結果が優勢であるものの，不支持の結果が混在しており，接近的肯定的感情と回避的否定的感情と視線量の増減との関係は一貫していない。したがって，感情モデルの妥当性，すなわち肯定的あるいは否定的な対人感情が視線に及ぼす影響を再検討する必要がある。

（3） 我が国における感情モデルの妥当性の確認

1）肯定的対人感情と視線

二者関係において，他者に接近機能をもつ肯定的な対人感情がある場合，す

なわち，感情モデルにおける接近力が回避力を上回る場合の視線について，飯塚・曽田（1999）と飯塚・橋本・飯塚（2011）が検討し，感情モデルを支持する結果を得ている。

　他者に対する実験参加者の好意感情と非好意感情を実験的に操作し，これらの感情が他者に対する実験参加者の視線に及ぼす影響を検討した飯塚・曽田（1999）は，実験参加者が相手に好意感情をもつ場合は，非好意感情をもつ場合よりも，直視量が多いであろうという仮説を立て，仮説と一致する結果を得た。

　また，交際中の男女と未知の男女について，実際の恋愛的好意感情の有無が視線に及ぼす影響を比較検討した飯塚他（2011）は，実際の生活場面で相互に恋愛的好意感情をもっている者同士と未知の者同士の自然な会話場面（約5分間）における直視量を測定した。実験計画は，二者関係（交際中，初対面）と性を独立変数とする2要因実験参加者間計画であり，実験参加者は，交際中の男女学生18組と初対面の男女学生20組，計76名であった。その結果，初対面群よりも交際中群の男女の直視量（総量，平均時間）が多いことが判明した（図19-3）。

2）否定的対人感情と視線

　他者に回避機能をもつ否定的な対人感情がある場合，すなわち，感情モデルで回避力が接近力を上回る場合の視線について，飯塚（1976）と飯塚・松本・三島（1997）が検討し，感情モデルを支持する結果を得ている。

　当惑場面で当惑感情が誘発される状況における視線を取り上げた飯塚（1976）は，女性実験参加者と初対面の面接者との対面状況において，当惑（立ち入った自己開示的）話題が喚起する当惑感情と視線の関連を次の仮説に基づき検討した。当惑質問（「異性交際」等）を受ける実験参加者は，非当惑質問（「趣味」等）を受ける実験参加者に比べて面接者への直視量が少ないことが予測された。実験計画は，当惑感情喚起（非当惑感情，当惑感情）と面接者の性を独立変数とする2要因実験参加者間計画であった。その結果，非当惑感情群に比べ当惑感情群は，面接者への直視の総量と平均時間が少なくなることが判明した。

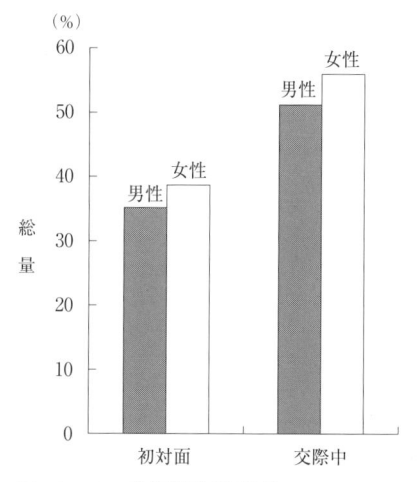

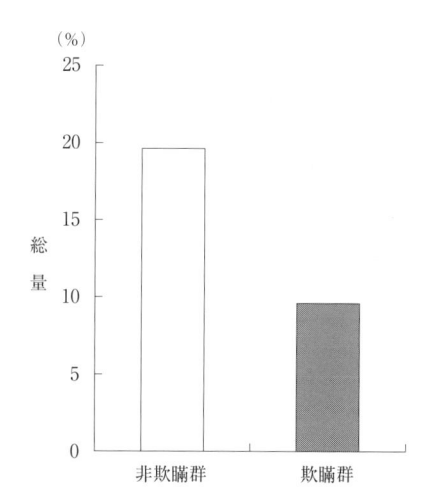

図19-3 直視総量の平均値(飯塚他, 2011)　　図19-4 直視総量の平均値(飯塚他, 1997)

　また，欺瞞場面で不安感情が誘発される状況における視線を取り上げた飯塚他（1997）は，欺瞞時における不安感情と視線の関連について，欺瞞群（不安感情群）の方が非欺瞞群（非不安感情群）よりも相手に対する直視量が少ないであろうという仮説を検討した。直視量（回数，総量，平均時間）は非欺瞞群（非不安感情群）よりも欺瞞群（不安感情群）の方が少なく，仮説が支持された（図19-4）。面接時の気持ちについては，非欺瞞群（非不安感情群）に比べ欺瞞群（不安感情群）の方がより緊張し，不安で，当惑し，不愉快であると感じていることが確認された。

第3節　視線の対人感情包括的「接近－回避モデル」の限界と問題点

　感情モデルは，肯定的対人感情が視線行動を増加させるのに対し，否定的対人感情が視線行動を減少させると予測する。ところが，感情モデルからの予測に反して，否定的対人感情が視線行動を増加させることを報告した先行研究，および肯定的対人感情が視線行動を減少させることを報告した先行研究が散見される。

（1） 接近力をもつ否定的対人感情の存在

1）先行研究からの示唆

Fromme & Schmidt (1972) は，男子学生に，恐怖，怒り，悲しみおよび中立的な感情を対面相手に表出させたところ，非好意的な怒り感情でも相互視量が多くなることを見出した。また，Lochman & Allen (1981) は，恋愛関係にあるカップルに葛藤場面を役割演技させて，言語的および非言語的な同意と非難を測定した。男女ともに不平，苦情と相互視回数との間に正の相関があり，弱い非難（弱い否定的感情）を表出する時には直視量が少ないが，強い非難（強い否定的感情）を表出する時には直視量が増加していた。

2） 我が国における特殊な否定的対人感情と視線の関係の確認

他者に対する接近機能をもつ特殊な否定的な対人感情が存在するかどうかを確認するために，飯塚 (1991) は，他者に対する怒り感情を取り上げ，その怒り感情が他者に対する視線行動に及ぼす影響を検討した。実験計画は2×2×2の混合計画であった。第1の要因は対人感情の種類（好意感情，怒り感情），第2の要因は対人感情の表出対象人物（女性，男性）で，この2つの要因については実験参加者間要因とし，第3の要因は対人感情の強度（強，弱）で，実験参加者内要因とした。実験参加者は，常時，視線を向けている実験協力者に向かって，好意または怒りの内容を，強い感情または弱い感情の調子で表出するよう求められた。その結果，直視総量に関しては，対人感情の強度の主効果が有意であり，好意感情，怒り感情ともに，強い感情のほうが弱い感情よりも直視総量が多かった（図19-5）。

（2） 回避力をもつ肯定的対人感情の存在

肯定的対人感情による直視量の減少をThornquist, Zukerman, & Exline (1991) が報告している。58組の男女カップルにおける相互の愛情（自己評定）と相互視量の間に正の関連はなく，むしろ負の関連が見られた。特に，相手の愛情に自信をもっている男性は，相手に対する直視量が少なくなっていた。女性の相手（男性）に対する恋愛感情と相互視量の間に負（－.28）の相関があっ

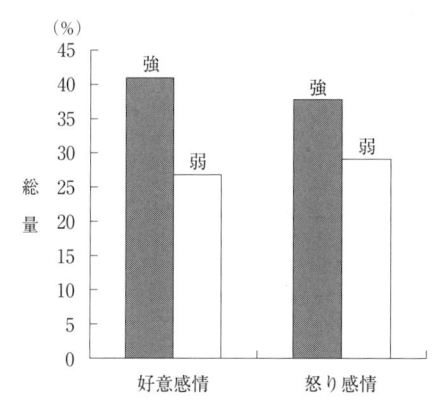

図 19-5　直視総量の平均値 (飯塚, 1991)

た。Thornquist et al.（1991）は，女性は恋愛関係の早い時期で，母性的，養護的な優しさ（compationate）の段階に移行しやすいと考察し，女性の恋愛感情が特殊な肯定的対人感情欲求（養護欲求）的なものになっていることを示唆している。また，相手（女性）の愛情に自信をもっている男性は，安定し，信頼感をもっている（つまり，特殊な肯定的対人感情）と考えられる。特殊な肯定的対人感情によって視線量は減少することが予測される。

第4節　視線の対人感情包括的拡張「接近－回避モデル」の提案

　二者間の会話場面での対人感情と視線の関連性を感情モデルの立場から検討した飯塚・曽田（1999）と飯塚他（2011）の結果から，実験的操作によって好意感情をもたせる場合でも，現実に恋愛的好意感情を抱いている場合でも，好意感情によって視線量が増加することが確認された。これは感情モデルが示すように，接近力が回避力より強い場合には，直視量を増やすような力が強くなり，直視量が多くなるというメカニズムが働いたためと解釈される。また飯塚（1976）と飯塚他（1997）の結果から，当惑感情や不安感情によって視線が減少することが確認された。これも感情モデルが示すように，回避力が接近力よりも強い場合には，直視量を減らすような力が強くなり，直視量が少なくなるメ

カニズムが働いたためと解釈される。以上のように，モデルによって4つの研究データが包括的に説明できることが確認された。

他方，飯塚（1991）では，怒り感情が視線に及ぼす影響を検討したところ，強い怒り感情が，強い好意感情と同程度に視線量を増加させることが判明し，感情モデルの予測に反する結果が得られた。感情モデルでは，肯定的な感情が接近力，否定的な感情が回避力と関連するとされている。しかし飯塚（1991）では，否定的な感情と考えられる怒り感情においても，視線量が増加するという証拠が得られた。怒り感情は，不快な感情であると同時に攻撃性・支配性をも含んでいる（Fromme & Beam, 1974; Osgood, 1966）。一般に動物は，攻撃性や支配性を示すのに相手に視線を多く向けて睨むという事実がよく知られている。したがって，飯塚（1991）の怒り感情に伴う視線量増加は，攻撃性・支配性の顕現化の反映と解釈できる。

このように，飯塚（1991）の結果をも矛盾なく説明するためには，新たに"攻撃・支配欲求"を接近力の中に含める必要がある。なおこの場合の接近力は，好意感情のもつ肯定的な接近力とは異なる，否定的な接近力であると考えられ，その存在が確認されたといえよう。すなわち，怒り感情表出の場合には，攻撃欲求を高めるような特殊な否定的対人感情が相対的に接近力を高めたために，視線量が増加したと考えられる。

また，回避力に基づく視線回避には恭順（submission）や慰撫（appeasement）などの意味を伝えるものがあり（Ellsworth & Carlsmith, 1968, 1973），視線回避が必ずしも否定的な感情を示すとは限らないという指摘もあり，恭順や慰撫などは肯定的な回避力に基づくものとみなせるかもしれない。

以上のことから，肯定的対人感情が接近力と関連し，否定的対人感情が回避力と関連するというように必ずしも一義的に対応するものではないと考えられる。つまり，肯定的感情と否定的感情それぞれに，接近力と回避力両方の心理的意味があることを十分考慮する必要がある。そこで，攻撃欲求を高めるような特殊な否定的対人感情は相対的に接近力を高めて視線量を増加させるであろうという仮定と，恭順欲求を高めるような特殊な肯定的対人感情は相対的に回

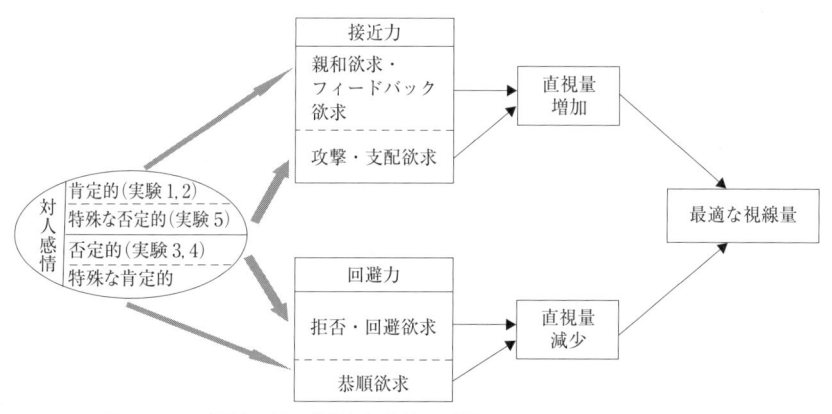

図19-6 視線の対人感情包括的拡張「接近-回避モデル」(飯塚, 2005)

避力を高めて視線量を減少させるであろうという仮定とをモデルに取り込むことによって，本研究は対人感情包括的拡張「接近-回避モデル」(拡張モデルと略称する) を提案する (図19-6)。この拡張モデルの妥当性を確かめるためには，恭順欲求などに基づく肯定的対人感情 (回避力) をもつ場合の視線行動が減少するかどうかに関して実験的に検証することが今後の課題として指摘できる。

　視線行動を含む非言語的行動は，文化の影響を大きく受けるので，欧米の個人主義文化圏と日本の集団主義文化圏では大きく異なると考えられる。個人主義文化圏での研究成果の蓄積から，日本人の視線行動の全容を解明することは不可能であり，日本人の視線行動に関する研究の蓄積 (たとえば，Iizuka, 1992 a, 1992 b, 1992 c, 1994 a, 1994 b; 飯塚, 1995) が待たれる。非言語的行動一般では比較文化的な研究 (たとえば，Iizuka, Patterson, & Matchen, 2002; Patterson, Iizuka, Tubbs, Ansel, Tsutsumi, & Anson, 2007) は散見されるものの，視線行動に焦点化した比較文化的研究は決定的に不足しているのが現状である。

引用文献

Argyle, M. (1994). *The psychology of interpersonal behaviour.* 5 th ed. London : Penguin

Books Ltd.

Argyle, M., & Cook, M. (1976). *Gaze and mutual gaze.* Cambridge : Cambridge University Press.

Argyle, M., & Dean, J. (1965). Eye contact, distance and affiliation. *Sociometry*, **28**, 289-304.

Argyle, M., & Graham, J. A. (1977). The Central Europe experiment-looking at persons and looking at objects. *Environmental Psychology and Nonverbal Behavior*, **1**, 6-16.

Breed, G. (1972). The effect of intimacy : Reciprocity or retreat? *British Journal of Social and Clinical Psychology*, **11**, 135-142.

Coutts, L, M., & Schneider, F. W. 1975 Visual behavior in an unfocused interaction as a function of sex and distance. *Journal of Experimental Social Psychology*, **11**, 64-77.

Efran, J. S. (1968). Looking for approval : Effects on visual behavior of approbation for persons differing in importance. *Journal of Personality and Social Psychology*, **10**, 21-25.

Efran, J. S., & Broughton, A. (1966). Effects of expectancies for social approval on visual behaviors. *Journal of Personality and Social Psychology*, **4**, 103-107.

Efran, M. G., & Cheyne, J. A. (1974). Affective concomitants of the shared space : behavioral, psychological, and verbal indications. *Journal of Personality and Social Psychology*, **29**, 219-226.

Ellsworth, P. C., & Carlsmith, J. M. (1968). Effects of eye contact and verbal content on affective response to a dyadic interaction. *Journal of Personality and Social Psychology*, **10**, 15-20.

Ellsworth, P. C., & Carlsmith, J. M. (1973). Eye contact and gaze aversion in an aggressive encounter. *Journal of Personality and Social Psychology*, **28**, 280-292.

Exline, R. V. (1963). Explorations in the process of person perception : Visual interaction in relation to cooperation, sex and need for affiliation. *Journal of Personality*, **31**, 1-20.

Exline, R. V., Gray, D., & Schuette, D. (1965). Visual interaction in a dyad as affected by interview content and sex of respondent. *Journal of Personality and Social Psychology*, **1**, 201-209.

Exline, R. V., & Messick, D. (1967). The effects of dependency and social reinforcement upon visual behaviour during an interview. *British Journal of Social and Clinical Psychology*, **6**, 256-266.

Exline, R. V., & Winters, L. C. (1965). Affective relations and mutual glances in dyads. In S. S. Tomkins & C. E. Izard (Eds.), *Affect, cognition, and personality.* New York : Springer.

Fromme, D. K., & Beam, D. C. (1974). Dominance and sex differences in nonverbal responses to differential eye contact. *Journal of Research in Personality,* **8**, 76-87.

Fromme, D. K., & Schmidt, C. K. (1972). Affective role enactment and expressive behavior. *Journal of Personality and Social Psychology*, **24**, 413-419.

Fugita, S. S. (1974). Effects of anxiety and approval on visual interaction. *Journal of Personality and Social Psychology*, **29**, 586-592.

深田博己 (1987). 対人感情　小川一夫 (監修) 改訂新版　社会心理学用語辞典　北大路書房　p. 221.

福原省三 (1977). 社会的相互作用過程における視線行動の実験的研究　実験社会心理学研究, **17**, 30-38.

Goldstein, M. A., Kilroy, M. C., & Van de Voort, D. (1976). Gaze as a function of conversation and degree of love. *Journal of Psychology*, **92**, 227-237.

Gray, S. L. (1971). Eye contact as a function of sex, race, and interpersonal needs. Doctoral dissertation, Case Western Reserve University. [*Dissertation Abstract*, **32**, (1971), 1842 B. University Microfilms No. 71-22, 805]

Hobson, G. N., Strongman, K. T., Bull, D., & Craig, G. (1973). Anxiety and gaze aversion in dyadic encounters. *British Journal of Social and Clinical Psychology,* **12**, 122-129.

飯塚雄一 (1976). Studies on mutual visual interaction. 福山市立女子短期大学紀要, **2**, 49-62.

飯塚雄一 (1991). 視線と感情表出の関係について　実験社会心理学研究, **31**, 147-154.

Iizuka, Y. (1992 a). Extraversion, introversion, and visual interaction. *Perceptual and Motor Skills*, **74**, 43-50.

Iizuka, Y. (1992 b). Evaluation of gaze pairs by female observers. *The Japanese Journal of Experimental Social Psychology*, **31**, 231-239.

Iizuka, Y. (1992 c). Eye contact in dating vouples and unacquainted couples. *Perceptual and Motor Skills*, **75**, 457-461.

Iizuka, Y. (1994 a). Gaze in cooperative and competitive game. *The Japanese Journal of Experimental Social Psychology*, **33**, 237-242.

Iizuka, Y. (1994 b). Gaze during speaking as related to shyness. *Perceptual and Motor Skills*, **78**, 1259-1264.

飯塚雄一 (1995). 視線とシャイネスとの関連性について　心理学研究, 66, 277-282.

飯塚雄一 (2005). 二者間における視線行動の表出に及ぼす対人感情の影響—視線の対人感情包括的「接近—回避モデル」の検討— 広島大学大学院教育学研究科博士論文（未公刊）.

飯塚雄一・橋本由里・飯塚一裕 (2011). 恋愛感情が視線行動に及ぼす影響 島根県立大学短期大学部出雲キャンパス研究紀要, **6**, 印刷中.

飯塚雄一・曽田陽子 (1999). 好意感情と地位が非言語的行動に及ぼす影響 中国四国心理学会論文集, **32**, 100.

飯塚雄一・松本卓三・三島勝正 (1997). 欺瞞と外向性—内向性が視線行動に及ぼす影響— 日本心理学会第61回大会発表論文集, 150.

Iizuka, Y., Patterson, M., & Matchen, J. (2002). Accuracy and confidence on the interperspnal perception task: A Japanese-American comparison. *Journal of Nonverval Behavior*, **26**, 159-174.

Kendon, A., & Cook, M. (1969). The consistency of gaze patterns in social interaction. *British Journal of Psychology,* **69**, 481-494.

Lefebvre, L. M. (1975). Encoding and decoding of ingratiation in modes of smiling and gaze. *British Journal of Social and Clinical Psychology*, **14**, 33-42.

Lochman, J. E., & Allen, G. (1981). Nonverbal communication in conflict. *Journal of Research in Personality,* **15**, 253-269.

Mehrabian, A. (1968). Relationship of attitude to seated posture, orientation and distance. *Journal of Personality and Social Psychology*, **10**, 26-30.

Nevill, D. (1974). Experimental manipulation of dependency motivation and its effects on eye contact and measures of field dependency. *Journal of Personality and Social Psychology,* **29**, 72-79.

Osgood, C. E. (1966). Dimensionality of the semantic space for communication via facial expression. *Scandinavian Journal of Psychology*, **7**, 1-30.

Patterson, M., Iizuka, Y., Tubbs, M., Ansel, J., Tsutsumi, M., & Anson, J. (2007). Passing encounters East and West: Comparing Japanese and American pedestrian interactions. *Journal of Nonverval Behavior*, **31**, 155-166.

Pellegrini, R. J., Hicks, R. A., & Gordon, L. (1970). The effect of an approval seeking conduct on eye contact in dyads. *British Journal of Social and Clinical Psychology*, **9**, 373-374.

Pennington, D. C., & Rutter, D. R. (1981). Information or affiliation? Effects of intimacy on visual interaction. *Semiotica*, **35**, 29-39.

Rubin, Z. (1970). Measurement of romantic love. *Journal of Personality and Social Psychology*, **16**, 265-273.

齊藤　勇（1990）．対人感情の心理学　誠信書房

Thornquist, M. H., Zukerman, M., & Exline, R. V. (1991). Loving, liking, looking and sensation seeking in unmarried college couples. *Personality Individual Difference*, **2**, 1283-1992.

Vrugt, A. (1990). Negative attitudes, nonverbal behavior and self-fulfilling prophesy in simulated therapy interviews. *Journal of Nonverbal Behavior,* **14**, 77-86.

和田　実（1989）．二者関係，対人距離および話題が非言語的行動に及ぼす影響―現実の二者関係にもとづいて―　心理学研究，**60**, 31-37.

第20章　視線の親和機能と攻撃機能

第1節　視線の親和機能の研究

　対人間の視線は様々な意味をもち，多くの役割を果たすが，Patterson (1982) は過去の諸研究を整理して5つの機能にまとめている。①情報提供，②相互作用調節，③親密性の表出，④社会的支配，⑤課題目標達成の促進があげられ，この分類法が最も適切であるといえよう (Kleinke, 1986)。その中で視線の最大の役割は親密性の表出，すなわち対人態度の信号としての働きであり，視線と好意性・対人魅力との関係が最初に研究課題として取り上げられ，これまで最も多くの研究が報告されてきた。それらの成果は，2変数の一方を独立変数，他方を従属変数として扱った研究に分けて概観することができる。

（1）　好意・魅力が視線に及ぼす影響

　相手から肯定的評価を受けた場合，人は一般にその評価者を好意的に評価する。実験参加者に対する好意性を操作したExline & Winters (1965) の実験では，実験参加者は自分に好意感情をもったサクラに対し，中立，否定的感情をもったサクラよりも，多くの視線を送った。そして，サクラ（女性）の身体的魅力を化粧によって操作したKleck & Rubinstein (1975) の実験では，男性実験参加者はサクラが魅力的な化粧をした場合に多く見た。また，異性カップルの恋愛感情を測定したRubin (1970) は，恋愛尺度得点の高いカップルほど活発に視線を交わすことを見出した。さらに，Efran & Broughton (1966) は，

相手に好意を期待する場合にも，相手の好意を高めさせようと，多くの視線を用いると報告している。これらの研究ではいずれも視線に対する好意・魅力の正の影響を見出しているが，正の影響がみられなかった研究（Rutter & Stephenson, 1979；和田，1989）もある。

（2） 視線が好意・魅力に及ぼす影響

相手からの多くの視線は自分への興味，関心を表すと受け止められ，人は視線を送った相手に好意を示すことが報告されている。Stass & Willis（1967）の実験では，待合室での実験説明のとき，実験参加者は自分を見なかったサクラよりも，見たサクラの方を実験相手として選んだ。Kleck & Nuessle（1968）が，男女同性のペアが相互作用を行う場面で視線量の多少を操作し，その場面をスライドで実験参加者に観察させたところ，視線量の多いペアは互いに好意的と評価された。また，実際場面を用いた Kleinke（1977）は，サクラが小銭を忘れたので借用したいと申し出たとき，相手を見ずに要請するよりも，見ながら要請する方が借用率は高かったと報告している。視線パターンについてみると，見る回数が多い視線よりも持続時間の長い視線の方が好まれると報告した研究（Kendon & Cook, 1969）もある。ところで，Kleinke, Bustos, Meeker, & Staneski（1973）の実験で，相互作用を終えた実験参加者に相手が見た視線量を偽って告げたところ，男女ともに多くの視線を送ったと告げられた相手を誠実と評価したが，女性は多く見た男性を高く評価し，逆に男性は多く見た女性を低く評価した。このように，視線の評価に関して性差を報告した研究も多い。これら研究成果を一覧にして，大坊（1990）や福原（2007）が詳しく報告している。

（3） 親和葛藤理論の提唱

このように，好意性と視線の間には一般的に正の関係が認められるが，しかし状況や二者間の関係，文脈などによっては負の関係がありうる。その一方で，中程度の視線が最も好まれるとする研究がある。Mehrabian（1968）は好意性

が視線量に与える影響を，また Argyle, Lefebvre, & Cook (1974) は視線量が好意性に与える影響を分析した結果，いずれも 2 変数間に逆 U 字型の曲線的関係が得られた。同様の結果は Ellsworth & Carlsmith (1968)，福原 (1976) でも得られている。これらの結果を予測・説明する理論として，Argyle & Dean (1965) と Argyle & Cook (1976) は，Miller (1944) のネズミにおける葛藤モデルを人間の社会的相互作用場面に応用し，対人間の視線および親密さを説明する親和葛藤理論 (affiliative conflict theory) を提唱した。

1) 親和葛藤理論の概要

理論に関して，Argyle & Dean (1965) は，「人は親和欲求に動機づけられ親しさを求めて相手に近づくが，相手は人をひきつける力（接近）と同時に寄せ付けない力（回避）を持っている。人はこの 2 つの力で揺れ動き，結局，両者の均衡がとれた適当な親しさになるよう行動する」(p. 292) と説明する。彼らはこの一般的表現をさらに厳密に定義し，「アイコンタクト (eye contact，以下 EC) が生起する過程には接近と回避の力が働く。接近の力は自己の行動に関するフィードバックの欲求であり，相手との関係を確立したい親和欲求である。一方，回避の力は見られることの不安，内的感情を拒否されることの不安である。これら 2 つの力関係には一定の均衡レベルが存在し，EC はこの均衡点に向かって生起する。もし EC が均衡レベル以上になれば不安が喚起され，EC を減少することによって不安を低減しようとする」(p. 293)。また，EC におけるこの均衡体系はさらに他の親和行動の諸次元にも応用され，「親密さは微笑，声の質，距離の移動，話題内容など親和行動の結合関数として定義され，個々の構成要素がもつ均衡体系以外に，全体としての親密さの均衡体系が存在する。すなわち，もしある行動が変化し，その次元内での均衡回復が困難なために親密さの均衡が失われた場合には，他の行動次元が逆方向に働くことによって補完的 (compensatory) 変化が生じ，再び親密さの均衡は保たれる」(p. 293) というものである。

2) 親和葛藤理論の検証実験

親和動機に結びつく多様な行動に関する予測が親和葛藤理論から可能となり，

多くの研究者によって理論の適否が検討され，この理論は非言語的行動研究の中心的存在となった。理論の検討に使用された2変数の種類によって，理論の適否に関する研究例を以下のようにまとめることができる。

①**対人距離と視線**：Coutts & Schneider(1975)，Bailenson, Blascovich, Beall, & Loomis(2001)は，二者間の距離が遠くなれば視線量や視線回数あるいはEC量が増加し，近くなればそれらが減少するという，両変数間に補完的関係を見出し，理論を支持している。しかし関連性がみられなかった研究にAiello(1972)などがある。

②**視線と対人距離**：Tobiasen & Allen (1983) の実験では男性ペア，男女ペアとも，視線量の増加が距離を遠くするという補完的関係を得ている。しかしFromme & Beam (1974) では男性ペアで，Kleinke, Staneski, & Berger(1975)では女性ペアで理論とは逆の関係を見出している。

③**対人距離と微笑**：Coutts & Ledden (1977) は女性ペアの場合，対人距離が近いときよりも遠いときの方が，微笑が増加するという結果を得た。しかし男性ペアを用いたSchultz & Barefoot (1974) では逆の結果が得られている。

④**対人距離と身体の向き**：対人距離が近いときよりも遠いときの方が，身体の向きを相手の正面に向けるという結果を示した研究にCoutts & Ledden (1977) があり，理論の予測を支持している。

⑤**対人距離と発言時間**：男性ペアの場合に，対人距離が近いときより遠いときの方が発言時間は長いという結果がGreenberg & Firestone (1977) でみられた。両変数間に何ら関係がみられなかった研究にRogers, Rearden, & Hillner (1981) がある。

⑥**話題の親密さと視線**：Schultz & Barefoot (1974) は，サクラの質問内容もしくは二者間の話題が親密なほど，視線が減少するという結果を得ている。

以上のように二者関係，性，変数などの違いによって，理論を支持する結果と支持しない結果が混在しているといえる。

3）**親和性パーソナリティの導入**

親和行動が個人の親和欲求に依存することから，福原 (1977) はパーソナリ

第Ⅲ部　対人的影響過程

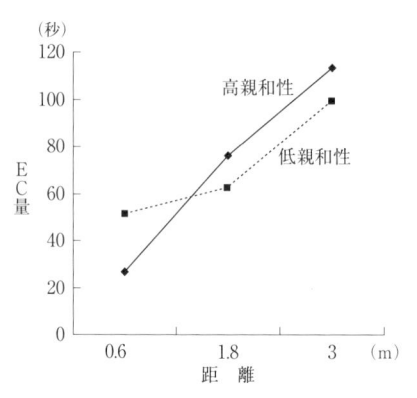

図20-1　距離条件によるEC量の変化 (福原, 1997)

ティ要因を変数とし，相手に親和性を求めるか支配性を求めるかによって，親和葛藤理論が成立するかどうかを検討している。男女大学生24名が高親和性条件と低親和性条件に分類され，それぞれ近距離条件，中距離条件，遠距離条件に配置された。実験参加者は同性のサクラと対面し，TAT図版を見て協力しながら一連の物語を作成する場面であった。サクラは実験時間中の80〜85％，実験参加者の目を見るよう，それ以外の表情やうなずき，姿勢などは常に一定になるようあらかじめ訓練されていた。実験参加者とサクラの視線が観察され，2人のEC量が記録された。その結果，男女および高・低親和性条件ともに二者間の距離が遠くなればEC量は増加し，理論の予測通り2変数間に補完的関係を見出している（図20-1）。しかし，低親和性の近距離条件では高親和性条件よりも有意に多くのEC量を示した。理論の予測に反するこの結果について，福原（1977）は，低親和性の実験参加者はサクラの視線を親密さではなく支配・挑戦と受け止め，それに屈しまいと多く見返したと解釈し，この現象を契機として，視線の攻撃機能について追究した（本章第2節，第3節）。

4）親和葛藤理論をめぐる論争

二者間の対人距離や対面角度のような物理的指標を変数とした研究では，おおむね理論を支持する結果が得られている。しかし，それ以外の変数では必ずしも予測通りの結果が得られていないことから，理論に対する問題点が4点指

摘されている。

①**均衡点の解釈**：まず Miller（1944）におけるネズミの葛藤分析を，そのまま対人関係に応用している点である。ネズミにおける接近と回避の均衡点とは，ネズミが餌に向かって前進することも電気ショックを恐れて後退することもできない，いわば行動の手段がない，その意味で最も苦痛な点とも考えられる。しかし親和葛藤理論では，二者の行動は快適（comfortable）になるよう親密さの均衡に向かうとされ，その意味で二者間の適応行動と考えられている。その後，Argyle & Cook（1976）はネズミ実験のイメージから離れるためか，親和葛藤理論をさらに発展させ，親密感均衡モデル（intimacy equilibrium model）として提唱している。

②**対人間適応と個人内適応**：理論は対人間適応に関するもので，一方の動きに応じた他方の反応を説明するものである。しかし，適応は個人内の変化によって行われることもある。たとえば Coutts & Schneider（1976）では，実験の途中で一方の実験参加者にだけ相手を見ないようにと要請した場合，微笑の回数と前傾姿勢が増加した。見ることを禁止された実験参加者の側で個人内適応が起きたと考えられ，理論を支持しなかった研究は，この問題をはらんでいるように思われる。

③**親密さの行動の相対的力関係**：理論によれば，親密性を表す行動のひとつが変化すれば，均衡を維持しようと他のひとつあるいは幾つかの行動が逆方向に変化することになる。しかし理論では，それら親密性を表わす行動の相対的な力が考慮されていない。もし個人内適応によって親密さの行動が調整されているならば，どの行動次元が相手に強く伝達され，あるいは伝達されないかを考慮する必要がある。Mehrabian（1969）の実験参加者が行った役割演技の結果によると，相対的影響力（r）は対人距離が -0.6，EC が 0.3，身体の向きが -0.1 を得た。対人距離が最大の力をもち，確かにこの変数を扱った研究が最もよく理論を支持している。

④**親密性レベルの変化**：理論は，同じ二者間の親密さのレベルは一定に保たれると説明しているが，二者間の親密さのレベルそのものが変化する点を説明

していない。相互作用中に親密さが高まったり，逆に低くなったりするであろうし，長期的には見知らぬ関係から親友，恋人へと親密さのレベルは変化していく。理論を支持する結果は，ほとんどが実験室内で得られたものであり，Patterson（2004）は友人や恋人，家族関係の中では親密さの補完的関係は起こらないであろう，と反論している。後にArgyle & Cook（1976）は，親密性のレベルが状況要因や社会的規範などによって，相互作用の過程で変化していくことは認めているが，しかし，どの段階でも均衡レベルを維持することが適応的行動である，と述べている。

第2節　視線の攻撃機能の研究

（1）　競争場面における視線

　視線の親和機能について多くの研究がなされている反面，視線の攻撃機能についての研究は少なく，理論的説明も皆無のまま，そのメカニズムは不明である。その中で，幾つかの研究が競争，支配，挑戦の概念を用いて視線の攻撃的側面を捉えようとしている。従来，これらの概念を明らかにするために社会的相互作用研究のモデルとして，協力－競争ゲーム（Kelley & Thibaut, 1968）が数多く用いられてきた。しかし，視線研究においては，男子学生を競争条件と協力条件に配置して囚人ジレンマゲームを行ったKleinke & Pohlen（1971）がみられる程度である。彼らによると，競争条件で相手のサクラから多く見られたときに，実験参加者は競争的態度を示したが，多く見つめたその相手を友好的，誠実と肯定的に評価した。同様に，Fromme & Beam（1974）の接近実験でも，実験参加者は多く見つめる挑戦的サクラを好意的に評価しながら自らも支配・挑戦的態度を示したことから，競争場面における視線は支配性や地位の高低を情報として相手に伝えているといえる。

　そこで，競争場面における視線の情報交換の研究についてみると，Jellison & Ickes（1974）の実験では，男子実験参加者がペアとなり，競争条件もしくは協力条件のいずれかに配置された。ゲームに入る前に，実験者が実験参加者

に相手についての情報をどのくらい欲しいか質問し,ハーフミラーを工夫した実験室で「自分だけ相手を見る条件」,「自分だけ相手に見られる条件」,「相互に見る条件」のいずれかを選ぶよう要請した。その結果,競争条件の実験参加者は,相手を見ることはできるが自分は見られない条件を最も多く選んだ。Jellison & Ickes（1974）によって,実験参加者が相手を見たいのは,競争中にできるだけ自分が相手を支配したいと望むためであり,見られたくないのは,情報を奪われることによって望まない方法で相手から支配されることを避けるためと解釈され,競争場面における非言語情報の重要さが指摘された。視線の情報機能を分析したFoddy（1978）の実験では,男女実験参加者が同性でペアとなり,交渉ゲームで協力場面もしくは競争場面に参加した。実験参加者が示した1回の視線の長さは協力条件において長く,視線は友好・親和の信号として機能すると解釈された。一方,競争条件では総視線量において協力条件と差がないのに,EC量は少なかった。すなわち,競争条件の実験参加者は,お互いに相手が自分を見ていない間に相手を見（盗み見）ており,視線は相手を監視するために用いられたと解釈された。このようにゲームでの競争場面における視線は,自分の支配性を保つのに優位なように,情報交換の駆け引きとして使用されている。

（2） 攻撃場面における視線

1） 視線の攻撃促進機能

視線の攻撃機能のメカニズムを明らかにするために,福原（1990）は視線の親和機能と攻撃機能を同時に取り上げ対比させている。男女64名の実験参加者が同性のサクラと対面し,お互いに相手の第1印象について語る実験場面が用いられた。サクラは実験参加者の性格特性と全体印象について好意的（親和的）,もしくは侮辱的（攻撃的）に述べ（言語内容の操作）,その際に高EC条件（サクラが80〜85％の視線量を送る）と低EC条件（サクラが10〜20％の視線量を送る）が操作された。実験中の二者間のEC量が測定され,実験参加者はサクラが述べた印象を聞いた後に,サクラに対する印象について質問紙で反応した。

第Ⅲ部　対人的影響過程

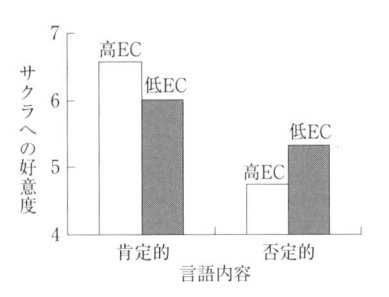

図20-2　サクラに対する好意度（福原，1990）

結果は図20-2のように示され，サクラに対する親和的感情は二者が互いに多く見つめ合えばさらに親和的になり，逆に，攻撃的感情は多く見つめ合うことによってさらに攻撃的になる，と解釈された。結論として，視線は親和性と同様に攻撃性においても対人関係を規定し，多くのEC量は二者間に生じた直接の関係を強調すると一般化された。Graham & Argyle（1975）が「顔の表情は感情の種類の情報を伝える」と述べているのに対し，福原（1990）は「視線は感情の強さの情報を伝える」とし，「視線は表情のひとつの要素であるが，表情全体からは独立した存在であろう」（Kotsch, 1972）という考えを支持し，表情における視線の独立機能を提唱している。

２）　視線の攻撃抑制機能

従来，攻撃実験ではサクラからの言語的な侮辱によって実験参加者に敵意を動機づけ，サクラに対する実験参加者の攻撃量を電気ショックによって測定する方法が多くとられてきた。その結果，侮辱操作によって実験参加者は強い嫌悪を示すが，怒りや敵意の感情，攻撃行動を示さないことが報告されている（Buss, 1966）。ところが，Kotsch（1972）は，言語的な侮辱に視線が結合すると，実験参加者の攻撃行動が影響を受けると報告している。Kotsch（1972）の実験は教育における罰の効果として行われ，侮辱条件と非侮辱条件に分けられた男性実験参加者は，単語リストを口頭でサクラに与え，サクラの回答間違いに対して電気ショックを送った。その際に，サクラが言語的侮辱だけを与える条件と，それにサクラが3パターンの視線操作を加える条件とで，4条件が設定さ

れた。結果は予測通り，言語的侮辱は実験参加者に嫌悪を生じさせたが，攻撃の電気ショックには影響しなかった。しかし，視線操作を加えると，ショック強度は視線回避条件で高く，高視線条件で最も低く，普通条件ではその中間であった。この結果を Kotsch (1972) は，攻撃状況におけるサクラの長い視線が実験参加者に脅威として知覚され，逆に，視線回避が従属の表出として知覚されたと，Zimbardo (1970) の没個性化理論に当てはめて解釈した。

一方，Ellsworth & Carlsmith (1973) も没個性化理論に基づき，頭を下げた視線回避は自分を没個性化することであり，他者からの攻撃を受けやすいであろうと予測した。サクラの悪意によって攻撃欲求を喚起された男性実験参加者に，電気ショックによる報復のチャンスが与えられた状況で，攻撃直前にサクラが実験参加者を見る視線条件と，目をそらす視線回避条件が設定された。結果は予測通り，視線条件よりも視線回避条件で多くの攻撃が与えられた。しかし，視線条件の実験参加者がサクラの視線を不快と表明したことから，Ellsworth & Carlsmith (1973) は，実験参加者が不快視線を回避しようとして攻撃を諦めたと解釈し，没個性化理論を遠ざけた。

3) 攻撃的視線に対する認知

このように視線が相手の攻撃行動に与えた結果の解釈には，視線の認知をめぐって違いがみられる。そこで，福原 (2006) は視線の攻撃抑制のメカニズムを明らかにするために，攻撃場面での相手（サクラ）の視線が実験参加者からどのように認知されるかを分析した。福原 (2006) は女性を実験参加者 (60人) とした，2水準の対人態度条件（非攻撃的，攻撃的）と3水準の視線量条件（視線回避，低視線，高視線）を独立変数とし，実験参加者がサクラに与える電気ショックの回数と強度を測定した。非攻撃的条件では，どの視線条件でもショック回数と強度はともに抑制され，EC もしくはサクラの視線の影響を受けなかった。攻撃的条件では，ショック強度は視線回避条件で最も強く，高視線条件で最も弱いという結果(図20-3)は，Kotsch (1972)，Ellsworth & Carlsmith (1973) に一致する。そして，攻撃条件では低視線条件と高視線条件のどちらにおいてもサクラの視線は不快と知覚され，違いはみられなかった。しかし，

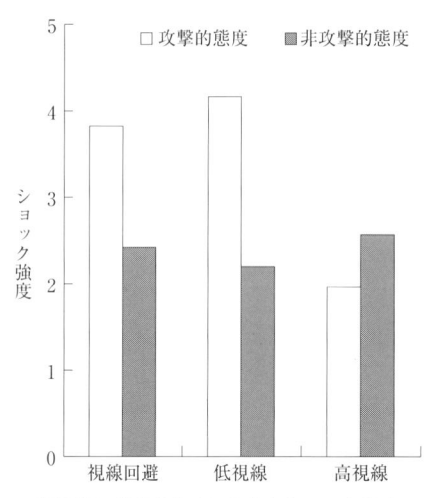

図20-3　実験参加者がサクラに与えたショック強度 （福原, 2006）

低視線条件における不快視線が実験参加者に怒りの感情を喚起させた（相関 $r=.72$）のに対し，高視線条件での不快視線は実験参加者に怒りを喚起せず，逆に「サクラの不安，緊張」と認知されていた（相関 $r=-.84$）。高視線条件における攻撃抑制行動は，この認知に起因すると解釈された。

第3節　攻撃葛藤モデルの提案

（1）攻撃的視線に対する認知の葛藤

攻撃場面での高視線がなぜ「不安，緊張」と認知されたのか，福原（2007）は2つの見解を引用して説明している。Ellsworth, Carlsmith, & Henson（1972, p. 311）によれば，「視線はきわめて含意的刺激であり，見られる側に何らかの反応を要求するが，視線の意味が曖昧で適切な反応が見つからない状況では不安，緊張が高まり，状況から逃れようと動機づけられる。しかし逃走不可能な実験状況では，実験参加者は状況の再定義によって認知的に逃避しようとする」と指摘している。また，Ohbuchi & Kambara（1985）や Reis（1981）によ

れば，攻撃に動機づけられた実験参加者は敵に敗者として認知されることを回避しようとする，と述べている。これらの説明から福原（2006）の実験状況を解釈すると，実験参加者はサクラの多量の視線の意味が分からないために，反応することも逃れることもできず，結局，「相手は電気ショックの不安から緊張している」と，認知的に逃避するしかなかった。その一方で，攻撃欲求に動機づけられ「自分は敗者にはなりたくない」との認知から，攻撃か非攻撃かの認知的葛藤状態にあったと推測される。もしそうであるなら，攻撃場面において接近と回避の力が働くことになる。

（2） 攻撃促進と抑制の均衡体系

多量の視線が攻撃促進と抑制の両機能をもつことが確認されたことを受け，福原（2007）は両機能が作用する背後に接近と回避の力を想定し，力関係の発生メカニズムについて考察している。Fromme & Beam（1974）の接近実験で，実験参加者は同性のサクラが与える多量の視線を挑戦と認知した。男性参加者は視線を外してサクラにより近くまで接近したのに対し，女性参加者は視線をサクラに固定し，その代わりに距離を保った。サクラの挑戦的視線に対し男性は対人距離で，女性は視線で反応したことになり，福原（2007）はこの結果を解釈して，視線と距離の変化は男女共に補完関係にあり，それによってサクラの挑戦に対する実験参加者の攻撃反応は接近と回避の力の均衡が保たれていたとした。すなわち，接近と回避の力は対人距離と視線量によって生じた攻撃レベルに依存しながら，2つの力関係は均衡状態に向かい，結果としての攻撃の促進と抑制が起こるだろうと予測した。

（3） 攻撃葛藤モデルの構築

攻撃場面で葛藤が起こり，接近と回避の力によって均衡が保たれるなら，親和場面での均衡概念を攻撃場面に応用することができる。

親和場面で距離の近さによって高められた親和状況のレベルは実験参加者の不安を喚起することになり，この不安を低減するために親和行動（視線行動）

が抑制されるメカニズムが発生する(Argyle & Dean, 1965)。それと同様に,福原(2006)の攻撃場面で,多量の視線によって高められた攻撃状況のレベルは実験参加者に不安を喚起させることになり,この不安を低減しようとする何らかの抑止力(回避力)が働き,実験参加者は自らの視線を外したが(4秒間の指示にもかかわらず平均2秒しか見ていなかった),サクラの多量の視線からは逃れることができず,不安を低減しようと思えば自らの攻撃を抑制する以外に手段はなかった。もし攻撃状況においても親和状況と同様のメカニズムが働くと仮定するならば,攻撃(接近)と不安低減(回避)の均衡体系を説明する攻撃葛藤モデルを導くことができよう。この攻撃葛藤モデルは,「攻撃状況で互いに見つめることによって二者間の攻撃関係が高められ(接近),攻撃関係のレベルが高まりすぎる(視線が多量になりすぎる)と不安が生じるため,視線とは別の攻撃行動の要素を減少(回避)することによって適切な攻撃の均衡を保とうとする」と定義できる。

(4) 攻撃葛藤モデルの一般化と体系化

表20-1は,親和葛藤理論を整理し,これに攻撃葛藤モデルを対比させたものである。対人間において適切な攻撃レベルを維持するために,個人内部に接近と回避の力が働く。接近力は相手の悪意に対する制裁,報復であり,回避力は攻撃することによって受ける社会的批判や相手の反撃に遭う不安である。視線と同様に,対人距離の遠近や怒りの表情,敵意の声,侮辱的な会話内容などの攻撃要素によって二者間の攻撃レベルが決定され,接近力と回避力による葛藤が生じる。これら攻撃要素の補完的な作用によって,結果的に,攻撃レベルが高すぎるのでもなく低すぎるのでもない,均衡に向かって攻撃行動が起こる。

このように攻撃の均衡体系の概念を導入することによって,攻撃抑制の認知過程を動機的基盤に立って体系的に説明できる。これまで攻撃実験における攻撃者の認知過程は,攻撃者は敗者として認知されることを避けようとするが,同時に敵に対してもフェアでないと思われたくない印象操作が働く(Ohbuchi & Kambara, 1985; Reis, 1981)とされ,結果的に,攻撃者は相手から受けた攻

表20-1 親和葛藤理論と攻撃葛藤モデルの対比 (福原, 2007)

	親和葛藤理論	攻撃葛藤モデル
基本動機	親和動機	攻撃動機
接近の力（+）	親和欲求（好意，魅力，承認） 情報探索（相手の態度，意図）	攻撃欲求（制裁，報復，攻撃） 情報探索（相手の態度，悪意）
回避の力（−）	不安・恐怖（内面を見られる不安） フィードバック（相手の否定をみる恐さ）	不安・恐怖（内面を見られる不安，正当性） フィードバック（相手の反撃をみる恐さ）
親和行動の要素 （攻撃行動の要素）	対人距離・微笑の表情・視線・ 声の柔らかさ・親密な会話	対人距離・怒りの表情・視線・ 声のあらさ・敵意の会話
親密さのレベル （攻撃のレベル）	親しすぎるのでも，疎遠でもない ある程度の親しさ（親和行動要素間で調整）	攻撃しすぎるのでも，敗者になるのでもない ある程度の攻撃（攻撃行動要素間で調整）
行動レベル	均衡点（安定）に向かい親和行動が起こる	均衡点（安定）に向かい攻撃行動が起こる

注：攻撃葛藤モデルの欄は，福原（2006）の結果に基づいて想定される内容である。

撃と同じレベルで攻撃する（大渕，1997），とまとめられている。これらの結論を動機論から解釈すれば，敗者と認知されることの回避は接近力として，相手からフェアと思われたい印象操作は回避力として説明され，結果としての相手と同じレベルでの攻撃は攻撃の均衡として説明される。このように，攻撃抑制の認知過程と結果としての攻撃行動は，攻撃の接近と回避による均衡体系を用いて包括的に説明される。

第4節　攻撃的視線研究の課題と方向性

攻撃行動として電気ショックを用いたこれまでの3つの視線研究では，多量の視線が攻撃を抑制するという結果が得られ，いずれも攻撃葛藤モデルで説明できる。しかし，攻撃の均衡体系を仮定する攻撃葛藤モデルを確証し，一般化するためには，今後さらに，対人距離や視線以外の怒りの表情や声の質，敵意の会話内容など，他の攻撃行動の要素の組み合わせによる均衡体系の成立が検証されなければならない。

1960年代に始まった視線研究は70年,80年代に隆盛期を迎え多くの論文や理論が提出されたが,その後は次第に論文数も少なくなっている。これまでの研究はもっぱら実験室内における実際の相互作用過程を通して行われたが,最近ではコンピュータ処理によるシミュレーション研究(Adams & Kleck, 2003)や,仮想空間での画像処理による認知的研究(Bailenson, Blascovich, Beall, & Loomis, 2001)が主流である。また,怒りや恐怖の表情と視線方向の関係における扁桃体の関与(Adams, Gordon, Baird, Ambaby, & Kleck, 2003),あるいは怒りや喜びの情緒と前頭前野の活動性の分析(Jones & Sigelman, 2001)など,これまで現実場面で指摘された視線機能の発生メカニズムを,知覚,大脳生理学,神経科学のレベルで捉えようとしている。

引用文献

Adams, R. B. Jr., Gordon, H. L., Baird, A. A., Ambady, N., & Kleck, R. E. (2003). Effects of gaze on amygdala sensitivity to anger and fear faces. *Science*, **300**, 1536.

Adams, R. B. Jr., & Kleck, R. K. (2003). Perceived gaze direction and the processing of facial displays of emotion. *Psychological Science*, **14**, 644-647.

Aiello, J. R. (1972). A test of equilibrium theory : Visual interaction in relation to orientation, distance and sex of interactants. *Psychonomic Science*, **27**, 335-336.

Argyle, M., & Cook, M. (1976). *Gaze and mutual gaze*. Cambridge : Cambridge University Press.

Argyle, M., & Dean, J. (1965). Eye contact, distance and affiliation. *Sociometry*, **28**, 289-304.

Argyle, M., Lefebvre, L. M., & Cook, M. (1974). The meaning of five patterns of gaze. *European Journal of Social Psychology*, **4**, 125-136.

Bailenson, J. N., Blascovich, J., Beall, A. C., & Loomis, J. M. (2001). Equilibrium theory revisited : Mutual gaze and personal space in virtual environments. *Presence*, **10**, 583-598.

Buss, A. H. (1966). The effects of harm on subsequent aggression. *Journal of Experimental Research in Personality*, **1**, 249-255.

Coutts, L. M., & Ledden, M. (1977). Nonverbal compensatory reactions to changes in interpersonal proximity. *Journal of Social Psychology*, **102**, 283-290.

Coutts, L. M., & Schneider, F. W. (1975). Visual behavior in an unfocused interaction as a function of sex and distance. *Journal of Experimental Social Psychology*, **11**, 64-77.

Coutts, L. M., & Schneider, F. W. (1976). Affiliative conflict theory: An investigation of the intimacy equilibrium and compensation hypothesis. *Journal of Personality and Social Psychology*, **34**, 1135-1142.

大坊郁夫 (1990). 対人関係における親密さの表現—コミュニケーションに見る発展と崩壊— 心理学評論, **33**, 322-352.

Efran, J. S., & Broughton, A. (1966). Effect of expectancies for social approval on visual behavior. *Journal of Personality and Social Psychology*, **4**, 103-107.

Ellsworth, P. C., & Carlsmith, J. M. (1968). Effects of eye contact and verbal content on affective response to a dyadic interaction. *Journal of Personality and Social Psychology*, **10**, 15-20.

Ellsworth, P. C., & Carlsmith, J. M. (1973). Eye contact and gaze aversion in an aggressive encounter. *Journal of Personality and Social Psychology*, **28**, 280-292.

Ellsworth, P. C., Carlsmith, J. M., & Henson, A. (1972). The stare as a stimulus to flight in human subjects: A series of field experiments. *Journal of Personality and Social Psychology*, **21**, 302-311.

Exline, R. V., & Winters, L. C. (1965). Affective relations and mutual glances in dyads. In S. S. Tomkins & C. E. Izard (Eds.), *Affect, Cognition, and Personality*. New York: Springer.

Foddy, M. (1978). Patterns of gaze in cooperative and competitive negotiation. *Human Relations*, **31**, 925-938.

Fromme, D. K., & Beam, D. C. (1974). Dominance and sex differences in nonverbal responses to differential eye contact. *Journal of Research in Personality*, **8**, 76-87.

福原省三 (1976). 社会的相互作用過程における視線行動の研究—対人感情と Eye-Contact の関係について— 広島大学大学院教育学研究科博士課程論文集, **2**, 110-116.

福原省三 (1977). 社会的相互作用過程における視線行動の実験的研究—対人感情と親和性が eye-contact に与える効果— 実験社会心理学研究, **17**, 30-38.

福原省三 (1990). アイ・コンタクトと印象の評価が受け手の対人感情に及ぼす効果 心理学研究, **61**(3), 177-183.

福原省三 (2006). 被害者の視線に対する攻撃者の認知が攻撃行動に与える効果 対人社会心理学研究, **6**, 7-14.

福原省三 (2007). 視線の親和機能と攻撃機能に関する研究 広島大学大学院教育学研究科博士論文 (未公刊)

Graham, J. A., & Argyle, M. (1975). The effects of different patterns of gaze combined with different facial expressions on impression formation. *Journal of Human Movement Studies*, **1**, 178-182.

Greenberg, C. I., & Firestone, I. J. (1977). Compensatory responses to crowding: Effects of personal space intrusion and privacy reduction. *Journal of Personality and Social Psychology*, **35**, 637-644.

Jellison, J. M., & Ickes, W. J. (1974). The power of the glance: Desire to see and be seen in cooperative and competitive situations. *Journal of Experimental Social Psychology*, **10**, 444-450.

Jones, E. H., & Sigelman, J. (2001). State anger and prefrontal brain activity: Evidence that insult-related rerative left-prefrontal activation is assocatied with experienced anger and aggression. *Journal of Personality and Social Psychology*, **80**, 797-803.

Kelley, H. H., & Thibaut, J. W. (1968). Group problem solving. In G. Lindzey & E. Aronson (Eds.), *The handbook of social psychology*. 2 nd ed. Vol. 4. Reading, MA: Addison Wesley Publishing Co. pp. 1-101.

Kendon, A., & Cook, M. (1969). The Consistency of gaze patterns in social interaction. *British Journal of Psychology*, **69**, 481-494.

Kleck, R. E., & Nuessle, W. (1968). Congruence between the indicative and communicative functions of eye-contact in interpersonal relations. *British Journal of Social and Clinical Psychology*, **7**, 241-246.

Kleck, R. E., & Rubinstein, C. (1975). Physical attractiveness, perceived attitudes similarity, and interpersonal attraction in an opposite-sex encounter. *Journal of Personality and Social Psychology*, **31**, 107-114.

Kleinke, C. L. (1977). Compliance to requests made by gazing and touching experimenters in field setting. *Journal of Experimental Social Psychology*, **13**, 218-223.

Kleinke, C. L. (1986). Gaze and eye contact: A research review. *Psychological Bulletin*, **100**, 78-100.

Kleinke, C. L., Bustos, A. A., Meeker, F. B., & Staneski, R. A. (1973). Effects of self-attributed and other-attributed gaze on inter-personal evaluations between males and females. *Journal of Experimental Social Psychology*, **9**, 154-163.

Kleinke, C. L., & Pohlen, P. D. (1971). Affective and emotional responses as a function of other person's gaze and cooperativeness in a two-person game. *Journal of Personality and Social Psychology*, **17**, 308-313.

Kleinke, C. L., Staneski, R. A., & Berger, D. E. (1975). Evaluation of an interviewer as a function of interviewer gaze, reinforcement of subject gaze, and interviewer attractiveness. *Journal of Personality and Social Psychology*, **31**, 115-122.

Kotsch, W. E. (1972). Gaze patterns, verbal insult and instrumental aggression. *Honors Thesis in Department of Psychology in Vanderbilt University*, 1-22.

Mehrabian, A. (1968). Relationship of attitude to seated posture, orientation and distance. *Journal of Personality and Psychology*, **10**, 26-30.

Mehrabian, A. (1969). Some referents and measures of nonverbal behavior. *Behavior Research Methods and Instrumentation*, **1**, 203-207.

Miller, N. E. (1944). Experimental studies of conflict. In J. McV. Hunt (Ed.), *Personality and the behavior disorders*. New York : Ronald. pp. 431-465.

大渕憲一 (1997). 攻撃の対人機能 第4版 大坊郁夫・安藤清志・池田謙一 (編) 社会心理学パースペクティブ1 ―個人から他者へ― 誠信書房 pp. 312-332.

Ohbuchi, K., & Kambara, T. (1985). Attacker's intent and awareness of outcome, impression management and retaliation. *Journal of Experimental Social Psychology*, **21**, 321-330.

Patterson, M. L. (1982). A sequential functional model of nonverbal exchange. *Psychological Review*, **89**, 231-249.

Patterson, M. L. (2004). The evolution of a parallel process model of nonverbal communication. In P. Philippot, R. S. Feldman, & E. J. Coats (Eds.), *The social context of nonverbal behavior*. Cambridge : Cambridge University Press. pp. 317-347.

Reis, H. T. (1981). Self-presentation and distributive justice. In J. T. Tedeschi (Ed.), *Impression management theory and social psychological research*. New York : Academic Press. pp. 269-294.

Rogers, P., Rearden, J. J., & Hillner, W. (1981). Effects of distance from interview and intimacy of topic on verbal productivity and anxiety. *Psychological Reports*, **49**, 303-307.

Rubin, Z. (1970). Measurement of romantic love. *Journal of Personality and Social Psychology*, **16**, 265-273.

Rutter, D. R., & Stephenson, G. M. (1979). The functions of looking : Effects of friendship on gaze. *British Journal of Social and Clinical Psychology*, **18**, 203-205.

Schultz, R., & Barefoot, J. (1974). Nonverbal responses and affiliative conflict theory. *British Journal of Social and Clinical Psychology*, **13**, 237-243.

Stass, J. W., & Willis, F. N. (1967). Eye-contact, pupil dilation and personal preference. *Psychonomic Science*, **7**, 375-376.

Tobiasen, J. M., & Allen, A. (1983). Influence of gaze and physical closeness : A delayed effect. *Perceptual and Motor Skills*, **57**, 491-495.

和田　実 (1989). 二者関係，対人距離および性が非言語的行動に及ぼす影響―現実の二者関係にもとづいて― 心理学研究, **60**, 31-37.

Zimbardo, P. G. (1970). The human choice : Individuation, reason, and order versus deindividuation impulse and chaos. In W. J. Arnold & D. Levine (Eds.), *Nebraska Symposium on Motivation, 1969*. Lincoln, NE : University of Nebraska Press. pp. 237-307.

第21章　非言語的行動とジェンダー

第1節　非言語的行動と従属仮説

（1）非言語的行動が意味するもの

　コミュニケーションにおいて言語以外の要素がきわめて重要な意味をもっていることは疑う余地がない。しかし，それらは多くの場合無意識の行動であるために，その重要性は日常生活で見過ごされがちである。コミュニケーションに用いられる非言語的行動には，視線，表情，ジェスチャー，声の調子，対人距離など様々なものがある。Argyle & Dean (1965) の均衡理論では，二者間の親密度が一定である場合，非言語的コミュニケーションのある要素が変化すると別の要素が均衡を回復する方向に向かって変化すると説明される。たとえば，視線の交錯が多く親密度が過剰になると，適切な親密度に戻すために対人距離は大きくなると考えられる。

　一般に，非言語的コミュニケーションには，直接性 (immediacy)，親密さ (intimacy)，社会的統制 (social control) の3つの機能があると言われている (Patterson, 1982)。この中で親密さの表現は好き嫌いの感情的反応であり自発的に起こるものであるのに対して，社会的統制の表現は他者の行動に影響を与えようとする目的的な反応である。さらに，社会的統制には，地位・勢力・支配，他者より優れること，説得，フィードバックと強化，欺瞞，印象管理の6つの機能があるとされる (Edinger & Patterson, 1983)。

　非言語的行動は人類に共通した基礎を有すると同時に，文化的な多様性をも

示す。たとえば，微笑は一般に親しさや好意を表すが，ジャパニーズ・スマイルということばがあるように，日本人の微笑は社交辞令や慇懃な態度を意味している場合がある。また，Frieze & Ramsey (1976) によると，女性の微笑は内面の感情を隠し，愛想の良さを意図的に装う機能を果たしていると述べている。微笑だけでなく，多くの非言語的な行動は多義的であり，文化社会的な文脈において初めて理解されるのである。

（2） 非言語的行動の性差・ジェンダー差

メタ分析によると，心理的特性の性差の中でも，非言語的行動の性差は認知的能力や他の社会的行動の性差を上回る値を示している（効果量は 0.5 程度で，差があると言ってよい値）。非言語的行動の性差として，女性は男性よりもふるまいや空間使用が制限されていること，会話中の視線量が多い（その他の場合は避ける傾向がある）こと，快感情とは無関係な微笑が多いこと，自分から人に接触するより人から接触される方が多いこと，非言語的な手がかりへの感受性が高いことなどが指摘されている（青野，2004 a; Hall, 1984）。

ところで，これらの非言語的行動の性差には多くの要因がかかわっている。Richmond & McCroskey (2003) は，身体的な面での差異をもたらす生物学的要因，他者の行動の観察・模倣により行動を習得するモデリングの要因，性別に合致した行動を習得するにあたっての強化と条件づけの要因のいずれもが関わっているが，それぞれ寄与する程度は不明であるとしている。しかし，非言語的行動の性差は当該社会の性役割規範（gender role）を反映しており，社会的につくられた性差，すなわちジェンダー差と呼ぶのが適切であろう。

多くの社会で女性には表出性や共同性，男性には道具性や作動性が期待されている。また，社会的には男性が女性よりも優位な立場にある。男性が支配的，女性が従属的な立場にあることが非言語的行動の差を生みだすと考えるのが従属仮説（oppression hypothesis）である（Henley, 1973, 1977, 1995）。この仮説は，非言語的な行動のジェンダー差が支配者・従属者の差と類似したパターンを示すことに着目している。Henley は，支配的な個人や高地位にある人は親密さ

表21-1 非言語的行動の特徴 (Henley, 1977)

	支配者（男性）	従属者（女性）
ふるまい	くだけた	慎重な
姿勢	リラックスした	緊張した
個人空間	大きい	小さい
接触	接触の自由	接触しない
視線	凝視・無視	視線を避ける
情動表出	隠す	表す
表情の解読	鈍感	敏感
自己開示	自己開示しない	自己開示する

のイニシエーション（initiation of intimacy）によって他者を支配する傾向にあること，男性が支配者，女性が従属者と類似した非言語的行動パターンを示すことから，非言語的行動のジェンダー差は男女間の不均衡な関係（支配－従属関係）ないしは地位の差を反映していると主張する（表21-1）。彼女は，その根拠として，従属者は微笑や視線などの非言語的行動がより豊かであり，この傾向が女性のそれと一致すること，支配者が従属者に対して，年長者が年少者に対して，そして男性が女性に対してより多く接触することなどをあげている。そして，女性のていねいさ，微笑，情緒的表出，小さい個人空間，接触されやすさ，会話の少なさ，介入されやすさは女性の従属的地位のためであり，女性の安寧（well-being）が支配者である男性の気分や欲求に依存しているからだという。しかし，これに対しては反証も提出されるなど，今日でも結論は得られていない（内山，2000）。

（3） 従属仮説をめぐって

支配性・従属性と非言語的行動との関連をみた先行研究には，従属仮説を支持するものとそうでないものが混在している。たとえば，非言語的感受性（メッセージ解読の正確さ）に関する研究の多くが，地位の高い者や支配的立場にある者の方が非言語的感受性が高いという結果を見出している（内山，2000）。また，Snodgrass（1992）は，低地位者の解読がすぐれているように見える場合でも，実際は高地位者がわかりやすいメッセージを用いているからであると述

べている。これに対して、Major（1981）は、意図的な非言語的行動として接触行動をとりあげ従属仮説の検証を試みた。その結果、男性から女性への接触はその逆より多く、Henley の仮説は部分的に支持された。しかし、Stier & Hall（1984）のメタ分析では、接触のジェンダー差は小さく、女性が接触を開始する方が多いという、従属仮説に反する傾向が見出されている。

Deaux & Major（1987）の社会的相互作用モデルによれば、非言語的行動のジェンダー差は、場面や年齢にふさわしい相互の役割（ジェンダー・ロール）に従ってそれぞれの行動が演出されるために生じると考えられる。非言語的感受性のジェンダー差を分析した Snodgrass（1985）は、男性が支配的（教師）役割、女性が従属的（生徒）役割をとる場合のように支配性・従属性の要因とジェンダーの要因が交絡しているときに性差が現れるとしているが、これは相互作用モデルを支持するものと考えられる。

このように、非言語的行動の種類やそれが起こる状況によっては、従属仮説が予測する通りの性差が見出されない場合があることが示唆される。このことから、従属仮説そのものは否定されるわけではないが、今後は、それぞれの非言語的行動について、ジェンダーの要因と地位や支配性の要因がどのようにかかわっているのかを検討する必要がある（Halberstadt & Saitta, 1987; Hall, 1987）。以下に、筆者が行った対人距離を中心とした非言語的行動と女性の地位・支配性との関係についての研究を紹介し、今後の課題を展望する。

第2節　対人距離と従属仮説

（1）　対人距離に関する研究の動向
1）対人距離とは

我々は無意識のうちに、他者との間にある一定の距離をとっている。文化人類学者の Hall（1959, 1966）は、これに対して「沈黙のことば（silent language）」、「かくれた次元（hidden dimension）」という表現を与えた。これは、対人距離というものが当事者たちに気づかれない無意識的行動の所産であっても、人間関

係においてきわめて大切な要素になっていることを意味している。実際，我々は，それぞれの状況にふさわしい距離をつくり出して人間関係の調整を行っているのであるが，距離が近すぎて気詰まりな感情が生まれたとき，あるいは遠すぎて疎遠な感情が生まれたときに初めて距離という次元に気づくのである。

Hall (1966) は，人々が相互作用を行うとき，親密さのレベルと相互作用の種類に応じて，密接距離，個体距離，社会距離，公衆距離の4種類と，それぞれのなかの近接相・遠方相を使い分けていることを明らかにした。それぞれの距離帯では，用いられる主たる感覚器官が異なるとされる。また，これらは，人々が属する文化・社会によってその大きさを異にするが，8つの距離帯は共通に見出されるという。Hall の発見は文化人類学のみならず心理学や建築学にも影響を与え，人々の空間使用についての研究は，総称して近接学（プロキセミクス：proxemics）と呼ばれるようになった。

心理学者の Sommer (1959) は，相互作用を行う個々人の所有する目に見えない空間として個人空間（パーソナル・スペース：personal space）の概念を提唱し，この空間は状況によって伸縮する泡（bubble）のようなもので，個人と他者との間で緩衝帯として作用するものだと考えた。Sommer 以来，個人間の距離を研究する人々の間では一般に個人空間の概念が用いられてきたが，個人間の距離は決して個人的な（personal）ものではなく対人的なものであるから，対人距離（interpersonal distance）の用語の方が適切だとする意見もある（たとえば，Patterson, 1975）。すなわち，2人の人間がお互いの個人空間を調整しあった結果，両者に最適な対人距離が作り出されるのである。このような点から，本章では，対人距離を個人空間をも含むより広義の概念として用いることとする。

2）対人距離研究の規定因

青野（2002 b）は，対人距離に関する研究は 1960 年代から 1970 年代にかけて欧米を中心に数多くの研究がなされ，バブルの様相を呈したことを指摘している。そして，すでに 1970 年代の前半以降かなりの数のレビュー論文が書かれているが，比較的最近のものとして Gifford (1997) があげられる。それによ

ると，対人距離に影響を与える要因として，まずジェンダー，年齢，パーソナリティなど個人変数が中心に検討されてきた。年齢については，子どもから成人へと成長する過程で対人距離も拡大する傾向があるが，それはとくに男性－男性間の距離において著しい（Hayduk, 1978）。パーソナリティでは，対人行動を規定する特性において有意差が見られ，外向性や親和性が高いほど対人距離は小さい（Mehrabian & Diamond, 1971）。

次に，相互作用を行う者同士の関係（社会的関係）についての要因として，親密度，協力・競争関係，パワーと地位について研究がなされている。そして，関係が親密なほど，協力的なほど，地位が対等であるほど対人距離は小さいという結果が得られている（Gifford, 1997）。

また，物理的環境の要因も対人距離に影響を及ぼす。これについては，一般に，使用できる空間が小さいと認知されたとき（狭い部屋や部屋の隅など），対人距離は大きくなる傾向がある（Daves & Swaffer, 1971）。また，長時間他者との接触をしなかった場合には対人距離は小さくなる（Worchel, 1986）などの報告もある。

さらに，人種・民族・文化差の要因も検討されている。当初，アラブ系やラテン系の人々の対人距離は欧米人のそれより小さいという結果が報告されていたが，それに反する結果もある。また，ジェンダーや使用言語との交互作用も見出され，人種・民族そのものの差というよりも，生活環境や社会経済的地位，宗教，使用する言語などが媒介する文化差の存在が示唆される（Sussman & Rosenfeld, 1982）。

近年は，対人距離の研究は現実社会への応用を企図したものへと変化しているようである。たとえば，視覚障害者の対人距離の特徴を明らかにしようとした間々田・伊藤（1989）や Eaton, Fuchs, & Snook-Hill（1998），結婚生活の適応との関係を検討した Hill, Blackham, & Crane（1982）や Sinha & Mukerjee（1990），職場の IT 化などによる社会的孤立との関係を検討した Gifford & Sacilotto（1993），高齢者との交流という視点からの今川（1993）や Jacobson（1998），測定法や理論的考察を目指した Hayduk（1994）や豊村（2001）の研究

が注目される。しかし，ジェンダー差を社会的要因との関係で検討したものや，従属仮説の点から検討したものは少ない。

3）対人距離のジェンダー差

女性は男性よりも対人距離を小さくとるという研究結果が多く，女性同士の距離がとくに小さいとされているが，女性同士の距離と男女間の距離の大小は明確でない（Gifford, 1997）。性差を検討した数少ない日本の研究でも，女性同士の距離が小さいことはほぼ共通しているが，同性間の距離と異性間の距離の大小についてはばらつきが見られる（今川，1993；渋谷，1985）。このように，対人距離のジェンダー差は単純ではなく，性の組合せによって，また人種や年齢，二者関係などによって異なることが示唆される。

青野（1980）は，対人距離の性差がどのように変化するのかを発達的な面から検討した。欧米の先行研究を参考に，性差の発現が予想される小学校3年生，異性を意識し始める小学校5年生，異性関係が親密になる中学校2年生，成人の域に入る大学生の4つの年齢段階を設定し，各年齢段階から女性ペア・男性ペア・異性ペアの各10ペアずつ，合計120ペアを選んだ。そして，各ペアが好意的関係あるいは非好意的関係にある友人同士という設定で役割演技の練習をしているところを，ハーフミラーを通して写真撮影した（20秒ごとに10回）。その結果，好意的関係か非好意的関係かにかかわらず，異性ペアの相互作用距離は他の組合せよりも有意に大きかった。しかし，女性ペア＜男性ペアの大小は好意的関係でのみ有意であった。これは，好意的関係にある女性ペアの相互作用距離が極端に小さいことによる。また，好意的関係では小3と小5・中2，中2と大学生の間に有意差が，また，非好意的関係では小3と中2，小5と中2，中2と大学生の間にそれぞれ有意差が認められ，相互作用距離は中2を頂点とする山型の変化を示すが，とくに非好意的関係における中2の距離が大きかった。思春期にあたる中2と異性ペアで距離が大きい点は従来の欧米の結果と異なるものであり，日本特有の思春期的特性と異性関係に関する規範を反映していると考えられた。

Hall（1984）のメタ分析によると，参加者の性で中程度のジェンダー差，タ

表 21-2 従属仮説からの予測 (青野, 2003 a)

要因		接近距離	被接近距離
支配性・従属性	参加者	支配者＜従属者	従属者＜支配者
	相手	従属者＜支配者	支配者＜従属者
性	参加者	男性＜女性	女性＜男性
	相手	女性＜男性	男性＜女性

ーゲットの性でかなり大きいジェンダー差が見出されている。すなわち，自然観察による研究に基づいて計算された効果量は，参加者の性で $d = .54$（目安として，データをよく観察すれば差に気づく程度の差だと言われている），ターゲット（距離をとる相手）の性で $d = .86$（やや大きな差だと考えられる）であった。これは，女性は男性よりも相手により近くまで接近する傾向があるが，それ以上に，相手から接近される傾向が強いことを意味している。しかし，これに反する研究結果もある。Hayduk (1983) は，ジェンダー差が有意だった研究は 27 あるが差の方向は一致しておらず，54 の研究は混合した結果を，そして 29 の研究はジェンダー差なしの結果を示していることから，対人距離のジェンダー差があるかないかの判断をくだすことはできないとしている。そして，用いられた研究方法や測度，性の組合せ，観察条件などを細かく分析する必要があることを強調している。

このように，対人距離のジェンダー差に関して結論は一致していないが，Hall のメタ分析の結果が重視され，女性の対人距離は男性より小さいこと，女性は男性よりも他者から接近されやすいことが対人距離に関するジェンダー差の定説になっている。

一方，従属仮説からはどのようなことが予測されるであろうか。従属仮説では，支配者は従属者よりも大きなテリトリーと個人空間を所有し，それをコントロールするという前提に立つ。そこで，支配者は従属者よりも他者により近くまで接近し，相手が支配者である場合よりも従属者の場合により近くまで接近するであろう。また，従属者は支配者よりも相手をより近くまで接近させ，相手が従属者である場合よりも支配者の場合により近くまで接近させるであろ

う。すなわち，参加者が相手に接近する場合（接近距離）と相手から接近される場合（被接近距離）では反対の結果が予測される（表21-2）。従属仮説では，性の要因と支配性の要因は交絡しているとみなしているので，上記の予測は，支配者を男性，従属者を女性に置き換えることができる（Henley, 1977）。

（2） 対人距離に関する従属仮説の検証
1）対人距離に及ぼす性と支配性の影響

従属仮説を検証するためには，性の要因と，支配性の要因を同時に組み込んだ要因計画を用いることによって，対人距離の規定因として，性の要因または支配性の要因のどちらが重要かを検討する必要がある。すなわち，性の要因と支配性の要因の両方が効果をもつのか，支配性の要因のみが効果をもつのか，性の要因のみが効果をもつのか，あるいはいずれも効果をもたないのかということである（Hall, 1987）。

そこで，青野（1981）は，まずパーソナリティ変数としての支配性を取り上げ，それと性の要因との関係ないし相対的重要性を検討した。男子大学生90名，女子大学生100名にバーンルーター人格目録を実施し，高支配性群として男女各20名，低支配性群として男女各20名を抽出した。研究の目的を知らされず，かつ参加者とは未知の男女大学生各1名が，静止して前を向いている参加者に対して8方向の200 cm離れた地点から徐々に接近した。参加者は，これ以上接近されると不快だと感じる地点で合図し，実験者はその距離を記録した。その結果，正面から右斜め前にかけて，男性は女性よりも相手との距離を大きくとり，とくに右斜め前で低支配性群の男性の距離が大きいこと，また，左斜め前で参加者は男性よりも女性を接近させたが，この差は高支配性群において大きかった。

この研究では，対人距離は視線の交錯がある前方で広くなっており，かつ，性の要因も，性と支配性の交互作用も前方でのみ有意だった。前方で見出されたジェンダー差，すなわち，女性は男性よりも他者の侵入を受け入れやすいという結果は，従属仮説の予測と一致するものである。しかし，パーソナリティ

変数としての参加者の支配性の影響は明確ではなかった。すなわち，支配性の低い人ほど対人距離が小さいとは言えず，この点で従属仮説は支持されなかった。

2）対人距離に及ぼす性と職業的地位の影響

パーソナリティ変数としての支配性は対人距離に影響を及ぼしていない可能性があるため，青野（2003b）は，社会経済的地位としての職業的地位の高低による影響を検討しようとした。青野（1981）では個人の前方でのみ個人変数の影響が見られたので，参加者と対面する相手との接近距離・被接近距離を指標とした。また，身長などの要因の影響を排除し，両要因の影響を的確に把握するために，コンピュータ・シミュレーションによる測定を試みた（予備実験の結果，妥当性に関して.486～.646，信頼性に関しては.643～.876の相関が得られ，いずれも1％水準で有意であった）。相手の性と相手の地位は参加者内変数であり，相手の地位は上司・同僚・部下の3水準が設定された。参加者はE県内の一般企業の男性従業員50名（一般従業員25名，管理職25名，平均38歳），女性従業員43名（一般従業員26名，管理職17名，平均37歳）であった。まず，接近距離では，男女ともに相手が異性の場合は同性の場合より大きな距離をとること，また，相手が同僚，部下，上司の順に距離が大きく，さらに，相手が同僚・部下の場合にはその性別の影響がないのに対して，相手が上司の場合には，参加者は女性上司よりも男性上司に対してより大きな距離をとることが見出された。次に被接近距離では，男女とも同性の同僚をもっとも接近させ，異性の上司をもっとも遠ざけるが，男性は女性上司と男性上司の差が小さいのに対して，女性は女性上司と男性上司の差が大きかった（図21-1）。このように，接近距離・被接近距離のいずれもが従属仮説の予測（表21-2）を支持しなかった。

ちなみに，青野（2002）は，参加者を女性性・男性性の高低により4つのジェンダー・タイプ（いずれも高い両性型，女性性が高く男性性が低い女性型，女性性が低く男性性が高い男性型，いずれも低い未分化型）に分類して対人距離のジェンダー差を検討しようとした。一般従業員に比べて管理職には両性型が多いという興味深い結果が見出された半面，接近距離でも被接近距離でもジェンダー・

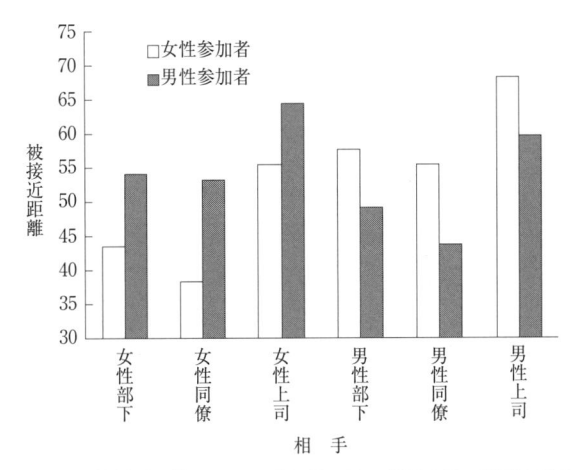

図21-1　被接近距離における参加者の性×相手の性×相手の地位の交互作用（青野，2003 b）

タイプによる差はみられなかった。

3）高地位女性の対人距離

現実の社会では地位の高い女性を見出すのが困難であるため，ドラマのようなフィクションに登場する人物を研究対象にするのもひとつの有効な方法だと考えられる。倉田（2005）は，青野（2004 b）に倣い，アメリカのドラマで，職業的地位の高い女性の主人公が様々な相手とどのような距離をとっているかに注目した。主人公と他の登場人物が1対1で映っている場面で，主人公から相手に近づいていった場合を接近距離，相手が主人公に近づいてきた場合を被接近距離，静止していた場合を静止距離として割り出した。それぞれの距離に及ぼす相手の性別と地位の影響を検討したところ，静止距離において相手の性別の主効果が認められ，相手が男性よりも女性の方で距離が大きかった（男性68.19 cmに対して女性97.83 cm）。すなわち，主人公のように地位のある女性は，男性に対して引かずに前に出る傾向があると言えるかもしれない。これは，青野（2003 b）とは対照的な結果であり，より詳細な検討が必要である。

第3節　その他の非言語的行動と従属仮説

(1) 非言語的行動と女性の地位との関係
1) 女性の社会進出と非言語的行動

　職場を中心に女性の社会進出が徐々に進んでいるが，その活動領域や職種，職階，給与等の面で男性との格差が大きく，社会に対する影響力も弱いのが現状である。すなわち，女性は男性に比して社会的地位は低い状態にあると言える。女性の地位が低い理由について，非言語的行動のジェンダー差という点から説明を試みるのが，Henley（1977）の従属仮説である。これによると，女性が男性より表出的で，感情の解読にすぐれ，個人空間が小さく，姿勢が開放的でないなどの性差は，女性が男性よりも地位が低いことに起因しており，こういった非言語的行動の性差が逆に地位の差を固定化するとされる。

　従属仮説の観点から見ると，地位が高い女性は，高地位者に特有な（いわゆる男性的な）行動をとることが予想される。また，高地位にふさわしい行動特徴を示すことによって高地位を獲得することが可能となるかもしれない。しかし，このような従属仮説からの予測は，これまでの研究で十分に検証されているとは言いがたい（青野，2003 a）。かつて女性アナウンサーは愛想笑いと高い声が特徴だったが，近年は声が低くなり，自然な発声に近くなったという研究結果がある（青野，2004 a）。これは，女性の地位が非言語的行動に影響を与えている可能性を示唆するものである。

2) 女性の地位を予測する非言語的行動

　青野（2004 b）は，アメリカのドラマの登場人物の分析を通して，社会的地位の高い女性の特徴を，女性性・男性性，外見，非言語的行動の点から明らかにしようとした。この研究では，登場した女性のうち，人物の特徴を判断することのできた 79 名が分析対象となった。大学生 2 名が DVD を見ながら，それぞれの人物に対して，服装，化粧，姿勢の開放性，声の高さ，男性性・女性性，職業を別々に評価した。

登場人物のうち，高地位に分類されたのは，判事，弁護士，医師，学者，セラピストの24名で，低地位に分類されたのは，その他の一般職と無職を合わせた55名であった。それぞれの評定項目がどの程度地位を予測するものとなっているかを検討するために，これらを説明変数とし，地位グループを基準変数とした判別分析が行われた（判別の精度を示す的中率は，推定された的中率が81.0%，実際の的中率が77.2%であった）。構造係数の絶対値が0.40以上の説明変数に注目すると，判別関数は，姿勢の開放性，男性性と正の関連を示し，女性性とは負の関連を示した。このことから，姿勢や動作があけっぴろげで，いわゆる男性的な特性をもつ女性は，相対的に地位が高く，いわゆる女性的な特性をもつ女性は，相対的に地位が低いと判断されるが，服装や化粧や声の高さは地位と無関係であった。

従属仮説によれば，非言語的な行動の性差は地位の差によってもたらされると同時に，非言語的行動の性差が地位の差をもたらすと考えられる。この点から青野（2004b）の研究を解釈すると，男性的な非言語的行動を示す女性は相対的に地位が高い傾向にあるという結果は，従属仮説を支持していると言えよう。

（2） 表情の解読について
1）表情の解読のジェンダー差

人の表情は非言語的コミュニケーションの重要な手段のひとつであり，様々なメッセージや対人感情を伝達する役割を担っている。多くの社会で，女性は男性よりも感情を表に出す傾向がある。それは，女性の感情表出は受け入れられやすいが，男性が人前で泣くことや表情豊かにすることは，男らしさに反するとみなされるからである。そしておそらく，男性のこの表出性の低さというものが，他者の非言語行動の解読を困難にしていると考えられる（Richmond & McCroskey, 2003）。メタ分析でも，感情表出と表情の解読ではかなり大きな性差が示されている（Hyde, 1990）。

一方，従属仮説の観点からみると，表情の解読は地位や支配性により規定さ

れると考えられる（Henley, 1977）。すなわち，地位の低い人や従属的立場にある人は，地位の高い人や支配的立場にある人の意向に従う必要があるため，相手の表情を敏感に読み取る必要がある。また，表情の解読に性差があるとすれば，それは，伝統的な男性優位社会における男女の地位や支配性の差によってもたらされたジェンダー差であると推測される。

しかし，前述したように，非言語的感受性（メッセージ解読の正確さ）に関する研究の多くが，地位の高い者や支配的立場にある者の方が非言語的感受性が高いという結果を見出している（Richmond & McCroskey, 2003；内山，2000）。また，低地位者の解読がすぐれているように見えるのは，実は高地位者がわかりやすいメッセージを用いているからだという指摘もある（Snodgrass, 1992）。

このように，従属仮説の観点からみると，非言語的感受性ないしは表情の解読に関して，ジェンダー差では女性がすぐれているが，支配性や地位が高い方がすぐれているという，矛盾した結果が得られている。そこで，性の要因と支配性ないしは地位の要因を同時に組み込んだ研究が必要だと考えられる。

2）従属仮説からみた表情の解読

青木（2009）は，ジェンダーと支配性が表情の解読にどのように影響を与えているかを検討した。実験参加者は男女大学生20名（女10名，男10名）であった。「喜び」，「悲しみ」，「怒り」，「嫌悪」，「恐怖」，「驚き」の表情刺激が液晶ディスプレイ上に表示され，表情識別の回答はマウスによって行われ「額」，「眉」，「目」，「鼻」，「口」，「頬」の6つの部位に対する参加者の注視時間が計測された。

しかし，性別と支配性を独立変数とし，各表情別の正答率を従属変数とした分散分析の結果は有意でなく，性別も支配性も表情の解読に影響を及ぼしているとは言えなかった。このことから，女性の方が表情識別能力が高いというジェンダー差に関する先行研究（Hyde, 1990）も，支配性が低い方が表情の解読にすぐれるという従属仮説も支持されなかった。しかし，支配性が高い人の方が表情の解読にすぐれているとも言えず，支配性が表情の解読に影響を与えるかどうかについては，支配性の定義や測定方法も含めて，引き続いて検討する

第21章　非言語的行動とジェンダー

必要がある。

第4節　非言語的行動とジェンダー研究の発展の方向性

（1）　研究の課題

　PsycINFO で検索すると，非言語的行動（nonverbal communication）の研究は 1970 年代に 1,329 件，1980 年代に 1,621 件，1990 年代には 4,016 件と急激に増加したものの，2000 年代は 1,702 件と，ブームは去ったように思われる。非言語的行動の性差には当初から注目が寄せられ，ほとんどの研究には性別（セックス）の変数が取り入れられていたが，それらは単に性差を記述するにとどまり，性差の原因となっている要因の究明には至らなかった。一方，1960 年代より台頭してきた第二波フェミニズムは心理学の研究にも影響を及ぼし，性差研究のあり方や男性中心の理論に警鐘を鳴らした。そのひとつが Henley の従属仮説である。

　従属仮説は，非言語的行動の性差が女性の従属性や地位の低さによりもたらされることを指摘したが，日常的な観察からの類推やエピソードをその根拠にし，幅広い非言語的行動についての実証的データを欠いていた。それに対して心理学のメインストリームでは，価値中立的な立場から，性差の有無を実証的に検討するための研究が蓄積されてきた。結果として，非言語的行動の性差は見出されたり見出されなかったりするのだが，それらを説明する統一的な理論はいまだにないというのが実情である。

　一部の先進国を除いて，女性の地位は低いままである。管理職や専門職の割合で見た場合にとくに日本女性の地位は低いと言える。なぜ女性の地位が低いままなのか，この疑問に心理学は答えていかなくてはいけない（青野, 2006, 2008）。そこで，従属仮説が提起した問題を改めて検討してみる必要があるのではないだろうか（Henley, 1995）。地位への欲求とジェンダー規範との間で女性は葛藤しており，それは非言語的行動に表出されると考えられる。

　そこで具体的な研究課題を整理してみると，以下のようなことがあげられる。

まず，非言語的行動の多様性にいかにチャレンジしていくかということである。Argyle & Dean（1965）の均衡理論からも明らかなように，非言語的行動は多くのチャネルをもち，それぞれが相補的な役割を果たしている。そこで，個々の非言語的要素を分析的に研究するだけでは意味がない。今後は相補性に留意し，総合的に研究する方向をめざすべきであろう。それとともに，より洗練された，なおかつ生態学的妥当性のある研究というものが望まれる。研究結果が一定しない理由のひとつが研究方法の多様性にあるという指摘もあるが，多様な方法はむしろ歓迎されるべきで，それぞれが妥当性を追求していくべきであろう。

次に，従属仮説に関係した性の要因と地位・支配性の要因を取り上げる際には，参加者の側の要因としてだけでなく，相手の側の要因としても考える必要があるということである。青野（2003 b）でも，同性・異性という性の組合せや相手の地位というものが対人距離の主要な決定因になっていることが示唆された。また，地位・支配性をどのように定義するかも課題として残されている。パーソナリティ特性としての支配性を測定するのにどのような尺度が適切であるか，地位は職業的な地位のほかに社会的勢力の点からの定義も可能であろうし，絶対的な地位ではなく，相対的な地位の差が関係しているかもしれない。

（2）　課題の展開例

非言語的行動の研究は近年，ただ単に現象の記述をするだけではなく，社会的問題への応用を企図したものが目立つ。対人距離に関しても，対人距離の理論化を試みるもの，高齢社会における若年者と高齢者との関係を考察しようとするものなど，注目すべきものが少なくない。とくに，今日社会問題化しているセクシュアル・ハラスメントには，対人距離への侵害といった問題が関わっていると考えられるので，今後は，従属仮説の点からの検討が必要であろう。一例として青野（2003 b）が参考になる。それによると，女性にとって男性上司は接近してほしくない相手としてみられている。この理由として，日本の職場では，男女の関係がイコール・パートナーとして確立せず，肩を並べて仕事

をする相手としてみなされていないこと，また，日本の職場では女性社員にとって男性上司は優位に立つ人であり，親しさを感じられない存在であること，さらに，社会問題となっているセクシュアル・ハラスメントに双方が敏感になっていることなどが考えられる。対人距離は有効な対人関係の指標と捉え，セクシュアル・ハラスメントが生起する原因を究明し，予防するための研究が行われることを期待する。

　従属仮説を検証するためには，地位の要因をとりあげる必要があり，地位の高い女性が研究参加者として想定される。しかし，とくに日本では女性管理職の割合が非常に少ないために（部長レベルは1割にも満たない），参加者の募集が非常に困難である。そこで考えられるのがドラマや映像の利用である。青野（2004b）はアメリカの人気ドラマの登場人物を対象に対人距離の分析を行っているが，今後はノンフィクションに登場する女性を対象にした研究が望まれる。また，高地位女性の非言語的行動を具体的に記録する事例研究も有効であろう。

引用文献

青木洋祐（2009）．表情の識別に及ぼすジェンダーと支配性の影響　福山大学人間文化学部心理学科2009年度卒業論文（未公刊）

青野篤子（1980）．対人距離に関する発達的研究　実験社会心理学研究，**19**, 97-105.

青野篤子（1981）．個人空間に及ぼす性と支配性の影響　心理学研究，**52**, 124-127.

青野篤子（2002）．女性の男性の快適距離に関する研究—セクシュアル・ハラスメント防止に向けて—　平成13年度えひめ女性財団助成研究報告書

青野篤子（2003a）．対人距離の性差に関する研究の展望　実験社会心理学研究，**43**, 201-218.

青野篤子（2003b）．対人距離に及ぼす性と地位の影響—従属仮説の観点から—　社会心理学研究，**19**, 51-58.

青野篤子（2004a）．「女性」とは？「男性」とは？　青野篤子・森永康子・土肥伊都子　ジェンダー心理学　改訂版　ミネルヴァ書房　pp. 2-23.

青野篤子（2004b）．女性の地位を予測する要因についての研究—Ally McBealの登場人物の分析を通して—　日本心理学会第68回大会発表論文集，1253.

青野篤子（2006）．心理学の研究における女性の位置　青野篤子・湯川隆子（編）　フェミニスト心理学をめざして　かもがわ出版　pp. 121-129.

青野篤子 (2008). 日本の心理学とフェミニズム　青野篤子・赤澤淳子・松並知子（編）ジェンダーの心理学ハンドブック　ナカニシヤ出版　pp. 291-306.

Argyle, M., & Dean, J. (1965). Eye-contact, distance, and affiliation. *Sociometry*, **28**, 289-304.

Daves, W. E., & Swaffer, P. W. (1971). Effect of room size on critical interpersonal distance. *Perceptual and Mortor Skills*, **33**, 926.

Deaux, K., & Major, B. (1987). Putting gender into context : An interactive model of gender-related behavior. *Psychological Review*, **94**, 369-389.

Eaton, S. B., Fuchs, L. S., & Snook-Hill, M. (1998). Personal-space preference among male elementary and high school students with and without visual impairments. *Journal of Visual Impairment and Blindness*, **92**, 769-782.

Edinger, J. A., & Patterson, M. L. (1983). Nonverbal involvement and social control. *Psychological Bulletin*, **93**, 30-56.

Frieze, I. H., & Ramsey, S. J. (1976). Nonverbal maintenance of traditional sex roles. *Journal of Social Issues*, **32**, 133-141.

Gifford, R. (1997). Personal space. In R. Gifford (Ed.), *Environmental Psychology*. 2 nd ed. Boston : Allyn & Bacon. pp. 95-117.

Gifford, R., & Sacilotto, P. A. (1993). Social isolation and personal space : A field study. *Canadian Journal of Behavioural Science*, **25**, 165-174.

Halberstadt, A. G., & Saitta, M. B. (1987). Gender, nonverbal behavior, and perceived dominance : A test of the theory. *Journal of Personality and Social Psychology*, **53** (2), 257-272.

Hall, E. T. (1959). *The silent language*. Greenwich, Conn : Fawcett. （ホール, E. T.　国弘正雄・長井善見・斎藤美津子（訳）(1966). 沈黙のことば　南雲堂）

Hall, E. T. (1966). *The hidden dimension*. Garden City, NJ : Doubleday Anchor. （ホール, E. T.　日高敏隆・佐藤信行（訳）(1970). かくれた次元　みすず書房）

Hall, J. A. (1984). *Nonverbal sex differences*. Baltimore, MD : The Johns Hopkins University Press.

Hall, J. A. (1987). On explaining gender differences : The case of nonverbal communication. In P. Shaver & C. Hendrick (Eds.), *Sex and gender.* Newbury Park, CA : Sage. pp. 177-200.

Hayduk, L. A. (1978). Personal space : An evaluative and orienting overview. *Psychological Bulletin*, **85**, 117-134.

Hayduk, L. A. (1983). Personal space : Where we now stand. *Psychological Bulletin*, **94**, 293-335.

Hayduk, L. A. (1994). Personal space : Understanding the simplex model. *Journal of Nonverbal Behavior*, **18**, 245-260.

Henley, N. M. (1973). Status and sex : Some touching observations. *Bulletin of the Psychonomic Society*, **2**, 91-93.

Henley, N. M. (1977). *Body politics : Power, sex, and nonverbal communication*. Englewood Cliffs, NJ : Prentice-Hall.

Henley, N. M. (1995). Body politics revisited : What do we know today? In P. J. Kalbfieisch & M. J. Cody (Eds.), *Gender, power, and communication in human relationships*. Hillsdale, NJ : Lawrence Erlbaum Associates. pp. 27-61.

Hill, R. D., Blackham, R. E., & Crane, D. R. (1982). The effect of the marital relationship on personal space orientation in married couples. *The Journal of Social Psychology*, **118**, 23-28.

Hyde, J. S. (1990). Meta-analysis and the psychology of gender differences. *Signs : Journal of Women in Culture and Society*, **16**, 55-73.

今川峰子 (1993). パーソナル・スペースに影響する年齢・性・親密性・居住地域の分析 聖徳学園女子短期大学紀要, **21**, 1-17.

Jacobson, S. R. (1998). Personal space within two interaction conditions as a function of confederate age and gender differences (Doctoral dissertation, University of South Carolina, 1998). *Dissertation Abstracts International : Section B : The Sciences & Engineering*, **59**(7-B), 3743.

倉田裕充 (2005). 従属仮説の観点からみた高地位女性の対人距離―Ally McBeal の分析を通して― 福山大学人間文化学部心理学科 2005 年度心理学課題実習レポート (未公刊)

Major, B. (1981). Gender patterns in touching behavior. In C. Mayo & N. M. Henley (Eds.), *Gender and nonverbal behavior.* New York : Springer-Verlag. pp. 15-37.

間々田和彦・伊藤精英 (1989). 視覚障害者の心理学的研究 I ―問題点と視覚障害者の個人空間― 筑波大学附属盲学校研究紀要, **22**, 1-7.

Mehrabian, A., & Diamond, S. G. (1971). Seating arrangement and conversation. *Sociometry*, **34**, 281-289.

Patterson, M. L. (1975). Personal space : Time to burst the bubble? *Man-Environment Systems*, **5**, 67.

Patterson, M. L. (1982). A sequential functional model of nonverbal exchange. *Psychological Review*, **89**, 231-249.

Richmond, V. P., & McCroskey, J. C. (2003). *Nonverbal behavior in interpersonal relations*. Boston : Allyn & Bacon. (リッチモンド, V. P., マクロスキー, J. C. 山下耕

二(訳)(2006). 非言語行動の心理学　北大路書房)

渋谷昌三(1985). パーソナル・スペースの形態に関する一考察　山梨医科大学紀要, **2**, 41-49.

Sinha, S. P., & Mukerjee, N. (1990). Marital adjustment and personal space orientation. *The Journal of Social Psychology*, **130**, 633-639.

Snodgrass, S. E. (1985). Women's intuition: The effect of subordinate role on interpersonal sensitivity. *Journal of Personality and Social Psychology*, **49**, 146-155.

Snodgrass, S. E. (1992). Further effect of role versus gender on interpersonal sensitivity. *Jornal of Personality and Social Psychology*, **62**, 154-158.

Stier, D. S., & Hall, J. A. (1984). Gender differences in touch: An empirical and theoretical review. *Journal of Personality and Social Psychology*, **47**, 440-459.

Sommer, R. (1959). Studies in personal space. *Sociometry*, **22**, 247-260.

Sussman, N. M., & Rosenfeld, H. M. (1982). Influences of culture, language, and sex on conversational distance. *Journal of Personality and Social Psychology*, **42**, 66-74.

豊村和真(2001). Personal Spaceと関連する動作に関する基礎研究　北星学園大学社会福祉学部北星論集, **38**, 25-38.

内山理恵(2000). 社会的行動の性差　東清和・小倉千加子(編)　ジェンダーの心理学　早稲田大学出版部　pp. 103-137.

Worchel, S. (1986). The influence of contextual variables on interpersonal spacing. *Journal of Nonverbal Behavior*, **10**, 230-254.

第22章　中国系留学生に対するソーシャル・サポート

第1節　ソーシャル・サポート研究の展望

（1）　ソーシャル・サポートの定義

ソーシャル・サポート（以下SSと略称する），すなわち社会的支援の定義は研究者によって多様であり，重視される側面も異なる。本章では，送り手の意図や行動（受け手の福祉や心身の健康状態を維持・促進する意図や行動），当事者のもつ社会的関係（ネットワーク），当事者の認知や判断（知覚されたサポートと実行されたサポート），SSの種類，SSの健康促進効果，などの側面を考慮し，SSを「個人が感じたり，受け取ったりする，あるいはその個人を取り巻く様々な人が意図したり，実行したりする，支援的な働きかけの総称」と定義する。

（2）　ソーシャル・サポートの概念的構造

経験的な操作概念としてのSSは，研究者によって異なる分類と構造化が提案されている。先行研究におけるSSの下位概念の分類から見ると，SS概念の名称は異なっているが，下位概念の中味には共通性がある。そこで，本章では，SSの構造面と機能面の2側面に注目して，図22-1のような構造を仮定した。構造的サポートは個人にSSを提供できるネットワークの広がりをさし，社会的統合（関係の存在）あるいはネットワーク（関係の性質）に分類される。ネットワークの測定は，必要とするネットワーク，知覚されたネットワーク，実行されたネットワークの3つの測定次元で測定される。機能的サポートは，受け

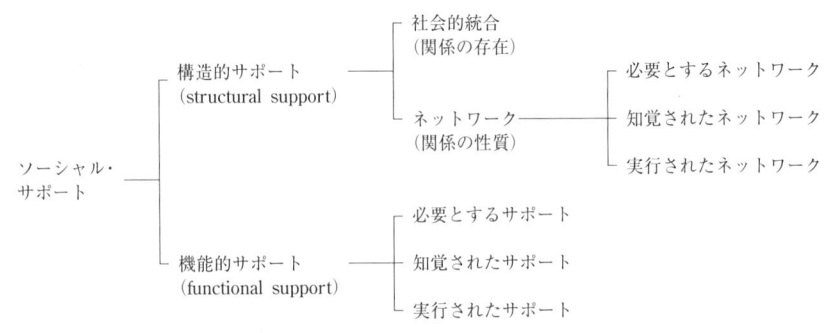

```
                    ┌ 構造的サポート ──┬ 社会的統合
                    │ (structural support)│  (関係の存在)           ┌ 必要とするネットワーク
                    │                  │                        │
ソーシャル・────────┤                  └ ネットワーク ──────────┼ 知覚されたネットワーク
サポート            │                     (関係の性質)           │
                    │                                            └ 実行されたネットワーク
                    │                  ┌ 必要とするサポート
                    └ 機能的サポート ──┼ 知覚されたサポート
                      (functional support)│
                                        └ 実行されたサポート
```

図22-1　構造面と機能面を考慮したソーシャル・サポートおよび
　　　　その下位概念の図式（周・深田, 2002, p. 154）

手が求めているサポートとしての必要とするサポート，他者からもらえる可能性のある潜在的サポートに対する認知的評価としての知覚されたサポート，および送り手が実行した行動に対する判断としての実行されたサポート，の3つの測定次元で測定される。

(3) ソーシャル・サポート効果の説明モデル

ストレッサーに直面したとき，SSが心身の健康状態にどのような影響を及ぼすのかという問題に関して，数多くの先行研究がSSの効果を検討し，様々な説明モデルを提出している。SS効果の説明モデルとしては，直接モデルと緩衝モデルが最も代表的なモデルである（Barrera, 1986, 1988）。また，緩衝モデルを発展させた形のマッチング・モデルがCohen & McKay（1984）によって提案されている。以下これら3つのモデルを簡単に紹介する。

1) 緩衝モデル (buffering model)

ストレッサーが存在しないときには，SSは心身の健康状態に直接の効果をもたらさないが，ストレッサーが存在するときには，SSはそれを緩衝する機能をもつ，と仮定するモデルである。すなわち，大きいストレッサーに直面したときには，SSの程度によって，ストレッサーが心身の健康状態に及ぼす影響の程度が変化するが（SSが多ければ多いほど心身の健康状態が良くなる），ストレッサーが小さいときには，ストレッサーが心身の健康状態に及ぼす影響は，

SSの程度によって変化しない。言い換えれば，SSの有無はある程度以上のストレッサーが存在するときにのみ心身の健康状態に違いを生じさせる。このモデルはSS研究の中で中心的な地位を占めるものであり，大多数の研究はこのモデルに基づいて検討がなされてきた。

2）直接モデルあるいは加算モデル（direct or additive model）

直接モデルは，ストレッサーとSSとは無関係であり，それぞれが心身の健康状態に影響を及ぼす，と仮定するモデルである。このモデルは，ストレッサーがあるかどうかに関係なく，SSが心身の健康状態に加算的な直接の効果を及ぼすと仮定する。つまり，ストレッサーがあるときには，個人の心身の健康状態に及ぼすストレッサーの負の影響の大きさがSSの量によって変わってくるし（SSが多ければ多いほど心身の健康状態が良くなる），ストレッサーがないときでも，SSの量によって個人の心身の健康状態の良否が変わってくる（SSが多ければ多いほど心身の健康状態が良くなる）。ストレッサーのない普段のときにも，ストレッサーに直面した際でも，心身の健康状態には，SSの多少によって一定の差異が存在すると，直接モデルでは考えられている。

3）マッチング・モデル

特定のストレッサーに対して特定のSSを提供することは，当事者の心身の健康状態に対してより大きな保護・促進の効果があると予測される。こうしたストレッサーとSSとのマッチング（matching：一致性）の概念を提出したのはCohen & McKay（1984）であった。彼らは，「個人のもつ関係から提供されたSS資源のタイプとストレッサーから引き起こされた対処要求（coping requirements）とが一致するときにのみ，個人のもつ対人関係はストレス緩衝として働く」と仮定し，対処要求を重視するストレッサー・サポート特定性モデル（stressor-support specificity model）を提唱した。つまり，個人の経験したストレッサーによって引き出された欲求（needs）とSSの種類との間の一致性はストレス緩衝効果の出現の決定的な要因である（図22-2）。ストレッサーに出会うとき，個人自身のもつ問題解決能力が十分であれば，ストレッサーは心身の健康状態にネガティブな影響を及ぼさない。しかし，個人自身のもつそうした

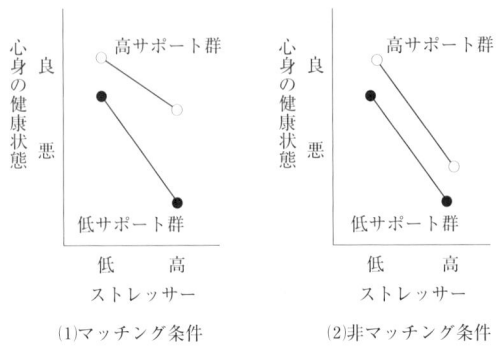

図22-2　マッチング・モデル（周・深田，2002, p. 157）

能力が十分でないとき，他者の資源を求めるようになり，その際，求められた資源と一致したSSを入手できるならば，ストレッサーは心身の健康状態にネガティブな影響を及ぼさないが，入手できなければネガティブな影響を及ぼす，とモデルは予測する。

第2節　外国人留学生を対象とするソーシャル・サポート研究の意義

　SSに関する先行研究の多くは，SSが受け手の心身の健康や適応に密接な関わりをもつことを示唆してきた。ストレスに満ちた現代社会では，心身の健康の促進や適応の改善に果たすSSの役割に対して大きな期待が寄せられている。こうしたSSを強く期待する集団のひとつが，異文化環境への適応に直面している外国人留学生集団である。
　稲村（1980）は様々な異文化環境移行集団の中で，不適応現象という観点からみると最も問題の多い集団は留学生であると述べている。Bochner（1972）によると，留学生が新しい環境に適応していくためには，一人の人間の成長発達段階で通過せざるをえない適応，大学生としての環境への適応，異文化レベルでの適応，の3つのレベルの適応過程があると指摘した。

また，田中・横田（1992）は在日留学生のかかえる問題には，①日本における地縁・血縁をほとんどもたず，いざというときのサポート・ネットワークが弱い，②日本語のハンディのため，学習効果が阻害されやすく，生活も効率よくこなせない，③文化の違いに基づく考え方や行動様式の食い違いから問題が起き，その解決方法の違いによってさらに誤解が拡大する，④限られた期間内で学習成果を上げねばならないうえ，選ばれた者に対する故郷からの期待が非常に大きい，⑤奨学金やアルバイトで学資や生活費を調達しなければならない者が多く，学業のための環境を確保することからして困難がある，などの問題がみられると指摘した。

　様々な適応上の障壁を留学生がうまく乗り越えるため，また様々な困難に直面する留学生の心身の健康を保護・促進するために，留学生に対するSSのあり方を検討する必要がある。

　さらに，日本では「21世紀への留学生政策」懇談会の提言に基づき，1983年に文部省（現文部科学省）は，西暦2000年に10万人の留学生を受け入れるという「留学生10万人構想」を発表した。この計画の発表に伴い，日本に渡来する外国人留学生の人数は急激に増加している。1978年に5,849人にすぎなかった在日外国人留学生は，2009年5月1日現在で10万人構想を上回る13万2,720人に達している（独立行政法人日本学生支援機構，2009）。30年間で22.7倍にも増加した留学生に対して，彼らの直面している生活上・学業上の諸問題の解決を援助し，彼らの心身の健康を保護・促進する方法としてのSSの役割はますます重要なものとなってきたといえよう。

　また，留学生の文化的背景，生育環境，受けた教育などによって，彼らの要求や日本における生活で遭遇する問題が異なることは，十分予想できる。留学生に対するSSを研究するときに，留学生全体を一括して扱うのもひとつの方法であるが，それぞれの出身国に関する文化差の要因を考慮すべきである（高井，1989など）という指摘に従えば，研究対象をある特定の文化圏あるいは出身国・地域の留学生集団に限定するのもひとつの方法である。在日外国人留学生の出身国・地域に注目すると，2009年5月1日時点で，中国大陸出身およ

第III部　対人的影響過程

び台湾出身の留学生が実に62.9%に達している（独立行政法人日本学生支援機構, 2009）。したがって，中国系の留学生を研究対象とすれば，同一言語圏に属する留学生集団に研究対象を限定することができるし，しかも在日外国人留学生の6割以上を対象とすることになる。

1990年代の初期から中頃にかけて，周と深田（周，1992, 1993a, 1993b, 1993c, 1994, 1995a, 1995b；周・深田，1994；Jou & Fukada, 1995a, 1995b, 1996a, 1996b, 1997）は，特定の出身国・地域の留学生に対するSSに焦点を当て，留学生をサポートの受け手とする観点に立ち，在日中国系留学生に対するSSの特徴とSSの効果を明らかにした。

第3節　在日中国系留学生に対するソーシャル・サポートの特徴と効果

本節では，在日中国系留学生に対するSSの特徴およびSSの効果を解明した周らの一連の研究を紹介する。周らは，①在日中国系留学生用SS尺度の作成（周，1993a），②SSの測定次元間の関係と差異（周，1994），および測定次元と適応の関係（Jou & Fukada, 1995a），③SSの量に関する，およびSSと適応の関係に関する送り手間比較（周，1992；Jou & Fukada, 1995b），④留学生の人口学的特性によるSSの差異（周，1993b），⑤SSの量に関する，およびSSと適応の関係に関する留学生と日本人大学院生の比較（周，1993c；Jou & Fukada, 1996a），⑥SSの量に関する，およびSSと適応の関係に関する時間的推移（周，1995a；周・深田，1994），⑦留学生のパーソナリティやSSと適応との関係（Jou & Fukada, 1996b），⑧留学生の認知したSSの有効性（周，1995a），⑨SSの効果に関する従来のモデルによる検討（周，1995a；Jou & Fukada, 1995a, 1997），⑩SSの効果に関する新モデルの提案（周，1995a, 1995b；Jou & Fukada, 1995a），といった10の研究課題を14の研究によって検討した（周・深田，2002）。

これら14の研究の概要を表22-1の一覧表に整理した（異なる2つの目的をもつ周（1995a）を2研究として扱った）。以下，10の研究課題に沿って14の研究

第22章　中国系留学生に対するソーシャル・サポート

の目的，方法，結果を簡単に紹介するが，詳しい内容については元の研究論文に譲る。なお，適応とは，個体が生存するために環境を可能な限り改変したり，逆に環境に合わせるように自分の方を変えたりする自他調整の過程であり，操作的には Baker（1981）や上原（1988）の適応尺度に基づいて新たに作成する適応尺度によって測定される。適応尺度の因子構造や留学生の人口学的特性による特徴については，Jou & Fukada（1996 c）に詳しい記述がある。

（1）　在日中国系留学生用ソーシャル・サポート尺度の作成

　SS の種類は研究の対象者によって様々に異なり，しかも，同じ対象者に対する SS であっても，研究者によって使用する SS の種類が異なるのが実状である。SS の実態を把握するためには，領域またはタイプといった単一の側面のみを取り上げるよりも，むしろどんな領域の，どんなタイプの SS であるかという2側面を同時に考慮し，測定する必要があると考えられる。周（1993 a）は，過去の研究における SS の概念を吟味し，在日中国系留学生の SS が領域（勉学，人間関係，情緒，環境文化）とタイプ（物質的，心理的，指導的，情報的）の2側面から構成されると仮定し，在日中国系留学生用 SS 尺度を作成した（表22-2）。

　この SS 尺度の利用方法には，①尺度が領域×タイプの2側面15条件の構造をもつと解釈し，条件ごとの SS を重視するやり方，②尺度は領域×タイプの2側面構造をもつと解釈するが，条件ごとの SS を無視して，領域別あるいはタイプ別の SS のみに注目するやり方，③4領域×4タイプは尺度項目の収集段階でのみ利用できる暫定的な構造であると解釈し，29項目の総得点のみを重視するやり方，の3通りがあると提案した。

（2）　SS の測定次元間の関係，および測定次元と適応の関係

　周（1994）は，機能的サポートに焦点を絞り，「必要とするサポート」，「知覚されたサポート」，「実行されたサポート」の3つの測定次元の SS を，前年に作成した在日中国系留学生用 SS 尺度で測定し，測定次元間の関係および差

第III部　対人的影響過程

表22-1　14

課題と研究	対象者	尺度	測定次元				SSの得点				効果に関わる変数	その他の変数
			N	P	R	G	条	領	タ	総		
①在日中国系留学生用SS尺度の作成（周, 1993 a）	1. 仮尺度：留学生23人（面接法），留学生34人（質問紙調査法），日本人大学院生11人（判定者） 2. 内的整合性と信頼性（折半法）：留学生50人											
②SSの測定次元間の関係と差異（周, 1994）	留学生92人[A]	29項目	○	○	○		○	○	○	○		
②⑨SSと適応との関係（Jou & Fukada, 1995 a）	留学生92人[A]	29項目	○	○	○					○	適応	
③送り手によるSSの量に関する差異（周, 1992）	留学生90人[B]	15項目	○				○					4種類の送り手
③SSと適応との関係における送り手間比較（Jou & Fukada, 1995 b）	留学生64人[E]	15項目								○	適応	4種類の送り手
④留学生の人口学的特性によるSSの差異（周, 1993 b）	留学生85人[A]	29項目	○	○	○		○	○	○	○		10個の人口学的特性
⑤日本人大学院生に対するSSの量との比較（周, 1993 c）	留学生90人[B] 日本人大学院生68人[C]	15項目	○	○	○	○						4種類の送り手
⑤日本人大学院生に対するSSと適応の関係との比較（Jou & Fukada, 1996 a）	留学生64人[E] 日本人大学院生68人[C]	15項目								○	適応	4種類の送り手
⑥SSの量に関する時間的推移（周・深田, 1994）	留学生33人[D]	29項目	○	○		○	○					4時期 予期SS
⑥⑨⑩SSと適応の関係の因果モデルによる検討（周, 1995 a）	留学生33人[D]	29項目	○	○						○	適応	3時期
⑦パーソナリティおよびSSと適応との関係（Jou & Fukada, 1996 b）	留学生33人[D]	29項目	○	○						○	適応	4時期 パーソナリティ
⑧留学生の認知したSSの有効性（周, 1995 a）	留学生33人[D]			○						△	問題解決	送り手 3時期 直面問題
⑨心身の健康に及ぼすストレッサーとSSの効果（Jou & Fukada, 1997）	留学生175人[E]	29項目	○	○	○					○	心身の健康 ハッピネス	ストレッサー
⑩SSの効果に関するマッチング・モデルの検討（周, 1995 b）	留学生175人[E]	29項目	○	○			○			○	心身の健康 ハッピネス	ストレッサー 対処要求

注：1）Nは必要とするサポート，Pは知覚されたサポート，Rは実行されたサポート，Gはサポートのギャ
2）対象者欄の右肩に同一英文字が付いている研究は同一対象者。○はその測定次元や得点の算出を用い
3）周（1995 a）を2研究として扱っている。

第22章 中国系留学生に対するソーシャル・サポートの研究の概要

主な分析方法	主な結果
	・4領域×4タイプの2元的構造を仮定した29項目のSS尺度を作成した
相関分析 分散分析	・PとRは相関が高いし,PとRの間に差がない→PとRは類似度が高い ・NはPやRと相関が高くないし,Nの方がPやRよりも有意に多い→NはPやRと類似度が低い
相関分析 重回帰分析 分散分析	・適応は,Nと負の相関,Pと相関なし,Rと正の相関,Gと負の相関 ・Pは緩衝効果を,Rは直接効果をもつ可能性がある
分散分析 相関分析	・教官や日本人学生・チューターは勉学面の支えとなる ・他の留学生は情緒的な支えとなる ・学外の友人は日常生活や環境文化面での支えとなる
相関分析 重回帰分析	・送り手が教官の場合:適応はRと正の相関,Gと負の相関 ・送り手が他の日本人学生の場合:Nと負の相関 ・送り手が他の留学生や学外の友人の場合:適応はN,R,Gと相関なし
分散分析	・在籍大学,出身国,滞在期間,年齢,日本語能力によるSSの差が大きい ・性別,収入源,住居,結婚状態,留学前職業によるSSの差はあまり顕著でない
分散分析	・共通点:①RよりもNの方が多い。②教官を主に勉学面でのSSの送り手とみなす ・相違点:①他の日本人学生を,留学生は勉学や指導の面でのSSの送り手,日本人大学院生は全ての面でのSSの送り手とみなす。②留学生の方が,教官に対するNが多く,他の日本人学生からのRが少ないし,いずれの送り手の場合にもGが大きい
相関分析 重回帰分析	・共通点:教官からのRは両対象者の適応と正の相関 ・相違点:留学生にとって教官からのRはより重要 ・他の日本人学生に対するNは留学生の適応のみと負の相関
分散分析	・Nのみ,時期4で少なくなる ・時期にかかわらず,勉学面の予期,N,Gは最も高く,指導面のN,R,Gはかなり高い
分散分析 重回帰分析 パス解析	・SSは時期による差がないが,適応度は時期3が高い ・SSと適応のパス:来日3カ月後のSS → 9カ月後のSS → 1年9カ月後のSS 　　　　　　　　　　↓　　　　　　　　↓ 　　　　　　　　来日3カ月後の適応→9カ月後の適応→1年9カ月後の適応
相関分析 重回帰分析	・時期2〜4のNは適応と強い負の相関,Rは適応と正の相関 ・外向性―内向性は時期4の適応と正の相関,神経症的傾向は適応と相関なし
単純集計	・直面した問題を解決するのに,6割以上の留学生はSSを求めた ・SSを求めた留学生の大多数は実際にSSを受け取った ・実際に受け取ったSSが問題解決に役に立つと留学生は認知していた
相関分析 階層的重回帰分析	・Nやストレッサーが高いほど,PやRが低いほど,健康状態が悪くなっていく ・ストレッサーとNは直接的または交互作用的な負の影響がみられた ・PやRは直接効果と緩衝効果の両方がみられた
階層的重回帰分析 分散分析 正準相関分析	・SSの効果には,直接効果,緩衝効果,限定効果,増幅効果がみられた ・SSと対処要求の一致性は,SS効果の現れ方の決定因でない ・SS効果の多様性を認める拡張マッチング・モデルを提案した

ップ。条は条件別得点,領は領域別得点,タはタイプ別得点,総は総得点。
たことをさす。

第III部　対人的影響過程

表22-2　ソーシャル・サポートの領域×タイプ別に示した29項目の内容、反応数および条件内下位項目間のα係数 (周, 1993 a, p. 242)

タイプ＼領域	勉学領域 (L)	人間関係領域 (H)	情緒領域 (E)	環境文化領域 (C)
物質的タイプ (T)	(L-T) ・研究や勉強のための道具（本、ノート、コンピューター、ワープロなど）を貸してくれる (8) ・研究や勉強のための資料検索などを手伝ってくれる (4) $M=2.23, SD=.88$　α＝.864	(H-T) ・みんなと付き合ったり、話し合ったりするきっかけや場所をつくってくれる (4) $M=2.24, SD=.98$　α＝.88	(E-T) ・落ち込んだり、悩んだり、イライラしたり、寂しいときに、食事や外出に誘ってくれる (12) $M=1.96, SD=.86$　α＝.88	(C-T) ・手持ちのお金が必要なくなったときに、貸してくれる (6) ・買い物などのときに、連れて行ったり、手伝ったりしてくれる (3) ・生活用品などを貸してくれたり、譲ってくれる (3) $M=2.23, SD=.88$　α＝.864
心理的タイプ (M)	(L-M) ・研究や発表や試験がストレスとなるときに、相談にのってくれる (10) ・研究や勉強の悩みを理解し、励ましてくれる（集団や研究室や友人）の一員として受け入れ、自分に関心を示してくれる (15) ・私の研究能力や努力を認め、肯定的な評価をしてくれる (7) $M=2.33, SD=.66$　α＝.720	(H-M) ・他の人の行動や態度などに感じた不満について、相談にのってくれる (17) ・仲間（集団や研究室や友人）の一員として受け入れ、自分に関心を示してくれる (15) ・みんなと付き合ううえでのトラブルや誤解があるときに、私の立場や悩みを理解してくれる (9) $M=2.36, SD=.70$　α＝.768	(E-M) ・落ち込んだり、悩んだり、イライラしたりときに、相談にのってくれる、話を聞いてくれる (16) ・寂しいときに、一緒にいてくれる (10) ・挫折感を覚えたときや悲しいときなどに慰めてくれる (7) $M=1.99, SD=.69$　α＝.839	(C-M) ・日本の文化風俗や習慣・生活などのことで悩みを話し合って、理解してくれる (10) ・価値観の違うことを話し合ったり理解したりしてくれる (9) $M=2.23, SD=.88$　α＝.864
指導的タイプ (D)	(L-D) ・研究や勉強の内容（レジュメ、論文の作成など）や進め方について、指導してくれる (17) ・授業の内容が分からないときに、やさしく説明してくれる (15) $M=2.31, SD=.74$　α＝.674	(H-D) ・人と付き合う場合の行動や態度について指導し、助言してくれる (15) $M=2.04, SD=.81$　α＝.66	(E-D) ・悩んでいるときに、助言してくれる (16) ・悩みを解決するためのよい方法を教えてくれる (7) $M=1.96, SD=.71$　α＝.686	(C-D) ・日常生活の中で間違った日本語を直してくれる (18) $M=2.32, SD=.77$　α＝.69
情報的タイプ (I)	(L-I) ・試験、レポート、研究についての情報を提供したり、体験を話したりしてくれる (15) ・学校を休んだときに、授業の進み具合や宿題などについての情報を提供してくれたり、連絡してくれる (9) $M=2.34, SD=.79$　α＝.586	(H-I) ・他の人の行動、態度、趣味、好みなどの情報を提供してくれる (16) $M=2.06, SD=.84$	(E-I) （省略）	(C-I) ・留学生に関するアルバイト、奨学金、活動などの情報を提供してくれる (19) ・日常生活（衣、食、住など）にいろいろや様々な情報を教えてくれる (17) $M=2.33, SD=.74$　α＝.710

注：1) 第一段階で削除した13項目と、第二段階で削除した7項目の計20個の削除項目に関する回答反応数は合計72個であった。
各項目末の（ ）内の数値は、回答反応数（回答した対象者数）である。
2) 各項目末の（ ）内の数値は、回答反応数（回答した対象者数）である。

異を検討した。その結果，①必要とするサポートと知覚されたサポートの間の相関，および必要とするサポートと実行されたサポートの間の相関は，条件，領域やタイプによって異なるが，知覚されたサポートと実行されたサポートの間の相関は，条件，領域やタイプにかかわらずすべて高いこと，②必要とするサポートと知覚されたサポートの差異，および必要とするサポートと実行されたサポートの差異は，環境文化領域での物質的タイプの1条件を除けば，すべて必要とするサポート得点の方が高いが，知覚されたサポートと実行されたサポートの間には差はないことが示された。こうした測定次元間の相関関係および差異を検討した結果から，知覚されたサポートと実行されたサポートの測定次元は類似しているが，それらの測定次元と必要とするサポートとの類似度は低いことが判明した。

続いて Jou & Fukada (1995 a) は，同一内容の SS 尺度を使用することによって，在日中国系留学生に対する SS と適応の関係を，3つの測定次元別に，また測定次元間のギャップ別に検討した。その際，①必要とするサポートと適応の間に負の相関関係，②知覚されたサポートと適応の間に正の相関関係，③実行されたサポートと適応の間に正の相関関係，④必要とするサポートと知覚されたサポートのギャップと適応との間に負の相関関係，⑤必要とするサポートと実行されたサポートのギャップと適応との間に負の相関関係を仮定し，⑥知覚されたサポートと実行されたサポートのギャップと適応との間にはそうした負の相関関係を仮定しない6つの仮説を設定した。

その結果，仮説②を除けば，すべての仮説を支持する結果が得られた。さらに，必要とするサポートをストレッサーの代用測度として検討してみると，知覚されたサポートが緩衝効果をもち，実行されたサポートが直接効果をもつ可能性が示唆された。

（3） SS の量に関する送り手間比較，および SS と適応の関係に関する送り手間比較

周 (1992) は，在日中国系留学生に対する SS が送り手によってどのように

異なるのかを明らかにした。Sykes & Eden (1985) と山本 (1986) に準じて，SS の送り手として教官（指導教官やその他の教官を含む），日本人学生やチューター，他の留学生，学外の友人の4種類を設定し，SS の領域およびタイプとして，勉学，人間関係，情緒，環境文化の4領域および物質的，心理的，指導的，情報的の4タイプを利用した。その結果，在日中国系留学生にとって，教官あるいは日本人学生・チューターは，勉学面で支えてくれる相手であり，他の留学生は，情緒的な支えとなってくれる相手であり，学外の友人は日常生活や環境文化の側面で支えてくれる相手であることが判明した。

そして Jou & Fukada (1995 b) は，在日中国系留学生に対する SS と適応の関係が，SS の送り手の種類によってどのように異なるのかを検討した。教官から受け取るサポートと留学生の適応度との間に正の関係，教官から受け取るサポートが必要とするサポートに比べて不足しているというギャップと彼らの適応度との間に負の関係が存在することが示された。日本人学生に対して求めるサポートの量と留学生の適応度との間には負の関係がみられたが，日本人学生から受け取るサポートの量と彼らの適応度との間には有意な関係が存在しないことがわかった。他の留学生は最も多くの SS を実際に提供するが，その SS は留学生の適応度とほとんど関係がなく，さらに，学外の友人に求めるサポートや学外の友人が提供してくれたサポートも，留学生の適応度とはまったく関係のないことが明らかとなった。

なお，以上取り上げた4種類の SS の送り手以外に，パソコンの普及に伴って E メールなどを介しての自国の家族・親族・友人などからの SS も重要な役割を果たす可能性が増大している。今後，送り手の範囲を広げて，さらなる検討が必要であろう。

（4） 留学生の人口学的特性による SS の差異

周 (1993 b) は，在日中国系留学生の人口学的特性（①滞在期間，②在籍大学，③出身国，④性，⑤年齢，⑥結婚状態，⑦収入源，⑧住居，⑨日本語能力，⑩留学前の職業）による SS の違いを分析した。その結果，在籍大学，出身国，滞在期間，

年齢，日本語能力の5変数によって各SSはかなり異なるが，性別，収入源，住居，結婚状態，留学前職業の5変数によるSSの差異はあまり顕著でないことが判明した。なお，10個の人口学的特性変数は，必要とするサポート，知覚されたサポート，実行されたサポートのそれぞれの領域，タイプ，あるいは総量のSSに対して，23～40%の分散を示していた。

（5） SSの量に関する留学生と日本人大学院生の比較，およびSSと適応の関係に関する留学生と日本人大学院生の比較

在日中国系留学生と日本人大学院生に対するSS量を比較し，留学生と日本人大学院生に対するSSと適応の関係を比較することによって，両対象者間の共通点と相違点を周（1993c）とJou & Fukada（1996a）は明らかにしようと試みた。

その結果，①必要とするほどはSSを受け取っていない点，および教官を主に勉学面でのSSの送り手としてみなす点では，在日中国系留学生と日本人大学院生は共通していたが，在日中国系留学生が他の日本人学生を主に勉学や指導の面に限ってのSSの送り手とみなし，日本人大学院生が他の学生を全ての面でのSSの送り手とみなす点が相違していた。また，②日本人大学院生と比べて，在日中国系留学生は，教官に求めるサポートの量が多く，他の日本人学生から受け取ったサポートの量が少なく，いずれの送り手からも必要とするほどのサポートを受け取ってはいないというギャップの大きいことが判明した。

SSと適応の関係に関する在日中国系留学生の特徴として，以下の2点が判明した。①教官から受け取るサポートと適応度の間の正の関係は，両対象者に共通にみられるが，SS源としての教官の重要性は，在日中国系留学生の方が日本人大学院生よりも一層大きい。②他の日本人学生に求めるサポートと適応度の間の負の関係は，日本人大学院生にはみられず，在日中国系留学生にのみ見出されており，周囲の日本人学生に対してSSを求めることが，在日中国系留学生の適応状態の悪さと関係している。

（6） SS の量に関する時間的推移，および SS と適応の関係に関する時間的推移

SS の時期（時期 1：来日直前，時期 2：来日 3 カ月後，時期 3：来日 9 カ月後，時期 4：来日 1 年 9 カ月後，の 4 回の調査），SS の次元（予期されたサポート（来日直前のみ），必要とするサポートと実行されたサポート），SS の領域とタイプといった要因を考慮した周・深田（1994）は，在日中国系留学生の SS を測定し，検討を加えた。

その結果，①サポートに対する欲求は時期 4 で弱くなっていた。②予期されたサポート，必要とするサポート，およびこれらのサポートと実行されたサポートのギャップで，領域間の差異が示された。勉学領域のサポートは，最も多く受け取れそうであると予期されるし，最も多く必要とされているが，必要とするほど受け取っていないというギャップが最も大きかった。③すべての SS の指標で，タイプ間の差異が示された。情報的サポートが最も多く受け取れそうと予期されていたが，来日後，必ずしも情報を多く受け取っておらず，予期とのギャップが最も大きかった。また，来日後，留学生は指導的タイプの SS を最も多く必要とし，実際に多く受け取っているが，まだ不足であると感じていた。

続いて，SS が適応度に影響を及ぼすという因果的方向性を仮定した周（1995 a）は，受け取ったサポートと適応度の関係に関する因果モデルを提出し，縦断的研究法を使用することによって，留学生に対する SS と適応度の関係の，時間経過に伴う変化を明らかにした。その結果，①来日 1 年目よりも 2 年目の方が適応度はやや高かったが，受け取ったサポート量には変化がないこと，②来日 1 年目では，SS を多く受け取れば留学生の適応度が高まるのに対して，来日 2 年目では，SS を受け取った量と適応状態の良否との間には関係がないことが分かった。SS と適応度の関係に関して，図 22-3 のパスが得られた。これらの結果から，在日中国系留学生の適応の基盤は来日後 3〜9 カ月の時期に形成され，その段階で，留学生が多くの SS を受け取れば，彼らの適応状態は改善されるが，この時期に SS が得られなければ，後で SS が得られても適応の促

第22章 中国系留学生に対するソーシャル・サポート

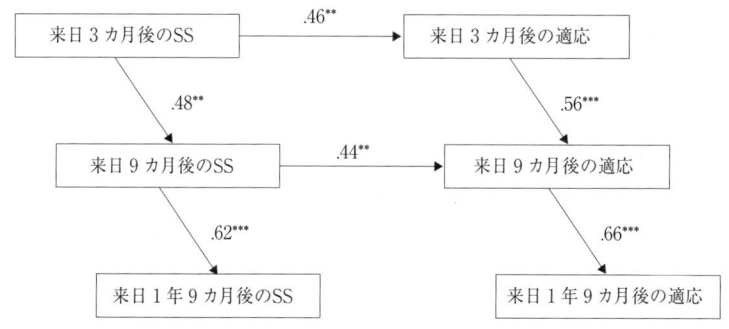

```
来日3カ月後のSS ──.46**──→ 来日3カ月後の適応
     │                        │
    .48**                    .56***
     ↓                        ↓
来日9カ月後のSS ──.44**──→ 来日9カ月後の適応
     │                        │
    .62***                   .66***
     ↓                        ↓
来日1年9カ月後のSS        来日1年9カ月後の適応
```

図22-3 サポートと適応との関係のパスダイアグラム (周, 1995a, p. 37)
注：***$p<.001$, **$p<.01$.

進に直接役立たないことが示唆された。

(7) 留学生のパーソナリティやSSと適応との関係

同様に4時期を利用したJou & Fukada (1996b) は，在日中国系留学生を対象として，彼らのパーソナリティおよびSSが適応にどのような影響を及ぼすのかを時間経過に沿って検討した。その結果，SS変数とパーソナリティ変数は時間の経過にかかわらず，適応度を約50％説明することが示された。ただし，外向性－内向性が適応度に及ぼす影響はあまり強くなく，神経症傾向がまったく影響をもたないことが示された一方で，必要とするサポートも実行されたサポートも適応度にかなり強い影響を及ぼしており，SSを多く求めれば求めるほど適応状態が低下していき，SSを多く受け取れば受け取るほど適応状態が良くなることが示された。

しかしながら，時期によって興味深い変化がみられた。時期2では，必要とするサポートと実行されたサポートの両者の影響は非常に強く，それらによって留学生の適応状態がほぼ決定されていた。時期3では，必要とするサポートと実行されたサポートの両者の影響もかなり存在するが，時期2に比べると，それらの影響は弱くなっており，そのかわり，外向性－内向性の影響がまだ有意でないが強くなっていた。時期4になると，外向性－内向性の影響力は顕著

になってきており，必要とするサポートの影響力は保持されているが，実行されたサポートの影響力はさらに弱まっていた。

（8） 留学生の認知した SS の有効性

SS が確かに適応を促進しているのかという問題が常に問われている。周 (1995a) は，その問題を解明するため，受け取った SS が留学生の直面している問題の解決に役に立つかどうかを留学生の認知を通して検討した。その結果，①在日中国系留学生が直面している最も困難な問題については，来日後の時間の経過にかかわらず勉学に関する問題が最も多く，時間の経過に伴って人間関係に関する問題は少なくなり，逆に情緒に関する問題が多くなった。②問題に直面しているときに 6 割以上の留学生が SS を求めていた。③SS を求められる相手は，時間の経過にかかわらず他の留学生，日本人学生（チューターを含む）が多く，時間の経過に伴って指導教官や教官が多くなった。④SS を求めた留学生の大多数は実際に SS を受け取っていた。⑤実際に SS を受け取った留学生の大多数は，困難な問題の解決に対してその SS が有効であったと報告した。全体的に，時間の経過に伴うこれら①〜⑤の回答の変化はあまり顕著でなかった。以上のように，留学生は，直面している問題に対して受け取ったサポートが問題解決に有益な効果をもたらすと認知していた。

（9） SS の効果に関する従来のモデルによる検討

Jou & Fukada (1995a, 1997) および周 (1995b) は，SS の効果に関する緩衝モデル，直接モデルおよびマッチング・モデルという 3 つの最も有力な従来の説明モデルを検討した。その結果，必要とするサポートが多い場合には，知覚されたサポートの高群の方が低群よりも適応得点が高い，という緩衝効果を得た一方で，必要とするサポートの多少にかかわりなく，実行されたサポートの高群の方が低群よりも適応得点が高い，という直接効果を得た (Jou & Fukada, 1995a)。また，留学生の心身の健康に及ぼすストレッサー，必要とするサポート，知覚されたサポートや実行されたサポートの直接効果および交互作用効果

を検討した Jou & Fukada (1997) は、ストレッサーと必要とするサポートの直接的または交互作用的な負の影響、知覚されたサポートや実行されたサポートの直接的な正の影響または緩衝効果を見出した。

従来のマッチング・モデルを検討した周 (1995b) は、SS の効果として、主効果、緩衝効果のほかに、緩衝効果とは別種のストレッサーと SS の交互作用（限定効果と増幅効果）が存在し、SS と対処要求の一致性は必ずしも緩衝効果をもたらさないことを発見した。なお、限定効果とはストレッサーが小さいときにのみ SS が心身の健康を促進する効果を、増幅効果とはストレッサーが大きいときにのみ SS が心身の健康を悪化させる効果をさす。このように、SS の種類と対処要求の種類の一致度が SS 効果の決定的要因ではなかったものの、特定領域のストレッサーと特定領域あるいは特定タイプの SS との組み合わせによって SS の効果が多様な形をとって出現したので、この研究では、SS の効果を緩衝効果のみに限定する従来のマッチング・モデルに代えて、SS の効果の多様性（直接効果、緩衝効果、限定効果、増幅効果など）を認める「拡張マッチング・モデル」を提案した。

（10） SS の効果に関する新モデルの提案

時間経過という視点を導入して、周 (1995a) は、現時点までの SS および前時点までの適応が現時点の適応に及ぼす影響に関する「因果モデル」を提案した。このモデルに基づく検討を行った結果、来日 3 カ月後と 9 カ月後では、SS の量が多ければ適応度も高くなるが、来日 1 年 9 カ月後では、SS と適応の関係は有意でなくなることが示された。しかし、時間経過にかかわりなく、受け取った SS が直面する問題を解決するのに役に立ったと留学生は認知しているという結果が得られた。こうした結果は一見矛盾しているように思われるが、前者は、SS の総量と適応の総量との関係についての結果であり、後者は、特定の種類の SS と特定の困った問題の解決との間の関係についての結果である。すなわち、総量からみると SS と適応との関係は時間経過と共にある時期に消失するかもしれないが、特定の SS と特定の問題領域での適応との正の関係は

持続していると解釈することができる。ある特定の種類の問題に対する適切なSSは常に心身の健康に対して何らかの貢献をすると考える方が自然であろう。こうした解釈は，周（1995b）のマッチング・モデルの基本仮定とも一致する。

周（1995b）の分析結果から，ストレッサーの種類とSSの種類との組み合わせによって，SSの効果は，緩衝効果，直接効果，限定効果，そして増幅効果が存在することが示された。そこで，SSの効果の多様性を認める「拡張マッチング・モデル」を提案した。将来的には，拡張マッチング・モデルの妥当性の検討を通して，SS効果の出現の法則性を解明する必要があろう。Jacobson（1990）や稲葉（1992）も指摘したように，SSの適切性は特定の段階（時間的経過）での対象者の欲求との対応によって決定されるのであり，ある一時点での欲求に適切的なSSが他の時点では必ずしも適切的なSSとはならず，どの時点でどのようなSSが供与されるかというタイミングが重要となる。したがって，時間経過という視点を拡張マッチング・モデルの中に導入する可能性も考えられる。周（1995a）と周（1995b）の研究を統合する拡張マッチング・モデルの発展として，ストレッサーの種類とSSの種類との組み合わせによって出現する多様なSS効果がある時点と他の時点でどのように変化するのか，という因果的拡張マッチング・モデルを想定してみるのも将来の研究課題のひとつになろう。

第4節　留学生へのサポートに関する将来の研究課題

最後に新たな観点から今後の研究課題をいくつかあげてみたい。

（1）　在日外国人留学生への適用可能性

上述した14の研究は，在日中国系留学生の半数以上を占める在日中国系留学生を対象として研究を進めてきたので，得られた結果をただちに在日外国人留学生全体に適用できるとは言い難い。在日外国人留学生全体に適用できるかどうか，その限界についても検討する必要がある。

（2） SSの負の影響

　送り手が意図したSSは，必ずしも受け手の利益になる場合や，受け手の心身の健康を促進する場合ばかりでなく，心理的負債を負わせる結果になったり，ありがた迷惑になったりする場合もある。最近，SSが負の効果を引き起こす可能性に関する問題が注目されてきており（たとえば，福岡，1993; 周・深田，1995; LaGaipa, 1990; Rook, 1992），留学生に対するSSの，このような負の影響の問題を検討することが研究課題のひとつである。

（3） 受け手でもあり送り手でもある留学生

　留学生は，受動的なSSの受け手であると同時に能動的なSSの送り手でもあるという観点を加えるべきであろう。周（1997）と周・深田（1996）は個人を受動的かつ能動的なSSの受け手であると同時に能動的かつ受動的な送り手でもあるという観点から，SSの互恵状態が個人の心身の健康に及ぼす影響を日本人青年や台湾人青年を対象として検討した。SSの交換性，互恵性はストレッサーと心身の健康との間にどのような働きをしているのか，従来の直接モデルや緩衝モデルの応用の形で，この問題を深めていくことが可能であろう。たとえば，Jou & Fukuda（2002）は日本人大学生を，周・楊・莊（1998）は台湾の高齢者を対象としてこうした問題を検討している。

（4） 適応に及ぼすSSのダイナミックな影響過程の解明

　在日中国系留学生の適応に及ぼすSSの効果に関して，上述の研究は緩衝モデル，直接モデル，因果モデル，マッチング・モデルを通して検討してきた。これらのモデルはいずれも，適応に及ぼすSSの効果の大きさと形態を予測するモデルであり，適応過程におけるSSの作用については説明していない。今後は，在日中国系留学生に対するSSが適応過程のどの位相でどのように作用することで適応改善をもたらすかを，諸要因との関連を考慮しつつ明らかにしなければならない。すなわちSSが適応に及ぼすダイナミックな影響過程を解明しなければならない。

(5) 新しい分析方法の導入

最近，構造方程式モデル，時系列分析モデル，ダイナミック・モデルといった分析方法が開発され，多用されるようになった。これらの新しい分析方法を用いることによって，SS が具体的に適応にどのように作用するのかをより精緻に解析できると思われる。また，留学生の在籍大学や出身国・地域による差異もかなりあり，留学生の所属するサブ・グループの特徴も考慮して，階層的線形モデルなどの分析方法を導入することも必要であろう。新しい分析視点の導入と分析方法の使用によって，留学生の SS や適応状態に関する問題の究明が進展すると期待される。

(6) SS に対する要請方略

留学生は SS を必要とするときに，どのようにそれを手に入れるのであろうか，という問題を検討する必要がある。様々な SS 獲得方略（support-gaining strategies）を使い分けすることや最も有効な SS 獲得方略を選択・使用することによって，留学生は SS をうまく入手でき，自らの適応や心身の健康に的確で有益な効果をもたらすことができる。周（2000）は台湾人大学生を対象として，SS 獲得方策リストを作成し，さらに周（2003）は個人が種々の SS 源に対して様々な SS を求める際に使用する方略を検討した。また，湯・深田・周（2002, 2004）は異なる領域における異なる SS 源に対して，中国系留学生が使用する SS 獲得方略ないし方略の性質の効果を検討した。今後，直面したストレッサーの種類と程度などの要因を考慮した，さらなる実証的な研究が必要である。

引用文献

Baker, R. W. (1981). Freshmen Transition Questionnaire. Unpublished manual, Clark University.

Barrera, M., Jr. (1986). Distinction between social support concepts, measure, and models. *American Journal of Community Psychology*, **14**, 413-445.

Barrera, M., Jr. (1988). Models of social support and life stress : Beyond the buffering hypothesis. In L. H. Cohen (Ed.), *Life events and psychological functioning : Theoretical and methodological issues*. Newberry, CA : Sage. pp. 211-236.

Bochner, S. (1972). Problems in culture learning. In S. Bochner & P. Wicks (Eds.), *Overseas students in Australia*. Randwich, NSW. : New South Wales University Press.

Cohen, S., & McKay, G. (1984). Social support, stress, and the buffering hypothesis : An empirical review and theoretical analysis. In A. Baum, J. E. Singer, & S. E. Taylor (Eds.), *Handbook of psychology and health*. Vol. 4. Hillsdale, NJ : Erlbaum. pp. 253-267.

独立行政法人日本学生支援機構 (2009). 平成21年度外国人留学生在籍状況調査結果 ＜http://www.jasso.go.jp/statistics/intl_student/data 09.html＞ (2010年7月30日)

福岡欣治 (1993). 依存的な人にとってソーシャル・サポートは有効か？ 日本社会心理学会第34回大会発表論文集, 212-213.

稲葉昭英 (1992). ソーシャル・サポート研究の展開と問題 家族研究年報, **17**, 67-78.

稲葉昭英・浦 光博・南 隆男 (1988). "ソーシャル・サポート研究"の現状と課題 哲学, **85**, 109-149.

稲村 博 (1980). 日本人の海外不適応（NHKブックス） 日本放送出版協会

Jacobson, D. E. (1990). Stress and support in step family formation : The cultural context of social support. In B. R. Sarason, I. G. Sarsaon, & G. R. Pierce (Eds.), *Social support : An interactional view*. New York : John Wiley & Sons. pp. 199-218.

周 玉慧 (1992). 在日中国系留学生に対するソーシャル・サポートの送り手の分析 広島大学教育学部紀要 第一部（心理学）, **41**, 61-70.

周 玉慧 (1993 a). 在日中国系留学生ソーシャル・サポート尺度作成の試み 社会心理学研究, **8**, 235-245.

周 玉慧 (1993 b). 在日中国系留学生に対するソーシャル・サポートの研究―留学生の人口学的特性による差異― *Hiroshima Forum for Psychology*, **15**, 65-76.

周 玉慧 (1993 c). 在日中国系留学生と日本人学生におけるソーシャル・サポートの比較 広島大学教育学部紀要 第一部（心理学）, **42**, 63-69.

周 玉慧 (1994). 在日中国系留学生に対するソーシャル・サポートの次元―必要とするサポート，知覚されたサポート，実行されたサポートの間の関係― 社会心理学研究, **9**, 105-113.

周 玉慧 (1995 a). 受け取ったサポートと適応に関する因果モデルの検討―在日中国系留学生を対象として― 心理学研究, **66**, 33-40.

周 玉慧 (1995 b). ソーシャル・サポートの効果に関する拡張マッチング仮説による検討―在日中国系留学生を対象として― 社会心理学研究, **10**, 196-207.

周　玉慧 (1997). 社会支持之平衡性與身心健康　人文及社會科学集刊, **9**, 161-201.
周　玉慧 (2000). ソーシャル・サポート獲得方策リストの作成　心理学研究, **71**, 234-240.
周　玉慧 (2003). 人を見てモノを言うか？―サポート源に応じたサポート獲得方略の使用―　心理学研究, **73**, 494-501.
周　玉慧・深田博己 (1994). 在日中国系留学生に対するソーシャル・サポートの時間的推移　広島大学教育学部紀要　第一部 (心理学), **43**, 135-139.
周　玉慧・深田博己 (1995). 青年の心身の健康に及ぼすソーシャル・サポートのネガティブな効果　広島大学教育学部紀要　第一部 (心理学), **44**, 45-52.
Jou, Y. H., & Fukada, H. (1995 a). Effects of social support on adjustment for Chinese students in Japan. *Journal of Social Psychology*, **135**, 39-47.
Jou, Y. H., & Fukada, H. (1995 b). Effect of social support from various sources on adjustment of Chinese students in Japan. *Journal of Social Psychology*, **135**, 305-311.
周　玉慧・深田博己 (1996). ソーシャル・サポートの互恵性が青年の心身の健康に及ぼす影響　心理学研究, **67**, 33-41.
Jou, Y. H., & Fukada, H. (1996 a). Comparison of differences in the association of social support and adjustment between Chinese and Japanese students in Japan. *Psychological Reports*, **79**, 107-112.
Jou, Y. H., & Fukada, H. (1996 b). Influences of social support and personality on adjustment of Chinese students in Japan. *Journal of Applied Social Psychology*, **26**, 1795-1802.
Jou, Y. H., & Fukada, H. (1996 c). Cross-cultural adjustment of Chinese students in Japan. *Psychological Reports*, **78**, 435-444.
Jou, Y. H., & Fukada, H. (1997). Stress and social support in mental and physical health of Chinese students in Japan. *Psychological Reports*, **81**, 1303-1312.
Jou, Y. H., & Fukada, H. (2002). Stress, health, and reciprocity and sufficiency of social support: The case of university students in Japan. *Journal of Social Psychology*, **142**, 353-370.
周　玉慧・深田博己 (2002). 在日中国系留学生に対するソーシャル・サポートに関する研究　社会心理学研究, **17**, 150-184.
周　玉慧・楊　文山・莊　義利 (1998). 晩年生活壓力, 社會支持與老人心身健康　人文及社會科學集刊, **10**, 227-265.
LaGaipa, J. J. (1990). The negative effects of informal support systems. In S. Duck & R. Silver (Eds.), *Personal relationships and social support*. Newbury Park, CA: Sage. pp. 122-139.

Rook, K. S. (1992). Detrimental aspects of social relationships : Taking stock of an emerging literature. In H. O. F. Veriel & U. Baumann (Eds.), *The meaning and measurement of social support : The series in clinical and community psychology*. New York : Hemishphere Publishing Corp. pp. 157-169.

Sykes, I. J., & Eden, D. (1985). Transitional stress, social support, and psychological strain. *Journal of Occupational Behaviour*, **6**, 293-298.

高井次郎(1989). 在日外国人留学生の適応研究の総括 名古屋大学教育学部紀要，**36**, 139-147.

田中共子・横田雅弘 (1992). 在日留学生の住居形態とストレス 学生相談研究，**13**, 51-59.

湯 永隆・深田博己・周 玉慧 (2002). 在日中国系留学生のサポート獲得方略の使用に関する研究 留学生教育，**7**, 1-26.

湯 永隆・深田博己・周 玉慧 (2004). 在日中国系留学生のサポート獲得方略の使用可能性に及ぼす方略の性質の効果 留学生教育，**9**, 57-67.

上原麻子 (1988). 留学生の異文化適応 広島大学教育学部（編） 言語習得及び異文化適応の理論的・実践的研究 広島大学教育学部 pp. 111-124.

山本多喜司（編）(1986). 異文化環境への適応に関する環境心理学的研究 昭和60年度科学研究費補助金（一般研究B）研究成果報告書 広島大学教育学部

第23章　報酬分配場面における公正知覚

第1節　報酬分配と社会的公正の接点

　報酬分配は,「複数の個人あるいは集団による作業の結果として得られた報酬を彼らに分配する行為」と定義できる（原田, 2006）[1]。報酬分配では, 特定の被分配者が受け取る報酬が他の被分配者が受け取る報酬に影響を及ぼす。一般に, 個人あるいは集団は, より多くの報酬獲得を望むであろうから, 被分配者間で報酬をめぐる対立関係や不満が生じる場合が多い。また, 報酬分配は, 集団管理の一手法でもあり（古川, 1988）, 被分配者に対する評価の一形態でもある（原田, 2006）。そこで, 対立を解消したり不満を低減させたりするための, また, 適切な集団管理や評価を行うための基準として機能するのが「社会的公正」である。つまり, 報酬分配は「社会的公正」が関与する代表的な行為である。

　報酬分配における公正さに関する課題として,「何が公正な報酬分配か」という課題が設定できる。報酬分配研究は, この問題に対し, 衡平理論(equity theory)を中心に発展してきたという経緯をもつ。しかしながら, この問題に対する誰もがどのような場合においても認めざるを得ない絶対的で唯一の回答は見出されていない（田中, 1996）。この理由のひとつとして,「公正さ」は, 最終的には「どの程度公正と思うか」という知覚者の主観的判断によるものだからであろう（田中, 1992）。したがって, 報酬分配における公正知覚が, 研究課題として成立すると考えられる。

第2節　報酬分配研究の経緯――衡平理論を中心に――

　報酬分配に関する社会心理学的研究は，衡平理論（Adams, 1965）の検証を中心に発展してきた（田中，1991, 1992, 1996）。衡平理論は，社会心理学における公正に関する代表的で古典的な理論で，人が公正と知覚する状態を記述する。すなわち，個人が受け取る成果（outcomes）と，それをどの程度受け取るべきかを算出する根拠となる，当人に帰属する要因を投入（inputs）とする。ある人の成果と投入の比が，比較対象となる他者の成果と投入の比と等しい状態を衡平と呼び，衡平状態が公正と知覚される，さらに，人は衡平状態へと動機づけられている，と理論は主張する（図23-1）。

　報酬分配に衡平理論を適用した場合の予測は以下の通りである。被分配者への報酬量が成果に，その報酬量を算出する根拠となる被分配者の要因が投入に相当する。2名の被分配者間でこれらの比が等しい分配結果が衡平状態（衡平分配）であり，公正と知覚される。人は衡平状態（すなわち公正）へと動機づけられているので，分配者は衡平分配を行うし，不衡平な分配におかれた被分配者は衡平状態となるよう回復を試みると予測する。報酬分配は，投入として被分配者による作業量，成果として金銭といった，数量的表現が容易な要因を適用することができるため，衡平理論を適用するうえで好都合であったといえる。諸井（1985）は，衡平分配を行うか否かに注目する一連の研究を"報酬分配"パラダイム，衡平状態への回復がみられるか否かに注目する一連の研究を"不衡平な給与－課題遂行"パラダイムと呼んでいる。

　衡平理論には，いくつかの修正が提唱されているが（たとえば，Walster, Berscheid, & Walster, 1976），いずれも，衡平理論の主張である，投入と成果との

$$\frac{成果A}{投入A} = \frac{成果B}{投入B}$$

図23-1　衡平理論による公正な状態

量的関係性が，比較対象との間で等しい場合が衡平であり公正と知覚されるという点，人々が衡平状態（すなわち公正）へと動機づけられているという点については，修正されていない（田中，1991，1996）。なお，衡平理論は，報酬分配に限らず，恋愛関係，友人関係，夫婦関係などの対人関係場面への応用も試みられている（たとえば，井上，1999）。

報酬分配に関する先行研究は，衡平理論に基づいて分配行動を予測し，衡平分配が観察されるか否かに関心を向けていた。特に，公正の基準として，衡平だけでなく平等や必要性といった基準が提起され（Deutsch, 1975），公正な報酬分配として，衡平分配と平等分配のどちらが選択されるか，という問題を扱ってきた。この報酬分配規範の選択に関する規定因について，古川（1981，1988）と田中（1996）がレビューを行っている。

古川（1981，1988）は，先行研究が扱った報酬分配規範の選択に関する規定因を，4つのカテゴリーに分類している。第1のカテゴリーは組織・集団外の環境要因であり，具体的な要因として，①類似した他組織・集団における報酬分配状況，②成員の他組織・集団への移動可能性，をあげている。第2のカテゴリーは組織・集団それ自体の要因であり，具体的な要因として，①成員に対する報酬体系の公開－非公開，②分配決定のなされ方，③組織・集団内における分配しうる全報酬量の豊富さ，をあげている。第3のカテゴリーは報酬分配者にかかわる要因であり，①報酬分配者の性差，②被分配者との将来における接触可能性，③分配者自身が現に体験している報酬分配規範，をあげている。第4のカテゴリーは被分配者にかかわる要因であり，①被分配者の課題（職務）遂行度，②貢献度評価の容易さ（評価基準の明瞭性，課題の特性），をあげている。

田中（1996）も4つのカテゴリーに分類している。第1のカテゴリーは個人内要因であり，具体的な要因として，①分配者のパーソナリティ属性（自己意識，自尊心，共感性），②分配者の性差，③分配者の発達段階をあげている。第2のカテゴリーは対人要因であり，具体的な要因として，①分配者の被分配者（分配相手）に対する好意度，②被分配者との将来の接触可能性，③分配者と被

分配者(分配相手)との類似度,をあげている。第3のカテゴリーは状況要因であり,具体的には,①被分配者間において優先的に作用するのが競争原理なのか和を重視するのか,②分配方法を公開しているか,③被分配者が「流動的」か「固定的」か,④被分配者は内集団成員か外集団成員か,をあげている。第4のカテゴリーは社会・文化的要因であり,報酬分配における国際比較,特に集団主義的な文化と個人主義的な文化との比較をあげている。

報酬分配に関する研究動向について田中(1996)は,1970年から1994年までのPsycINFOによる「reward allocation」をキーワードとした検索結果に基づいて,報酬分配研究が1988年以降急激に減少していることを指摘している。また,日本における報酬分配の研究動向について,主要な心理学雑誌(心理学研究,教育心理学研究,年報社会心理学,社会心理学研究,実験社会心理学研究)に掲載された論文について,報酬分配,衡平,公正のいずれかをキーワードに含むものをカウントしている。その結果,1972年から1994年にかけて1年あたり2,3本ずつ合計32本の研究が発表されたことを示した。

報酬分配研究の中心的な理論であった衡平理論に関する研究の動向について,田中(1991, 1996, 1998)は,衡平理論の衰退と「脱衡平理論化」の傾向を指摘している。すなわち,衡平理論がもつ問題点などが指摘されるにつれ(たとえば,Deutsch, 1975),「脱衡平理論化」という表現を用いて,社会的公正を中心に据え,必ずしも衡平理論を中核的な理論としない研究へと移行していったことを指摘している。田中(1991, 1996, 1998)の,衡平理論の衰退という主張に対し,井上(1999)は,衡平理論が対人関係などの領域へ適用されるようになったという主旨に基づき衡平理論衰退への反論を行っているが,報酬分配研究には言及していない。田中(1998)は,先の衡平理論衰退という主張を若干修正し,衡平理論の応用的価値をある程度認めてはいるが,全般的な傾向として衡平理論に関する研究が衰退しているという主張は変えていない。以上より,社会的公正の研究において,衡平理論は,その役割を終えたとまではいわないがその地位は低下しており,これと連動する形で報酬分配研究も低調となったと推察される。このことは,日本における社会心理学の立場からの社会的公正

に関する概説書である『社会的公正の心理学』(田中, 1998) において, 対人関係, 政治, 法手続き, 産業場面といった章が設けられているのに対し, 報酬分配については独立した章が設けられていないことに象徴される。

近年の研究動向を調べるために, 2002年以降の PsycINFO のデータベースから「reward allocation」をキーワードとして検索し, 査読論文を中心に研究の分類を試みた。その結果, ①比較文化的観点から, 主に集団主義と個人主義の影響に注目した研究 (Fadil, Williams, Limpaphayom, & Smatt, 2005; Fisher, 2004, 2008; Fisher & Smith, 2003, 2004; Fisher, Smith, Richey, Ferreira, Assmar, Maes, & Stumpf, 2007; He, Chen, & Zhang, 2004; Hu, Hsu, Lee, & Chu, 2007; Krishnan & Carment, 2006; Krishnan, Varma, & Pandey, 2009), ②報酬分配の文脈と被分配者の要因との関係に注目した研究 (Hu, Hsu, & Cheng, 2004), ③分配におけるバイアス, 特に利己的バイアスの影響に関する研究 (Aydin & Sahīn, 2003; Oesch & Murnighan, 2003; van Yperen, van den Bos, & de Graaff, 2005), ④集団管理の観点から, フォロワー間での向社会的行動あるいは援助行動を促進する要因として報酬分配を位置づけている研究 (Bamberger & Levi, 2009), ⑤社会的規範としての公正さの機能に注目し, 公正さの追求, あるいは不公正状態から公正状態への回復に注目した研究 (Johansson & Henrik, 2009; 中島・吉田, 2009; 高橋・高橋・山岸, 2009), ⑥分配者の個人差変数 (平等意識の強さや伝統的価値観) の影響を扱った研究 (Pillutla, Farh, Lee, & Lin, 2007; Schmitt & Sabbagh, 2004), ⑦公正さと, これと必ずしも両立しない行動基準 (具体例としてはパレート原理) との選好を扱った研究 (田村・亀田, 2004), ⑧ミクロ公正とマクロ公正の優劣に注目した研究 (Murphy-Berman, Cukur, & Berman, 2002), ⑨内集団ひいきなど集団間比較におけるバイアスの指標として報酬分配を位置づけている研究 (Branscombe, Spears, Ellemers, & Doosje, 2002; 牧村・山岸, 2003; 鈴木・金野・山岸, 2007; Stroebe, Lodewijkx, & Spears, 2005) に分類できる。これらの研究に共通していることは, 衡平理論検証を目的とした研究ではないことである。それは, 過半数の研究で, 投入に相当する被分配者の要因に数量的表示を用いていないことに象徴される。つまり, 従来型の衡平理論および報酬分配研究の衰

退化に歯止めがかかったとはいえない状況である。

第3節　社会的公正研究の観点からみた報酬分配研究に残された課題

（1）報酬分配研究に残されている課題

　報酬分配研究は衡平理論の検証を中心に行われていたため，衡平理論に関する研究が衰退したのと連動して，報酬分配研究も衰退していったと考えられる。田中（1998）は，衡平理論の衰退は，社会的公正研究の関心の変化の結果によることを示唆している。田中（1998）によると，社会的公正研究の関心が，公正と知覚される状態（結果）の記述から，ある結論に至る過程に関する公正さ（手続き的公正）に移るという変化が生じ，衡平理論の持つ問題点は改善されないまま，衡平理論に関する研究が衰退していった（田中，1998）。そこで本節では，社会的公正研究の観点から衡平理論およびその検証を目的とする研究が有する問題点について考察し，報酬分配研究において残された研究課題について検討する。

　報酬分配研究は，衡平理論の検証を主目的としていたため，衡平分配を行ったか否かに関心を向けていた。したがって，先行研究は，報酬分配は公正と知覚されていることを前提とし，報酬分配の結果が衡平分配であったか否かを明確に判別できるような場面を設定する必要があった。このような研究上の必要性から，先行研究には，一部に例外的な研究は存在するものの，以下のような共通点を見出すことができる。

　第1の点は，報酬分配研究において公正知覚は従属変数として扱われてこなかった，すなわち公正さの知覚過程を検討してこなかった，という点である。衡平理論が公正と知覚される状態を記述している以上，衡平理論検証を主目的とした報酬分配研究では，行われた報酬分配は条件間で一様に公正と知覚されていることが前提である。しかし，報酬分配において公正であることが社会的規範のひとつではあるが，報酬分配は一様に公正だという保証はない。ごく一

部の研究で報酬分配の公正さを測定しているが，これらの研究では，公正知覚が実験条件間で差違があることを報告している（原田，1994; Rusbult, Campbell, & Price, 1990; Witting, Marks, & Jones, 1981）。

第2の点は，被分配者が受け取るべき報酬量を算定するのに用いられる被分配者の要因（衡平理論における投入）と分配される報酬（衡平理論における成果）には，様々な要因が想定可能だが，報酬分配研究の大半がどちらにも数量的表示が可能な1種類の要因を用いている（具体的には，被分配者の要因では校正作業などの事務作業量（業績）が多く，報酬では金銭が多い）という点である（窪田，1979; 田中，1992, 1996）。この点について，田中（1996）は「衡平理論におけるインプットとアウトカムについての問題」として論じており，特に被分配者の要因については，この問題を解く手がかりとなるべき実験的研究結果が見当たらないと述べている。

第3の点は，報酬分配の決定方法が公正知覚や報酬分配に影響を及ぼす可能性を無視している，という点である。衡平理論は公正と知覚される状態を記述しており，それに至る過程について言及していないためと考えられる。

（2） 報酬分配における被分配者の要因と公正知覚

被分配者が受け取るべき報酬量の算出に用いられる可能性がある被分配者の要因（衡平理論における投入）には，多様な要因が想定できるし，それらが複数存在する報酬分配場面も想定可能である。たとえば，達成された作業量（業績），作業に従事した時間（努力），業績に関係する能力，経済的必要性の程度，年功などが考えられる。さらに，業績以外の被分配者の要因が報酬分配に影響を及ぼすことを示唆した調査的研究も存在する（たとえば，Dyer, Schwab, & Theriault, 1976）。

先行研究が設定した報酬分配場面の大半が，被分配者の要因として業績だけを扱っているが（田中，1996），他の要因を扱っている研究も一部存在する。原田（1995）は，扱われている被分配者の要因として，①被分配者の業績，②被分配者の能力，③被分配者の努力，④被分配者の経済的必要性，⑤被分配者の

性，⑥被分配者の移動可能性，⑦被分配者の年齢・学歴・年功があることを指摘している。さらに，これらの要因を報酬分配行動との関連に着目して次のようにまとめている。①報酬分配に対する影響力は被分配者の業績が最も強いこと，②その他の要因については，主効果だけでなく他の要因との交互作用に注目していく必要があること，③能力と努力は，業績の原因と位置づけられること，④被分配者の要因の影響は報酬分配の公正さと関連づけて検討する必要性のあることを示唆している。

原田（1995）の指摘に基づいて，原田（1998, 1999, 2002）では，被分配者の業績，能力，努力を明示した報酬分配場面を用いて，これら3つの要因と報酬分配および分配者の公正知覚との関連を調べている（表23-1）。その結果，報酬分配において最も重視されるのが業績であり，業績に基づいた衡平分配が行われる確率が高いことを見出した。ただし，業績の違いが能力の違いのみに起因する条件では，そうでない条件に比べて，業績に基づく衡平分配だけでなく能力の低い被分配者に手厚い分配が行われる確率も高まること，業績の違いが能力の違いのみに起因している条件では，そうでない条件よりも公正知覚が低

表23-1　原田（1998, 1999, 2002）における被分配者の業績，能力，努力の操作

条　件	能力（枚/1時間）	努力（時間）	業績（枚）
能力起因条件	40/20	4/4	160/80
努力起因条件	40/40	4/2	160/80
相補関係条件	40/20	3/6	120/120

表23-2　衡平分配の選択率（原田, 1998, 1999, 2002より作成）

	能力起因条件			努力起因条件			相補関係条件		
	原田(1998)	原田(1999)	原田(2002)	原田(1998)	原田(1999)	原田(2002)	原田(1998)	原田(1999)	原田(2002)
衡平分配	61.8	41.7	31.2	94.0	45.8	84.2	64.6	58.3	77.4
低業績者を優遇	32.2	45.8	68.8	3.1	47.9	10.5	10.9	8.3	0.0
高業績者を優遇[注]	6.1	12.5	0.0	3.1	6.3	5.3	24.7	33.3	22.6

注：相補関係条件では高能力低努力者（被分配者A）が該当する。

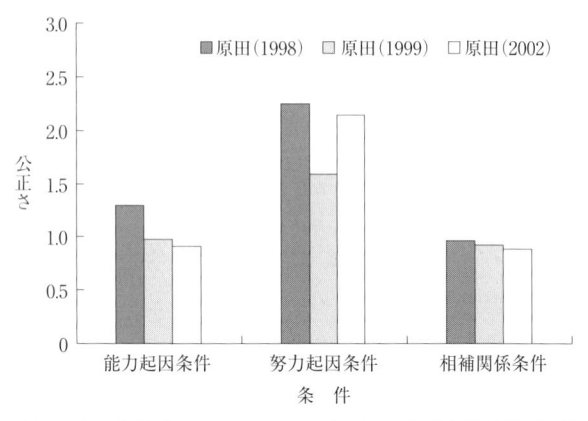

図23-2　原田（1998, 1999, 2002）における各条件の公正知覚

下することを報告している（表23-2, 図23-2）。

（3）複数の報酬を組み合わせた場合の公正さの追求

投入に相当する被分配者の要因だけでなく，成果に相当する分配される報酬も複数設定することが可能である。報酬が複数存在する研究には，被分配者による不公正の回復に注目した研究と，分配者による不公正さの是正に注目した研究に分けられる。被分配者による不公正の回復を検討した研究から，金銭報酬が被分配者の業績に比べて不十分であっても，職務上の地位を高くされたり（Greenberg, 1988），仕事に対し高級であるかのような名称を与えられたりする（Greenberg & Ornstein, 1983）ことで，被分配者は金銭的な報酬分配に対する不公正さを補うことが示唆されている。

また，分配者が複数の報酬を分配できるという状況では，分配者は公正な報酬分配へと動機づけられているので，ある報酬の分配において公正さが低く知覚されている場合には，別の報酬の分配によって，公正知覚の低さを補い公正さを向上させようとする，と予測できる。原田（2002）は，金銭報酬の分配場面において分配者が併用する言語メッセージに注目し，分配者自身による金銭報酬に関する公正知覚が低い条件の方がそうでない条件よりも，分配者が被分

配者に対し心理的報酬とみなされる言語メッセージを多く使用することを示した。中島・吉田（2009）では，報酬分配が2回繰り返されるという場面を設定し，1回目の報酬分配で不衡平状態におかれた者が，2回目では分配者になると，全体として衡平状態となるような報酬分配を行うか検討している。その結果，全ての条件ではないが，2回の報酬分配を通して衡平性を達成するような反応を示すことを明らかにしている。

（4） 報酬分配の決定方法と公正知覚

衡平理論によると，報酬分配が公正と知覚されるのは，分配結果が衡平状態である場合だと予測する。つまり，報酬分配の決定過程が公正知覚に影響を及ぼすことを想定していない。しかし，この想定が誤りである可能性は，以下の2つの議論から予想される。ひとつには，手続き的公正（procedural justice）の影響である。社会的公正は，結果に関する公正さである分配的公正（distributive justice）と，結果に至る過程に関する公正さである手続き的公正との2つの側面がある。衡平理論は，分配的公正に属する理論であり，手続き的公正を無視している。しかし，リンド・タイラー（1995）は，物事に対する公正知覚にとって，手続き的公正の方が分配的公正よりも重要だと主張している。

2つには，報酬分配の決定過程に関するヒューリスティックスや信念が，報酬分配の公正知覚に影響を及ぼす可能性である。公正知覚が，最終的には知覚者の主観的判断によるのであれば，知覚者のヒューリスティックスや信念，認知的バイアスの影響を受ける可能性がある。たとえば，人々は意思決定過程において「話し合い」を重視し，合議の知とでもいうべき直感的な信頼感を有している（亀田，1997）。したがって，一般に，物事を決定する際には，集団による話し合いを経る集団決定の方が，話し合いがなく単独で決定する個人決定よりも，その結果についてより肯定的な評価を行う可能性がある。報酬分配においては，報酬分配の公正さや望ましさの知覚などで，集団決定の方が個人決定よりも，高く知覚される可能性がある。原田（1998）は，報酬分配における集団決定と個人決定について，どちらも業績に基づく衡平分配が多く観察されて

表23-3 各条件における衡平分配の選択率の集団決定と個人決定との比較 (原田, 1998より作成)

	能力起因条件		努力起因条件		相補関係条件	
	集団	個人	集団	個人	集団	個人
衡平分配	59.4	64.2	96.9	91.0	75.1	54.1
低業績者を優遇	34.4	30.0	0.0	6.1	9.4	12.4
高業績者を優遇[注]	6.3	5.9	3.2	3.0	15.7	33.7

注：相補関係条件では高能力低努力者（被分配者A）が該当する。

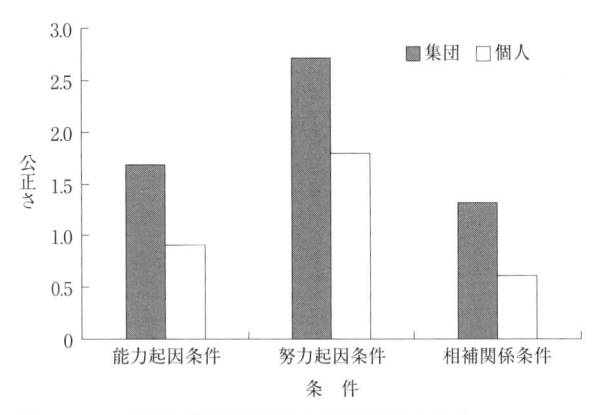

図23-3 公正知覚の集団決定と個人決定との比較 (原田, 1998)

おり目立った相違はないが，報酬分配に対する公正知覚は，集団決定の方が個人決定よりも高いと，報告している (表23-3, 図23-3)。

第4節　報酬分配研究の今後の可能性

　前節では，報酬分配研究に残された課題を，衡平理論が抱える問題点を通して明らかにし，実証的研究に基づいていくつかの知見が得られていることを示した。本節では，報酬分配研究の今後の可能性について，前節や近年の研究動向を踏まえながら検討していく。

　衡平理論は，社会的公正理論としていくつかの問題点をもっていることが指

摘され，衰退していったが，衡平理論以降の社会的公正研究が，衡平理論の問題点を解決しているわけではない（田中，1998）。衡平理論の価値は 2 つ指摘できる。ひとつには，衡平状態が平等状態などとともに社会的公正の基準のひとつであることを示したことであり，2 つには，人々が公正な状態へ動機づけられていることを指摘したことである。そしてこれらは，一般的に支持されていると考えてよい。そこで，今後の報酬分配研究は，衡平理論の検証を目的とした研究ではなく，社会的公正研究の一領域として捉えることで，今後の発展可能性があると思われる。

　研究の方向性のひとつ目は，報酬分配に関する公正知覚の心理的過程や規定因を明らかにしていくことである。なかでも，報酬分配の決定過程が公正知覚に及ぼす影響は，残されている研究課題といえよう。衡平理論は分配的公正に位置づけられ，手続き的公正を無視している。また，手続き的公正に関する研究の多くが，理論的背景として手続き的公正に関する 6 つの基準（Leventhal, 1980）か，過程コントロール（Thibaut & Warker, 1978）や発言権（Folger, 1977）に注目しているが，実証的研究は，過程コントロールや発言権に偏っていると指摘されている（de Cremer, 2004）。しかも，過程コントロールや発言権を扱った研究は，裁判などの紛争解決場面を出発点としており，報酬分配場面に適用している研究は少ない。つまり，報酬分配における手続き的公正の問題は，これまで充分に検討されているとは言いがたい。

　さらには，知覚者のもつヒューリスティックスや素朴な信念，認知的バイアスが報酬分配の公正知覚に影響を及ぼす可能性がある。たとえば，原田（1998）は，必ずしも手続き的公正さを満たしているといえない場合でも，決定方法に関するヒューリスティックスや素朴な信念が報酬分配の公正知覚に影響を及ぼすことを示唆している。また，知覚者にとって有利な結果を望ましく評価する（あるいは，不利な結果をより不適切と知覚する）という利己的バイアス（たとえば，原田，2009）が，公正知覚に影響を及ぼす可能性がある。さらに，田中（1996）が「衡平理論におけるインプットとアウトカムについての問題」として指摘した問題，特に被分配者の要因の影響は，上述した利己的バイアス

の影響と関連があることが予想される（たとえば，van Yperen et al., 2005）。しかし，必ずしも利己的バイアスが顕現化するとは限らないことも指摘されており（たとえば，Johansson & Henrik, 2009；リンド・タイラー，1995），知見の整理と実証的研究の積み重ねが期待される。

　研究の方向性の2つ目は，報酬分配を集団管理の手段として位置づけることである。古川（1988）やGreenberg（1990）の指摘にあるように，社会的公正は，集団管理における重要な観点のひとつであり，集団成員に対する報酬分配においては，公正さが求められる。さらに，報酬分配は集団目標の達成のための手段でもある。たとえば，業績を重視する場合は衡平分配，成員の和を重視する場合は平等分配という分配行動がみられる（たとえば，古川，1983）。しかし，集団管理では，一般的にこれらの目標は選択されるべきものではなくいずれも重要視されるべき目標である。さらに，集団成員間の向社会的行動が促進されると集団全体の業績が向上する，という仮定の下で，向社会的行動を促進させる手段として報酬分配が位置づけられている研究もある（Bamberger & Levi, 2009）。つまり，報酬分配に関する公正知覚を利用した集団管理の手法という方向性が考えられる（たとえば，Noble, 2008）。

　研究の方向性の3つ目は，社会的公正の優位性を検討するための素材として報酬分配を位置づけることである。つまり，社会的公正の追求が他の社会的基準や行為者の目標と矛盾する場合，たとえば利益最大化や効率性の追求という目標と社会的公正の追求の結果とが相容れない場合，不利益を被ってでもあるいは利益の減少を甘受しても，社会的公正さは優先されるのか，という課題が考えられる（たとえば，大坪・亀田・木村，1996）。さらには，異なる次元で社会的基準や目標が設定されておりこれらが両立しえない場合，たとえば田中（1998）で「ミクロ公正とマクロ公正の問題」として指摘された社会レベルと個人レベルという視点の違いで社会的公正の結果が異なる場合の優劣の規定因（たとえば，Murphy-Berman et al., 2002）といった課題に取り組むための具体的な方法として，報酬分配や報酬分配の公正知覚を利用するという方向性が考えられる。

第23章 報酬分配場面における公正知覚

注
(1) reward allocation をキーワードに含む研究には，原田（2006）の定義には包括されないものもある。そのため，以降で言及する研究の全てが必ずしも原田（2006）の定義に当てはまるわけではない。このような状況は，おそらく報酬分配を「報酬となるものを分配する行為」と広義に捉えている場合があるためと思われる。しかし，広義では，社会や集団がもつ富を分配する資源（resource）の分配や，投資や予算の配分などとの区別が不明確になるという問題が生じる。つまり，「被分配者の作業に対する対価」という意味合いが必ずしも明確でない，という問題である。したがって，報酬分配研究において定義に関する議論は，今後さらに深める必要がある。

引用文献

Adams, J. S. (1965). Inequity and social exchange. In L. Berkowitz (Ed.), *Advances in experimental social psychology*. Vol. 2. New York : Academic Press. pp. 267-299.

Aydin, O., & Sahīn, D. N. (2003). The effect of different types of reward allocation on future work partner preferences : An indirect test of the self-interest view. *Social Behavior and Personality*, **31**, 133-142.

Bamberger, P. A., & Levi, R. (2009). Team-based reward allocation structures and the helping behaviors of outcome-interdependent team members. *Journal of Managerial Psychology*, **24**, 300-327.

Branscombe, N. R., Spears, R., Ellemers, N., & Doosje, B. (2002). Intragroup and intergroup evaluation effects on group behavior. *Personality and Social Psychology Bulletin*, **28**, 744-753.

de Cremer, D. (2004). The influence of accuracy as a function of leader's bias : The role of trustworthiness in the psychology of procedural justice. *Personality and Social Psychology Bulletin*, **30**, 293-304.

Deutsch, M. (1975). Equity, equality, and needs : What determines which value will be used as the basis of distributive justice? *Journal of Social Issue*, **31**, 504-512.

Dyer, L., Schwab, D. P., & Theriault, R. D. (1976). Managerial perceptions regarding salary increase criteria. *Personnel Psychology*, **29**, 233-242.

Fadil, P. A., Williams, R. J., Limpaphayom, W., & Smatt, C. (2005). Equity or equality? : A conceptual examination of the influence of individualism/collectivism on the cross-cultural application of equity theory. *Cross Cultural Management,* **12**, 17-35.

Fisher, R. (2004). Organizational reward allocation : A comparison of British and German organizations. *International Journal of Intercultural Relations*, **28**, 151-164.

Fisher, R. (2008). Rewarding seniority : Exploring cultural and organizational predictors of seniority allocations. *Journal of Social psychology*, **148**, 167-186.

Fischer, R., & Smith, P. B. (2003). Reward allocation and culture : A meta-analysis. *Journal of Cross-Cultural Psychology*, **34**, 251-268.

Fischer, R., & Smith, P. B. (2004). Values and organizational justice : Performance- and seniority-based allocation criteria in the United Kingdom and Germany. *Journal of Cross-Cultural Psychology*, **35**, 669-688.

Fischer, R., Smith, P. B., Richey, B., Ferreira, M. C., Assmar, E. M. L., Maes, J., & Stumpf, S. (2007). How do organizations allocate rewards? : The predictive validity of national values, economic and organizational factors across six nations. *Journal of Cross-Cultural Psychology*, **38**, 3-18.

Folger, R. (1977). Distributive and procedural justice : Combined impact of voice and improvement on experienced inequity. *Journal of Personality and Social Psychology*, **35**, 108-119.

古川久敬 (1981). 組織における報酬分配行動―日本的経営の理解に向けて― 鉄道労働科学, **35**, 183-192.

古川久敬 (1983). 管理行動としての報酬分配 心理学研究, **54**, 43-49.

古川久敬 (1988). リーダーの報酬分配行動 古川久敬 組織デザイン論―社会心理学的アプローチ― 誠信書房 pp. 82-97.

Greenberg, J. (1988). Equity and workplace status : A field experiment. *Journal of Applied Psychology*, **73**, 606-613.

Greenberg, J. (1990). Looking fair vs. being fair : Managing impressions of organizational justice. In B. M. Staw & L. L. Cummings (Eds.), *Research in Organizational behavior*. Vol. 12, pp. 111-157.

Greenberg, J., & Ornstein, S. (1983). High status job title as compensation for underpayment : A test of equity theory. *Journal of Applied Psychology*, **68**, 285-297.

原田耕太郎 (1994). 被分配者の業績と能力が報酬分配に及ぼす影響 広島大学教育学部紀要 第一部 (心理学), **43**, 149-153.

原田耕太郎 (1995). 報酬分配における投入の影響に関する文献研究 広島大学教育学部紀要 第一部 (心理学), **44**, 75-82.

原田耕太郎 (1998). 分配者自身による報酬分配の公正認知に関する研究 実験社会心理学研究, **38**, 28-38.

原田耕太郎 (1999). 被分配者の業績・能力・努力に関する情報が報酬分配に及ぼす影響 社会心理学研究, **14**, 86-94.

原田耕太郎 (2002). 報酬分配における分配者の公正動機の充足度が分配者の被分配者に対する言語メッセージに及ぼす効果 実験社会心理学研究, **42**, 1-11.

原田耕太郎 (2006). 報酬分配場面における公正認知に関する研究 大学教育出版

原田耕太郎 (2009). 判定の一貫性と利己的バイアスが当事者による判定に対する公正知覚と判定者に対する知覚に及ぼす影響 社会心理学研究, **25**, 143-152.

He, W., Chen, C. C., & Zhang, L. (2004). Rewards-allocation preferences of Chinese employees in the new millennium : The effects of ownership reform, collectivism, and goal priority. *Organization Science*, **15**, 221-231.

Hu, H., Hsu, C., Lee, W., & Chu, C. (2007). A policy-capturing approach to comparing the reward allocation decisions of Taiwanese and U.S. managers. *Social Behavior and Personality*, **35**, 1235-1250.

Hu, H., Hsu, W., & Cheng, B. (2004). Reward allocation decisions of Chinese managers : Influence of employee categorization and allocation context. *Asian Journal of Social Psychology*, **7**, 221-232.

井上和子 (1999). 衡平理論に関する研究とその展開 北大路書房

Johansson, L., & Henrik, S. (2009). Piece of cake? : Allocating rewards to third parties when fairness is costly. *Organizational Behavior and Human Decision Processes*, **109**, 107-119.

亀田達也 (1997). 合議の知を求めて―グループの意思決定― 共立出版

Krishnan, L., & Carment, D. W. (2006). Senior/junior recipient status and reward allocation in India and Canada. *Psychology and Development Societies*, **18**, 15-35.

Krishnan, L., Varma, P., & Pandey, V. (2009). Reward and punishment allocation in the Indian culture. *Psychology and Development Societies*, **21**, 79-131.

窪田由紀 (1979). Equity 理論に関する一考察―特に数量化の問題を中心に― 実験社会心理学研究, **18**, 153-159.

Leventhal, G. S. (1980). What should be done with equity theory? New approaches to the study of fairness in social relationships. In K. J. Gergen, M. S. Greenberg, & H. Willis (Eds.), *Social exchange : Advances in theory and research*. New York : Wiley. pp. 27-55.

リンド, E. A.・タイラー, T. R. 菅原郁夫・大渕憲一 (訳) (1995). フェアネスと手続きの社会心理学―裁判, 政治, 組織への応用― ブレーン出版 (Lind, E. A., & Tyler, T. R. (1988). *The social psychology of procedural justice*. New York : Plenum Press.)

牧村洋介・山岸俊男 (2003). 成員間に相互作用がある集団における集団間報酬分配に関する実験研究 心理学研究, **73**, 488-493.

諸井克英 (1985). 衡平理論における"不衡平な給与―課題遂行"パラダイムの検討 実験社会心理学研究, **24**, 175-184.

Murphy-Berman, V., Cukur, C. S., & Berman, J. J. (2002). Micro-and macro-justice in the allocation of resources between in-group and out-group members : A cross-cultural comparison. *Journal of Cross-Cultural Psychology*, **33**, 626-632.

中島　誠・吉田俊和（2009）．第三者を通して行われる報酬分配場面における実験研究　実験社会心理学研究，**48**，111-121.

Noble, C. H. (2008). The influence of job security on field sales manager satisfaction : Exploring frontline tensions. *Journal of Personal Selling & Sales Management*, **28**, 247-261.

Oesch, J. M., & Murnighan, J. K. (2003). Egocentric perceptions of relationships, competence, and trustworthiness in salary allocation choices. *Social Justice Research*, **16**, 53-78.

大坪庸介・亀田達也・木村優希（1996）．公正感が社会的効率を阻害するとき―パレート原理の妥当性―　心理学研究，**67**，367-374.

Pillutla, M. M., Farh, J., Lee, C., & Lin, Z. (2007). An investigation of traditionality as a moderator of reward allocation. *Group & Organization Management*, **32**, 233-253.

Rusbult, C. E., Campbell, M. A., & Price, M. E. (1990). Rational selective exploitation and distress : Employee reactions to performance-based and mobility-based reward allocations. *Journal of Personality and Social Psychology*, **59**, 487-500.

Schmitt, M., & Sabbagh, C. (2004). Synergistic person X situation interaction in distributive justice judgment and allocation behaviour. *Personality and Individual Differences*, **37**, 359-371.

鈴木直人・金野祐介・山岸俊男（2007）．信頼行動の内集団バイアス―最小条件集団を用いた分配者選択実験―　心理学研究，**78**，17-24.

Stroebe, K., Lodewijkx, H. F. M., & Spears, R. (2005). Do unto others as they do unto you : Reciprocity and social identification as determinants of ingroup favoritism. *Personality and Social Psychology Bulletin*, **31**, 831-845.

高橋治人・高橋伸幸・山岸俊男（2009）．第3者による不公正是正行動における意図の役割　実験社会心理学研究，**48**，159-166.

田村　亮・亀田達也（2004）．「寡きを思えず，均しからずを思う」？―グループの意思決定におけるパレート原理の作用―　社会心理学研究，**20**，26-34.

田中堅一郎（1991）．報酬分配行動に関する研究動向―衡平理論（equity theory）の発展と衰退を中心として―　心理学評論，**34**，500-523.

田中堅一郎（1992）．報酬分配に関する社会心理学的研究におけるこれまでの成果と今後に残された課題　東北女子大学・東北女子短期大学紀要，**31**，11-22.

田中堅一郎 (1996). 報酬分配における公正さ 風間書房
田中堅一郎 (1998). 社会的公正の心理学 ナカニシヤ出版
Thibaut, J., & Walker, L. (1978). A theory of procedure. *California Law review*, **66**, 541-566.
Walster, E., Berscheid, E., & Walster, G. W. (1976). New directions in equity research. In L. Berkowitz & E. Walster (Eds.), *Advances in experimental social psychology*. Vol. 9. New York: Academic Press. pp. 1-42.
Witting, M. A., Marks, G., & Jones, G. A. (1981). Luck versus effort attributions: Effect on reward allocations to self and other. *Personality and Social Psychology Bulletin*, **7**, 71-78.
van Yperen, N. W., van den Bos, K., & de Graaff D. C. (2005). Performance-based pay is fair, particularly when I perform better: Differential fairness perceptions of allocators and recipients. *European Journal of Social Psychology*, **35**, 741-754.

COLUMN ③ 承諾抵抗方略の構造と使用

　我々は日常生活を送るうえで，他者から様々な要請をされる。しかし，その全てを承諾することは，時間的あるいは能力的に困難である。個人の利益や行動の自由を守るために，望ましくない要請に対しては断ることが重要である。

　この断るという行動は，承諾抵抗方略（compliance-resisting strategies：以下抵抗方略と略記する）として研究されている。抵抗方略とは，「他者からの承諾獲得の働きかけにより要求されている行動をとらないための行動的な試み」（井邑・樋口・深田，2010）である。

　抵抗方略の構造を検討した海外の先行研究では，4種類の抵抗方略が抽出されている（McLaughlin, Cody, & Robey, 1980）。それは，「単純拒否（non-negotiation：弁解せず直接断る方略）」，「代替案提示（negotiation：話し合いの中で，代替案を模索し提案する方略）」，「正当化（justifying：断ることが当然であることを主張する方略）」，「印象操作（identity managing：無理な要請をしていることを印象づける方略）」である。この4種類の抵抗方略は，相手に断りの意思を直接的に伝える単純拒否を基本形として，それに代替案提示，正当化，印象操作を付加するという構造をもつと考えられる。

　これに対し，井邑他（2010）は，コンテキスト（状況，場面，文脈の複合概念）に依存する度合いの高い日本において（宮原，1992），相手に断りの意思を直接的に伝えない方略が存在することを指摘している。井邑他（2010）では，日本における抵抗方略の構造を大学生を対象に検討し，以下の7方略を抽出した。①明確拒否（explicit refusal：断りの意思を明確に伝えて断る方略），②自己解決要求（demand for self-solution：自己解決の必要性を指摘して断る方略），③代償（compensation：断る代わりに他の事で補うことを伝える方略），④笑いによるごまかし（cheating by laughter：笑いによって要請や回答をうやむやにする方略），⑤謙遜（modesty：へりくだって断る方略），⑥非言語的拒否（nonverbal refusal：表情や素振りから相手に察してもらう方略），⑦偽装延引（disguise-delay：引き受けるフリ

表1　各抵抗方略の平均値と標準偏差 (井邑他, 2010)

	男性 (n=180)		女性 (n=192)		全体 (n=372)	
	平均値	SD	平均値	SD	平均値	SD
偽装延引	1.92	0.98	1.95	0.94	1.94	0.96
代償	3.18	1.09	3.74	1.07	3.47	1.11
自己解決要求	2.17	1.01	2.16	1.06	2.17	1.03
明確拒否	4.26	1.22	4.35	1.14	4.31	1.18
笑いによるごまかし	3.11	1.23	3.19	1.38	3.15	1.31
謙遜	3.21	1.29	3.75	1.34	3.49	1.35
非言語的拒否	3.29	1.28	3.19	1.18	3.06	1.24

をしたり，回答を先延ばしにしたりする方略)。このうち，笑いによるごまかし，謙遜，非言語的拒否は，相手に断りの意思を直接的に伝えない方略であり，日本の高コンテキストコミュニケーションを反映した抵抗方略といえるだろう。

これら7種類の抵抗方略の使用可能性の平均値と標準偏差を表1に示す。得点は1－7点で，点数が高いほど使用される可能性が高いことを表す。これをみると，日本においても，他者からの要請を断る際に最も使用されやすいのは，直接断りの意思を伝える明確拒否である。しかし，笑いによるごまかし，謙遜，非言語的拒否といった，直接断りの意思を伝えない方略もある程度使用されるところに特徴が見られる。

また，7つの抵抗方略のうち，代償と謙遜の方略の使用には性差が見られ，いずれも女性の方が男性よりも使用する可能性が高い。Gilligan (1982, 岩男監訳, 1986) は，女性の道徳性が人間関係，気配り，共感などを重視する"配慮と責任の道徳性"であることを指摘している。このため，女性は男性に比べて代償や謙遜といった相手に配慮するような方略を使用しやすいと考えられる。

今後は，笑いによるごまかし，謙遜，非言語的拒否といった直接的に断りの意思を伝えない方略がどのような状況で使用されるのか，またどのような個人がこれらの方略を使用しやすいのかを明らかにしていく必要があるだろう。

引用文献

Gilligan, C. (1982). *In a different voice : Psychological theory and women's development*. Cambridge, Mass.: Harvard University Press. (ギリガン,C. 岩男寿美子(監訳)(1986). もうひとつの声―男女の道徳観のちがいと女性のアイデンティティ― 川島書店)

井邑智哉・樋口匡貴・深田博己 (2010). 承諾抵抗方略の構造に関する研究 説得交渉学研究, **2**, 29-39.

McLaughlin, M., Cody, M., & Robey, C. (1980). Situational influences on the selection of strategies to resist compliance-gaining attempts. *Human Communication Research*, **7**, 14-36.

宮原 哲 (1992). 入門コミュニケーション論―Communication competence― 松柏社

あ と が き

　本書は，社会心理学の研究展開に関する情報を提供する目的で計画した専門書である。23の章の執筆者は，章のタイトルに関連する研究テーマで博士論文を作成した経験をもつ方々である。各執筆者には，各自の専門テーマに関して，いわゆる博士論文の序論に相当するような，研究展望を含む問題点の指摘と解決への取り組み，さらには今後の発展の方向性について論じていただくようにお願いした。したがって，本書を熟読していただければ，それぞれの執筆者が最も専門とする研究テーマに関して，長年にわたって心血を注ぎ，研究してこられた足跡をたどることが可能となる。それによって，社会心理学の研究をいかに展開すべきであるか，という問いに対する明確な回答が得られると思う。なお，コラムは，現在博士論文を執筆中の若い大学院生の研究の一端をご披露したものである。

　私は，1967年に広島大学教育学部心理学科に入学し，恩師である小川一夫先生（広島大学名誉教授）の厳しくも温かいご指導を受け，約40年に及ぶ教育者・研究者としての歩を進めることができた。私の学生時代は，実験至上主義の風潮が支配的であり，そうした伝統的な価値観をもつ研究者からは，調査法を使用する社会心理学は科学として一段劣る学問という評価を受けた。当時，ある教授から「君の卒論は調査かね」と，社会心理学を見下した質問を受け，「調査ではありません，実験です」と，説得実験であると主張したことを今でも鮮明に記憶している。社会心理学分野では実験的研究が少なくなり，調査的研究が多数を占めるに至り，質的研究が一定の評価を確立してきた現状を見ると，隔世の感を覚える。1960年代当時の社会心理学分野の研究は，その数も少なく，素朴な研究スタイルであった。研究を支える道具も，青焼きコピー，和文タイプライター，卓上計算機など，現代では想像もできない不便な研究環境であった。しかし，今のように1年間で研究成果を求められるような世知辛い時代ではなく，時間的ゆとりをもって研究を楽しめる，古き良き時代であっ

たように思う。

　卒業論文で「説得と態度変容」の領域を選んだ私は，その後，修士論文と博士論文でも「恐怖アピール説得と態度変容」を研究テーマとし，一貫してコミュニケーションの問題に関心をもち続けた。研究テーマへの関心がぶれなかったというよりも，むしろ私の不器用さがひとつの研究テーマに固執する原因であったと思う。私の目標は，心理学の立場からコミュニケーションを捉えることであり，「心理学とコミュニケーション」に関しては，1999年に『コミュニケーション心理学―心理学的コミュニケーション論への招待―』(編著)を，「社会心理学とコミュニケーション」に関しては，1998年に『インターパーソナル・コミュニケーション―対人コミュニケーションの心理学―』を，「説得とコミュニケーション」に関しては，2002年に『説得心理学ハンドブック―説得コミュニケーション研究の最前線―』(編著)を，「説得の各論」に関しては，1986年に『説得と態度変容―恐怖喚起コミュニケーション研究―』を，2006年に『説得に対する防御技法としての警告技法の開発に関する研究』を，いずれも北大路書房から刊行する機会を得た。しかし，「科学とコミュニケーション」というもう一回り大きなテーマに関しては，力不足で歯が立たなかったし，説得の各論のひとつ「自由とコミュニケーション」に関しては，時間不足で原稿の上梓が実現していない。

　広島大学大学院教育学研究科心理学講座社会心理学研究室では，1991年に学位制度が変更になって以来，「博士（心理学）」として，6件の論文博士と15件の課程博士を輩出した。また，本書の刊行までに数件の課程博士の審査が進行する予定である。すでに研究の第一線を退かれた1名を除く，新制度下での全ての博士号取得者・取得予定者と他大学での博士号取得者の方々に本書のご執筆を快諾していただき，本書を刊行することができた。執筆者の方々のご協力がなければ，本書の完成はなかった。心より感謝申し上げたい。

　社会心理学研究室では，学位制度変更以前にも，第3代教授であった小川一夫先生の時代に7件の博士論文を受理し，「文学博士」（全て論文博士）を授与してきた。小川先生の学位指導以前には，社会心理学研究室での博士論文審査

の記録は見当たらないが，心理学講座全体では，社会心理学に深く関連する5件の博士論文（文学博士，全て論文博士）を見出すことができるし，他大学での博士学位取得が1件見られる。社会心理学研究室の研究活動が本格化する前の社会心理学研究の力強い鳴動を感じ取ることができる。

　大学が右肩上がりの拡張を続けた時代は，18歳人口の急減に伴い，バブル経済の崩壊と時を同じくして終焉を迎え，この20年の間に大学の研究環境は著しく悪化してしまった。我が国の多くの大学では，教育・経営重視策が採られ，その反動で研究軽視の風潮が蔓延してきたように感じる。教育や運営など，大学の日常業務に忙殺される大学教員にとって，研究に時間を割くゆとりが消え，寸暇を惜しみつつ細々と研究活動を継続しているのが実情ではなかろうか。こうした研究状況に置かれた大学教員の方々が研究を計画される際に，本書が参考書としての役割を果たせば嬉しい限りである。

　研究に関することで，私は，自分のゼミの学生に話すことが3つある。第1は，研究の意義についてである。卒業論文や修士論文の研究に取り掛かろうとする学生に対しては，研究の社会的意義あるいは学問的意義の少なくともどちらか一方をきちんと説明できるようにすることを求めている。研究の社会的意義とは，実態解明あるいは問題解決の必要度の高い研究テーマであることを意味し，研究の蓄積や背景が乏しくても，応用・実践研究として研究価値があると判断できる。学問的意義とは，研究結果を現実社会へ還元することが期待できないような研究テーマの場合，先行研究に比べて何らかの独自性が打ち出せれば，基礎研究として研究価値があると判断できる。しかし，博士論文に挑戦する学生の場合は，社会的意義と学問的意義の両方をしっかり認識できなければ，最低5年間の研究の遂行を支える動機づけが維持できないし，博士論文の水準にまで研究が深まらない。

　第2は，研究の価値判断についてである。独創的で質的に高い研究が実行できれば理想的である。しかし，全ての学生にそのような質的に高い水準の研究を要求することは，一部の学生に対して大きなストレスになりかねない。社会心理学の分野では，ひとつの実験的研究あるいは調査的研究だけで，研究目的

が達成できることはまれなことであり，いくつかの研究を計画的に積み重ねることで，研究目的が達成できるのが普通である。したがって，一つひとつの研究は質的にそれほど優れていなくても，平凡な水準の研究が構造化されれば，研究全体から，個々の研究の価値を加算した以上の新たな価値が生まれることを認識することも大切である。

　第3は，研究への思い入れについてである。研究には，義務としての研究，使命としての研究，趣味としての研究の3種類があると思う。職場からの要求あるいは研究者の責務として，とりあえず実行可能な研究を遂行するのが義務としての研究であり，研究業績を作る意味しかもたない，他律的な研究活動である。これに対して，問題を抱える個人の支援や社会問題の解決のために，自分の取り組むべき研究課題として情熱をもって研究を遂行するのが使命としての研究であり，自律的な研究活動である。研究者としての誇りと充実感を得るためには，自分の研究に社会的意義と学問的意義を見出し，使命感をもって研究活動を行いたいものである。幸運にも研究大学を標榜する大学に席を置く私は，時には義務としての研究も行わざるをえなかったが，研究成果の求めに圧力を感じつつも，使命としての研究を主体に，充実した研究生活を送ることができた。定年退職を間近に控えた今，純粋に研究を楽しめる時期，すなわち趣味としての研究に打ち込める時期が目前に迫っていることにわくわくした気持ちになる。現役時代に趣味としての研究を楽しめる研究者は例外的であろうが，使命としての研究を趣味としての研究へ止揚することができれば，楽しい研究者人生を送ることが可能となる。

　最後に，本書の執筆にご協力いただいた著者の方々に重ねて謝意を表すると共に，出版をご快諾いただいたミネルヴァ書房の関係者の方々に深く感謝申し上げる次第である。

2011年5月28日　　　　　　東日本大震災で尊い命を失われた方々の
　　　　　　　　　　　　　ご冥福と被災地の復興を祈りつつ

　　　　　　　　　　　　　　　　　　　　編者　深 田 博 己

索　引

あ　行

アイコンタクト（EC）　364
アイデンティティ　283, 286
育児領域メンタリング　59, 62
意見同調　320, 321, 323, 327, 329
意見表明　166
依存欲求　346
意図しない説得効果　212
異文化適応　333
因果モデル　414
印象形成の連続体モデル（CMIF）　137, 145, 146
印象志向　145, 146
印象志向動機　135, 145
印象操作　374
受け手　404
　──の性差　160
　──の年齢　158
エイズ　264
　──教育　214, 265
　──情報　265
　──予防教育　213
M機能　328
援助行動　106
送り手
　──の信憑性　158
　──の魅力　159, 245
　──評価　245

か　行

外向性−内向性　415
外国人留学生　333
回避欲求　346
回避力　345
回復行動　216
学習への意欲　40
確証的カテゴリー化　138, 139
確信度　136, 137, 146
拡張自己評価維持（拡張SEM）モデル　43
拡張マッチング・モデル　417
獲得可能性　101
加算仮説　135
課題遂行機能　323, 329
課題の能力判別度　8
カタルシス効果　166
学級適応　40, 41
カテゴリー　145
　──に基づく過程　137, 140
下方比較　7, 9
環境意識　255
環境教育　252, 254
環境配慮行動　254
　──意図　254, 256, 258–261
　──と規定因との要因連関モデル　256
環境問題　226, 252
　──への対処行動　254
関係性維持機制　44, 45
感謝　121, 125
　──の感情体験　125
　──の生起状況　125
緩衝効果　417
感情混入モデル（AIM）　140, 141, 143, 145, 146
感情的反応　150
緩衝モデル　402
関与度　28–30, 36
関連感情　243
疑似説得　196
期待裏切りモデル　79
機能的サポート　401
欺瞞　353
欺瞞的説得　168
逆説得　186, 187
逆U字型関係モデル　181, 182
キャリア　51

──教育　288, 289
──行動　278
──選択　280
──選択理論　281
──段階　52, 60
脅威　153
脅威アピール　175, 203
──説得　226
──の副作用　219
脅威ターゲット　227, 230, 236
脅威評価　208, 217
境界化と妥協のモデル　282
恭順欲求　356
強靭性　210
競争行動　25
競争，支配，挑戦　368
きょうだい関係　32, 45
恐怖アピール　163, 175, 203
──研究　176
──研究の課題　192
──研究の原点　178
──説得　227
──の説得効果　184
恐怖喚起コミュニケーション　175
恐怖感情　217
恐怖動因理論　179
虚偽説得　196
拒否回避欲求　324, 325, 329
均衡理論　381, 396
緊張低減モデル　179
警告　176
──研究　177
──の課題　194
──の基本構造　194, 195
──のタイプ　197
継時的比較　4
原因帰属　99
言語的侮辱　370
現実自己　4
減弱仮説　135
現象的安定性　99

謙遜　443
限定効果　417
好意感情　348
交換　134, 147
攻撃
──の均衡体系　374
──の接近と回避　373, 375
──の促進と抑制　373
攻撃葛藤モデル　372-375
攻撃性　356
攻撃的ユーモア　246, 249
──表出　302-304
攻撃抑制行動　372
攻撃欲求　356
広告　240
向社会的行動　106
向上性の欲求　7, 11
向上的自己高揚　12, 13, 15-18
公正知覚　424, 429-434
構造的サポート　401
高地位女性　391, 397
肯定的感情　242
行動に至る心理プロセスのモデル　257
衡平分配　425, 431
衡平理論　107, 425
互恵規範　107
互恵性　419
個人空間　385
個人主義　112
個人主義文化　357
個人的規範モデル　77
個人的目標　322, 323, 326-329
個人特性　145
個人特性志向過程　137, 140
個人レベルの社会心理学　vii
断り行動　168
好ましさ　317
コンドーム購入　86

さ　行

再カテゴリー化　138, 139

索　引

最小努力原理　136
最小認知努力　145
最初のカテゴリー化　137-139
在日外国人留学生　405, 406
サポート　334, 401
　——のタイプ　407, 410
　——の領域　407, 410
サポート獲得方策リスト　335, 337
サポート獲得方略　334, 335, 337, 339, 340, 342
　——の使用可能性　337
　——の性質　339
サポート源　334, 337, 340
サポートのギャップ　411
三次元モデル　182
ジェンダー差　382, 387, 388
ジェンダー・タイプ　390
自我関与　159
時間的推移　406
自虐的ユーモア表出　303-304
自己　3
自己意識特性　161
自己イメージ不一致　80
自己改善　11, 14, 16
自己感　27
事後警告　164, 176, 191
自己形成　5
自己向上　12
自己高揚　11, 13, 24
自己高揚行動　6, 9
自己高揚理論　7, 9
自己効力感　281, 286, 287
自己効力感理論　281
自己査定　13, 14
自己査定行動　6, 8, 10
自己査定-自己高揚プロセス　18
自己査定的課題　15
自己査定理論　7
自己実現傾向　5
自己宣伝　317
自己像バイアス　27

自己呈示　317, 320
自己呈示変容能力　324, 325
自己特徴づけ　320
自己の多面性　39
自己の変革　12
自己卑下　320, 323, 327
自己評価　3, 23
　——への動因　23, 24
自己評価維持　38, 39, 41, 42
自己評価維持機制　29
　——の発達　37
　——の力動性　32, 35
自己評価維持（SEM）モデル　9, 27, 101
　——の力動性　42
自己評価・関係性維持（SERM）モデル　44
自己防衛　12
　——の欲求　7
システマティック　145
システマティック処理　134-136
視線　345, 362
　——と好意性・対人魅力　362
　——の攻撃機能　368
　——の攻撃促進機能　369
　——の親和機能　362
　——の独立機能　370
　——の評価　363
視線回避　371
事前警告　164, 176, 191
　——の説得抑制効果　190
　——のタイプ　188, 189
自尊感情　98, 161
自尊心　27
自尊心低減　80
自尊心低減モデル　76
実行されたサポート　407
実際の学業成績　33, 35
実質処理　141
実質処理方略　142, 143
嫉妬　96
支配性　356, 389
支配欲求　356

451

自発的方略　320, 321, 323-329
自明の理　152
社会学的社会心理学　vi
社会心理学の構造的特徴　v, vi
社会的アイデンティティ　9
社会的感情　vii, 2
社会的公正　424
社会的自己　vii, 2
社会的ジレンマ　232
社会的スキル　169
社会的相互作用モデル　384
社会的促進　25
社会的地位　392
社会的比較　24, 94
社会的比較過程理論　23
社会的評価懸念　80
社会的評価懸念モデル　77
社会的役割　6
社会・認知的キャリア理論　281
自由　153
　——の事前行使　157
　——への脅威　154
自由回復行動　153
集合の羞恥　89
集合の対処　255
集合の対処行動　228, 231, 236
　——意図　233
集合的防護動機モデル　183, 184, 233, 234, 236, 255, 256, 258-261, 271
就職活動　284, 286, 288
囚人ジレンマゲーム　368
修正防護動機理論　183
従属仮説　382, 388, 392
集団維持機能　323, 327, 329
集団極性化　26
集団主義　112
集団主義文化　357
羞恥感情　70
　——と進化および文化　89
　——の下位感情　73
　——の生起状況　71

——の制御　85, 89
——の認知的発生因　76
——への対処行動　82
十分閾　136, 137
十分原理　136
周辺の手がかり　131, 133-135, 147
周辺のルート　132, 145, 147
主観的成功確率　318-321, 324-329
主体の自己形成　18
出身国　405
上位他者選択　16
賞賛獲得欲求　324, 325, 329
賞賛欲求　324
上司のリーダーシップ　322, 323, 326, 327, 329
　——（M型）　326
　——（P型）　326
　——スタイル　322
状態羞恥感情尺度　75
承諾獲得方略　335, 336, 338, 339
承諾抵抗方略　442
情緒的アピール　176
承認欲求　346
情報処理説　205
情報的影響説　26
上方比較　7, 16
上方への影響方略　315, 316, 320, 321
職業興味　280, 285
職業興味検査　285
職業的アイデンティティ　52-55
　——の危機　53, 57
職業選択理論　280
職業的地位　390
職業領域メンタリング　59, 62
職業レディネス　286
人口学的特性　412
心身の健康　404
親切な行為　320, 323, 327
親密感均衡モデル　367
親密さの均衡　364
心理学的社会心理学　vi

索　引

心理的な近さ　29, 30, 36
心理的に近い他者　31
心理的に遠い他者　31
心理的負債　107
　　——の大きさの測定法　108
　　——の規程因　109
　　——の個人差　116
　　——の低減法　107
心理的負債感　117
心理的負債モデル　107, 110-112
心理的リアクタンス理論　151
親和葛藤理論　345, 363, 364
親和性パーソナリティ　365
親和欲求　346, 364
遂行　29, 30, 36
ストレッサー　402
スリーパー効果　165
成果　425
正確さへの動機づけ　144
正確志向　145
正確志向動機　135
精査　131
制裁, 報復　374
精査可能性モデル　131
成績の認知　33, 35
精緻化　131, 133, 134, 146
精緻化された集合的防護動機モデル　193, 194
精緻化見込みモデル（ELM）　131, 135, 145-147, 150
　　——の仮定　132
正当性の認知　318-321, 326-330
性に関連する健康行動　86
セクシュアル・ハラスメント　396
接近 - 回避モデル　345
接近距離　389
接近と回避　364, 367
接近力　345
接種理論　151
説得　203
　　——と態度変容　viii

　　——の意図　155
　　——の規定因　154
　　——の文脈　218
　　——への抵抗　149
説得過程　152
説得研究　175
説得効果の強靭性　186
説得効果の持続性　185
セルフモニタリング　324
相互作用混乱　80
相互作用混乱モデル　78
相互視量　345
増幅効果　417
ソーシャル・サポート（SS）　119, 333, 401
　　——獲得方略　420
　　——尺度　407
　　——の送り手　412
組織的目標　322

た　行

対処評価　208
対処要求　403
対人関係　ix
対人感情　345
対人距離　365, 384
対人行動　ix
対人コミュニケーション　viii
対人心理　ix
対人的影響過程　viii, 300
対人欲求　348
対人レベルの社会心理学　viii
態度　vii, 130
態度変容　viii, 130
態度類型　296, 297
第2次反映過程　44
他者高揚　317, 320, 321, 323, 327, 329
達成に関する選択モデル　283
多目標理論　338, 339
単独警告　191
単独の対処行動　227, 231
知覚されたサポート　407

453

中国系留学生　333, 334, 337, 339, 340, 406-418
中国の環境問題　252, 261
中心的ルート　131, 132, 134, 145, 147
直視量　345
直接アクセス　141
直接アクセス処理方略　142, 143
直接効果　416
直接モデル　402
抵抗方略　422
ディスクレパンシー　157
ディスクレパンシー仮説　157
ディストラクション効果　244
適応　3, 404
手続き的公正　433
動因説　204
動因理論　25
動機充足　141
動機充足処理方略　142, 143
統計的安定性　99
凍結効果　149
投入　425
当惑感情　352
独自性欲求　161
取り入れ　316-321, 323-325, 329, 330
　　——の下位方略　320-323, 325, 327
　　——のジレンマ　319
　　——の生起モデル　318
取り入れ行動　316, 320, 321, 324, 325, 330
取り入れ行動尺度　327
取り入れ方略　326, 327, 329
取り入れモデル　319, 321, 325
努力最小の原理　144

な　行

二重警告　191
日本人大学院生　413
認知説　204
認知的葛藤状態　373
認知的自己高揚　12, 13
認知的反応　150
認知的不協和理論　29
認知的歪み　34
認知反応モデル　153
妬み　94, 96
　　——の影響　102
　　——の構造　97
　　——の生起　98
能力仮説　136
能力の不確かさ　7
望ましい自己　5, 6

は　行

パーソナリティ　415
媒介要因　242
発見行動　216
反映過程　28, 42
反応的方略　320, 321, 323-329
反復効果　156
ピア関係　64
P機能　328
ピースミール統合　138, 139
被影響性　160
被援助者　106
比較過程　28
非言語的感受性　383, 394
非言語的拒否　443
非言語的行動　381, 395
非言語的コミュニケーション　381
微笑　365, 382
被接近距離　389
被説得性　162
必要とするサポート　407
否定的感情　242
ヒューリスティック　134, 145
ヒューリスティック-システマティック・モデル（HSM）　134-136, 145, 146
ヒューリスティック処理　131, 134-136, 141
ヒューリスティック処理方略　142, 143
評価基準　4
　　——の所在　4
評価対象　4

評価への懸念　26
評価目的　4, 10
　──達成時期　4, 10, 13
表出行動に対する感受性　324, 325
表出性　393
表情識別能力　394
表情の解読　393
フィールド研究　218
ブーメラン効果　149
不快視線　372
複合過程モデル　140
不適応的対処　209
フレーミング効果　215
プロスペクト理論　215
プロテジェ　58, 60
文化差　167, 405
分配的公正　433
並行反応説　205
並行反応モデル　182
防衛志向　145, 146
防衛志向動機　135, 145
防衛的回避仮説　179-181
防衛欲求　11
防御技法　165
防護動機理論　182, 183, 206, 207, 228, 271
報酬分配　424
報酬分配規範　426
没個性化理論　371
本質的　145

ま　行

マッチング・モデル　402
マナーに関する行動　85
魅力媒介仮説　245
無関連感情　243
無関連恐怖アピール　185
メタ分析　387
メッセージの圧力　154
メッセージの反復　156
メッセージ評価　244
メッセージ変数　241

メンター　58, 60
メンタリング　58
目標　321-323, 326-328
目標志向行動　5
目標志向性　5

や　行

誘因　318-321, 324, 326-329
遊戯的ユーモア　246
　──表出　302-304
友人選択　41
有能さ　317
ユーモア　239, 301
　──のタイプ　246
ユーモア感情　301
ユーモア表出　302
　──と表出者自身の精神的健康　309
　──の動機　304, 307-308
ユニット関係　32
要請　442
予告　162
　──のタイプ　163
　──の評価的性質　163
予告効果の持続性　165
予防行動　216
予防的保健行動　202

ら・わ行

リアクタンス　150
リアクタンス尺度　162
リーダーシップ　315, 323, 327
リスク・コミュニケーション　219
理想自己　4
　──と現実自己とのズレ　4
留学生　295
　──の態度　295
　──の態度変容　295
両立領域メンタリング　62
臨床社会心理学的アプローチ　169
恋愛感情　350
連続体　146

労働力率　278, 279
ワーク・ファミリー・コンフリクト（WFC）
　　61
話題の親密さ　365
話題への個人的関連性　159
笑いによるごまかし　443

欧　文

AIM　→感情混入モデル
CMIF　→印象形成の連続体モデル
ELM　→精緻化見込みモデル

HIV（ヒト免疫不全ウイルス）　264
HIV対処　268
HIV対処行動の規定因　271
HSM　→ヒューリスティック‐システマティック・モデル
PWH/A（HIV感染者・エイズ患者の総称）　265
　——との共生　266
　——との共生行動生起過程モデル　268
　——に対する態度の規定因　267
SEM　→自己評価維持モデル

執筆者紹介（執筆順／よみがな，所属・肩書，執筆担当）

深田博己（監修者・編者：ふかだ・ひろみ，広島大学大学院教育学研究科教授，「心理学研究の新世紀」刊行にあたって・まえがき・各部概説・第9章・あとがき）
越　良子（こし・りょうこ，上越教育大学大学院学校教育研究科教授，第1章）
磯崎三喜年（いそざき・みきとし，国際基督教大学教養学部教授，第2章）
児玉真樹子（こだま・まきこ，広島大学大学院教育学研究科講師，第3章）
樋口匡貴（ひぐち・まさたか，広島大学大学院教育学研究科准教授，第4章）
坪田雄二（つぼた・ゆうじ，県立広島大学生命環境学部准教授，第5章）
相川　充（あいかわ・あつし，東京学芸大学教育学部教授，第6章）
蔵永　瞳（くらなが・ひとみ，広島大学大学院在学中，コラム1）
藤原武弘（ふじはら・たけひろ，関西学院大学社会学部教授，第7章）
上野徳美（うえの・とくみ，大分大学医学部教授，第8章）
木村堅一（きむら・けんいち，名桜大学国際学群教授，第10章）
戸塚唯氏（とづか・ただし，千葉科学大学危機管理学部准教授，第11章）
牧野幸志（まきの・こうし，摂南大学経営学部准教授，第12章）
于　麗玲（YU, Li Ling，中国・首都医科大学衛生管理与教育学院講師，第13章）
高本雪子（たかもと・ゆきこ，広島大学大学院教育学研究科元客員研究員，第14章）
森永康子（もりなが・やすこ，神戸女学院大学人間科学部教授，第15章）
小島奈々恵（こじま・ななえ，広島大学保健管理センター研究員，コラム2）
塚脇涼太（つかわき・りょうた，広島大学大学院教育学研究科助教，第16章）
有倉巳幸（ゆうくら・みゆき，鹿児島大学教育学部附属教育実践総合センター教授，17章）
湯　永隆（TANG, Yung Lung，中国・西南大学心理学院助教授，第18章）
飯塚雄一（いいづか・ゆういち，島根県立大学名誉教授，第19章）
福原省三（ふくはら・しょうぞう，活水女子大学文学部教授，第20章）
青野篤子（あおの・あつこ，福山大学人間文化学部教授，第21章）
周　玉慧（JOU, Yuh Huey，台湾・中央研究院民族学研究所研究員，第22章）
原田耕太郎（はらだ・こうたろう，徳島文理大学文学部准教授，第23章）
井邑智哉（いむら・ともや，広島大学大学院在学中，コラム3）

心理学研究の新世紀②
社 会 心 理 学

2012年2月20日　初版第1刷発行　　　　　　　　検印廃止

定価はカバーに
表示しています

監修者　深　田　博　己
編著者　深　田　博　己
発行者　杉　田　啓　三
印刷者　藤　森　英　夫

発行所　株式会社　ミネルヴァ書房
607-8494　京都市山科区日ノ岡堤谷町1
電話代表（075）581-5191番
振替口座　01020-0-8076番

©深田博己ほか，2012　　　　　　　亜細亜印刷・新生製本

ISBN978-4-623-06098-6

Printed in Japan

心理学研究の新世紀（全4巻）
深田博己 監修

① 認知・学習心理学　　　　A5判・本体 5500 円
宮谷真人・中條和光 編著

② 社 会 心 理 学　　　　A5判・本体 5500 円
深田博己 編著

③ 教育・発達心理学　　　　A5判・本体 5500 円
湯澤正通・杉村伸一郎・前田健一 編著

④ 臨 床 心 理 学　　　　A5判・本体 5500 円
岡本祐子・兒玉憲一 編著

心理学研究における最先端の研究あるいは価値ある研究成果を凝縮し，現在の到達点を示す。各研究テーマに関する文献展望とその課題の指摘を通して，研究のシーズとヒントを提供する。

ミネルヴァ書房
http://www.minervashobo.co.jp/